KAMPENWAND
VERLAG

ISBN: 978-3-98660-078-5

Raiffeisenstr. 4 · D-83377 Vachendorf
www.kampenwand-verlag.de
Versand & Vertrieb durch Nova MD GmbH
www.novamd.de · bestellung@novamd.de · +49 (0) 861 166 17 27
Text: Susan Froitzheim
Bilder: Shutterstock, JulieK2, Kanada
Druck: CUSTOM PRINTING
Wał Miedzeszynski 217, 04-987 Warszawa,
Polen

SUSAN FROITZHEIM

Das 1x1 der *Unsterblichkeit*

MEDIALE HILFE FÜR TRAUER UND WAHRNEHMUNG

INHALT

»Wahrlich, es gibt Dinge zwischen Himmel und Erde, die nicht bloß unsere Philosophen, sondern sogar die gewöhnlichsten Dummköpfe nicht begreifen.«

Heinrich Heine

1
SUSAN

1.1
Über die Autorin

Ich sehe tote Menschen!« Wer kennt diesen Satz aus dem Blockbuster »The Sixth Sense« nicht?! Und weißt du was? Genau das kann ich auch! Allerdings stehen die Verstorbenen nicht wie im Film vor mir, haben eine Axt im Kopf und sehen höchst gruselig aus! Zudem wird ihr Auftritt nicht mit nervenaufreibender Musik, wie sie jeder z. B. aus Filmen wie »Psycho« kennt, begleitet! Würde jeder Jenseitskontakt so ablaufen, wie Hollywood uns das weismachen will, dann wäre ich längst laut schreiend davongelaufen und hätte partout nichts damit zu tun haben wollen. So viel steht fest!

Hallo, mein Name ist Susan Froitzheim und ich bin Medium! Ich freue mich sehr, dass du dich für meine Arbeit und für mich als Person interessierst. Als Medium ist es mir möglich, mit der geistigen Welt, also mit spirituellen Lehrern, Engeln, Wesenheiten und natürlich auch mit Verstorbenen zu kommunizieren! Und ich liebe es! Dass ich das eigentlich schon immer kann, habe ich lange Zeit zu verdrängen versucht.

In diesem Buch nehme ich dich auf eine ganz persönliche Reise durch mein Leben mit. Alles, wovon ich dir hier erzähle, hat nicht das Geringste mit einer wissenschaftlichen Ausarbeitung zu tun. Vielmehr wünsche ich mir, dir mittels meiner unzähligen Erlebnisse helfen zu können, in dem einen oder anderen Bereich zu einer neuen Sichtweise zu gelangen. Du erhältst Einblicke in meine früheste Kindheit, meinen Werdegang und darüber in meine medialen Erfahrungen. Dieses Kompendium habe ich für Menschen geschrieben, die eine ihnen nahestehende Person verloren haben und diese unendlich vermissen. Für Menschen, die an ein Leben nach dem Tod bzw. an das Jenseits glauben, als auch für Menschen, die sich sehnlichst den Kontakt zu ihren geliebten Verstorbenen wünschen, jedoch nicht wissen, wie so eine Kommunikation aussehen kann. Und nicht zuletzt für Menschen, die unzählige Fragen über das »Leben« in der geistigen Welt haben. Ich möchte dir hier aufzeigen, wie einfach die Kommunikation mit deiner Lieblingsseele sein kann. Ich bin fest überzeugt, dass dir mein Erfahrungsschatz und mein Wissen über die geistige Welt helfen werden, deine bis heute offenen Fragen zu beantworten.

Im Folgenden werde ich dir meine jenseitigen Erlebnisse, die mein Leben von frühester Kindheit an geprägt haben, auf eine anschauliche Art und Weise darlegen. Ich werde dir Tipps und Techniken aus meiner langjährigen Erfahrung als Medium verraten, die dir einen wunderbaren Einstieg in deine Medialität geben können. All das wird dir helfen, Gewissheit darüber zu erlangen, dass deine Lieblingsseele immer bei dir ist. Weiterhin lernst du, zu verstehen, wie du eigenständig Informationen oder Nachrichten von deinen Lieben aus der jenseitigen Welt empfangen kannst.

Bitte betrachte alles, was ich hier schreibe und von mir preisgebe, als eine Art informativen Leitfaden, den du so für dich annehmen kannst, aber nicht musst.

Wie bereits erwähnt, erzähle ich dir von meinen persönlichen Erlebnissen und Erfahrungen. Deine Erfahrungen können ähnlich, aber auch völlig anders geartet sein.

Das heißt nicht, dass deine Medialität weniger wert ist als meine. Es gibt so viel mehr als das, was wir uns mit unserem bisschen Verstand vorstellen können. Alles, was du wahrnimmst und erlebst, gehört zu dir und hat immer seine Richtigkeit. Das Universum macht keine Fehler. Aber dazu später mehr.

Bitte erlaube dir, alles, was du hier erfährst, mit deinem Herzen und deiner Seele zu lesen, zu hören und zu fühlen. Ich werde dir von Bereichen meiner Arbeit berichten, die mit dem Verstand nur schwer zu erfassen sind. Auch möchte ich dich bitten, einen großen Teil deiner Aufmerksamkeit während des Lesens auf deinen Körper und deine Empfindungen zu richten. Eine solche Vorgehensweise macht es dir möglich zu verstehen, ob sich das Geschriebene für dich »richtig« anfühlt, obwohl dein Verstand das Gelesene für absolut »unmöglich« hält. Das mag ungewohnt sein und dir erst einmal komisch vorkommen, aber ich verspreche dir, es funktioniert! Erlaube dir, ganz bei dir und deinen Empfindungen zu sein, und probiere dich in Ruhe aus. Du entscheidest in jedem einzelnen Moment für dich, was sich richtig, gut und wahr anfühlt. Nimm nur das für dich an, was sich stimmig anfühlt!

Ich wünsche mir, dass auch du das Wunder der Heilung erlebst, wenn deine Seele das erste Mal bewusst von der Seele deiner Lieblingsperson aus der geistigen Welt berührt wird. Das, was dann geschieht, ist mit Worten nicht zu beschreiben. Ich weiß ganz sicher, dass auch deine verstorbenen Lieben, nunmehr als Seelen, immer bei dir sind. Über dieses Buch werde ich dir aufzeigen, dass du bereits jetzt Kontakt zu der jenseitigen Seele hast, die dir am liebsten ist. Es ist eine wertvolle Erkenntnis, zu wissen, dass der Tod zwar schmerzvoll und traurig, aber zugleich wundervoll sein kann. Entdecke mit all deinen natürlichen Sinnen, dass dich deine Lieblingsseele immerzu begleitet. Ich werde dir helfen zu verinnerlichen, wie sich dieser Kontakt anfühlt und wie du diesen noch vertiefen kannst. Es ist ein großer Trost, wenn du mit Sicherheit weißt, dass du niemals allein bist und es auch niemals sein wirst. Es geht weiter, selbst wenn die Seele den Körper verlässt. Für mich liegt das Wesentliche dabei im Unsichtbaren. Heute, als Medium, bin ich aus dem Schattendasein, »anders« zu sein, herausgetreten.

Ja, es gibt immer wieder Personen, die mich deswegen anfeinden. Dennoch! Ich liebe meine Talente und Gaben. Ich genieße die Arbeit mit der geistigen Welt und die Wunder, die ich über diese himmlische Seelenzusammenführung miterleben darf. Nun noch ein paar Lesehinweise: Dieses Buch ist so geschrieben, dass du es entweder Kapitel für Kapitel lesen oder als Nachschlagewerk nutzen kannst. Alles ist möglich! An einigen Stellen habe ich meine Erfahrungen wiederholt. Ich denke, dass dies wichtig ist, um die Thematik begreifbarer zu machen, obwohl sie für den Verstand eigentlich nicht begreifbar ist. Vielleicht wird es Erläuterungen geben, die dir derzeit unverständlich sind. Das ist okay. Es geht nicht darum, dich von meiner Meinung zu überzeugen. Auch ich begrenze mich manchmal über meinen Verstand. Dennoch, in dem Moment, in dem mir dies bewusst wird, lasse ich gedanklich zu, dass es mehr gibt, als das, was ich mir gerade vorstellen kann. Ich bringe mich dadurch in eine annehmende und erlaubende Haltung zu etwas, was mir bis dahin neu war. Ich habe dieses Buch also geschrieben, um dir meine ganz persönliche Sichtweise und meine darauf aufbauende Lebensweise aufzuzeigen. Beide haben sich im Lauf der Jahre durch mein bewusstes Sein verändert und entwickeln sich stetig weiter. Zu keiner Zeit muss mein Denken, Fühlen und Handeln mit deinem Leben oder mit deiner Sichtweise übereinstimmen. Alles kommt zum richtigen Zeitpunkt und in der für dich stimmigen Geschwindigkeit zu dir. Spricht dich ein Kapitel nicht an, dann überspringe es einfach und lies ein anders, das dir interessanter erscheint. Verlass dich dabei voll und ganz auf dein Gefühl und darauf, dass deine Seele immer das Passende für dich bereithält.

Jetzt wünsche ich dir von ganzem Herzen viel Spaß beim Lesen. Mögest du all deine bisherigen Erfahrungen mithilfe dieses Buches besser verstehen und in einen freudvollen Kontakt mit deiner Lieblingsseele treten. Dann können sich deine Sehnsucht und deine Trauer in eine herzliche Nähe wandeln und darüber kann deine Seele endlich heilen.

1.2 Danksagung

An dieser Stelle möchte ich mich von ganzem Herzen bei meinen Engeln, meinen spirituellen Lehrern, allem voran meinem Guide »Metok« sowie meinem Team von Heilern und Fachexperten aus der geistigen Welt bedanken. Auch gilt mein Dank meinen Lieblingsseelen, den Verstorbenen in der geistigen Welt. Danke, dass ihr mich auf meinem nicht immer leichten Weg begleitet. Danke für eure ermutigenden Worte, für eure unendliche Liebe für mich als Seelenwesen und eure unentwegten Hilfestellungen. DANKE!

All diese Informationen, die ich damals mit 20 Jahren zugegebenermaßen nicht wirklich verstanden habe, haben dennoch über die Jahre in mir und für mich gewirkt. Sie haben dazu beigetragen, mich als Seele besser zu verstehen. Erst darüber konnte ich in meinen Sitzungen und Events die Herzen unglaublich vieler Menschen berühren und ihnen die Verbindung zwischen dem Hier und der geistigen Welt vereinfachen. Meinen weiteren Dank möchte ich neben der geistigen Welt auch Robert Betz und seinem geistigen Team aussprechen. Roberts unzählige Vorträge haben mir dabei geholfen zu verstehen, was ich über mich denke und wie ich Konflikte mit hinderlichen Mustern oder nervigen Arschengeln in pure Liebe verwandeln kann! Danke, Robert, auch wenn wir uns nicht persönlich kennen. Du hast mir unglaublich oft mit deiner Arbeit geholfen, obwohl ich mein Handy gefühlt 2000-mal an die Wand geworfen habe. Ich bin sicher, du weißt, was ich meine! Viele Hinweise, die sich hier finden, sind aus meinen Eindrücken von

Robert Betz' Arbeit entstanden. Vielleicht hast du das eine oder andere daher sogar schon einmal gehört. 10.000 Dank spreche ich hiermit auch P'taah aus!

Danke euch allen, für eure persönlichen, liebevollen Hinweise und Hilfestellungen bzw. übergeordneten Sichtweisen zu meinem Tun. Danke für eure bedingungslose Liebe, eure unendliche Geduld und euren unermüdlichen Einsatz, den ihr für mich bzw. für uns alle bereithaltet.

Danke, dass ihr immer an meiner Seite seid und ich mit euch zusammenarbeiten darf. Danke für alle Hinweise, von denen ich für mich selbst und meine Tätigkeit als Medium profitieren konnte. Danke, dass ich darüber erfahren habe, wer ich wirklich bin. Danke! Ihr und diese wundervolle Arbeit seid für mich ein großes Geschenk!

DANKE! DANKE! DANKE!

1.3

Das Medium lädt!

Ich musste sehr lachen, als ich diesen Spruch während des Autofahrens auf der Displayanzeige meines Autoradios las. Wie wundervoll und wie passend zugleich! Seit meiner Kindheit bin ich »medial«, das weiß ich heute mit über 50 Jahren. Habe ich das gleich erkannt? Nein – wie auch, wenn man eine Familie hat, die nichts damit anzufangen weiß. Dennoch habe ich meine Medialität gelebt – wenngleich unbewusst.

Heute, im Rückblick und auch nur schemenhaft, weiß ich, dass ich bereits in meiner frühesten Kindheit erste unvergessliche Erfahrungen mit dem Jenseits machen durfte – allerdings geprägt von entsetzlicher Angst! Meine Stiefgroßmutter gehörte damals zu den wenigen Menschen, die mich wirklich liebten und dies auch zeigten. Ich war gerade mal vier Jahre alt, als sie starb. Damals war ich ihr Sonnenschein und ihr ein und alles, auch wenn ich keinerlei persönliche Erinnerung mehr an diese Zeit habe. Geblieben sind mir ihre Bilder und Erzählungen. Ich habe noch ein Foto von ihr, auf dem sie ein hübsches Blumenkleid trägt und im Garten sitzt. Sie war mein allererster Kontakt in der jenseitigen Welt.

Wir wohnten auf dem Land und was soll ich sagen, direkt neben dem Friedhof. Mein Zimmer lag im ersten Stock, weit weg von den anderen Schlafzimmern, und hatte einen superfreien Ausblick auf alles, was auf dem Friedhof passierte. Wie hätte es auch anders sein können! Das war ein eindeutiges Zeichen, das ich damals allerdings nicht verstand. Eines Nachts war ich zutiefst erschrocken, als Oma

Minchen plötzlich in meinem Zimmer auftauchte. Ich kann heute nicht mehr sagen, ob ich sie damals nur gespürt oder auch gesehen habe. Aber ab diesem Moment des Zusammentreffens war ich voller Angst und wollte nicht mehr allein schlafen. Von meinen Eltern bekam ich nur: »Da ist nichts, das bildest du dir ein!« zu hören. Aus heutiger Sicht waren das wenig hilfreiche Sprüche für ein Kind meines Alters! Da war etwas um mich herum und natürlich spürte ich es! Meine tote Oma war zurückgekommen – etwas, was eigentlich gar nicht sein konnte und mir unglaubliche Angst machte. Danach war ich Dauergast im Schlafzimmer meiner Eltern.

Es war keine böse Absicht meiner Familie, aber wie für so viele fand nicht statt, was nicht mit bloßen Augen zu sehen war. Damit konnte es auch keine paranormalen Erlebnisse geben. Das war kein kleines Problem für mich, denn dank dieser familiären Fehleinschätzungen zu meinen Wahrnehmungen verfestigte sich meine Angst vor dem Unsichtbaren und wurde zu meinem ständigen Begleiter. Ich spürte immerzu etwas um mich herum, auch wenn mir keiner glaubte.

Als Kind glaubst du natürlich, was Erwachsene bzw. die Menschen um dich herum sagen. Auch ich vertraute ihnen, wenn sie sagten, dass da nichts sei und ich mir alles nur einbilden würde! Seit dieser Zeit habe ich mich mit dem, was ich wahrnahm, immer wieder selbst infrage gestellt. Etwas schien nicht mit mir zu stimmen, ohne dass ich eine plausible Erklärung dafür fand.

Diese familiären Ereignisse machten mich noch mehr zum Außenseiter, egal, ob im Kindergarten, in der Schule oder später im Beruf. Es gab nur die Möglichkeit, mich anzupassen und damit für andere »normal« zu sein, ohne all das Paranormale, was ich so erlebte, oder aber ich blieb allein.

Wer wollte schon mit einem komischen Menschen zu tun haben, der Dinge sah und fühlte, die es offensichtlich nicht gab? Ich entschloss mich letzten Endes dafür, dazugehören zu wollen. Doch obwohl ich das, was ich wahrnahm, geheim hielt, ging es immer weiter! Unzählige paranormale Erlebnisse folgten und steigerten meine Angst.

Als ich 17 Jahre alt war, starb meine andere Oma. Ich lebte mit meinen Großeltern im gleichen Haus und stand ihnen sehr nahe. Sie waren für mich Vater- und Muttterersatz zugleich, weil meine Mutter schon frühmorgens arbeiten musste. Als ich meine Oma das letzte Mal sah, lag sie in ihrem besten Kleid, mit polierten Schuhen und einem Rosenkranz in den gefalteten Händen im Sarg. Fünf Jahre später, als ich 22 Jahre alt war, starb mein geliebter Opa. Mein Opa – bis dahin war er der einzige stabile männliche Halt in meinem Leben gewesen. Unzählige Stunden hatten wir zusammen verbracht. Egal, ob im Wald, auf dem Sportplatz, zu Hause oder im Garten, er erzählte mir von seinem Leben und erklärte gern alles Mögliche. Für mich brach eine Welt zusammen, als er ging. Ja, er war damals schon 85 Jahre alt! Es war mir klar gewesen, dass er irgendwann würde sterben müssen, aber als der Tag gekommen war, riss mir der Schmerz den Boden unter den Füßen weg. Ich wusste nicht mehr, wohin mit mir.

Sowohl meine Oma als auch meinen Opa hatte ich vor ihrer Beerdigung noch einmal sehen dürfen. Komischerweise waren das keine schlimmen Erlebnisse für mich. Ich bemerkte, wie friedlich ihre Gesichter aussahen, und ich konnte den tiefen Frieden um sie herum spüren. Das beruhigte mich sehr.

Ich bin ohne meinen leiblichen Vater aufgewachsen und habe ihn auch nie kennengelernt. Deswegen habe ich nie erfahren, wie es ist, einen Vater zu haben, der einen liebt oder der stolz auf einen ist. Mein Stiefvater war niemand, dem ich mich verbunden fühlte, aber mein Opa, der liebte mich ohne Ende. Ich war sein Sonnenschein, seine Prinzessin. Er beschützte und liebte mich – so, wie ich war.

Er versuchte, die klaffende Vater-Lücke in meinem Leben auszufüllen und mir auf diese Weise den dringend benötigten Halt zu geben. Kurz nach seinem Tod ging es mir sehr schlecht. Dazu kam, dass die paranormalen Ereignisse deutlich zunahmen. Es war zum Gruseln. Licht ging immer wieder an und aus, ohne dass es einen Grund dafür gegeben hätte. Lampen brannten morgens, obwohl ich sie wissentlich abends ausgeschaltet hatte. Morgens war mein Wohnzimmer deshalb meist hell beleuchtet. Gegenstände verschwanden und tauchten an Stellen wieder auf, an denen ich sie zwar gesucht, aber nicht gefunden hatte. Damals waren die kunterbunten Kunstdrucke von Andy Warhol mit Marylin Monroe als Motiv ein echter Hingucker. Ich hatte damals ein Porträt von mir in verschiedenen Farben anfertigen lassen, um genau so ein Bild nachzustellen. Diese bunten Porträtfotos lagen fein säuberlich ausgeschnitten und aufeinandergestapelt auf meinem Schreibtisch.

Meine Mutter, die täglich nach dem Rechten schaute, nahm meist auch den Müll mit und räumte hinter mir her. Als ich abends von der Arbeit kam, lagen meine Bilder wie weggeworfen, aber fein säuberlich gestapelt, mitten im leeren Papierkorb! Ich konnte es nicht fassen! Wer kommt denn auf so eine Idee, fragte ich mich. Das konnte nur meine Mutter gewesen sein, da sie als Einzige in meiner Wohnung herumlief! Wutentbrannt stellte ich sie zur Rede, aber sie sagte: »Nein – wieso sollte ich das tun?! Ich war gar nicht drüben und ich weiß doch, was du mit diesen Bildern machen willst!« Hat meine Mutter jetzt eine partielle Amnesie, oder was? Gibt's ja gar nicht, dachte ich mir und ging wieder zurück in meine Wohnung. Ich saß am Schreibtisch und dachte: Mutter war gar nicht hier! Komisch! Ich habe diese Bilder jedenfalls nicht in den leeren Papierkorb gelegt! Was ist hier los?! Ob da womöglich Geister am Werk sind?! Ich hörte meinen Verstand sagen: Du spinnst doch, hier ist nichts! Das bildest du dir alles nur ein! Und genau das lief dann als Dauerschleife in meinem Kopf. Gänsehaut machte sich breit! Damals, nach dem Tod meines geliebten Opas, lebte ich in einer Maisonettewohnung direkt auf dem Grundstück meiner Eltern und Großeltern. Das Schlafzimmer lag im zweiten Stock und war über eine schmale Holzwendeltreppe zu erreichen.

Wenn ich abends im Bett lag, konnte ich deutlich hören und wahrnehmen, wie jemand die Wendeltreppe hochkam. Zuerst dachte ich, es sei meine Mutter! Doch immer wenn ich die Tür öffnete, war da niemand! Sitze ich etwa meiner Einbildung auf, fragte ich mich jedes Mal. Es war Grusel pur! In solchen Momenten warf ich voller Angst lautstark die Schlafzimmertür zu und fühlte mich damit erst einmal sicherer. Meine Selbsttäuschung hielt jedoch nicht lange an, denn bereits kurz darauf hörte ich die Schritte wieder – selbst durch die geschlossene Tür! Ich kann dir gar nicht sagen, wie oft ich im Halbschlaf das Gefühl hatte, dass jemand neben mir oder sogar über mir ist! Wie du dir vorstellen kannst, war das für mich als junge Frau, die allein in einer Wohnung lebt, ein einziger Albtraum!

Heute weiß ich, dass all das mein geliebter Opa war!!! Nach seinem Tod hat er nichts unversucht gelassen, um mir zu zeigen, dass er immer noch an meiner Seite ist. Ich hatte furchtbare Angst und dachte, ein böser Geist würde mich heimsuchen. Zumindest war das eine Erklärung, die andere für die Vorfälle fanden. Die Tatsache, dass meine Wahrnehmungen zeit meines Lebens infrage gestellt wurden, machte das Verstehen dieser Ereignisse für mich nicht einfacher. Streng katholisch erzogen, wie wir waren, war so etwas wie ein Jenseitskontakt für meine Familie unvorstellbar. Klar gab es einen Himmel! Aber mit Toten reden oder deren Anwesenheit spüren, das war für sie einfach nur lächerlich und haarsträubend!

Anders als bei vielen Kolleginnen, die ich kenne, war ich seit meiner Kindheit bezüglich meiner übersinnlichen Wahrnehmungen voller Angst. Da ich gläubig erzogen worden bin, wusste ich, dass es einen Himmel und die Hölle gibt. Mit Letzterer wurde gedroht, wenn ich nicht lieb war und nicht das tat, was Gott oder – im übertragenen Sinne – meine Mutter wollten! Eine mögliche Kommunikation mit Verstorbenen beschränkte sich einzig und allein auf Gebete und Wünsche für die jeweiligen Verstorbenen, die man vor dem Zubettgehen an Gott richtete. Ich habe als Kind all diese Ge- und Verbote meiner Familie entsprechend aufgenommen und angenommen. Jeden Tag wurde vor dem Schlafengehen gebetet.

Mir war beigebracht worden, dass Gott alles sah und auch alles mitbekam! Jedes Nasebohren! Ein positives Gefühl im Sinne von Sich-behütet-Fühlen gab mir das allerdings nicht. »Und Maria weint, wenn du pfeifst!« Das war der Spruch meiner Oma, wenn ich mal wieder versuchte zu pfeifen, obwohl ich es nicht konnte. Dann zeigte sie auf ihre Marien-Statue im Zimmer und sagte: »Maria weint, wenn du pfeifst, das macht man nicht!« Okay! Ich kann es bis heute nicht! Wie du siehst, bin ich schon immer medial, was bedeutet, dass ich Dinge sehe und höre, die andere nicht wahrnehmen können. Aber nachdem ich für meine außersinnlichen Erlebnisse nur Unglauben geerntet hatte, glaubte ich mir am Ende selbst nicht mehr und stellte alle Wahrnehmungen infrage. Mir wurde vermittelt, dass da nichts ist – also konnte da auch nichts sein! Warum aber spürte ich trotzdem etwas? Ich musste falschliegen! Ich sagte mir: »Da ist nichts, ich spinne doch.« Fortan verdrängte ich alles, was ich spürte. Infolge dieser verschobenen Realitäten litt ich jahrelang unter Angst, weil ich etwas spürte, was angeblich nicht da war. Durch diese Verunsicherungen war es mir damals nicht möglich, das von mir Wahrgenommene mit meiner Realität zusammenzubringen. Damit blieb die Angst vor dem Unsichtbaren und dem, was ich tagein, tagaus spürte. Auch die Glaubenssätze und die »anders wahrgenommene Realität« meiner Familie waren wenig hilfreich dabei, meine besondere Gabe zu erkennen, geschweige denn zu leben.

Etwas, was mich aus dieser Zeit bis heute noch täglich begleitet, ist das Gefühl, dass jemand dicht hinter mir steht! Manchmal ist dieses Gefühl so extrem, dass ich mich spontan umdrehe. Nur, da ist niemand – zumindest nicht für andere sichtbar. Dieses Gefühl von »da steht jemand dicht hinter mir« hat mich früher fast in den Wahnsinn getrieben. Wenn ich nachts heimkam, rannte ich wie eine Irre zu meiner Haustüre. Ich lief vor dem Gefühl weg, dass jemand direkt hinter mir ist. Das hat im Übrigen nur bedingt geklappt, denn dieses sich für mich völlig real anfühlende Gefühl hat nie aufgehört! Selbst heute gibt es noch viele Momente, in denen ich kurz aufschrecke, während ich in Gedanken versunken bin. Ich spüre dann gleichzeitig, dass mich jemand anfasst oder direkt, Körper an Körper, bei mir steht.

Nur heute weiß ich, wer das ist! Darf ich vorstellen? Es ist Metok – mein spiritueller bzw. himmlischer Freund und Lehrer. Diese lichtvolle Seele begleitet mich seit meinem ersten Tag auf dieser Erde. Metok wacht über mich, hilft mir, zu verstehen, was ich kann, und unterstützt mich dabei, mich als Seele vollumfänglich zu leben. Zusammen mit vielen anderen universellen Helfern und meinen Engeln ist er immer für mich da. Er war es, der mir schon immer das Gefühl gegeben hat, ganz dicht bei mir zu sein. Von ihm stammte das Gefühl, als ob mir immerzu jemand auf den Fersen sei. Heute finde ich das lustig, früher war das ein einziger Albtraum für mich. Im Nachgang muss ich oft über mich und mein damaliges Vermeidungsverhalten schmunzeln. Zum Glück ist das Universum weder nachtragend, noch werden wir als menschliche Seelen für das, was wir tun oder unterlassen, be- oder verurteilt. Meine himmlischen Helferlein werden sich oft genug vor Lachen den Bauch gehalten haben, wenn ich mal wieder die Beine in die Hand genommen habe und gerannt bin wie der Teufel, weil ich spüren konnte, dass jemand hinter mir ist!

Heute weiß ich, wir werden zu jeder Zeit geliebt! Egal, was wir tun, wer wir sind oder wie viel Angst wir haben. Früher war es egal, wem ich meine Geschichten erzählte, entweder wurde ich komisch angeschaut oder gemieden. Immer hatte ich das Gefühl »anders« oder sogar »falsch« zu sein. Und wenn andere Personen meine Erfahrungen schon mal ernst nahmen, dann bezeichneten sie diese als »schwarze« Magie! Was?! Schwarze Magie?! Nein, damit wollte ich nichts zu tun haben! Ich hatte schon zu viele abschreckende Geschichten darüber gehört! Außerdem wurde behauptet, dass die eigene Angst diese Geister und übersinnlichen Dinge verstärken würde! Na super! Da war ja quasi vorprogrammiert, dass ich bei meiner Angst sofort alles doppelt und dreifach am Hals hatte! Nicht meine Welt, dachte ich mir!

Natürlich interessierten mich paranormale Dinge weiterhin. Die ganze Thematik ist ja auch überaus spannend. Nur allzu gerne hätte ich alles darüber gewusst. Ich war also einerseits wahnsinnig interessiert, gruselte mich aber zugleich bei allen Geschichten über Witchboards, Kartenlegen, Tischrücken usw.

Dennoch, vor lauter Angst, großem Respekt und absoluter Panik vor Geistern, beschloss ich damals, mit Mitte 20, nichts mehr mit all diesen paranormalen Dingen zu tun haben zu wollen. Nur weg – das war die Devise! Ich brach jegliche Kontaktversuche ab und schmiss die Tür zur geistigen Welt damit unbewusst zu. Zudem schwor ich gruseligen Filmen ab und schlief danach jahrelang mit Licht! Dann war Ruhe, zumindest vordergründig! Zwar hörte das Gefühl nie auf, dass jemand direkt bei mir ist, und immer wusste ich auch Dinge von anderen Menschen, die ich eigentlich gar nicht wissen konnte, aber das ignorierte ich fröhlich. Lieber passte ich mich an das normale Leben an. Wer will schon »anders« sein und von Gleichaltrigen gemieden werden?! Ich wollte dazugehören! Dennoch, die Wahrnehmungen blieben!

Alles Unsichtbare, was für meine Familie heute noch unter Hokuspokus und Fremdschämen fällt, kam erst mit Mitte, Ende 30 wieder zum Vorschein. Diesmal war der Ruf der geistigen Welt so laut, dass ich nicht umhinkam, ihm zu folgen.

Als ich mich meinen übersinnlichen Wahrnehmungen endlich öffnete, stellte ich fest, dass ich über all die Jahre hinweg ununterbrochen sensitive sowie mediale Erfahrungen mit der geistigen Welt gemacht hatte. Trotz meines Widerstandes hatte sie mich über viele Jahre unterrichtet und meine Wahrehmung geschult, auch wenn mir das erst viel später bewusst wurde. Ich habe mich oft gefragt, was gewesen wäre, wenn meine Familie meine Medialität nicht nur erkannt, sondern sogar gefördert hätte?! Heute ist mir klar, dass jede meiner Erfahrungen wichtig war. All das, was ich erlebt habe – egal, in welcher Form – hat mich zu der Person geformt, die ich heute bin. Mit dem Zulassen meiner Medialität wurde mir zunehmend bewusst, wer die Geister waren, die überall »herumspukten«, um sich mir zu zeigen: unter anderem mein verstorbener Lieblingsopa, aber auch mein geistiges Team, allen voran Metok, mein spiritueller Lehrer, der mir täglich aufzeigt, dass er ganz dicht bei mir ist. Während meines medialen »Erwachens« begann ich nach Antworten und Gründen für meine sensitiven sowie paranormalen Erfahrungen zu suchen.

Darüber wurde ich mir meiner einzigartigen, vielfältigen und seelenheilenden Fähigkeiten als Medium bewusst. Ich widmete mich erneut allem Paranormalen und setzte mich fortan mit allen Kommunikationsweisen und Möglichkeiten, mit der geistigen Welt in Kontakt zu treten, auseinander. Ich lernte, die überlieferten physikalischen Kommunikationsweisen der alten Pioniere zu praktizieren. Ich arbeitete mit Tischrücken, Witchboard, automatischem Schreiben, aber auch allen anderen Facetten der Trancekommunikation und deren Heilungsmöglichkeiten.

Auffällig war, dass ich vieles, was ich in unzähligen Büchern las, bereits wusste. Aber woher?! Wie war das möglich?! Heute weiß ich, dass mir die in meiner Kindheit beigebrachten Muster oft dabei im Wege standen, auf dieses Wissen zuzugreifen. Deswegen brauchte ich gefühlt unendlich lange, um zu verstehen, was ich alles kann. Es dauerte mehrere Jahre, bis ich diese Wahrnehmungen entsprechend zulassen konnte und noch länger, mich darüber zu freuen, was ich alles kann. Heute weiß ich um meine Gabe und bin überglücklich, diese im Rahmen meiner Arbeit einsetzen zu dürfen. So vielen zutiefst verzweifelten und trauernden Menschen habe ich darüber aufzeigen können, wie nahe ihnen ihre verstorbenen Lieben sind! Und immer sein werden!

Meinen ersten selbst durchgeführten Jenseitskontakt hatte ich mit meiner Oma und meinem geliebten Hund. Mittels einer Übung konnte ich beide auf eine Weise wahrnehmen, als ob sie sich im selben Zimmer mit mir befänden. Kaum bat ich um einen Kontakt zu meinen lieben Verstorbenen, war Oma als Erstes an meiner Seite. Sie war so fröhlich, wie ich sie als Kind nur selten erlebt hatte. Ihre Haare trug sie zu einem Dutt geknotet und sie hatte ihr schwarzes Sonntagskleid mit einem filigran eingelassenen Streifen über der Brust an. Dazu trug sie geschnürte schwarze Schuhe, die frisch poliert wirkten. Sie sah aus, als ob sie wie früher in die Kirche gehen wollte, nur ohne ihr Gesangbuch dabei zu haben. Oma lächelte mich herzlich an. Im gleichen Moment kam mein geliebter verstorbener Hund angelaufen und sprang mir wie früher auf den Schoß.

Kannst du dir unsere unbändige Freude vorstellen? Wir umarmten uns lange und innig, während mir Tränen über die Wangen liefen. Mich überkam ein Gefühl von so überwältigender Liebe und Verbundenheit, dass ich es bis heute nicht einmal annähernd beschreiben kann. Vor allem, weil es so viel stärker war, als ich es zu ihren Lebzeiten jemals gespürt hatte.

Nach dieser langen Umarmung hielt Oma meine Hand. Wie kostbar dieses Gefühl war, einfach nur bei ihr zu sein und ihre Anwesenheit zu spüren. Sie sagte mir unter anderem, dass es keine Fehler gäbe und alles immer richtig sei. Zugegeben, damals habe ich ihre Botschaft nicht in Gänze verstanden. Heute weiß ich natürlich, was sie mir vermitteln wollte: Fehler sind nichts als wertvolle Seelenerfahrungen! Zum Schluss übermittelte mir meine Oma noch eine Botschaft für meine Mutter, die ich ihr im Nachgang des Treffens sofort überbringen wollte. Dazu kam es jedoch erst einmal nicht. Meine Mutter war völlig entsetzt, als sie mich sah. Aufgelöst und tränenüberströmt vor Glück stand ich vor ihr und wollte ihr das gerade Erlebte erzählen. Meine Mutter sagte nur: »Egal, was du da auch tust! Hör sofort damit auf!«

Doch dieses Mal ließ ich mich nicht abwimmeln. Schließlich hatte ich einen Auftrag! Ich erzählte ihr, dass ich gerade einen jenseitigen Kontakt sowohl zu Oma als auch zu meinem Hund gehabt hätte. Ich berichtete weiter, dass Oma mir eine Nachricht für sie übermittelt hätte – mit der Bitte, ihr diese zu überbringen. Was ich dann auch tat!

Völlig geplättet ließ sich meine Mutter aufs Sofa sinken. Sie war aufgelöst, weinte und konnte nicht fassen, was sie hörte. Mutter bestätigte mir, dass es Omas bestes Kleid und ihre guten Schuhe waren, die ich da beschrieb, also exakt die Kleidung, mit der sie bestattet worden war. Ich wusste das nicht mehr, hatte ich doch damals nur auf ihr Gesicht gestarrt, das so kurz nach ihrem Tod irgendwie friedlich ausgesehen hatte. Das waren meine ersten selbst initiierten jenseitigen Erfahrungen. Damit erhielt ich die ersten Beweise für die Existenz der geistigen Welt bzw. die stetige Anwesenheit meiner geliebten Verstorbenen.

Wenn irdische und jenseitige Seelen sich auf diese Weise berühren, können Wunder geschehen! Für mich ist eben über diesen ersten Jenseitskontakt ein Wunder geschehen. So viel Angst hatte ich bis zu diesem Moment aufgebaut! Mit banger Erwartungshaltung war ich an diesen ersten Kontakt herangegangen. Immer wieder hatte ich mich gefragt, was wohl passieren würde, wenn ich ganz allein einen Jenseitskontakt herstellen würde. Wochenlang war ich in einer Art Schockstarre gefangen gewesen, die mich daran gehindert hatte, es endlich anzugehen. Ich wusste damals weder, ob überhaupt jemand aus der geistigen Welt kommen würde, noch wer! Vielleicht war ja doch alles nur Humbug? Und wenn es klappte, würde ich so eine Erfahrung überhaupt verkraften? Fragen über Fragen! Erst als meine Neugierde stärker wurde als meine Angst, hatte ich ihn – meinen ersten Jenseitskontakt. Unzählige weitere Kontakte – auch zu anderen Familienmitgliedern in der geistigen Welt – folgten. Aber dazu später mehr.

Für mich liegt, seit ich denken kann, das Wesentliche im Unsichtbaren. Früher hätte ich nur nicht erklären können, warum das so ist. Ich wusste immer, dass sich wahre Werte nicht ums Geld drehen oder sich damit bezahlen lassen. Auch wusste ich, dass sich das Wichtigste, die Liebe, nicht kaufen lässt. Ich durfte viele schmerzliche Erfahrungen machen, um herauszufinden, wer und was ich bin. Heute lebe ich mein Medium-Sein in Leichtigkeit. Ich liebe meine Talente und Gaben, die ich überall in meinem Leben einsetzen kann. Nach unzähligen Jahren des »Andersseins« bin ich wie Phönix aus der Asche endlich aus meinem Schattendasein herausgetreten. Nun ist es mir eine Freude, täglich voller Liebe die Seelen aus dem Jenseits und dem Diesseits zusammenzuführen, damit sie sich berühren und darüber heilen können. Ich bin sicher, dass auch du schon Erlebnisse mit der geistigen Welt hattest, egal, in welcher Form. Und mit Sicherheit gab es auch für dich Momente, in denen du nicht unterscheiden konntest, ob jetzt die Stimme deines Verstandes mit dir redet oder ob du wirklich etwas gesehen und erlebt hast. Vielleicht hast du dich gefragt, ob du diese ganzen Zeichen und Hinweise wirklich aus der geistigen Welt und von deinen geliebten Verstorbenen erhalten hast.

Gern helfe ich dir zu verstehen, wie du den Kontakt zu deinen geliebten Verstorbenen bewusst herstellen kannst. Ich werde dir zeigen, wie einfach diese Kommunikation ist, sobald du erst einmal verstanden hast, wie die Kontaktaufnahme mit der geistigen Welt funktioniert. Ich verspreche dir: Es wird dein Herz zum Singen, Tanzen und Springen bringen! Dann kann endlich Heilung stattfinden – in all deinen feinstofflichen Körpern und Zellen.

1.4

Mit Leib und Seele Medium

Seit meiner Kindheit finden paranormale Ereignisse um mich herum statt. Stimmen, die ich höre. Dinge, die sich bewegen, umfallen oder einfach da sind, obwohl da vorher nichts war. Wahrnehmungen von unsichtbaren Personen oder Silhouetten, die sich für mich vollkommen real anfühlen. So, als ob jemand ganz dicht bei mir oder hinter mir steht. Ich kann jederzeit fühlen, wenn jemand oder etwas anwesend ist. Ich hatte schon immer alle möglichen Vorahnungen und vieles mehr. Es gab Momente, in denen mir die Haare zu Berge standen, weil ich das, was ich erlebte, nicht einordnen konnte.

Was für viele Menschen unter »paranormal« läuft, würde ich heute als meinen ganz normalen Alltag bezeichnen. Als beweisführendes SNU Medium und Heilmedium mit vielen Auszeichnungen bin ich, seit ich etwa Ende 30 war, über viele Jahre von den besten und renommiertesten englischen Tutoren bei der Ausprägung meiner medialen Fähigkeiten begleitet worden. Sie haben mir gezeigt, welch wundervolle Talente in mir stecken. Das fand sowohl an dem berühmten und führenden College für Medialität und paranormale Wissenschaften, dem »Arthur Findlay College« in England statt, als auch in Deutschland, Schottland und der Schweiz, wo ich viele Weiterbildungen absolviert habe.

Mit Stand heute würde ich die Erweiterung meiner vorhandenen medialen und paranormalen Erkenntnisse nicht mehr als »Ausbildung« bezeichnen. Du erlernst auf diese Weise nichts, was du nicht bereits vorher konntest! Du erfährst vielmehr, was du alles kannst, ohne dass du es vorher wusstest. Heute weiß ich, dass meine medialen Fähigkeiten – die aus meiner Sicht jeder Mensch hat – schon immer in vollem Umfang da waren! Ich wusste es nur eben nicht bzw. war mir nicht klar, wie ich diese auch im Alltag einsetzen kann. Es war vielmehr eine Art Selbsterkenntnis, zu erleben, was ich alles kann und wie genau meine Medialität funktioniert. Darüber haben sich mir neue Türen geöffnet. Vor meiner Zeit am College war ich unsicher, hatte erst einmal keinen Halt und keine Sicherheit. Aber irgendwann kamen die innere Sicherheit und die eigene Wertschätzung für meine Talente und die Liebe zum dem, was ich tue, dazu. Und sie blieben! Bei diesem Prozess waren mir diese wundervollen Tutoren sehr behilflich.

Ich glaube fest daran, dass ich sehr vielen Menschen mit meiner Gabe und mit meiner Arbeit im Rahmen von »RENDEZVOUS mit dem Jenseits®« helfen kann. Egal, ob in meinen Live-Events, bei dem ich als Medium vor Publikum Jenseitskontakte in ganz Deutschland herstelle oder ob ich dasselbe online bewerkstellige. Egal, ob in einer persönlichen Jenseitskontakte-Sitzung, in einem meiner Workshops oder wie hier als Autorin. Immer kann Heilung für alle beteiligten Personen entstehen. Immer ist es für mich ein neues, wundervolles und einzigartiges »RENDEZVOUS mit dem Jenseits®«, das meine Seele zum Singen, Tanzen und Springen bringt. Ich lebe meine Berufung voller Liebe zum Detail und erfahre jeden Tag ein bisschen mehr über meine eigene wundervolle Seele und mein Seelenpotential sowie den Frieden, den ich auf diese Weise in die Welt tragen kann.

Als Medium kann ich sowohl mit Verstorbenen als auch mit Geistwesen, mit unseren himmlischen Freunden wie z. B. meinen spirituellen Lehrern oder auch mit Engeln kommunizieren. Allein das ist für viele Menschen selbst heute noch unnormal. Seit meiner frühesten Kindheit nehme ich sensitiv Energien wahr, die ich heute zu lesen weiß.

Jeder Mensch ist auf seinem persönlichen Bewusstseinsweg. Das, was für den einen stimmt, muss sich für den anderen nicht ebenfalls stimmig anfühlen. Das ist völlig okay. Jeder darf und soll sein, wie und was er ist. Ich bin, wie ich bin, und ich verstecke mich nicht mit dem, was ich weiß und kann. Auch wenn es immer wieder Menschen gibt, die mich als Medium genau dafür infrage stellen oder sogar meine Person angreifen!

Immer wieder stelle ich fest, wie viele Missverständnisse und Mythen es, den unsichtbaren Bereich betreffend, aus meiner Sichtweise heraus, gibt. Ich weiß, dass auch du wesentlich medialer und sensitiver bist, als du es gerade für dich selbst annehmen oder verstehen kannst. Auch weiß ich, dass es aufgrund der vielen Meinungen und unterschiedlichen Informationen zu dieser Thematik sehr leicht zu Fehlinterpretationen kommen kann, die dich verunsichern können. Jeder deutet sein Erfahrenes anhand seines derzeitigen Bewusstseinszustandes. Allein das birgt große Unterschiede in der Wahrnehmung und Interpretation. Für mich kommen diese Verunsicherungen bei der Deutung solcher Erfahrungen daher, dass jemand, genau wie ich früher, nicht klar und deutlich erkennen kann, ob die Aussagen, die er liest oder die an ihn herangetragen werden, wirklich seiner inneren Wahrheit entsprechen. Oder ob sie nicht sogar Erwartungshaltungen produzieren, die letztlich zu noch mehr Unsicherheit führen. Verstand und Seele arbeiten in diesen Momenten gegeneinander anstatt miteinander. Als Medium bin ich angetreten, um dir mit meinen Erfahrungen und Erlebnissen die Möglichkeit zu geben, dich und deine innere Wahrheit besser kennenzulernen und annehmen zu können. Mein Kompendium kann dabei als eine Art Orientierungshilfe dienen. Ich möchte dir hierüber neue Anregungen, übergeordnete Sichtweisen und Tipps, die mir meine Freunde aus der geistigen Welt mitgeteilt haben, zur Verfügung stellen. Wichtig ist dabei zu jeder Zeit: Lies und fühle gleichzeitig! Immer entscheidest du, was sich für dich stimmig anfühlt oder mit welchen Aussagen du dich »wohlfühlen« kannst. Letzteres ist eins der körperlichen Zeichen, das dir bei deiner Wahrheitsfindung behilflich sein kann. Lass dich nicht von der Meinung anderer verunsichern, sondern finde für dich heraus, was sich gut, passend oder richtig anfühlt, auch wenn es für dein Umfeld vielleicht nicht stimmen mag. Hier geht es nur um dich!

Lass uns nun versuchen, eine gemeinsame Erfahrung zu machen. Bist du dabei? Jetzt stell dir vor, wir beide sind die ganze Zeit, während du die Inhalte dieses Buches studierst, im gleichen Raum. Anders als sonst, erlaube dir, ab jetzt alles in diesem Buch auch mit deiner Seele wahr- und aufzunehmen und nicht nur mit deinem Verstand. Ich bin da und unterstütze dich mit meinen liebevollen Energien. Zusammen arbeiten wir uns durch jedes Kapitel. Wie das gehen soll, fragst du dich jetzt? Ganz einfach! Es geht. Energie kennt weder Zeit noch Raum! Achte ansonsten beim Lesen einfach darauf, was alles mit dir, auf gut »Neudeutsch«, in Resonanz geht und sich darüber für dich »richtig« und »passend« anfühlt. Es geht also um dein Bauchgefühl. Es wird dir helfen zu verstehen, was deine persönliche Wahrheit und somit der für dich richtige Weg ist. Traue dich, mal etwas ganz anderes für dich auszuprobieren. Das »Unsichtbare« lässt sich nur schwer mit unserem begrenzten Verstand erfassen. Dieser ist darauf trainiert, uns von frühester Kindheit an Beweise aufzuzeigen, warum das alles hier genau so nicht sein kann! Einzig und allein darum, weil wir als Kinder fast alle gelernt haben, die Erwartungshaltungen uns nahestehender Personen zu erfüllen. Es ging dabei nicht um uns, sondern immer nur um das Erfüllen der Erwartungen anderer, um das zu bekommen, was wir am meisten benötigen: Liebe! Vergiss einmal für einen Moment die Erwartungshaltungen der anderen und bleib ganz bei dir und deinem Gefühl! Du wirst in diesem Buch Dinge erfahren, die dir im Moment des Lesens vielleicht »spanisch« vorkommen mögen. Egal! Prüfe anhand deines Körpergefühls, ob nicht doch etwas Wahres für dich dran ist. Alles, was ich dir hier aufzeige, entspricht dem, was ich, Stand heute, über das Jenseits weiß bzw. welche Erfahrungen ich über die letzten Jahre hinweg mit dem »Unsichtbaren« gemacht habe. Gleichzeitig achte bitte auch darauf, dass du alles, was dir in meinen Beschreibungen im Moment als »nicht passend« erscheint, gerne überspringen darfst.

Mag sein, dass bestimmte Inhalte erst zu einem späteren Zeitpunkt interessant oder auch relevant für dich werden. Fokussiere dich auf das, was dir wissenswert erscheint oder dir direkt ins Auge fällt. Vertraue auf dein Gefühl und deine Intuition. Was, wenn hier viele neue Erfahrungen auf dich warten, die du bisher nicht für möglich gehalten hast?!

Bist du bereit?! Dann auf zum nächsten Kapitel.

2 THANATOLOGIE

2.1 Tod

Laut Statistik sterben in Deutschland jeden einzelnen Tag mehr als 2.000 Menschen. Hast du das gewusst? Dennoch ist und bleibt der Tod eines der großen Tabuthemen unserer Gesellschaft. Keiner will sich wirklich damit beschäftigen – ausgenommen der Thanatologie, der Wissenschaft, die sich mit dem Tod und dem Sterben beschäftigt. Aber wissen die Wissenschaftler dieser Fachrichtung wirklich alles? Bestimmt nicht! Der Unwille der meisten Menschen, sich mit dem Tod zu beschäftigen, rührt natürlich auch daher, dass dieses Thema zu den emotionalsten, sensibelsten und persönlichsten Themengebieten überhaupt gehört. Allein der Gedanke daran jagt vielen Angst ein, gerade weil fast alle von ihnen bereits äußerst emotionale, bewegende und berührende Erfahrungen damit gemacht haben.

Ein weiterer Grund, warum sich nur wenige Menschen aktiv mit dieser Thematik beschäftigen, ist, dass Tod etwas Absolutes oder Totalitäres darstellt. Tod bedeutet – es gibt kein Zurück! Ist jemand gestorben, lässt sich dieser Fakt nicht rückgängig machen. Tot ist tot! Alles bis dahin Unerledigte kann nicht mehr nachgeholt, Fehler können nicht neutralisiert werden. Keine Entschuldigung, kein »Ich liebe dich!« – nichts ist mehr möglich. Das ist gerade für Menschen, die nicht an ein Leben nach dem Tod glauben oder das Weiterleben der Seele für unmöglich halten, der Fall. Welch Albtraum! Der Tod wird demnach als willkürlich und unkontrollierbar angesehen – allein der Gedanke daran schürt eine tiefsitzende, uns Menschen innewohnende Angst. Und diese führt dazu, diese geliebten

Personen noch mehr festhalten zu wollen. Vielen wird erst im Angesicht des Todes bewusst, dass sich nichts festhalten lässt.

Auch berührt das Schicksal des Todes jeden Menschen auf eine andere Weise. Einige sind zutiefst verstört, andere fühlen sich ohnmächtig, wie gelähmt oder völlig verunsichert. Wieder andere verdrängen einfach alles um den Tod herum oder fühlen sich nur mäßig bzw. gar nicht davon betroffen.

Dennoch! Stirbt eine geliebte Person plötzlich und unerwartet, beginnen die meisten Menschen zwangsläufig, sich mit dem Thema Tod zu beschäftigen. Erst wenn der geliebte Partner, ein Familienmitglied, ein Freund oder das eigene Kind von uns geht, weil es durch einen Unfall, Krankheit oder ungeklärte Umstände aus dem Leben gerissen wird, sind wir dem Tod näher, als wir es je sein wollten. Wir fühlen uns ausgeliefert, zurückgelassen, getrennt, ohnmächtig, hilflos, aber auch verärgert, wütend und manchmal voller Verzweiflung. Die Welt dreht sich weiter und steht zugleich still. Auf einmal ist nichts mehr so, wie es vorher war. In diesem so tiefen und unbeschreiblich lähmenden Schmerz hat sich manch einer schon die Frage gestellt, ob es nicht besser wäre, selbst von dieser Welt zu gehen, anstatt ohne diesen Menschen weiterleben zu müssen. Nur allzu oft wird der Sinn des eigenen Lebens dann infrage gestellt.

Besonders in den ersten Wochen und Monaten ist der Verlust des geliebten Menschen in jeder Minute des Tages präsent. »Du fehlst mir so sehr! Ich kann nicht ohne dich sein! Wie soll ich nur ohne dich weiterleben?! Warum du? Warum jetzt? Warum?!« Das sind nun die täglich voller Hilflosigkeit und Ohnmacht gestellten Fragen.

Auch Gedanken wie: Bestimmt wäre der geliebte Mensch noch da, wenn ich nur rechtzeitig mit ihm/ihr zum Arzt gegangen wäre, einfach nur mehr für ihn »da« gewesen wäre, mich vielleicht mehr oder besser gekümmert hätte, usw. schießen den Hinterbliebenen nun täglich in Dauerschleife durch den Kopf und lähmen sie bei ihrer Alltagsbewältigung. Alle möglichen Gewissensbisse, teilweise auch riesige Schuldgefühle, sind oft tief verankert. Die verschiedensten Was-wäre-wenn-Szenarien werden mit dem Verstand durchgespielt, um den Schmerz sowie die tiefe Trauer irgendwie zu verstehen. Tage, an denen diese Menschen nicht mehr wissen, wie sie den Schmerz noch aushalten sollen und wie sie damit weiterleben können, folgen.

Dazu kommt, dass Außenstehende nicht in der Lage sind, auch nur für einen Moment nachzuvollziehen, wie sich fortan der Alltag jener Personen gestaltet.

Bei vielen Menschen ist das der Punkt, an dem sie sich die Frage stellen, ob es vielleicht doch ein Leben nach dem Tod gibt. Bei dem Gedanken, dass es womöglich wirklich ein »Weiterleben der Seele« gibt, kommen dann die nächsten Fragen auf sowie der große Wunsch, zu erfahren, ob es der so vermissten, geliebten Person gut geht, wo genau sie ist, ob oder wie sie ihren Tod wahrgenommen hat, ob sie vielleicht noch Schmerzen hat, da, wo sie jetzt ist, ob andere Familienmitglieder bei ihr sind, ob sie »abgeholt« wurde oder ob sie wirklich Zeichen schicken kann und will, und natürlich, ob sie noch immer nah bei ihnen ist.

Dabei ist es völlig unerheblich, ob die Hinterbliebenen bereits Zeichen von ihren Verstorbenen erhalten haben. Die Gewissheit, ob es sich dabei wirklich um eine Botschaft der verstorbenen Person handelt, wird vom Verstand viel zu oft infrage gestellt. Erst wenn eine geliebte Person aus dem Leben scheidet, fängt die Mehrzahl der trauernden Menschen an, sich näher mit dem Tod und der Möglichkeit eines jenseitigen Lebens auseinanderzusetzen. Ab dann stellt sich die Frage, ob es tatsächlich ein »Leben danach« gibt, jeden einzelnen Tag.

Für mich ist der Tod seit vielen Jahren kein Tabuthema mehr. Das liegt sicher auch daran, dass ich zeit meines Lebens direkt von meinem Zimmer auf den Friedhof schauen konnte, und das stets mit dem

Gefühl, dass dort alles gut und in Ordnung ist. Aus irgendeinem Grunde hatte ich nie wirklich Angst vor dem Tod an sich. Dank diverser Filme wäre ich dennoch nicht einmal im Traum darauf gekommen, im Dunklen auf dem Friedhof herumzuspazieren. Es hätte ja ein Zombie aus irgendeinem Grab krabbeln können! Heute muss ich über meine damaligen Befürchtungen lachen, früher beherrschte mich jedoch blanke Angst!

Gerne möchte ich dir an dieser Stelle von meinen Erfahrungen mit dem Tod erzählen. Von lieben Personen, die ich auch über ihren Tod hinaus begleitet habe oder von Erfahrungen und Umständen, die ich als Medium aus einer völlig anderen Sichtweise heraus miterleben durfte.

In meinen Jenseitskontakten habe ich fast immer mit den Lieblingsseelen zu tun, also den Personen, die zu Lebzeiten als Lieblingsmensch bezeichnet wurden. Hinterbliebene, die auf der verzweifelten Suche nach dem »Warum« sind, gehören seitdem zu meinem Alltag. Ich helfe ihnen, ihre Trauer und ihren Schmerz besser zu verstehen. Über meine Gabe des Herstellens von Jenseitskontakten zeige ich ihnen auf, dass ihre Lieblingsseele immer und ewig an ihrer Seite sein wird. Auch bin ich heute für alles, was ich je erlebt habe, unendlich dankbar. Egal, wie gruselig, schwierig, schwer, scheiße, genial, toll oder hammergeil das auch gewesen sein mag, habe ich über mein gesamtes Leben immer wieder Erfahrungen sammeln dürfen, bei denen ich mich erst einmal innerlich sortieren musste, um zu verstehen, was wirklich geschieht. Und vor allem, dass jedes Ereignis immer für mich bestimmt war und nicht von anderen herbeigeführt wurde, um ich zu ärgern, zu kränken, zu erniedrigen oder zu entmutigen.

Ich durfte erfahren, dass Abschiednehmen in jeder erdenklichen Form zu unserem Leben dazu gehört. Veränderung findet allzeit und überall statt. Ob Tag oder Nacht, Projekt oder Urlaub – alles hat einen Anfang und ein Ende. Zu allem gehört ein bewusster oder unbewusster Abschied dazu, von dem, was ist; dem, was war, oder dem, was wohl sein wird. Alles ist ein ewiger Fluss! Oder wie Hermann Hesse in seinem Buch »Lebensstufen« in umgekehrter Form sagte: »Und jedem Anfang wohnt ein Zauber inne, der uns beschützt und der uns hilft, zu leben.«

Auch wenn viele Menschen versuchen, genau das zu verhindern und alles festhalten wollen, irgendwann wird jeder merken, dass das nicht geht. Jeder!

2.2 Sterben

Irgendwann müssen wir alle mal sterben!«, gehört wohl zu den am häufigsten geäußerten Aussagen, wenn es um dieses Thema geht. Und das, ob uns das nun bewusst ist oder nicht! Obwohl sich dieser Satz im ersten Moment »leicht« liest, ist der Gedanke ans Sterben für die meisten Menschen eher dramatisch. Zahllose Befürchtungen beziehen sich dabei aber weniger auf den Tod an sich oder auf ein mögliches Leben danach, sondern mehr oder weniger darauf, wie und unter welchen Umständen sie wohl sterben werden. Das habe ich durch meine jahrelange intensive Arbeit mit der geistigen Welt lernen dürfen. Dabei handelt es sich um Ängste wie die vor einem möglichen Kontrollverlust und einem etwaigen Dahinsiechen. Die Ungewissheit über das, was kommen mag, steht hierbei klar im Vordergrund. Doch das Thema »Sterben« hat wie alles mehrere Seiten.

Zum einen sind da die persönlichen Ängste vor der Art und Weise des Sterbevorgangs. Zum anderen ist da das vielleicht Miterleben-Müssen, wenn ein geliebter Mensch stirbt. Ist Letzteres der Fall, fühlen sich viele wie in einem Vakuum. Alles um sie herum wird unwichtig. Einer tiefen Ohnmacht und Hilflosigkeit folgt meist unfassbare Verzweiflung. Viele kommen an ihre persönlichen Grenzen und an einen Punkt, an dem sie nicht mehr wissen, wie sie diesen tiefen Schmerz noch aushalten können. Selbst wenn sie verstehen, dass die Liebe unsterblich ist, so überwiegen dennoch meist negative und destruktive Gefühle, die von Außenstehenden oft nicht nachzuvollziehen sind.

Was, wenn das Sterben beginnt, sobald Leben entsteht?! In unserer schnelllebigen Welt werden die Themen »Sterben und Tod« gern ausgeblendet. Auch wenn nichts sicherer ist als der Tod, der mit Beginn unseres Lebens bereits feststeht. Okay, keiner kann sagen, wann genau dieser Zeitpunkt sein wird. Auch ich nicht! Ich bekomme, wenn überhaupt, nur vage Hinweise, aber weder Datum noch Uhrzeit genannt! Dennoch ist der Tod unser täglicher Begleiter, wenn auch nur unterschwellig.

Wird nicht immer gestorben?! Und gehören das Sterben und der Tod nicht automatisch zu unserem Leben dazu? Dieser Satz besagt nichts anderes, als dass Leben und Sterben eng miteinander verknüpft sind. Viele empfinden eine solche Aussage als makaber und doch entspricht sie unserer Realität, auch wenn viele Menschen das nicht wahrhaben wollen.

Stirbt der Körper, dann bedeutet das, dass alle Lebensfunktionen unseres Organismus außer Kraft gesetzt werden. Das ist quasi so etwas wie ein irreversibler Totalausfall. Jedem Tod geht das Sterben voraus. Dieses Sterben kann unterschiedlich aussehen. Zur Königsklasse der Sterbewünsche gehört die Vorstellung, einfach umzufallen oder einzuschlafen und nicht mehr aufzuwachen. Egal wie, Hauptsache, ich bekomme nichts mit und es geht schnell! So denken die meisten, wenn sie sich schon einmal damit beschäftigen! Aber gerade dieser Wunsch, auf eine solche Weise zu sterben, bereitet unzähligen Hinterbliebenen ein echtes Problem! Wer will schon die Oma über einem Sessel hängend finden, weil sie mitten im Laufen gegangen ist und der Sessel sie dabei aufgefangen hat?! Wer will seinen Partner tot im Bett vorfinden, wo er eben noch dachte, mein Schatz schläft bestimmt noch?! Es gibt keinen leichten und schmerzfreien Tod für die Hinterbliebenen. Das ist uns nur genauso wenig bewusst wie vieles andere, was diese Thematik betrifft.

Noch schlimmer ist es, wenn die Betroffenen keine Möglichkeit mehr hatten, sich zu verabschieden, nur ein einziges Mal noch etwas Liebes zu sagen, sich noch einmal für alles zu bedanken, um

Verzeihung oder Vergebung zu bitten, Streitigkeiten aufzuklären oder Frieden zu schließen. Das wird teilweise zeitlebens bedauert. Vielen wird erst im Nachgang bewusst, wie sehr sie genau diese Personen vermissen.

Unzählige kleine und große Gewissensbisse und/oder Schuldgefühle werden fortan zum stetigen Begleiter dieser Menschen. Manchmal lassen sich diese über einen Jenseitskontakt auflösen bzw. wandeln. Allerdings nur dann, wenn die Hinterbliebenen so etwas wie eine jenseitige Kommunikation überhaupt in Betracht ziehen.

Für fast alle Menschen stellen das Sterben und der Tod eine unsichtbare und vor allem unüberschreitbare Grenze dar. Zum Glück sind viele Menschen mittlerweile offener, selbst wenn sie nicht sicher sind, ob so etwas wie ein

Jenseitskontakt funktionieren kann. Haben sie sich erst einmal zu einer solchen Kontaktaufnahme durchringen können, kann das Wunder geschehen. Die Seelen von Hinterbliebenen und Verstorbenen können sich in einem jenseitigen Kontakt berühren und dabei werden Informationen ausgetauscht. Das kann dazu führen, dass sich selbst schwerste Gewissensbisse oder Schuldgefühle in Liebe und tiefer Verbundenheit auflösen. Das funktioniert jedoch nur, wenn die Hinterbliebenen es zulassen! Auch wenn das vielleicht einige Zeit dauern mag, ist es nicht absolut wundervoll, dass es ein Leben nach dem Tod gibt?!

2.3
Bewusst sterben

Gerade in der heutigen Zeit sind viele Menschen oft allein. Singlehaushalte boomen. Das Alter der Betreffenden spielt hierbei nur eine untergeordnete Rolle. Keiner von uns weiß mit Sicherheit, wann der Tag kommt, an dem sich das unendliche Licht vor uns auftut und wir die ganze Glorie der geistigen Welt erfahren werden. Die Seele ist dann bereit, ihren Übergang zu vollziehen und nach Hause zu gehen.

Bist du auf genau diesen Tag vorbereitet? Hast du dir schon jemals darüber Gedanken gemacht, wie du sterben möchtest? Oder wie dein Sterben aussehen könnte? Gibt es Dinge, die du bis dahin unbedingt noch erlebt haben möchtest? Ich schon! Nicht in jedem einzelnen Augenblick, aber in den meisten Momenten ist mir durchaus bewusst, wie wertvoll mein Leben ist. Wenn ich morgen sterben würde, könnte ich, Stand heute, auf mein Leben zurückschauen und sagen: »Jawohl, du hast zu jeder Zeit dein Bestes gegeben. Du hast unzählige wundervolle Orte auf dieser Erde besucht und vieles erleben dürfen!«

Vor allem habe ich für mich noch rechtzeitig die Kurve gekriegt und mich darüber selbst erfahren und leben dürfen. Ich habe erfahren, was wahre Liebe ist und wie sehr mich dieses Gefühl ausfüllt und antreibt. Ich habe einen wundervollen Ehemann, zauberhafte Kinder, einen Lieblingshund und jede Menge

Lieblingsmenschen um mich herum. Ich liebe mein Leben und das, was ich tue. Ich liebe den Ort, an dem ich lebe und arbeite, und alle Möglichkeiten, die ich mir in diesem Leben erschaffen habe.

Ich kann guten Gewissens sagen, dass ich jederzeit bereit bin, friedvoll zu gehen und einen grünen Haken hinter dieses, mein jetziges Leben, zu setzen. Das heißt im Übrigen nicht, dass alles immer easy peasy gelaufen ist. Ganz im Gegenteil! Aber ich habe für mich verstanden, dass jedes Erlebnis und jede Erfahrung, die ich gemacht habe, zu mir und zu meiner persönlichen Entwicklung gehört hat. All das hat mich zu der Person gemacht, die ich heute bin.

Und ja! Ich finde es sehr hilfreich, sich auch mit den Tabuthemen Sterben und Tod zu beschäftigen. Wie oft erzählen mir die Lieblingsseelen im Jenseitskontakt, wie sehr sie sich über die Kleinigkeiten ihrer Beisetzung gefreut haben. Und wie oft habe ich einen Hinterbliebenen vor mir sitzen, der gerne wissen möchte, ob er bei der Beerdigung alles so gestaltet hat, wie der Verstorbene es gerne gehabt hätte. Du siehst, so unwichtig ist dieses Thema durchaus nicht. Mein Mann z. B. weiß, dass ich mir wünsche, seine Asche einmal zu einem Diamantring formen zu lassen, damit ich ihn immer bei und an mir tragen kann. Als ich diesen Wunsch zum ersten Mal äußerte, hat er mich etwas merkwürdig angesehen und alles eher für eine Art Scherz gehalten. Heute lacht er darüber und nimmt das Thema mit einer gewissen Leichtigkeit.

Bewusst zu sterben heißt für mich allerdings nicht, mir zu überlegen, wie es wohl wäre, mir selbst das Leben zu nehmen. Mit der Selbstbestimmung meines Todes und des möglichen Zeitpunktes meine ich nicht, mir mit Punkt 90 Jahren das Leben zu nehmen, um möglichst allen problematischen Ereignissen aus dem Wege zu gehen, die da noch kommen mögen!

Ich bin der festen Überzeugung, dass ich meinen Tod bzw. mein Sterben »selbst bestimmen« kann – auch ohne meinem Leben eigenhändig ein Ende zu setzen. Wenn ich mir im Hier und Jetzt über das, was ich bewusst denke und fühle, meine Realität erschaffen kann, warum sollte ich dann nicht auch die ideale Art und Weise, wie ich sterben will, kreieren können?! Ich weiß, dass ich in diesem

Körper nur ein einziges Mal existieren werde. Mir ist bewusst, dass meine Seele viele Leben gleichzeitig hervorbringt, aber dieses hier, mein Leben als Susan Froitzheim, ist einzigartig und dennoch ein Teil des Ganzen.

Mir ist seit vielen Jahren bewusst, dass ich in diesem Leben ein sehr hohes Alter erreichen werde. Unbewusst habe ich das gegenüber vielen Menschen bereits ausgesprochen. Lustigerweise hat mein leiblicher Vater vor seinem Ableben ebenfalls Aussagen zu seinem Alter gemacht. Er sagte immer, er würde nur 66 Jahre alt werden! Und, was soll ich sagen? Ich durfte erleben, dass er recht hatte, auch wenn wir nie persönlich in Kontakt getreten sind. Damals habe ich erfahren, dass er sich mit pünktlich 66 Jahren auf den Weg in die geistige Welt gemacht hat. »Mit 66 Jahren, da fängt das Leben an.« Er hat es so gewollt und nach seinem Willen ist ihm geschehen!

Ich bin mir sicher, dass er keinen Schimmer vom Wahrheitsgehalt seiner Selbstprophezeiung hatte! Aber immerhin das hat er gut hinbekommen! Heute weiß ich, wie einzigartig und kostbar mein Leben als »Susan« ist, und ich genieße jeden einzelnen Tag voller Dankbarkeit, Wertschätzung und Bewusstheit, egal, welche Herausforderungen mir gerade begegnen.

Die folgenden Abschnitte werden jetzt noch etwas persönlicher. Außerdem setze ich das Sterben und den Tod im Folgenden noch mehr in den Fokus. Für mich gehört dieses Thema mit all seinen Fragestellungen zur Seins-Frage eines jeden Menschen dazu. Alles, was ich hier schreibe, darf dich dazu anregen, einmal über das, was du dir wirklich wünschst, nachzudenken. Was wäre, wenn? Was, wenn dein Leben in diesem Körper morgen vorbei wäre? Achte jetzt ganz genau auf dein Körpergefühl! Welche Empfindungen löst allein dieser Gedanke in dir aus?

Atme bitte tief ein und aus! Beobachte deine Gefühle, beurteile nichts und lies einfach weiter! Wie genau würdest du sterben wollen? Und lass dabei außen vor, wie das wohl für die Personen sein mag, die dich finden oder vielleicht in diesem Moment bei dir sein werden! Es geht gerade nur um dich! Trau dich! Sei mutig! Wie stellst du dir dein Sterben vor? Möchtest du einfach nur einschlafen und im Schlaf überwechseln? Wie fühlt sich das für dich an? Oder möchtest du, bei dem, was du am liebsten tust, einfach umfallen und gehen? Was fühlst du, wenn du darüber nachdenkst?

Hast du alles gelebt und getan, was du tun wolltest? Was, wenn es morgen so weit wäre? Wie bewertest du dein Leben im Moment? Wie stehst du zu dir? Achtest und ehrst du dich? Welches Lebensgefühl hast du? Tust du Dinge, die dir Spaß machen und die dich erfüllen? Gab oder gibt es eine imaginäre »Bucket List«, also Dinge, die du unbedingt tun möchtest, bevor du diesen Körper verlässt? Was lösen solche Gedanken und Gefühle in dir aus? Was fühlst und denkst du? Beobachte die Zeichen deines Körpers! Sie helfen dir, dein Sein deutlich besser zu verstehen, auch wenn dein Verstand jetzt verrücktspielen mag! Lass dir Zeit bei dieser Erfahrung. Vielleicht liest du diesen Abschnitt zu einem späteren Zeitpunkt noch einmal. Dein Verstand weiß dann bereits, was auf ihn zukommt!

Vielleicht hast du dir noch nie zuvor bewusst Gedanken über dich, dein Leben, dein Sterben oder deinen Tod gemacht. Bestimmt hast du auch nicht erwartet, solche Fragen hier in meinem Buch zu finden! Wisse, alles, was du jetzt an Gefühlen und Gedanken wahrnimmst, ist wichtig und möchte von dir angenommen, wahrgenommen und gefühlt werden. Alles kann jetzt in jeder erdenklichen Form hochkommen. Das können Bilder, Gefühle, Gedanken, Emotionen etc. sein. Von Trauer über Angst oder Freude bis hin zur Erlösung. Alles darf genau jetzt da sein. Atme einfach tief ein und aus! Du stirbst nicht von diesen Gedanken, kommst aber darüber dir und deinen Wünschen näher. Falls sich jetzt verschiedene Ängste breitmachen, vergiss nicht, tief zu atmen.

Umarme die Angst wie ein kleines weinendes Kind, das vor dir steht.

Nimm sie in den Arm und bedanke dich, dass sie ausgerechnet zu dir gekommen ist. Halte sie! Atme und fühle! Nur so hast du die Möglichkeit, dieses Gefühl zu wandeln. Deine Seele wird dir alle Antworten geben, wenn du bereit dazu bist. Du selbst trägst alle Antworten in dir. Ich bin sehr stolz auf dich! Weißt du, warum? Weil du das erste Mal bewusst oder unbewusst mit dir, deinem Sterben und deinem Tod gearbeitet hast! Ganz im Sinne meiner kirchlichen Prägung rufe ich dir ein lautes Halleluja zu! Damit, die Gedanken an den Tod zu umarmen, hast du etwas wahrhaft Großes vollbracht.

2.4
Träume

Die Traumebene ist für mich etwas ganz Besonderes. Völlig ungestört von deinem immer aktiven Verstand kann die geistige Welt mit dir als Seele Kontakt aufnehmen. Deine Lieben können darüber ganz nahe bei dir sein und dir auch auf diesem Wege zeigen, dass du niemals allein bist. Vielleicht denkst du jetzt: Bei mir funktioniert das nicht. Ich weiß gar nicht, ob und was ich geträumt habe, wenn ich aufwache! Ich kann mich morgens nicht oder nur selten an etwas Geträumtes erinnern. Ja, das mag sein. Dennoch heißt das nicht, dass du nicht geträumt hast. Viele Menschen können sich an ihre Träume nicht erinnern, dennoch träumen sie.

Ein spannender Aspekt bei vielen Jenseitskontakten ist, dass einige Verstorbene aufzeigen, im Traum bei ihren Lieben gewesen zu sein. Einige Hinterbliebene können sich sofort daran erinnern. Andere allerdings nicht. Es fasziniert mich immer wieder, dass Verstorbene ihren Hinterbliebenen im Jenseitskontakt zu verstehen geben, dass es nicht um den Traum an sich und den meist völlig wirren Inhalt des Geträumten ging, sondern einzig und allein darum, dass ihre Seelen in diesem Moment ganz nahe beieinander waren. Im Traum hat sich das für die Hinterbliebenen meist überaus real angefühlt. Weil es real ist! Ein Traum kann ein Moment sein, in dem deine verstorbenen Lieben dir nahekommen dürfen. Ist das nicht wundervoll?

Ich bin nun kein Prof. h. c. Traumdeuter, wie eine meiner Freundinnen sagen würde, aber ich weiß, dass vieles, was wir träumen, von unserem Verstand »zurechtgerückt«, kreiert oder ergänzt wird.

Gerade bei dem, was nicht verstanden oder nachvollzogen werden kann. Eben weil die Verstandesebene das, was sie gerade erlebt, in irgendeiner Form nachvollziehbar machen will. Dein Verstand ist immer wach, deine Seele ebenfalls, dein Körper jedoch nicht! Immer wenn der Verstand etwas für ihn nicht Nachvollziehbares umsetzen will, dreht und wendet er die betreffende Story so lange, bis das Ziel irgendwie umgesetzt ist. Meist kommen sehr komische, regelrecht kryptische Träume mit Verstorbenen dabei heraus. Das ist für mich gut nachvollziehbar, da bei uns Menschen der Verstand tagtäglich versucht, die außersinnlichen Wahrnehmungen infrage zu stellen. Das ist sein Job! Und schwups, schon sind wir wieder bei den Dingen des Unfassbaren. Weißt du, was ich am Träumen so großartig und gleichzeitig ein bisschen gruselig finde?! Alles, was ich träume, fühlt sich völlig real an! Alles! Ich bin mittendrin oder kann mich auch mal von außen beobachten. Alles ist möglich! Ich unterliege keinen Beschränkungen, wie ich diese in meinem Körper habe. Alle meine Sinne sind »on«. Ich erlebe alles, entweder direkt oder von einer anderen Perspektive aus. Darüber kann ich für die Verarbeitung von Problemen und/oder heiklen Situationen mehr Klarheit gewinnen.

Was, wenn die Traumebene also ebenfalls eine Form der Realität darstellt?! Mal ganz abgesehen von dem wirren Zeugs, was unser Verstand oft fröhlich dazu kreiert, weil er gewisse Erfahrungen, Wesenheiten usw. nicht kennt. Was, wenn ein Treffen mit dir und deiner Lieblingsseele wirklich auf diese Weise stattfinden kann? Wie fühlt sich dieser Gedanke für dich an? Ist das Ganze nicht unglaublich spannend? Wenn dir also das nächste Mal deine Lieblingsseele im Traum begegnet, freu dich und vergiss den Blödsinn, den dein Verstand aus diesem Treffen macht! Genieße euer Zusammensein und bedanke dich dafür, dass deine Lieblingsseele dir nahegekommen ist. Ich träume jede Nacht und erinnere mich im Nachgang an vieles. Auch mich kommen über diese Ebene regelmäßig Verstorbene besuchen. Manchmal meine Familie, aber oft auch Verstorbene, die ich nicht kenne.

Diese können zu einem geplanten Jenseitskontakt gehören oder einfach nur mal so zur Stippvisite aus der geistigen Welt da sein. Ich freue mich immer, wenn ich Besuch von der anderen Seite habe. Manchmal allerdings wache ich nachts schreiend auf, was meinen Mann dann sehr beunruhigt. Das sind Träume, in denen ich mich irgendwie verfolgt fühle. Bestimmt denkst du jetzt, oh Gott, wird sie etwa von irgendwelchen Verstorbenen behelligt?! Nein, eher von meinem eigenen Kram, dem ich mich noch stellen darf! Meiner Erfahrung nach beinhalten meine gruseligsten Träume eine Ansammlung von Themen, mit denen ich mich unbewusst lieber noch nicht beschäftigen möchte. Da ich jedoch weder professioneller Schlafforscher noch Traumdeuter bin, ist das lediglich eine Vermutung, die sich aus meinen Erfahrungen speist.

Aus medialer Sicht finde ich Träume wundervoll. Sie geben mir so viel Freiheit. Ich bin dann nicht in diesem Körper gefangen, sondern kann sogar fliegen! Einer der wundervollsten Träume, den ich je hatte, war jener, der für mich als völlige Außenseiterin begann. Alle anderen zeigten mit dem Finger auf mich und beschimpften mich! Das waren Menschen, die ich kannte, mit denen ich im gleichen Kaff lebte, aber auch meine Familie! Aber das Geilste war Folgendes: Ich habe in diesem Traum fliegen gelernt. Der Hammer, oder?! Erst konnte ich auf einem Stuhl sitzend mit diesem in die Höhe levitieren. Levitieren bedeutet, mit der Kraft der Gedanken ein Objekt zu bewegen.

PS: Es gab schon einige Medien, die das konnten. Entweder mit sich selbst als Person, aber auch mit Tischen und Stühlen. Jedenfalls hatte ich den Gedanken, fliegen oder levitieren zu wollen. Erst bin ich nur ein kleines Stück vom Boden abgehoben. Mit Stuhl versteht sich. Dann wurde mir auf einmal – wie aus heiterem Himmel – bewusst, dass ich, wenn ich nur WILL, fliegen kann! Ich habe diesen Wunsch dann für mich ausgesprochen! Und auf einmal flog ich mitsamt meinem Stuhl. Erst langsam und wackelig, bis es auf einmal richtig abging! Ich bin anschließend völlig begeistert hin und hergeflogen. Im Übrigen war ich nicht allein. Irgendjemand war bei mir. Ich glaube, mein Mann oder eine meiner Freundinnen. Ich weiß es aber nicht mehr genau, weil ich zu sehr mit Fliegen beschäftigt war.

Danach probierte ich, auch ohne Stuhl zu fliegen! Und was soll ich sagen? Es hat funktioniert! Ich wollte fliegen, also konnte ich es! Ich war leicht, unbeschwert und fröhlich. Diese wertvollen Momente mit diesem genialen Gefühl für mich entdeckt zu haben, war ein absolutes Geschenk. Ich fragte mich, wie ich diese Fähigkeit all die Jahre nicht hatte erkennen können. Ich kann fliegen, dachte ich immer wieder! Alles war gut und lief bis zu dem Moment super, in dem andere Personen meinen Triumph mitbekamen! Arglistig betrachteten sie mich beim Fliegen. Dann ging die Hetzerei los!

Gefühlt stand ich mit einem Mal inmitten einer Traube von Menschen, die immer größer wurde. Lügen wurden über mich verbreitet und man zeigte mit dem Finger auf mich. Die Leute kamen näher und näher und bedrängten mich. Ihre Lügen bezogen sich aber gar nicht auf die Tatsache, dass ich nun fliegen konnte, sondern auf alles andere, was meine Person betraf. Jeden, der mich bedrängte, kannte ich! Schließlich kamen wir alle aus dem gleichen dusseligen Kaff, aus eben der Kleinstadt, in der ich viele Jahre gelebt habe und meine Familie es immer noch tut. Sie alle beschimpften mich. Es gab ein Gerangel und ein Schubsen, bis sie sich auf einmal von mir abwandten und ich nicht mehr an ihrer Gemeinschaft teilhaben durfte. Diese für mich zu Beginn sehr einengende und beklemmende Situation, in der ich noch versuchte, jedem von diesen Personen eine Erklärung abzugeben und es ihnen irgendwie recht zu machen, änderte sich schlagartig. Ich schaute alle nacheinander an und entschloss mich dazu, einfach abzuheben und wegzufliegen. Einfach so! Der einzige Gedanke, den ich noch hatte, war: ICH KANN FLIEGEN! Was brauche ich mehr?! Und weg war ich! Du machst dir keinen Begriff davon, wie geil das für mich war! Ich flog und flog und flog! Und fühlte mich dabei leicht wie eine Feder! Frei von allen Belastungen und den einengenden Vorstellungen der anderen! Als ich morgens aufwachte, musste ich derart lachen, dass ich mich kaum halten konnte. Die letzte Szene im Traum war ein absolutes Highlight für mich! An diesem Tag bin ich völlig beschwingt durch die Gegend gelaufen und dachte nur: ICH KANN FLIEGEN! Wie geil ist das bitte?!

Kommen wir aber noch einmal zurück zu Träumen mit Verstorbenen. Ich habe Kontakt zu vielen Personen in der geistigen Welt. Darunter sind auch mehrere Familienangehörige, z. B. meine Tanten, die Schwestern meiner Mutter. Eine davon liebte meinen Sohn über alles. Unser Verhältnis war zum Schluss jedoch eher schwierig und angespannt. Genau von ihr träumte ich, ziemlich bald nach ihrem Tod. Den genauen Inhalt konnte ich morgens nicht mehr wiedergeben. Einzig, dass er komisch und verwirrend gewesen war. Dennoch, als ich morgens aufwachte, war mir sofort klar, dass meine Tante mich besucht hatte. Und das zum ersten Mal nach ihrem Heimgehen. Zu Lebzeiten und obwohl sie genau wusste, dass ich Kontakt zu Verstorbenen hatte, hielt sie mein Talent eher für Hokuspokus und tat mich als »spinnert« ab. Wie auch immer, in dieser Nacht war sie da und bat mich, meinem Sohn Grüße auszurichten und nach ihm zu sehen. Genau das tat ich. Am nächsten Morgen rief ich ihn an, um zu hören, ob es ihm gut ginge. »Ja, Mama!«, war die Antwort. Manchmal kann selbst ich nicht sagen, warum ich einen bestimmten Hinweis bekommen habe. Wollte meine Tante ihm nur Hallo sagen? Oder wollte sie mich auf etwas aufmerksam machen, was gerade passiert oder vielleicht noch kommt ? Das alles ist möglich! Was auch immer sie zu ihrem Besuch bewegt haben mochte, ich fand es schön, dass wir uns auf diese Weise treffen konnten, und freue mich, dass auch sie nun diesen Kommunikationsweg für sich nutzt.

Gerne nutzen unsere Lieblingsseelen auch jene Phasen unseres Schlafes, in denen wir uns in einer Art Halbschlaf befinden. Wie oft habe ich in diesen Momenten Verstorbene neben meinem Bett stehen sehen. Meistens wache ich dann auf, weil ich das Gefühl habe, dass mich jemand anschaut. Stell dir vor, du liegst im Bett und neben dir steht eine Person! Still, nicht nervend, dich nicht ängstigend. Um dich nun anschauen zu können und mit dir auf Augenhöhe zu sein, bückt sie sich und du hast ihr Gesicht direkt vor dir. Das mag sich schauderhaft und gruselig anhören, ist es aber tatsächlich nicht. Du wirst ja mit unendlich viel Liebe angelächelt. Meine nächtlichen Besucher sehen leicht durchsichtig aus, deswegen weiß ich sofort, dass sie aus dem Jenseits kommen.

Zwar gibt es eigentlich so etwas wie ein Abkommen zwischen mir und der geistigen Welt, aber das funktioniert oft nur semigut! Dieses Abkommen besagt, dass mein Schlafzimmer für die nächtlichen Ausflüge jenseitiger Besucher tabu ist. Frei nach dem Motto: »Man kann es ja mal versuchen«, passiert es dann aber doch hin und wieder. Meist freuen sich die Verstorbenen bereits auf den Kontakt, der bald stattfinden wird. Und irgendwie ist das ja auch voll süß!

Einmal stand eine ältere Dame pünktlich um 5 Uhr morgens neben meinem Bett. Sie war freudig, aufgeregt und voller Liebe. Sie sagte mir, wie sehr sie sich auf den Termin mit ihrer Enkelin freuen würde.

An diesem Tage hatte ich einer Freundin einen persönlichen Jenseitskontakt zugesagt. Ich teilte der liebevollen Oma mit, dass es nicht der richtige Moment sei, dem schlafenden Medium bereits um diese Zeit ihre Lebensgeschichte samt Vorfreude ins Ohr zu singen. Ich bat höflichst darum, dass sie erst am Nachmittag zum Termin wiederkommen möge. Sie willigte fröhlich ein und verschwand! Ich drehte mich auf die andere Seite und dachte: So wird das nie was mit meinem Schönheitsschlaf! Als dann der Termin mit meiner Freundin stattfand, erzählte sie mir, dass sie unter der Woche grundsätzlich morgens um 5 Uhr aufsteht! AHA! Daher kam die Oma schon um 5 Uhr daher gerannt. Das geliebte Enkelkind stapfte um diese Zeit ja auch schon putzmunter herum. Meine Freundin berichtete mir, dass sie sich sicher sei, ihre Oma, der das Haus, in dem sie wohnte, zuvor gehört hatte, frühmorgens wahrzunehmen. Meine Freundin wusste also, dass ihre Oma gerade morgens bereits bei ihr ist und sie in den Tag begleitet. Auch ihr sind schon viele für Außenstehende merkwürdig erscheinende Dinge passiert. Der Fernseher wurde morgens um 5 Uhr auf unerklärliche Weise angeschaltet, ohne dass meine Freundin ihn überhaupt berührt hatte oder in seiner Nähe war. Ach guck, die Elektronik anund abschalten kann die Oma auch schon!

Wenn man seine Ängste erst einmal überwunden hat, können Jenseitskontakte also durchaus auch sehr witzig sein!

Ein anderes Mal stand wieder jemand neben meinem Bett, und zwar ganz dicht an meinem Kopfende. Es fühlte sich so an, als ob man von einer lieben Person geweckt wird. Jemand, der neben dir steht und nur noch die Hände ausstrecken muss, um dich zu berühren. Diese Person aus der geistigen Welt, ein

Mann, stand ganz still. Er drängte sich nicht auf, zog auch nicht an meiner Decke oder schubste mich. Er stand einfach da! Das geht auch anders, glaub mir! Dieser Mann tat jedoch nichts, sondern schaute mich nur still an. Als ich ihn aus dem Augenwinkel bemerkte, hörte ich mich sagen: »Oh, bitte, ich bin so müde. Bitte jetzt nicht. Lass mich bitte schlafen.« Kaum gesagt, war er weg, und ich bin wieder eingeschlafen.

So sind die Seelen aus der geistigen Welt – echte Schnuckelchen! Niemand drängt sich auf! Niemand verhält sich blöd, doof, böse oder wird ausfallend. Alle kommen in und voller Liebe!

Normalerweise schicke ich alles weg, was morgens oder nachts neben meinem Bett auftaucht. Das klingt für dich vielleicht herzlos. Womöglich denkst du, wenn nur meine Lieblingsseele mal morgens neben mir stehen würde! Sei dir sicher, das tut sie! Aber dennoch, auch ein Medium braucht seinen Schönheitsschlaf. Die geistige Welt ist 24 Stunden am Tag »on«! Schicke ich diese Seelen also nicht weg oder bitte darum, schlafen zu dürfen, bekomme ich die ganze Nacht Durchsagen.

Auch wenn diese Durchsagen oft der Hammer sind, mir als Medium bleiben die Augenringe. Auf Dauer ist schlechte Laune als Ausbeute des Schlafmangels vorprogrammiert. Meistens bitte ich die Lieblingsseelen im Halbschlaf darum, zu gehen und erst wieder aufzutauchen, nachdem ich meinen ersten Kaffee getrunken habe!

2.4.1

Vom Tod träumen

Stell dir bitte einmal kurz vor, dass du nachts von deinem eigenen Tod träumst! Was meinst du, hat das zu bedeuten? Heißt das womöglich, dass du bald sterben wirst? Oder hat es vielleicht noch andere Bedeutungen, die du dir bei einem solchen Traum und einer entsprechend aufgewühlten Nacht kaum vorstellen kannst? Alles ist möglich! Ja, es kann durchaus sein, dass du tatsächlich einen Hinweis darauf erhältst, dass deine Zeit des Übergangs in die geistige Welt gekommen ist. Ich habe die Erfahrung gemacht, dass das aber nur in Ausnahmefällen geschieht, um z. B. die betreffende Person und ihr Leben nicht aus den Fugen zu werfen. Viele Menschen haben sogenannte Vorahnungen, mit denen sie im Alltag aber eher schlecht umgehen können. Wem sollen sie diese Hinweise erzählen? Der Person, die sie in ihrer Vorahnung sterben sehen haben? Wohl kaum! Die tippt sich womöglich an den Kopf und will unter keinen Umständen etwas über ihren Tod hören! Wem sollen sie es also sagen? Mehr zu dieser Thematik erläutere ich dir im Kapitel Vorahnungen. Selbst wenn du wirklich von deinem Übergang in die geistige Welt träumst, dann gibt es keinen Grund, hiervor Angst zu haben. Kümmere dich lieber darum, dein Leben im Hier und Jetzt so zu leben und zu gestalten, dass du, wenn dieser Tag irgendwann gekommen ist, sagen kannst: »YES! Ich hatte ein wunderbares und sensationelles Leben! Danke!« Das Leben hier in diesem physischen Körper ist nun mal endlich! Verdrängen hilft da nicht, egal, wie sehr einige Menschen auch versuchen, so zu tun, als ob sie in ihren Körpern ewig leben und allezeit ihre Erfülltheit finden könnten! Frage dich also immer wieder: Lebst du dich und deine wundervolle Seele in jeder Sekunde des Tages!? Ich schon! Eine andere Deutungsform für das Träumen vom Tod wäre es, dass hierbei der Tod für das Sterben von etwas Altem oder jetzt Abgeschossenem steht. Etwas, das du nun für dich verändern kannst und darfst. Das Ende einer Entwicklungsstufe – Grund für Jubel?! Ich denke schon. Meiner Erfahrung nach hat das Träumen vom eigenen Tod mehr mit dem Ende eines Lebensabschnittes oder einer Lebensphase zu tun, als mit dem eigentlichen Tod.

Meist ist uns selbst das Ende eines solchen Abschnittes nicht bewusst. Ins bewusste Sein gelangt dies dann erst durch z. B. einen Traum. Freue dich also, wenn du tatsächlich von deinem Tod träumst. Dein nächster Entwicklungsschritt steht dir bevor, selbst wenn er sich während des Träumens ganz furchtbar angefühlt hat. Wir, die wir versuchen, alles zu zerdenken, unterschätzen meist den Verstand, der des Nachts alles, was wir denken, erleben, kreieren und erfahren, für sich selbst neu zusammenstellt.

2.5 Übergang

Gehörst du zu den Menschen, die Angst vor dem Sterben bzw. dem Übergang haben, weil sie nicht wissen, was sie erwartet oder ob es den Himmel wirklich gibt? Dann würde ich dir gerne anhand meiner Erlebnisse schildern, wie sich dieser Übergang für mich als Medium dargestellt hat und wie genau ich diesen erleben durfte. Für mich war es z. B. ein Geschenk, den Übergang der Seele meines Onkels, raus dem physischen Körper, rein in die geistige Welt, aus meiner heutigen Sicht als Medium miterleben zu dürfen. Nichts passiert einfach nur so! Alles im Universum hat seinen Sinn! Alles!

Alles begann an dem Tag, an dem mein Lieblingsonkel in seinen Hausschlappen und mit einem Kasten Wasser in der Hand die steile Kellertreppe seines Hauses hinunterfiel. Für einen Moment blieb er dort regungslos liegen. Das war der erste Schockmoment! Daran starb er nicht, aber der Gesamtprozess Sterben wurde genau darüber in Gang gesetzt, ohne dass wir es als Familie mitbekommen hätten. Ein paar Wochen später kam er wegen eines Routineeingriffes in ein Krankenhaus und damit begann die Odysee. Er unterzuckerte schon vor der OP und fiel darüber in ein Delir. Trotz dieser Verwirrungszustände wurde er aus Platzgründen von der Intensiv- auf die Normalstation verlegt, wo ihn niemand unter genauerer Beobachtung hatte.

Er büxte nachts im Schlafanzug und erneut in Hausschlappen in den nahegelegenen Park aus und fiel dort auf den Kopf. Dabei erlitt er einen Schädelbasisbruch und musste in einem anderen Krankenhaus stationär aufgenommen werden. Nachdem wir einen Anruf von der Polizei erhalten hatten, die uns über das Vorgefallene informiert hatte, ließen wir alles wir stehen und liegen und fuhren in die zweite Klinik, um meinem Onkel zur Seite zu stehen. Als wir sein Krankenzimmer betraten, bemerkte ich hinter seinem Krankenbett alle seine Lieblingsseelen, die sich dort versammelt hatten: Mutter, Schwägerin, Bruder und sein bester Angelfreund, wie sich später herausstellte.

Nach ein paar Stunden wurde er in eine dritte Klinik verlegt. Albtraum! Dort nahm uns die Ärztin zur Seite und bat uns, bitte umgehend alle Angehörigen zusammenzuholen, es würde mit meinem Onkel zu Ende gehen, und zwar heute noch! Bei weiteren Untersuchungen stellte sich heraus, dass er sich über diesen Sturz zusätzlich Gehirnblutungen zugezogen hatte. Die Ärztin sagte, er würde die Nacht nicht überleben, da sein Körper auf ein direktes Organversagen und zusätzlich auf eine Sepsis zusteuere. Mein Onkel und sterben? Ich konnte es kaum glauben! Wir alle waren fassungslos! Die Situation war derart unwirklich. Gerade war doch weitestgehend alles noch okay gewesen, zumindest nach den Aussagen des zweiten Krankenhauses. Gut, Schädelbasisbruch ist bestimmt keine einfache Diagnose, aber dass nun gleich vom Sterben die Rede war, machte uns alle völlig sprachlos! Keiner hatte damit gerechnet. Tot! Mein Onkel! Heute noch!

Mein Onkel hatte damals hohes Fieber. Sein gesamter Körper krampfte. Egal, für wie verrückt meine Familie mich und mein Leben als Medium und Heilmedium auch halten mochten, in diesem Moment gemeinsam am Krankenbett zu stehen, vereinte uns. Alle waren still und reichten sich auf meine Bitte hin die Hände. Es war, als würde sich in diesem Augenblick jeder ausschließlich von seinem Herzen leiten lassen. Im Halbkreis um sein Bett stehend, hielten wir uns an den Händen, und ich bat meine Heiler aus der geistigen Welt, zu mir zu kommen.

Mit ihrer Hilfe ließ ich unsere Energien kreisen und zentrierte sie zu einer Lichtsäule, die sich über meinem Onkel aufbaute. Erneut bat ich meine Heiler aus der geistigen Welt, meinem Onkel das zu geben, was seine Seele jetzt benötigt und ihn bei diesem Prozess bitte zu unterstützten. Eine wundervolle strahlend helle Lichtsäule erstand und ich konnte förmlich den Energiefluss sehen, der aus der geistigen Welt strömte. Allen liefen die Tränen! Jeder von uns konnte die Kraft und die Liebe dieser einzigartigen universellen Energie spüren. Niemand von uns war in der Lage, seine Gefühle in diesem Moment zu beschreiben. Im Anschluss bedankte ich mich bei meinem Heilerteam aus der geistigen Welt und die Lichtsäule verschwand.

Gleich darauf hörte ich die Stimme meines Guides, der sagte: »Heute wird er nicht gehen«, und das, obwohl die Ärzte das so angekündigt hatten. Jedes Mal, wenn etwas Wichtiges, besonders in dieser Richtung, geschieht, kann ich seine Stimme und die Hinweise aus der geistigen Welt wahrnehmen. Mein Onkel, der sich damals in einer Art Komazustand befand, bekam von alledem nichts mit! Ich hielt fast die ganze Nacht, allein an seinem Bett sitzend, seine Hand, betete für ihn und war für ihn da. Am nächsten Tag sagten die Ärzte, es sei unglaublich, aber es würde meinem Onkel etwas besser gehen. Er sei zwar noch nicht »über den Berg«, aber aus für sie nicht nachvollziehbaren Gründen war er auch nicht gestorben. Ich wusste, warum, und dachte nur: Danke für die wundervolle Lichtsäule, eure heilenden Energien und eure unendliche Hilfe. Mein Onkel lebt!

Ärzte und Pflegepersonal waren voller Zuversicht, dass er es vielleicht doch noch schaffen könnte. Alles war ruhig und dennoch spürte ich, dass es nur ein schöner »Schein« war. In weiteren medialen »Visionen« konnte ich einen goldenen Weg erkennen, der sich serpentinenförmig vom Boden bis in den Himmel schlängelte. Der Weg war leer und bei genauem Hinsehen konnte ich meinen Onkel wahrnehmen, der bereits davor stand. In seinem Zimmer nahm ich deutlich seinen Schutzengel wahr. Er stand dicht bei ihm, genau wie seine Lieblingsseelen aus der geistigen Welt: Seine Mutter und seine Schwägerin, die wie eine Schwester für ihn war.

Sein Bruder und sein Angelkumpel. Alle Lieblingsseelen hatten ihre eigenen Schutzengel bei sich und wichen nicht von seiner Seite. Keiner außer mir nahm diese himmlischen Begleitungen wahr. Für jeden sonst im Raum Anwesenenden war es ein ansonsten leeres Krankenzimmer, in dem lediglich die ganzen Gerätschaften, an die er angeschlossen war, vor sich hin piepten.

Trotz aller Visionen und allem, was ich gesehen oder gehört hatte, fühlte ich mich befangen. Ich fragte mich, ob das wirklich echt war oder ob es nicht doch nur meinem Wunschdenken entsprang. Nur allzu leicht stellen sich solche hinderlichen Gedanken und Gefühle zwischen meine Visionen und die Realität der geistigen Welt. Mein Verstand treibt dann mit mir seine Spiele und ich werde unsicher, ob alles, was geschieht, nicht doch nur ein Hirngespinst ist. Ich begann also, mit seiner Seele zu arbeiten.

Als ich Kontakt zu seiner Seele aufnahm, die zu diesem Zeitpunkt noch fest mit seinem Körper verankert war, teilte sie mir Folgendes mit: »Ich bin noch hier, um meiner Frau genug Zeit zum Abschiednehmen zu geben. Ich warte, bis sie so weit ist. Ich habe keine Angst mehr vorm Sterben und bin jetzt ganz leicht. Ich bin frei und befinde mich zwischen Himmel und Erde. Ich fühle mich jetzt schon so stark wie früher und dieses Gefühl habe ich unendlich vermisst. Ich möchte meiner Frau sagen, dass sie mein Ein und Alles ist und ich sie von ganzem Herzen liebe. Sie ist meine einzige große Liebe. Ich bin gerade etwas traurig, spüre aber, dass dieses Gefühl nicht mehr wirklich zu mir gehört, weil meine Seele beginnt, sich von meinem Körper zu lösen. Alles, was ich will, ist, dass meine Frau das weiß. Sag ihr, wie sehr ich sie liebe und dass ich auf ihr Zeichen warte, damit ich gehen kann. Es tut mir leid, dass ich auf diese Weise gehe. Sie soll mir deswegen bitte nicht böse sein. Mir ist wichtig, dass sie auf sich achtet. Sie soll wissen, dass ich wieder stark bin und dass ich, wenn der

Tag kommt mit einem riesigen Blumenstrauß am Ende des goldenen Weges auf sie warten werde. Es wird genau so ein Blumenstrauß sein, wie sie ihn schon einmal von mir bekommen hat. Sag ihr das. Ich liebe sie.« Das waren die letzten Worte seiner Seele.

Meine Tante, die zwar an Engel glaubt, war dennoch sehr skeptisch, was meine mediale Arbeit betraf. Deshalb berichtete ich ihr nur äußerst zurückhaltend davon, was ich erfahren hatte. Ja, es gab den Teil in ihr, der alles, was ich tat, als Humbug ansehen wollte, aber es gab auch den anderen Teil, der »spürte«, dass diese Botschaft für sie richtig und wichtig war.

Sie bestätigte jede Einzelheit aus der Seelenbotschaft ihres Mannes. Sie konnte zudem alles verstehen, was an Informationen und Beweisen für sie durchgegeben worden war. Alles Dinge, die ich zuvor nicht gewusst hatte! Es hatte also ein echter Seelenkontakt zu meinem Onkel stattgefunden, daran bestand kein Zweifel. Auch wenn meine Seele vor Freude und Glück hüpfte, weil ich alles korrekt übermittelt hatte, wusste ich dennoch, dass er sterben wird! Ich wählte jedes Wort mit Bedacht, als ich meiner Familie mitteilte, dass mein Onkel nicht mehr lange in diesem Körper bleiben würde.

Meine Familie war verwirrt – stirbt er nun oder stirbt er nicht?! Die Ärzte sagten da etwas anderes als ich. Mir schlug eine Menge Skepsis entgegen. Sie fragten immer wieder: »Was, wenn du es doch nicht kannst – das mit dem Medium sein?! Was, wenn alles, was du bekommst, siehst und hörst, schlichtweg falsch ist?! Was, wenn du dir das nur einbildest! Was dann?« Natürlich konnte ich ihre Angst und ihre Bedenken verstehen. Dennoch, die Hinweise aus der geistigen Welt waren deutlich, ja glasklar gewesen! Wieder und wieder sah ich diesen wundervollen goldenen Weg vor mir und meinen Onkel, der davorstand. Dann veränderte sich etwas. Ich konnte sehen, wie er sich verabschiedet. Und wieder empfing ich die Botschaft, dass es bald zu Ende gehen würde.

Trotz allem stieg die Hoffnung, dass er es doch noch schaffen könnte, rapide an. Als ich am nächsten Morgen mit meiner Tante ins Krankenhaus kam, eilten uns der Arzt und die Pflegekräfte freudig entgegen und berichteten, dass mein Onkel wie durch ein Wunder ansprechbar sei. Sie sagten, sie gingen davon aus, dass es nun in kleinen Schritten bergauf gehe.

War ein Wunder geschehen?! Waren meine außersinnlichen Wahrnehmungen nichts als Hirngespinste gewesen? Hatte meine Familie mit ihren Anschuldigungen womöglich doch recht?! Ich war völlig verwirrt über die Prognose der Ärzte. Wie konnte das sein? Ich hatte doch immer wieder den Hinweis bekommen, dass er bald sterben würde! Es war ein Albtraum! Alles drehte sich in meinem Kopf. Und als wir das Zimmer meines Onkels betraten, hatte er tatsächlich die Augen offen. Ich konnte es kaum glauben! Zwar konnte er nicht reden, aber seine Augen als Spiegel seiner Seele sprachen Bände. Ich spürte in diesem Moment, wie wichtig es war, ihn jetzt mit seiner Frau allein zu lassen, und ging. Im Flur wartend und verwirrt über diese Situation hörte ich meinen Guide sagen: »Das ist jetzt die Zeit, in der sich deine Tante verabschieden kann.« Mir liefen die Tränen und ich spürte, dass seine letzten Stunden begonnen hatten.

Zurück im Zimmer hatte mein Onkel die Augen wieder geschlossen. Ich spürte die Veränderung, die im Raum lag. Die Energien war anders. Meine Tante hatte sich endlich verabschiedet! Nicht, dass sie das bewusst getan hätte. Nein! Unbewusst hatte sie ihrem Mann dennoch zu verstehen gegeben, dass er nun in Frieden gehen könne. An seinem Gesicht war für mich deutlich erkennbar, dass er längst bereit war, diesen Körper zu verlassen. Seit besagtem Sturz sah er jeden Tag älter, eingefallener und nicht mehr wie er selbst aus. Innerhalb von nur drei Tagen veränderte sich sein komplettes Aussehen. So etwas hatte ich noch nie zuvor erlebt oder gesehen.

Wieder standen sein Engel, seine Mutter, seine Schwägerin, sein Bruder und auch der Anglerkumpel in voller Montur neben seinem Bett. Letzterer lächelte mich an und erzählte mir, dass er mit meinem Onkel auch schon in Norwegen fischen gewesen wäre und dass er sich sehr auf ihn freue! Ich fragte meine Tante, ob mein Onkel einen Freund gehabt hätte, mit dem er zum Angeln verreist sei und der bereits gestorben wäre? »Ja«, sagte sie, »das war sein bester Angelfreund. Mit ihm war dein Onkel immer in Norwegen zum Fischen!« Auch diese Informationen stimmten also. Alle ihm wichtigen Personen, jetzt Seelen der geistigen Welt, waren nun bei ihm!

Sie warteten gemeinsam, um ihn auf dem vor ihm liegenden Weg freudig zu begleiten. Wieder konnte ich den wundervollen goldenen Weg wahrnehmen. Immer deutlicher und deutlicher war er zu erkennen. Diesmal stand mein Onkel allerdings direkt darauf. Sein Engel stand neben ihm. Es war so weit! Zu Lebzeiten war mein Onkel ein lustiger, geselliger, aber eher ruhiger und langsamer Mensch gewesen. In diesen letzten Stunden spürte ich, dass er keine Angst mehr vorm Sterben hatte. Noch Monate vor seinem Ableben hatte er mir erzählt, wie viel Angst das Sterben und der Tod ihm bereiten würden. Im Krankenhaus hatte ich ihn jeden Tag weiterhin mit meinem geistigen Heilerteam begleitet. Immer wieder hatte ich seiner Seele gesagt, dass er gehen könne, wann immer ER das möchte. Nun waren alle ein letztes Mal anwesend. Seine Frau, meine Familie und außerdem alle seine Lieben aus der geistigen Welt. Wir spielten die Musik, die er zu Lebzeiten gerne gehört hatte. Wir erzählten uns Geschichten über all seine Erlebnisse. Wir lachten und weinten zusammen an seinem Bett, während seine Begleiter, sein Engel und die Verstorbenen aus der geistigen Welt bereitstanden. Sie zeigten sich und teilten mir mit, dass die geistige Welt voller Freude ein großes Willkommensfest geplant hätte. Meines Onkels Mutter, Schwägerin, Bruder und sein Anglerfreund standen dicht an seinem Bett, sein Engel hatte seinen Körper im Arm und alle begleiteten uns durch diese letzten Stunden. Vereint in einem Raum, wir Menschen und die wundervollen Seelen aus der geistigen Welt. Die Energie war unbeschreiblich schön. Zum ersten Mal konnte ich die Seele meines Onkels dann Stunden vor seinem physischen Tod zusammen mit seinem Engel neben dem Bett stehend wahrnehmen. Beide standen da und blickten wie Beobachter auf seinen regungslosen physischen Körper herab. Wieder gab ich der Seele zu verstehen, dass sie jederzeit gehen könne, wenn sie dazu bereit wäre. Ich versprach, ich würde auf seine Frau aufpassen. Ich sagte der Seele meines Onkels, dass die jenseitige Welt bereits auf ihn warte und dass es ein rauschendes Fest für ihn geben würde. Ich gab ihm zu verstehen, dass er auch uns bald wiedersehen könne, denn in der geistigen Welt sei jeder noch so groß erscheinende Zeitraum nur ein Wimpernschlag.

Außerdem könne seine Seele immer hier auf dieser Erde bei seinen Lieben sein, sofern er das wolle. Währenddessen wurde die feine glitzernde Silberschnur für mich erkennbar, mit der seine Seele und sein Körper noch verbunden waren. Es gab sie also tatsächlich, die Silberschnur! Ich konnte sie deutlich sehen. In der nächsten Nacht kam der Moment, vor dem wir alle irgendwie Furcht hatten. Ich war da und hielt seine Hand, als irgendwann seine Atmung aussetzte. Auch sein Herz hörte auf zu schlagen. Es war ganz still! Immer noch stand die Seele meines Onkels samt seinem Engel neben dem Bett. Plötzlich sah ich die Silberschnur reißen. Es wirkte, als ob sie sich ganz leicht lösen würde. Es gab nicht einmal einen Ruck oder etwas Ähnliches. Zuerst wirkte das aufgrund seiner körperlich aufbäumenden Reaktion komisch, danach sah alles ganz liebevoll und harmonisch aus. Da stand nun die Seele meines Onkels mit ihrem Schutzengel und war abgelöst vom irdischen Sein. Hinter ihnen konnte ich den wundervollen goldenen Weg erkennen. Beide schauten einen Moment auf den leblosen Körper hinab, drehten sich dann um und begaben sich auf den herrlich glitzernden goldenen Weg. Alle Lieblingsseelen, die tagelang um sein Bett gestanden hatten, begleiteten sein Gehen. Alles geschah voller Liebe und Freude. Zu meiner Verwunderung trug die Seele meines Onkels zu diesem Zeitpunkt noch immer sein Krankenhaushemd, welches am Hals mit einer kleinen Schleife verschnürt war. Welch Anblick! Ich musste kurz schmunzeln, dann sagte ich Lebewohl und gab ihm noch einen Handkuss! Mir liefen die Tränen – vor Trauer und Glück zugleich. Irgendwie sah er mit seinem Krankenhaushemdchen auf diesem einzigartigen goldenen Weg entzückend aus! Seine Seele war auf dem Weg in die geistige Welt. Noch viele Stunden nach seinem Tod konnte ich sowohl die Seele meines Onkels als auch seinen Schutzengel deutlich erkennen. Beide befanden sich auf dem Heimweg zum Himmel, quasi nach nebenan. Irgendwann wurden sie kleiner und kleiner, bis sie für mich nicht mehr zu erkennen waren.

Was für ein grandioses Erlebnis! Danke, dass ich das miterleben durfte!

2.6

Flat Line – Nahtoderfahrungen

Es gibt unendlich viele Menschen, die eines miteinander teilen: eine Nahtoderfahrung! Mag sein, dass diese Nahtoderfahrungen vom Ablauf her unterschiedlich sind, aber dennoch sind viele Inhalte gleich. Diese Menschen eint die Erfahrung, aus einer tödlichen Situation heraus ihren Körper verlassen zu haben, z. B. bei einem Unfall oder einem Herzstillstand während einer OP. Jeder von ihnen konnte die darauffolgenden Geschehnisse anschließend wie von außen betrachtet wahrnehmen. Ist das nicht spannend?! Wie auf einer Art Besucherplatz hören und sehen sie die ganze Zeit alles, was um sie herum passiert.

Gleichzeitig beginnt ihre Seele, sich auf einen Weg zu machen, der auch als das »Nachhausekommen« beschrieben wird. Ähnlich meiner Erfahrungen im Umgang mit der geistigen Welt, gibt es keine Wände, keine Hürden etc. Nichts kann die reisende Seele aufhalten. Wie von Seiten der geistigen Welt oft beschrieben, gibt es weder Zeit noch Raum. Alles findet parallel statt! Dabei ist das irdische Zeitgefühl und alles Materielle ausgehebelt. Alles ist in Bewegung, so wie es Energie eben mit sich bringt! Oft nehmen nahestehende Menschen jene Seelen wahr, die gerade eine Nahtoderfahrung machen, selbst wenn sie sich nicht im gleichen Raum mit deren Körpern befinden. Alles ist für die Person, die das Nahtoderlebnis hat, klar und deutlich und erscheint vollkommen real. Betroffene erzählen: »Es ist, als ob du über deinem Körper schwebst. Außerdem kannst du gleichzeitig an verschiedenen Orten sein.« Und all das gefühlt innerhalb und gleichzeitig außerhalb ihres dort befindlichen Körpers. Alles ist möglich und lässt sich deutlich von ihnen wahrnehmen und fühlen. Oft wird die betreffende Seele gleich zu Beginn von einer sehr vertrauten Seele oder mehreren Seelen begleitet. Manche erzählen, sie seien von ihren lieben Verstorbenen und von anderen ihnen sehr vertrauten Wesenheiten begleitet worden. Selbst dann, wenn sie nicht wussten, woher diese Licht- oder Engelwesen oder die geistigen Lehrer ihnen vertraut waren.

Alle seien am Platz des vermeintlichen Todes erschienen. Solche Nahtoderfahrungen unterscheiden sich meist nur dahingehend, dass die jeweilige Seele etwas länger oder scheinbar nur kurz aus dem Körper herausgetreten ist. Ist der Seelenaustritt kurz, so erlebt die Person ihre Nahtoderfahrung, meist direkt über ihrem menschlichen Körper schwebend, als eine Art »stiller Beobachter«. Aus dieser Situation heraus kann sie alles, was gesagt wird und um sie herum passiert, sehen, hören und wahrnehmen. Oder aber es handelt sich um ein längeres Verlassen des Körpers, bei dem die Seele manchmal über einen Weg, Tunnel oder Lichtstrahl von den meist dunkel erscheinenden irdischen Bereichen ins Licht geht. Dabei erkennen diese Menschen, die gerade eine Nahtoderfahrung machen, auch, dass sie nie und zu keinem Zeitpunkt allein sind. Immer sind sie umgeben von himmlischen Helfern und lieben Verstorbenen. Viele berichteten, dass sie sofort Wesenheiten erkannt hätten. Häufig seien sie sofort von ihren so sehr vermissten Lieblingspersonen umarmt worden, die schon lange vor ihnen in die geistige Welt gegangen waren.

Diese Menschen erzählten, das Jenseits sei ein Ort mit unbeschreiblicher Natur, prachtvollen Blumen, Farben, Gerüchen und Klängen. Liebe und Frieden sei im Gegensatz zu 3D überall spürbar. Es sähe alles so ähnlich aus wie hier, sei aber dennoch ganz anders. In ihrer Wahrnehmung sei alles viel intensiver gewesen. Viele beschreiben ein wundervolles Licht und Situationen, die Ähnlichkeiten mit unserem Erdendasein haben. Alles fände gleichzeitig statt, also in derselben Sekunde, sofern man überhaupt von Zeit und Raum sprechen könne. Die Betroffenen sind sich einig, dass das, was sie im Jenseits erlebt hätten, mit unserem Wortschatz überhaupt nicht erklär- oder beschreibbar sei. Dazu seien Worte schlicht nicht ausreichend. Alles sei hell, friedvoll, beglückend und voller Liebe gewesen. Auch wenn die geschilderten Erfahrungen sich zumeist ähneln, sind sie, wie gesagt, dennoch alle unterschiedlich. Ich vermute, dieses individuelle Erleben hat mit dem jeweiligen Bewusstseinsstand zu tun, den die einzelne Person zum Zeitpunkt des Nahtodes hat. Fast alle, die länger in der geistigen Welt verweilten, erzählten anschließend, ihnen habe unglaubliches Wissen zur Verfügung gestanden und dass dieses Wissen einfach da gewesen sei.

Sie hätten viele Informationen bekommen, ohne diese verstehen zu müssen und hätten sie dennoch verstanden. Alle Sinneswahrnehmungen seien in diesem Moment real gewesen und zudem sei alles viel feiner und intensiver gewesen. Das Gehörte sei nicht nur gehört, sondern gleichzeitig gewusst und gefühlt worden. Die Verständigung sei telepathisch erfolgt und Gefühle dreidimensional erlebt worden. Etwas, was für uns hier kaum vorstellbar ist, für alle Nahtoderfahrenen aber zeitweise Realität war. Eine zugegebenermaßen unbeschreibliche Realität. So, als ob jedem ein direkter Zugang zum universellen Wissen bereitgestanden hätte. Derartige Erfahrungen werden oft gemeinsam mit einer Wesenheit, einem spirituellen Lehrer und Freund gemacht, jeweils gepaart mit dem Gefühl, dieses Wesen schon ewig zu kennen und voller Vertrauen alles aufnehmen zu können, was einem an Zugängen ermöglicht wird. Alle wurden nach diesem Einblick in die jenseitige Welt wieder zurück in ihren Körper gebeten. Vielleicht weil es so sein sollte? Wer weiß? Auch wenn es jedem Einzelnen schwergefallen sein mag, aus dieser Situation der Liebe und einmaligen Erfahrung heraus, zurückzugehen, so hat jeder im Nachgang für sich erfahren, was für ein einzigartiges Geschenk das Leben ist. Es muss ein unfassbares wohliges Gefühl sein, wenn die Seele ihr wahres Zuhause und darüber ihre wahre Bestimmung erkennt. Ich freue mich jetzt schon sehr darauf, irgendwann aus diesem Körper zu gehen und voller Glorie meinen Heimweg zu beschreiten.

Nur ein paar Sekunden außerhalb ihres menschlichen Körpers, vielleicht sogar mit Einblicken ins Jenseits, haben alle nahtoderfahrenen Personen verändert. Danach ist nichts mehr wie es war. Alle bisher gekannten Werte stehen Kopf. So wie jeder, der das Mediale für sich entdeckt hat und es aus vollem Herzen lebt, so müssen auch Nahtoderfahrene mit ihrer völlig neuen Sichtweise hier im Irdischen erst einmal klarkommen. Dennoch ist jeder Einzelne im Nachgang unglaublich dankbar für jeden noch so kleinen Einblick, den er in das Jenseitige erhalten durfte. Keiner von ihnen hat mehr Angst vor dem Tod. Keiner lebt mehr so unachtsam wie zuvor. Das, was sie während ihres Nahtodes erfahren durften, verändert sie und alles, was sie bis zu diesem Zeitpunkt über sich und ihr Leben gedacht haben.

Ein heilsames Erlebnis und für Körper und Seelezugleich, das einige sogar dazu bewegt, sich fortan der Spiritualität zuzuwenden.

Vieles Details dieser Aussagen wusste ich komischerweise schon lange, bevor ich die ersten Berichte über Nahtoderfahrungen gelesen hatte. Wie bitte ist das möglich, obwohl ich mich wissentlich noch nie in einer solchen Nahtodsituation befunden habe?!

Ich erkläre mir das wie folgt: Wenn wir mit allem und jedem im Unsichtbaren verbunden sind, findet immerzu ein Informationsaustausch statt. Damit wird klar, warum ich z. B. Dinge weiß oder Zugänge bekomme, die anderen Menschen noch verschlossen sind. Sie haben ihr Bewusstsein für diesen Bereich noch nicht geöffnet.
Das kann sich aber jederzeit ändern, sobald sie ihre Bereitschaft dafür entdeckt haben.

3
HIMMLISCHES

3.1 Universum

Zugegeben, es ist natürlich eine sehr eingeschränkte und vermenschlichte Art und Weise, die universellen Zusammenhänge, die unter das Thema »Seele« als auch das »Leben danach« fallen, mit bloßen Worten beschreiben zu wollen. Aber genau das ist menschlich! Der Mensch unterliegt dem Bedürfnis, sich alles immer wieder erklärbar zu machen! Nimm z. B. Licht, Strom, Energie etc. Über das Erklärbarmachen haben wir vieles und vor allem auch Herausragendes für uns Menschen herausgefunden. Gut, es sind in der Regel immer nur einzelne Personen, die das Herausragende für alle erkennen, das schmälert jedoch keinesfalls die jeweilige Leistung und den daraus entstehenden Gewinn für die Menschheit. Und das, obwohl, wie am Beispiel Strom gut zu erkennen ist, dieser für das menschliche Auge nicht einmal sichtbar ist. Du kannst den Strom in deiner Steckdose nicht sehen! Fühlen schon, wenn es blöd läuft. Aber sehen? Nein! Dennoch ist er da! Ebenso wie das Universum oder besser noch, die Universen! Hey, das wäre jetzt eine super Überleitung zur Wahrnehmung eines Jenseitskontakts, aber bleiben wir erst einmal beim Thema Universum! Ich werde versuchen, das großartige Konstrukt »Universum« mit meinen Worten zu beschreiben. Dennoch bin ich mir sicher, dass es in unserem irdischen Wortschatz kaum eine passende Beschreibung dafür gibt. Wie soll man etwas beschreiben, was unser Verstand überhaupt nicht erfassen kann?! Ich möchte es dennoch versuchen. Stell dir einmal vor, das Universum wäre das Internet! Selbst jedes Kind, weiß, was das World Wide Web ist! Dennoch kann kaum jemand jegliche Hintergründe, geschweige denn die wesentlichen Zusammenhänge dieses komplexen Verbunds von Computernetzwerken, aus dem Stegreif erklären. Insofern finde ich den Vergleich Universum versus Internet super! Hast du dir schon einmal Gedanken darüber gemacht, was das Internet alles kann oder was dir über diesen Zugang alles möglich ist? Und?! Hast du dir klar gemacht, dass dieses unglaubliche Netzwerk tatsächlich von Menschen erschaffen wurde?! Mal ehrlich, wir stoßen fast alle an unsere Verstandesgrenzen, wenn wir auch nur fünf Minuten lang über das Internet, seine Funktionsweise und die möglichen weltweiten Zusammenhänge nachdenken. Ich finde das normal und völlig verständlich! Wir kennen das, was technisch dahintersteht gar nicht und haben, wenn überhaupt, nur den Hauch einer Ahnung davon, wie es tatsächlich funktioniert. Es ist also ähnlich wie beim Universum. Jeder meint, etwas darüber zu wissen, aber keiner begreift es wirklich! Der Einzelne hat also nur so eine Art Ahnung davon, was tatsächlich abgeht! Aber ganz genau weiß es keiner! Woher auch? Und vielleicht soll das auch genau so sein. Mit Sicherheit gibt es derart komplexe Zusammenhänge zwischen den verschiedenen Universen und deren Wesenheiten usw., dass bereits der Gedanke daran eine Herausforderung für uns Menschen darstellt. Auch ich verstehe nur einen Teil dessen, was es an Möglichkeiten gibt und welche Herausforderungen zu meistern sind. Vielleicht gibt es sogar Vorsichtsmaßnahmen, von denen ich noch nie gehört habe, aber das ist für mich völlig okay. Ich weiß, dass ich mit meinem Verstand nicht in der Lage bin, das Universum in Gänze zu verstehen, und das muss ich auch nicht. Um das Internet zu nutzen, reicht es ja auch, zu wissen, dass es dieses Netzwerk gibt, ohne dass ich jedes Detail dahinter verstehen muss. Mir ist bewusst, dass es von Menschenhand gemacht ist, was man vom Universum nicht sagen kann. Ich weiß, dass es schon immer Menschen gab, die versucht haben, das Universum in seiner ganzen Vielfalt und Pracht zu erfassen und das, was sie jeweils verstanden hatten, anderen aufzuzeigen und auf diese Weise begreifbar zu machen. Zu diesen Pionieren gehöre auch ich, insbesondere über das Sichtbarmachen meiner Arbeit mit dem Jenseits.

Vielleicht ist es aber gar nicht Sinn der Übung, dass jeder Mensch alles verstehen oder auf alle universellen Dinge den gleichen Zugriff haben soll?! Wieso sollten wir sonst einen aus universeller Sicht so begrenzten Verstand haben?! Schau dich um! Nicht jeder Mensch verfügt über die gleichen geistigen Voraussetzungen oder den gleichen Intellekt. Wir alle sind unterschiedlich. Das soll dann wohl auch so sein, richtig? Wenn alles einen Sinn hat, dann auch dieser Fakt, dass wir eben nicht alles verstehen! Oder was meinst du?

Für fast alle Menschen stellen das Sterben und der Tod eine unsichtbare und vor allem unüberschreitbare Grenze dar. Zum Glück sind viele Menschen mittlerweile offener, selbst wenn sie nicht sicher sind, ob so etwas wie ein Jenseitskontakt funktionieren kann. Haben sie sich erst einmal zu einer solchen Kontaktaufnahme durchringen können, kann das Wunder geschehen. Die Seelen von Hinterbliebenen und Verstorbenen können sich in einem jenseitigen Kontakt berühren und dabei werden Informationen ausgetauscht. Das kann dazu führen, dass sich selbst schwerste Gewissensbisse oder Schuldgefühle in Liebe und tiefer Verbundenheit auflösen. Das funktioniert jedoch nur, wenn die Hinterbliebenen es zulassen! Auch wenn das vielleicht einige Zeit dauern mag, ist es nicht absolut wundervoll, dass es ein Leben nach dem Tod gibt?!

3.2
Liebe

Was bedeutet das Wort Liebe für dich? Was ist deines Erachtens nach die tiefere Bedeutung hinter diesem Wort? Das sind Fragen, die ich vor langer Zeit direkt an die geistige Welt gerichtet habe. Gerne möchte ich meine damals gechannelte Antwort mit dir teilen: »Liebe ist die mächtigste Energie, die ihr auf Erden besitzt. Mit Hilfe dieser Liebe lässt sich jeder noch so negative Bereich ins Positive kehren und ändern. Liebe ist allumfassend und von jedem nutzbar. Liebe ist ein wundervolles, unbeschreiblich schönes Gefühl, das eure Seele mit Freude und Frieden erfüllt. Allein um dieses Gefühl zu erleben, seid ihr hier. Auch um zu verstehen, was Menschen ausrichten können, wenn sie in Liebe denken, in Liebe handeln oder gar in Liebe leben. All das würde eure Welt verändern. Zu jeder Zeit! Lebt dieses wundervolle Gefühl und darüber diese wundervolle Energie der Liebe. Lebt die Fülle und spürt, dass über die Liebe alles ewig und untrennbar miteinander verbunden ist.»

Ist das nicht herrlich? Ein Danke an die geistige Welt für diese treffende Erläuterung!

3.3 Energie

Wie bewusst ist dir, dass alles um dich herum Energie ist? Zugegebenermaßen ist das ein Denkanstoß, bei dem die meisten Menschen schon zu Beginn an ihre Grenzen gelangen. Alles ist Energie und darüber ist alles Bewusstsein! Viele rollen schon mit den Augen, wenn sie so etwas nur hören. Dennoch ist es für mich genau so! Für mich ist alles um mich herum Energie und Bewusstsein. Vielleicht bin ich nicht in der Lage, dies mit meinen nicht wissenschaftlichen Worten bis in die Tiefe zu erklären, aber einen Versuch ist es wert! Bitte achte auf dein Gefühl! Was passiert, wenn du das hier liest? Wie fühlt sich diese Info für dich an? Versuche möglichst nicht, den Inhalt dieser Sätze mit dem Verstand zu erfassen, sonst bist du schneller raus, als du dir das vorstellen kannst. Fühle alles, was hochkommt, und achte darüber hinaus auf deine körperlichen Empfindungen.

Wikipedia beschreibt den aus dem Griechischen kommenden Begriff Energie als »wirkende Kraft«. Das hört sich gut an, nicht wahr? Für mich ist Energie Schwingung. Egal, ob es sich um einen Gedanken, einen Körper, einen Tisch oder einen Stuhl handelt, alles ist Energie und damit Schwingung. Materie schwingt in meiner Wahrnehmung sehr langsam. Das ist für mich auch die Erklärung, warum ich die für mich fest wirkenden Gegenstände nicht herumschwingen sehe. Nimm zum Beispiel Radio- oder Mikrowellen, auch das sind Schwingungen und somit Energien. Energien, die für unser menschliches Auge nicht sichtbar sind, aber in vielen Bereichen sichtbar gemacht werden können. Licht ist ebenfalls Energie und damit Schwingung. Beginne ich, mit der geistigen Welt zu arbeiten, hebe ich bewusst alle Energien im Raum an, um effektiver mit diesen lichtvollen höheren Energien arbeiten zu können. Voller Liebe senkt die lichtvolle geistige Welt im gleichen Atemzug ihre Energien ab, damit diese Form der Kommunikation überhaupt möglich wird. Wenn die irdischen und die jenseitigen Energien zusammenkommen, ist diese Energieveränderung sofort im Raum spürbar. Und das selbst für Menschen, die so etwas nicht bewusst bzw. hellsichtig wahrnehmen können.

Sie betreten zu Beginn ihrer Sitzung meine Räume und sagen, wie schön es hier sei oder wie wohl und angenehm die Atmosphäre in meinen Räumen sei. Tada! So fühlt sich eine Veränderung der Raumenergie an! Haste nicht gedacht, oder? Kein Wunder! Die geistige Welt hat voller Liebe alle schweren Schwingungen in leichtere, lichtvolle und liebevolle Schwingungen verwandelt. Dieses unsichtbare Kraftfeld ist besonders körperlich spürbar. Spannend finde ich auch, dass Energie und darüber das Bewusstsein stets der Aufmerksamkeit oder der Absicht folgt.

Nehmen wir einmal das Beispiel Galileo Galileis, der im 16. und 17. Jahrhundert gelebt und gewirkt hat. Bestimmt fanden viele Menschen auch ihn seltsam, »spinnert« oder Ähnliches, weil er Dinge infrage stellte, die andere als gegeben hinnahmen. Alles, was er je erschaffen hat, begann mit einem Gedanken. So war es auch mit seinen Lehren vom Sonnen- bzw. Planetensystem, mit denen er sich in der damaligen Welt allerhand Ärger einhandelte und wegen der er von der Inquisition sogar zum Abschwören gezwungen wurde. Oder schauen wir uns Leonardo da Vinci an, der mich als Mensch immer ganz besonders fasziniert hat. Was für ein Universalgenie! Nicht nur als Künstler, Bildhauer, Architekt und Musiker setzte er Unglaubliches um. Egal, wie oft er auch belächelt wurde oder wie viele Verbote es auch gab, er hat sich dadurch nicht von seinen Absichten abbringen lassen. Er blieb ganz bei sich und setzte seine Ideen, Gedanken und Visionen um, so auch seine umstrittenen anatomischen Studien.

Energie füllt jeden noch so kleinen Raum aus. Es gibt demnach keinen energiefreien Raum noch irgendwelche Hohlräume oder gänzlich leeren Räume. Das ist der Grund, warum wir stets mit allem, sowohl in der irdischen als auch der geistigen Welt, verbunden sind. Interessant, gell? Jetzt fragst du dich sicher, was all das Wissen um Energie mit deiner geliebten verstorbenen Person zu tun haben soll. Sehr viel, kann ich dir sagen! Sehr viel! Energie ist Bewegung und will dies auch sein! Energie will fließen! Selbst eine Flatline, wenn du dir eine solche bitte einmal kurz in dein Gedächtnis rufen würdest, ist eine »bewegte« Energielinie, die von rechts nach links fließt. Kannst du das spüren?

Allein beim Gedanken an eine Flatline, also den sichtbaren Ausdruck des Sterbens, macht sich bei den meisten Menschen sofort Angst, Enge oder Druck im Brustkorb bemerkbar. Das sind die körperlichen Zeichen dafür, dass du unbewusst Angst vor dem Sterben hast. Außerdem kennzeichnen sie die Angst vor dem Verlust und die Angst davor, nicht mehr da zu sein. Später werde ich dir mehr davon berichten. Halten wir noch einmal fest: Energie will in Bewegung sein und rund soll es fließen! Rund, so wie alles im Universellen ein Kreislauf ist. Selbst das Leben und der Tod!

3.4
Seele

Du und ich bzw. alle Lebewesen sind, wie bereits gesagt, Energie. Energie in und um einen physischen Körper herum. Als körperliche Lebewesen stellen wir hier jedoch noch so viel mehr dar als nur diesen Körper! Wir sind Körper, Geist oder Verstand und Seele! Und Seele ist dabei reine Energie mit Bewusstsein, obwohl dieser Fakt den wenigsten Menschen im Alltag bewusst ist.

Ein Grund dafür ist, dass die Seele in ihrem sogenannten »Energiekörper« für viele Menschen nicht sichtbar bzw. mit bloßem Auge erkennbar ist. Da die meisten Menschen, wenn überhaupt, nur das glauben, was sie sehen, wundert es nicht, dass oft geglaubt wird, dass weder so etwas wie eine Seele noch ein Ort wie das Jenseits existiere. Nur weil jemand etwas nicht zu sehen vermag, heißt das nicht, dass es da nichts zu sehen gibt! Öffne dich bitte dem Gedanken, dass es so viel mehr gibt als das, was wir mit unseren physischen Augen sehen können. Würde jeder versuchen, mit seiner Seele zu sehen oder noch besser, würde jede Person sich als Seele erkennen, wäre das anders! Da bin ich sicher! Jeder könnte darüber erkennen, wie lichtvoll, einzigartig und wundervoll er ist!

All das, was die meisten Menschen von sich selbst niemals sagen würden!

Vielleicht soll das aber auch genau so sein!

Wie bereits gesagt, für mich ist jeder Mensch in erster Linie »Seele«. Das macht es mir im Alltag auch sehr viel leichter, Menschen so anzunehmen, wie sie sind. Eine Seele kannst du immer lieben, auch wenn dir der Mensch dazu als wenig liebenswert oder unmöglich bis scheiße erscheint. Mit Fokus auf seine Seele geht das! Viele Seelen sind in sich gefangen und immerzu auf der Suche nach dem wahren Ich oder nennen wir es Lebenssinn und -ziel! Wir alle sind Seelen oder geistige Wesenheiten, das ist meine Meinung! Seelen, die aus Ebenen der puren gelebten Liebe kommen, in denen es keine Be- oder Verurteilung gibt. Diese Ebenen werden oft auch als Himmel bezeichnet. Himmel ist ein schönes Wort, nicht wahr? Dieser Begriff birgt so unendlich viel Leichtigkeit! Die Seele ist begierig, immer wieder neue Erfahrungen zu machen. Vor allem emotionale Erfahrungen! Das Supergute, die Liebe und in Liebe zu leben – das kennt unsere Seele aus dem Jenseitigen nur allzu gut! Denn da kommen wir her: aus der Liebe und von der Liebe! Jetzt gilt es, anders geartete emotionale Erfahrungen zu sammeln. Dazu gehören auch solche, die wir Menschen ganz klar als negative oder schlimme Erfahrungen bezeichnen würden. Die Seele aber urteilt nicht auf diese Weise. Nur der Mensch tut das! Es geht in unserem Leben hier auf Erden in erster Linie darum, alles mitzunehmen, was geht. Dieser Planet ist ein Spielplatz, auf dem wir Menschen uns nach Herzenslust ausleben dürfen.

Über ihre Energiekörper ist die Seele als ewige Energie-Bewusstseins-Essenz zu jeder Zeit mit allen Ebenen verbunden. Vielleicht ist dir der Ausdruck Aura für die Seele geläufiger. Wie auch immer, mit all ihren Energiekörpern ist die Seele so viel größer als unser sichtbarer physischer Körper. Sie reicht weit über diesen hinaus. Obgleich ich dies schon immer gespürt habe, so wurde auch mir seit frühester Kindheit beigebracht, dass ich nur Körper bin! Egal, ob du das hier für esoterisches Geschwätz hältst oder nicht, ich bin sicher, dass auch du schon einmal die Energie einer anderen Person gespürt hast. Beispielsweise die eines Menschen, der sich aus Platzgründen im Aufzug ganz dicht neben dich gestellt hat. Manchmal fühlt sich das angenehm an, ein anderes Mal eher unangenehm. Vielleicht verspürst du sogar ein Gefühl von Bedrängnis oder Bedrohung.

Die Empfindungen, die in einer solchen Situation hochkommen, können dazu führen, dass du am liebsten Abstand nehmen würdest, weil die andere Person dir gefühlt viel zu nahe kommt. Herzlichen Glückwunsch! Du hast tatsächlich gefühlt, wie eine andere Person deine Aura berührt hat! Lass dir Folgendes sagen: Nur bei Personen, die wir gerne mögen, ist dieses Gefühl des Berührens der Auren angenehm und wohlwollend.

Wie gesagt, das, was du in diesen Momenten fühlst, ist die Aura bzw. der Energiekörper einer anderen Person, den du unbewusst wahrnimmst, obwohl diese Person dich zu keiner Zeit berührt. Ist das nicht irre?! Stehst du also mit jemandem dicht zusammen, dann berühren sich eure Seelen-Energiekörper – nicht aber eure physischen Körper. Ob ihr harmonisch miteinander schwingt, wird demnach allein durch die Berührung eurer Energiekörper offenkundig.

Auch der Fakt, dass die Seele ewig ist und damit ewig lebt, ist den meisten Menschen wenig oder gar nicht präsent. Ich glaube, dass der Sinn meines Lebens und des Lebens aller hier darin besteht, herauszufinden, wer und was wir wirklich sind. Alles im Außen, mein Haus, mein Auto, meine Jacht, ist ebenso ein Erfahrungswert wie alles andere. Geld ist im Übrigen auch Energie! Vergiss das nicht! Solltest du der Überzeugung sein, als Medium gehöre es sich nicht, für seine Gaben Geld zu nehmen, dann ist das für mich kein Ding! Ich arbeite schon eifrig daran, dass meine Miete sich demnächst in Wohlgefallen auflöst und mein Kühlschrank sich mit bloßer Gedankenkraft füllt und darüber unendliche Fülle in meinem Leben aufzeigt. Ich bin sicher, du verstehst, was ich dir damit sagen möchte: Wir alle haben tief verwurzelte Glaubenssätze über das Thema Geld. Kein oder nicht genug Geld zu haben weist uns darauf hin, dass die Energie Geld durch solche negativ wirkenden Überzeugungen blockiert ist. Deshalb fließt nichts! Im Übrigen kannst du ganz beruhigt sein, ich weiß, dass die Heilung, die ich, mit dem was ich tue, überbringen darf, unbezahlbar ist und bleibt.

Meiner Meinung nach ist jede Person in ihrem »Lebensfilm« zugleich Autor, Regisseur und Hauptdarsteller.

Wir sind keine ferngesteuerten Marionetten, für die es völlig zufällig einmal gut und ein andermal blöd laufen kann. Wir selbst entscheiden in jedem Moment, wie und was wir leben und darüber erfahren möchten. Für einen Großteil der Menschen läuft genau das unbewusst ab. Dennoch! Es passiert. Entscheidest du nicht selbst, tun andere das für dich. Meist sind wir Menschen unbewusst viel zu sehr mit be- und verurteilen, aber auch mit Gedankenmustern und Glaubenssätzen beschäftigt, bis wir eines Tages bewusst erkennen, dass es genau darum eben nicht geht. Jeder kann sein Leben ins Positive verändern! Jeder! Alle vermeintlichen Fehler, die wir im Außen bei anderen entdecken, weisen uns auf das Fehlen eines Stützpfeilers in unserem Inneren hin.

Für mich ist klar, dass jede Seele vor ihrem Eintritt in dieses Leben selbst die Eckdaten zur Bestimmung ihrer jeweiligen Seinserfahrung gesetzt hat. Auch das mag etwas sein, was für die meisten Menschen undenkbar ist. Wie nur kann man sich ein Leben aussuchen, in dem man ermordet, vergewaltigt, geschlagen oder auf irgendeine Art und Weise missbraucht wird? Wieso sollte man freiwillig ein Leben in Opferstellung oder ohne jegliche materiellen Mittel wählen? Was aber, wenn es nicht um eine Bewertung aus menschlicher Sicht, sondern einzig um die Erfahrung und das Sein geht? Was, wenn zu einer solchen Erfahrungsbandbreite alle Erfahrungsanteile gehören, die des Täters, die des Opfers und die des Beobachters gleichermaßen?

Was also, wenn jeder von uns in seinem anderen Seelenanteil Täter statt Opfer ist, was dann?! Versuche einfach, diesen Gedanken zuzulassen, auch wenn du ihn verstandesmäßig vielleicht noch nicht erfassen kannst. Erlaube dir einmal die Vorstellung, dass dein Leben grundsätzlich als wundervoll und glücklich angelegt ist. Erlaube dir, anzunehmen, dass der Grund deines Lebens das »Sein« ist, über das du Erfahrungen sammelst. Wenn ich mir etwas wünschen darf, dann, dass alle Menschen sich aus tiefstem Herzen dafür entscheiden, ganz ohne blödsinnige Glaubenssätze zu leben. Glaubenssätze, wie sie genau jetzt wieder um die Ecke kommen. Nicht wahr?

Bei unserem Erdenleben geht es in erster Linie um das Sein und darüber um das Sammeln von Erfahrungen, mit denen sich die

Seele weiterentwickeln kann. Wir alle gehen quasi von der Dunkelheit in das Licht. Auch ich habe unzählige, für mich emotional schwierige Dinge erlebt. Erst nach vielen Jahren habe ich erkannt, dass selbst das, was ich als schlecht bewertet habe, sowie alles, was mir jemals angetan wurde, zu mir gehört. Ich habe für mich verstanden, dass diese alten emotionalen Schicksalsschläge wichtig waren. Ich habe verstanden, dass Schuldgefühle etwas sind, was wir als Menschen beigebracht bekommen haben. Auch das war wichtig! Im Nachgang haben mich besonders diese schweren Erfahrungen dazu bewegt, Gedanken und Ansichten über mich genauer zu betrachten und anschließend in meinem Leben zu verändern. Heute weiß ich, dass jeder Feind mir aufzeigt, wie feindselig ich mir selbst gegenüber bin. Wie sehr ich mich selbst in bestimmten Situationen gehasst und abgelehnt habe. Wie sehr ich mich selbst kasteie, kleinhalte und nicht sehe.

All das hat mir geholfen, wie ein Phönix aus der Asche zu steigen und fortan nur noch mich und meine wunderbare Seele zu leben, ungeachtet dessen, was Außenstehende von dem, was ich bin und tue, halten. Ja, es gibt Tage, da bin auch ich ganz weit von Leichtigkeit und Verständnis für das Große und Ganze entfernt. Das sind Tage, an denen ich weder meine Seele noch mich selbst spüre. Ich bin dann gefangen in den alten emotionalen Gefühlen und Glaubenssätzen meiner Kindheit, in dem Glauben, nicht gut genug zu sein und nicht geliebt zu werden, so wie ich bin. Auch das ist menschlich und gehört zu deinen Erfahrungen als Seele dazu. Heute komme ich jedoch schneller aus solchen emotionalen Zuständen wieder heraus. Ich fühle meine Angst und nehme an, dass auch das, was ich nicht fühlen will, zu mir gehört.
Über diese bedingungslose Annahme lässt sich alles in Liebe und Leichtigkeit wandeln.

In meinen Jenseitskontakten erlebe ich von Seiten der geistigen Welt immer wieder, dass es nicht um den Tod oder darum, wie man zu Tode gekommen ist, geht. Oft wird von den Hinterbliebenen nämlich genau die Art und Weise, wie jemand zu Tode gekommen ist, be- und verurteilt. Ist der gesamte Lebensfilm dann angeschaut, erkennen wir, dass wir selbst es waren, die alles an uns und anderen Menschen bewertet und verurteilt haben und nicht die geistige Welt. Auch erkennen wir, dass unsere vergangenen Erlebnisse in der geistigen Welt keine große Rolle spielen. All das wird im Jenseitigen zum Randgeschehen ohne jegliche Bedeutung, ein Fakt, der für viele Menschen unvorstellbar ist.

Für mich gibt es weder Zeit noch Raum und auch sonst keinerlei Beschränkungen von Seiten der geistigen Welt. Das ist der Grund, weshalb die Arbeit mit der Seele natürlich auch online geübt, gefühlt und wahrgenommen werden kann. Wenn du also mit deiner Lieblingsseele kommunizieren willst, dann wisse, dass sie sofort da ist, sobald du nur die Absicht aussendest. Es gibt aus meiner Sicht keine Wartezeit, keine Meditationseinstimmung, keine Ruhezeiten und schon gleich gar keine »Sprich mich bloß nicht an«-Zeit! Meiner Erfahrung nach passiert das ganze Gegenteil.

Deine Lieblingsseele versucht oft schon direkt nach ihrem physischen Tod mit allen ihr zur Verfügung stehenden Mitteln, dir aufzuzeigen, dass sie da bzw. bei dir ist, es ihr gut geht, du dir keine Sorgen um sie machen sollst, alle geliebten Verstorbenen im Jenseits zusammen sind, sie immer bei dir sein wird.

Limitierungen gibt es keine, ebenso wenig wie eine Be- oder Verurteilung. Alles ist möglich! Alles ist! Dafür erhalte ich jeden einzelnen Tag wundervolle Beweise aus der geistigen Welt.

Und ich liebe es!

3.5
Die Augen als Spiegel der Seele

Sich nicht liebenswert, nicht hübsch, nicht schön, nicht fleißig genug usw. zu fühlen, aber auch Leichtigkeit, Freude und Liebe hinterlassen ihre Spuren auf deiner Seele. Oh, wie ich das kenne und wie viele Jahre mich negative Gedanken begleitet haben. Solche »Spuren der eigenen Schwere« kannst du für dich ganz leicht erkennen. Natürlich nur, wenn du willst. Du willst? Super! Dann nimm dir bitte einen Moment Zeit und schaue dir in die Augen! Bad- oder Schminkspiegel eignen sich dazu hervorragend. Aber bitte! Schau nicht auf die Pickel und die zu zupfenden Härchen, sondern trau dich, dir tief in die Augen zu sehen und darüber ehrlich zu erkennen, wie es dir wirklich geht. Geht es dir gut? Was sagen deine Augen? Schauen dich fröhlich leuchtende Augen an? Oder sehen deine Augen traurig und leidend aus? Selbst wenn dein Verstand gerade versucht, dir zu erzählen, dass es dir super geht oder dass du unten am Kinn einen neuen Pickel bekommst, lass dich nicht ablenken. Was siehst du in deinen Augen? Sind es Funken sprühende, lebensbejahende Augen? Oder eher traurige, leidende, ängstliche Augen, die lieber geschlossen als offen sind?! Was siehst du? Wenn du ganz bei dir bleibst, ist es einfach, das für dich zu erkennen. Du hast deinen Gefühlszustand in deinen Augen erkennen können? Das hast du gut gemacht! Deine Augen gewähren dir bei genauer Betrachtung einen einzigartigen Blick in deine Seele und in das, was du wirklich fühlst. Wenn du andere Menschen beobachtest, während du mit ihnen redest, kannst du über ihre Augen deutlich erkennen, ob sie ehrlich zu sich selbst und auch ehrlich zu dir sind. Ich kann darüber zusätzlich feststellen, ob das gesprochene Wort zu meinem Gefühl passt. Zugegeben, bei anderen Menschen kann ich das leichter erkennen, als bei mir selbst. Ist klar, oder?! Die Augen sind der Spiegel jeder Seele! Jeder Seele! Noch einmal, selbst wenn du in tieftraurige Augen schauen solltest, in Augen, die immer noch versuchen, den Verlust deines Lieblingsmenschen zu verstehen, kann es genau jetzt wichtig sein, zu erkennen, dass ein Teil dieser Trauer an alte Emotionen gekoppelt ist, die du vor langer Zeit für dich selbst erschaffen hast.

Nimm dir immer wieder die Zeit und schau in deine Augen und darüber tief in deine Seele. Das ist ein großer Schritt, um ehrlich zu dir selbst zu sein und darüber zu erkennen, ob du wirklich bereit bist, etwas an deinem Gefühlsleben zu ändern. Heilung ist immer möglich! Immer!

3.6 Energiekörper

Als Seele bestehen wir aus einer Vielzahl von unterschiedlichen Energiekörpern, die auf unseren physischen Körper wirken. Ich bin der festen Überzeugung, dass ich als Medium mit genau diesen Energieköpern kommuniziere. Auch deine Lieblingsseele gibt sich über diese Energiekörper für dich zu erkennen. Alle Energiekörper sind in das zusammenhängende Energiefeld, die Quelle, eingebettet. Ihr Sinn und Zweck ist es z. B., Energien wie Gefühle und Gedanken zu speichern. Unsere Energiekörper können allerdings auch aus dem Gleichgewicht kommen. Das ist immer dann der Fall, wenn Energien festgehalten, gestoppt oder blockiert werden, anstatt sie im Fluss zu halten. Weiterhin sind wir über diese Energiekörper mit der geistigen himmlischen Welt verbunden und niemals von ihr getrennt.

Ich behaupte sogar, dass ich über zumindest drei dieser Energiekörper mit Verstorbenen kommunizieren kann. Für mich sind das der emotionale, der mentale sowie der spirituelle Energiekörper, die genau das möglich machen. Auch wenn ich nur mit einigen dieser Seelenenergiekörper arbeite, so ist mir dennoch bewusst, dass es darüber hinaus noch mehr als nur diese drei Energieköper gibt. Als Beispiel sei der Astralkörper für eine mögliche außerkörperliche Erfahrung genannt. Dennoch, für mich und meine Arbeit stehen nur die hier erwähnten Energiekörper im Fokus.

Schauen wir uns im Folgenden jene Energiekörper an, mit denen ich als Medium arbeite.

3.6.1

Der physische Körper

Mit dem Begriff physischer Körper kann, glaube ich, wirklich jeder etwas anfangen! Das ist der Körper, den viele als ihre eigentliche Existenz ansehen und annehmen. Wusstest du, dass dein physischer Körper ein wahres Wunderwerk ist und mit allen nur erdenklichen Raffinessen der Natur ausgestattet ist?! Ist dir bewusst, dass es dabei unendlich viele Abläufe gibt, die gerade unser Verstand nicht steuern kann?! Als Seele benötigen wir genau diesen Körper. Er ermöglicht uns, auf dieser Welt hier zu existieren. Über ihn können wir alle emotionalen und körperlichen Erfahrungen machen, die uns als reine Seele nicht möglich wären. Für dieses Erdenleben ist unser Körper also unerlässlich! Aber mal ehrlich, weißt du wirklich, wie unfassbar genial und wundervoll dein Körper ist? Ehrst und würdigst du ihn Tag für Tag für alles, was er dir als Hilfestellung anzeigt? Sei ehrlich! Denkst du, dass dir verschiedene körperlichen Zeichen z. B. deine Altersgebrechen anzeigen? So, wie wir gelernt haben, dass man im Alter schwach, gebrechlich und körperlich am Ende ist? Ich glaube das nicht. Denn wenn dem so wäre, wieso gibt es dann Menschen, die bis zu ihrem letzten Tag körperlich und geistig fit sind? Ist das reiner Zufall? Ich weiß heute, dass mein Körper so etwas wie mein persönlicher Seismograf ist. Dieses körperliche Wunderwerk zeigt mir im Alltag genau an, wo ich aus dem Gleichgewicht geraten bin. Allerdings nur, wenn ich die Sprache meines Körpers wahrnehmen und verstehen will und die Hinweise, die er mir gibt, beachte. Der Körper hat kein eigenes Bewusstsein, sondern dient unserer Seele als Vehikel. Und zwar als eins, dass zum Teil vollautomatisch läuft, auch ohne dass die entsprechenden Funktionen von deinem Verstand gesteuert werden. Hast du diesen Automatismus jemals bemerkt? Oder glaubst du, dass sich deine Atmung z. B. während des Schlafs über deinen Verstand bewusst steuern lässt?! Nein! Genauso wenig wie unzählige andere Körperfunktionen, die ebenfalls völlig automatisch ablaufen, ohne dass der Verstand dazu auch nur einen einzigen Beitrag leistet. Unser Körper gibt uns am Tag unzählige Signale. Die Voraussetzung dafür ist, dass wir auf diese Zeichen hören!

PS: Gelernt habe ich das auch nicht! Ganz im Gegenteil! In meinem Leben hieß es nur allzu oft: Wenn du den Kopf nicht unter dem Arm trägst, dann kannst du zur Schule oder arbeiten gehen! Also habe ich weiter gemacht. So lange, bis ich flach lag! Auch das war ein Zeichen! Gerade über Schmerzen zeigt uns der Körper genau an, was im Argen liegt und wo wir mehr in die Balance kommen dürfen. Das vergisst man nur allzu leicht, da sich unter anderem die TVWerbung einzig damit zu beschäftigen scheint, wie man Schmerzen mit Pillen etc. loswird! Natürlich, ohne sich bis in die Tiefe mit dem eigentlichen Grund des Schmerzes zu beschäftigen. Ist ja auch leichter! In den letzten Jahren habe ich für mich verstanden, dass jeder Schmerz, aber auch jedes Zwicken und Zwacken einen Grund haben. Selbst jeder Unfall, der mich in eine waagerechte körperliche Position zwingt, hat einen Grund. Und der besteht oft darin, dass ich aktuell gegen mein wahres Ich handele, indem ich mich verbiege, nicht ausgewogen lebe und/oder mich zu wenig um mich als Seele und diesen wundervollen Körper kümmere. Immer ist es an uns selbst, unseren Körper wieder in Balance zu bringen. Wir können die uns von unserem Körper als bravem Diener gegebenen Signale annehmen oder eben nicht. Die meisten Menschen kümmern sich allerdings gar nicht erst um ihren Körper. Sie empfinden ihn als unnütz und behandeln ihn dementsprechend, selbst wenn sie irgendwo einsichtig sind, dass sie ihrem Körper mit einer falschen Ernährungsweise oder durch Bewegungslosigkeit keinen Gefallen tun. Da war ich früher keine Ausnahme! Immer wollte ich anders sein! Schlanker, schöner usw. Dabei kann jeder Körper so viel mehr als das, was wir ihm zugestehen! Er kann zum Beispiel deutlich anzeigen, wann wir mehr Ruhe benötigen, um wieder ins Gleichgewicht zu kommen. Das sind oft Zeichen, die wir im Alltag so lange übergehen und überhören, bis unser Körper im übertragenen Sinne den Stecker zieht! Wir beachten ihn also erst dann, wenn wir uns z. B. durch eine Krankheit, einen Unfall oder Überarbeitung mal wieder in die Waagerechte begeben müssen. Dennoch wird diese dringend benötigte Ruhepause des Körpers oft als »Ich bin krank« angesehen und nicht als »Ups, ich habe die deutlichen Zeichen meines Körpers überrannt«. Besser wäre es, von vornherein achtsamer mit dir zu sein und nicht immerzu das zu tun, was andere von dir erwarten.

Dein Körper beherrscht das perfekte Zusammenspiel zwischen all deinen Energiekörpern, denn er ist mit allem, inklusive deiner gesamten SeelenEssenz, verbunden. Und noch einmal: All das läuft ab, ohne dass dein Verstand dies auch nur für eine Sekunde verstehen oder steuern muss. Das ist der Hammer, oder? Es ist, wie ich es bereits sagte, das Wesentliche liegt im Unsichtbaren. Und das hat nicht nur etwas mit der geistigen Welt zu tun, sondern auch mit uns und dem Leben, das wir führen.

3.6.2

Der emotionale Energiekörper

Der erste, für die meisten Menschen unsichtbare, feinstoffliche Körper, den ich hier vorstellen möchte, ist der emotionale Energiekörper. Er ist vollgepackt mit allen emotionalen Erfahrungen, die wir in diesem Leben erfahren haben. Wenn du ihn mit der neuzeitlichen Technik vergleichst, dann wäre er eine Art riesige externe Festplatte mit grenzenlosem Fassungsvermögen, auf der alles emotional Erlebte deiner Seele für alle Zeit gespeichert ist. Auch wenn das alles vielleicht nicht ganz leicht zu verstehen ist, unserer Seele ist es wurscht, welche emotionalen Erfahrungen wir in diesem Leben sammeln! Hauptsache, sie finden statt. Die Seele liebt jede gemachte Erfahrung und saugt diese auf wie ein Schwamm. Über all diese emotionalen Erfahrungen erhalten wir die Chance, zu erkennen, was und wer wir wirklich sind. Über die Polarität unserer

Erfahrungen erleben wir auf der einen Seite, wie wundervoll sich Heiterkeit, Unbeschwertheit, Freude oder die Liebe zu dir selbst und anderen Menschen anfühlen. Im krassen Gegensatz dazu steht auf der anderen Seite das Gefühl von Schmerz, Trauer, Wut, Angst oder Ohnmacht. Erst wenn ich die Polarität dieser Gefühle erkenne, kann ich mich frei von Bewertungen machen.
Das Blöde ist nämlich, dass alle emotionalen Erfahrungen, die wir im Laufe unseres Lebens sammeln, mitsamt unseren erlernten Bewertungen und Beurteilungen, also gut oder schlecht, im emotionalen Körper abgespeichert werden.

Für unseren Körper ist das jedoch alles andere als egal, weil die von uns als negativ bewerteten emotionalen Erfahrungen unseren physischen Körper belasten können. Warum? Wir blockieren uns darüber selbst. Anstatt in Leichtigkeit zu fließen, wie es sich eben für Energie gehört, bekommen diese feinstofflichen Energiekörper so etwas wie eine Schwere. Meist sind unsere emotionalen Körper derart mit negativ bewerteten Emotionen belastet, dass sie bildlich gesehen völlig schief hängen, anstatt gerade ausgerichtet zu sein. Stell dir das wie einen geknickten Gartenschlauch vor! Da kommt am anderen Ende auch nur noch wenig Wasser raus, wenn der an irgendeiner Stelle verdreht ist. Wir haben gelernt, aus der eingeschränkten Sichtweise von Menschen zu bewerten und zu verurteilen, die Seele tut das nicht!

Je voller und beladener der emotionale Energiekörper mit dieser Ansammlung von negativ bewerteten Emotionen, nennen wir sie Disharmonien, ist, umso schneller fixieren sich diese im Laufe deines Lebens. Und schließlich manifestieren sie sich auf materieller Ebene, also in deinem physischen Körper. Das führt aus meiner Sicht irgendwann zu einer energetischen Schieflage und darüber zu unterschiedlichen kleinen und großen körperlichen Krankheiten. Das sind im Grunde vermeidbare Probleme, die jedoch nicht so ohne Weiteres gelöst werden können, weil ihr Ursprung tief in den meisten Menschen vergraben liegt und darüber unbewusst bleibt. Hast du gelernt, auf deine körperlichen Signale zu hören, die dir genaue Hinweise darauf geben, was bei dir gerade nicht stimmt? Ich nicht! In der heutigen Zeit geht es einzig und allein darum, Schmerz und Krankheit möglichst rasch mit Medikamenten »wegzubekommen«. Eine langwierige Ursachenforschung ist da oft zu aufwendig. Aber gerade die Ursache kann deutlich machen, was dir wirklich fehlt. Wir glauben gern, andere müssten unsere gesundheitlichen Probleme für uns regeln, nicht umsonst gibt es für jedes körperliche Gebrechen eine eigene Fachrichtung. Aber das ist auch so eine anerzogene Geschichte, denn nur wir selbst können auf uns achten und unsere Grenzen erkennen und darüber erneut ins Gleichgewicht kommen. Wenn nicht, sind Krankheiten vorprogrammiert. Hier meine ich allerdings nicht jene, mit denen jemand geboren wurde.

Der Sinn einer jeden Energie ist, dass sie fließen kann. Durch die im Laufe unseres Lebens erlernten Bewertungen halten wir unbewusst an negativ empfundenen Emotionen fest und erschweren damit einen gesunden Energiefluss. Oft sogar bis zum Stillstand. Wir wollen das Negative nicht fühlen! Weg soll es sein, einfach nur weg! Im Gegensatz dazu stehen alle positiv bewerteten emotionalen Erfahrungen. Mit diesen sind wir im Energiefluss. Im Übrigen nehmen wir selbst das Positive zumeist einfach nur hin! Wir merken gar nicht, dass auch das Positive mit uns und dem, was wir denken, tun und entscheiden, zusammenhängt. Positives, damit sind all jene emotionalen Erfahrungen gemeint, die dich in die Freude, zum Lachen oder in die Leichtigkeit bringen. Momente, in denen du einfach nur bist – ohne dir dessen bewusst zu sein.

Du bist! Du gibst dich dem Fluss des Lebens gerne hin und bist darüber unbewusst eins mit dir, deiner Seele und dem gesamten Universum. Viele Menschen beladen ihre emotionalen Energiekörper mit so vielen negativ bewerteten Emotionen, dass sie darüber ihr Lachen und ihre Leichtigkeit verlieren. Ja, auch ich habe gelernt, dem Negativen mehr Gewicht zu verleihen als allem Positiven zusammen. Dabei könnten selbst diese negativen Energien oder, besser gesagt, Emotionen, verändert und in Leichtigkeit gebracht werden, wenn auch nicht in zwei Stunden. Das ist ein Prozess! Mit dem Gefühl des »Schlechten« sind zumeist eine tief verborgene Angst und eine entsprechende negative Bewertung verbunden, die durch Kindheitserlebnisse und Glaubenssätze oft schon sehr früh von Eltern und Familie übernommen wurden. Diese Angst setzt einen perfekten Verdrängungsmechanismus in Gang. Schlechtes, Schmerzhaftes und Blödes will keiner haben und schon gar nicht fühlen! »Hauptsache weg« – das ist die erlernte Devise. Gefühle von Schmerz, Wut, Ohnmacht, Hilflosigkeit, Scham, Kleinheit und Sinnlosigkeit sind letztlich nichts als Angstgefühle. Die Angst, nicht gut genug zu sein, in welcher Form auch immer. Über diese nicht zugelassenen und verdrängten Angstgefühle bleiben die negativ bewerteten emotionalen Erfahrungen im emotionalen Energiekörper gefangen. Die Energie wird blockiert, fixiert (wie festgehalten) und kann nicht fließen.

Erst wenn ich verstanden habe, wie diese Angst fühlbar gemacht werden kann, und ich mich diesem Gefühl dann auch stelle sowie den falschen Gedanken darunter erkenne, ändert sich etwas. Auf diese Weise können die betreffenden Schwingungsfrequenzen neutralisiert, gewandelt und wieder in den Fluss gebracht werden. Du darfst mir glauben, dass das möglich ist, und zwar auch ohne, dass es dich umbringt. Findet diese Auflösung jedoch nicht statt, so bleiben sie in deinem emotionalen Energiekörper fest verankert und ziehen nach deinem physischen Tod mit um in die geistige Welt. Selbst diese in Schieflage hängenden Energiekörper sind für die Seele gut, da sie das Sein sowie die darüber gesammelten Erfahrungen widerspiegeln. Neben dem emotionalen Energiekörper besitzt du noch weitere Energiekörper, auf die ich im Folgenden eingehen werde.

3.6.3

Der mentale Energiekörper

Auch der mentale Energiekörper ist für viele Menschen kein Begriff. Wie das Wort »mental« so schön sagt, ist das der Energiekörper, in dem alles Gedachte, Intellektuelle, Verstandesmäßige bzw. den Verstand Betreffende abgespeichert wird. Das meint alle Gedanken. Alles das, was du über dich, dein Leben und andere Menschen denkst. Glaubenssätze oder Gedankenmuster, gedachte Wünsche, Versprechen, Schwüre oder Überzeugungen usw. – alles gehört dazu. Was immer du denkst, wovon immer du überzeugt bist, alles ist hier gespeichert. Hierbei spielt es keine Rolle, ob du bewusst oder unbewusst denkst. Auch dieser feinstoffliche Energiekörper ist für die meisten Menschen unsichtbar. Um es noch einmal auf den Punkt zu bringen: Wie genau deine Gedanken für dich zustande kommen, ob bewusst oder unbewusst, ob diese Gedanken erlernt, eingeimpft, übernommen oder selbst erdacht sind, spielt für den mentalen Energiekörper überhaupt keine Rolle. Alles wird erst einmal auf der mentalen Festplatte deines Seelen-PCs mit deren unendlichem Fassungsvermögen gesammelt und gespeichert. Lustigerweise denken viele Menschen, dass sie bewusst denken, obwohl sie den größten Teil des Tages ganz weit weg davon sind.

Was denkst du jetzt gerade? Glaubst du wirklich, du hättest deine 50.000 bis 80.000 täglichen Gedanken im Griff?! Alle möglichen Gedanken über dies oder jenes schießen in weniger als einer Sekunde durch deinen Kopf. Zum Großteil völlig unbemerkt. Gedanken, die meist noch nicht einmal deine eigenen sind. Das ist genau der Punkt, den wir alle nicht hinterfragen! Sind das wirklich MEINE Gedanken?! Will ich das denken? Ist das richtig für mich? Das fragt sich kaum einer bewusst – oder zumindest nur wenige! Die meisten denken einfach vor sich hin und tun so, als ob diese Gedanken ihrer tiefsten Überzeugung entsprungen sind. Auch dieser feinstoffliche Energiekörper ist bei vielen Menschen meist weit weg von gerade und fristet in völliger Schräglage sein Dasein. Jeder Gedanke ist schöpferisch. Auch das ist so gut wie keinem Menschen wirklich bewusst! Wann hast du dir das letzte Mal Gedanken darüber gemacht, was du wirklich denkst? Hast du dir überhaupt schon einmal Gedanken darüber gemacht? Ich selbst habe das vor ca. zwei bis drei Jahren zum ersten Mal bewusst getan. Als mir dabei mit Erschrecken aufgefallen ist, was ich den lieben langen Tag so über mich denke, wusste ich gar nicht mehr, wo ich mich lassen sollte. Gedanken wie: Das kannst du nicht! Wie blöde bist du eigentlich! Im Ernst, doch nicht du! Schau dir deinen Körper an – schön geht anders usw. All das waren Gedanken, die mich selbst niedermachten und kleinhielten und mir stets das Gefühl gaben, nicht gut genug und vor allem nicht liebenswert zu sein. Tagein, tagaus machte ich mich selbst fertig und war mein größter Feind, anstatt mich liebevoll anzunehmen, so wie ich bin. Ich kam nicht auf die Idee, dass ich gut bin, so wie ich bin. Das war meine erste Erkenntnis, als ich aufzuschreiben begann, was es so in mir denkt, und viele weitere folgten. Ich kann dir hier nur den Rat geben, dich immer wieder ganz bewusst mit dem, was du denkst, auseinanderzusetzen. Schreib dir auf, was dir so in Windeseile durch den Kopf geht. Achte darauf, was du wirklich denkst. Denkst du, das ist schwer, dann bestellst du schwer im Universum! Denkst du, dein Leben ist ein Kampf, dann signalisierst du dem Universum, dass du Kampf willst. Auch wenn das total unverständlich klingen mag, genau solcher Kram kommt beim genaueren Beobachten deiner Gedanken heraus. Es lohnt sich also, dieses Versteckspiel aufzudecken.

Erst dann kannst du verstehen, welche Gedanken du z. B. von deinen Eltern, Familienmitgliedern oder anderen übernommen und irgendwann als dir zugehörig angenommen hast. Ist dir wirklich bewusst, was du den lieben langen Tag denkst? Mir war das, wie gesagt, nicht bewusst! Zu Beginn ist mir weder aufgefallen, dass mein Verstand 24/7 ohne Pause herum denkt, noch lag mein Fokus darauf, »wann« ich »was« denke. Dennoch habe ich genau das über die letzten Jahre hinweg für mich geändert. Natürlich hat das nicht sofort geklappt, aber nach und nach ist mir aufgefallen, wie viele

Gedankenmuster aller Damen meiner Familie ich tief in mir verankert habe. Und wie viel davon ich, ohne dies zu hinterfragen, als meine Wahrheit übernommen hatte. Einfach so! Ich bin noch nicht einmal auf die Idee des Hinterfragens gekommen. Gedankliche Überzeugungen wie: »Du bist nichts und du hast nichts« gehörten lange zu meiner Wirklichkeit. Ich habe das tatsächlich über mich geglaubt. Diese Gedanken hielten mich »klein« und gaben mir das Gefühl, nicht gut genug zu sein. Das stetige Hinterfragen meiner Gedanken war ein Prozess, währenddessen mir immer wieder einzelne hinderliche Glaubenssätze bewusst geworden sind. Wieso bin ich nichts? Wieso habe ich nichts? BOOM! Auf einmal fiel es mir wie Schuppen von den Augen! Ich war sehr wohl jemand und ich bin es noch! Das war also ein Muster, das ich von wem auch immer übernommen und dann zu meinem eigenen gemacht hatte. Du wirst sehen, deinen Gedanken zuzuhören, kann sehr spannend sein. Ach, eins noch! Mach dich bitte locker! Alles, was du über Jahre und Jahrzehnte in deinen Verstand gestopft hast, ist nicht in einer Stunde weg und erledigt. Es kann dauern, alles aufzudecken, anzunehmen und darüber zu wandeln. Zumindest war und ist das bei mir so. Immer wieder gibt es Tage, in denen ich völlig gefangen in alten Scheißmustern festhänge. Ich weiß in diesen Momenten zwar, dass ich einem Muster aufsitze, aber mein inneres Kind fühlt sich meist derart verletzt an, dass ich es zunächst einmal in den Arm nehme, drücke und liebhabe. Anschließend gelingt es mir leichter, die alten Gedanken gehen zu lassen. Es mag sein, dass dir im Laufe deines Lebens auffällt, dass deine externen feinstofflichen Festplatten viel zu voll sind. Dann ist es an dir, alle dir nicht dienlichen Gedankenmuster zu erkennen und zu ändern. Kein anderer kann das für dich tun.

Heute habe ich für mich erkannt, dass ich bis zu dem Moment, in dem ich von diesem Planeten gehe, »denken« werde. Meine Gedanken unterliegen bis dahin einer ständigen Veränderung. Das regelmäßige Anschauen meiner Gedanken ist und bleibt daher ein wichtiger Prozess, der sicher nicht immer einfach ist. Täglich erschaffe ich mittels meiner Gedanken meine Realität. Deswegen springe ich heutzutage jeden Morgen mit dem Gedanken »neuer Tag, neues Glück« aus dem Bett. Und falls ich mal nicht springe, dann ist das zumindest mein erster Gedanke. Ich habe es mir zu einer Gewohnheit gemacht, gleich morgens daran zu denken, dass alles, was ich benötige, von jetzt an und für immer in Liebe, Glückseligkeit, Leichtigkeit, Freude, Heiterkeit und Herrlichkeit zu mir kommt.

Fast immer ist das auch so. Rückblickend hat sich durch diese Denkweise unglaublich viel für mich verändert. Ich bin, wie ich bin und dazu stehe ich! Nicht immer ernte ich dafür großen Jubel. Schon gar nicht bei den Menschen, die mir am nächsten sind. Robert Betz würde sagen, das sind meine Arschengel, die mir den Spiegel vorhalten und aufzeigen, wo ich noch nicht zu mir stehe. Und deswegen sage ich Danke dafür! Wie gesagt, es ist von meiner Tagesform abhängig, wie ich durch den Tag komme und was für lustige Dinge ich mir jeweils als Herausforderung kreiert habe.

Meine Oma sagte mir in einem meiner ersten Jenseitskontakte: »Es gibt kein Falsch! Alles ist richtig und alles gehört zu dir!« Damals habe ich nicht verstanden, was genau sie damit meinte. Heute weiß ich, dass mit richtig und falsch gemeint ist, ob mir etwas in der Relation gesehen dienlich ist oder eben nicht. Du selbst erschaffst deine Realität, jeden einzelnen Tag. Bist du nur im Verstand, dann hängst du automatisch in der Vergangenheit oder in der Zukunft. Unser Verstand kann kein Jetzt! Verurteile dich bitte nicht für das, was du denkst, sondern nimm es an, um es darüber verändern zu können. Nichts ist in Stein gemeißelt. Jeder Tag hält für dich, genauso wie für mich, neue Chancen bereit, ein glückliches Leben voller Liebe zu leben. Es ist immer deine Entscheidung! Bewusst oder unbewusst.

Wenn der Tag gekommen ist, an dem ich in die geistige Welt übertreten werde, dann kann ich aus vollem Herzen sagen: Ich habe dieses Leben geliebt. Ich habe es mit all seinen Facetten gelebt – selbst mit den beschissenen! Es war mir eine einzige Freude, zu leben! Ich habe für mich erkannt, dass der Sinn meines Lebens mein Sein und das LEBEN an sich sind. Und ab einem bestimmten Punkt habe ich für mich die Liebe, die Leichtigkeit und das Glücklichsein gewählt. Frei nach dem Motto: »Was mich nicht glücklich macht, kann weg!« Ich habe meine Einstellung zu mir und den Menschen in meinem Leben geändert. Ich betrachte Dinge von der schönen Warte aus. Selbst vermeintlich schwere Tage, die auch mich vor große emotionale Herausforderungen stellen, nehme ich nach einer kurzen Zeit des Im-inneren-KindSitzens meist als »spannend« an. Ich bin glücklich und ich werde glücklich abtreten! Selbst wenn das morgen schon der Fall sein sollte! Ich habe verstanden, was es bedeutet, unsichtbare feinstoffliche Körper zu haben. Ich habe verstanden, wie wundervoll alle meine selbst erschaffenen Wesenheiten sind.

Egal, ob es meine inneren Kinder der Freude oder die der Angst sind, meine inneren Druckmacher, Kleinhalter, Antreiber, Richter, Rächer, Perfektionisten, Musen, Klugscheißer usw. – sie alle habe ich mir über mein Denken selbst erschaffen. Sie sind quasi eigenständige Personen, die täglich über meine Gedanken und über mich und mein Leben richten. Noch vor ein paar Jahren hätte ich es nicht für möglich gehalten, was es ausmacht, sich eingehend damit zu beschäftigen! Ich sage dir, es ist irre! Ich bin der festen Überzeugung, dass deine ganzen Energiekörper erst im Zusammenspiel ihre Meisterleistung für dein Wohlbefinden entfalten können. Es gibt so viele Beweise, dass selbst Menschen, die gefoltert wurden und denen absolut Unmenschliches angetan wurde, mit sich selbst Frieden schließen konnten und darüber trotz der schlimmen Erfahrungen noch ein glückliches Leben genießen durften.

Ist das nicht spannend?

3.6.4

Der spirituelle Energiekörper

Früher haben mich die unterschiedlichen Bezeichnungen der Energiekörperebenen eher verwirrt und irritiert. Bezeichnungen wie emotionaler und mentaler Energiekörper, höheres Selbst, göttliches Selbst, Seele, spiritueller Körper, Ätherkörper etc. Gerade in der Esoterik-Szene werden viele Energieebenen gern mit unterschiedlichen Begriffen bezeichnet. Damals war mir unklar, was welche Ebene ist. Was diese bedeuten oder mit welcher genau ich gerade kommuniziere. Auch war mir nicht klar, wie ich das besser verstehen könnte, und wozu ich dieses Wissen überhaupt benötige. Meine Lösung war hier ganz einfach: Alle Erkenntnisse habe ich zusammen mit meinem Geistige-Welt-Team herausgefunden.

Für mich sind der spirituelle Körper, der Ätherkörper und das höhere Selbst ein und dasselbe. Viele werden jetzt womöglich aufschreien! Egal! Ich mache hier bei meiner medialen Arbeit keine Unterschiede. Das ist mir zu kompliziert. Und mal ehrlich, ist das nicht auch völlig wurscht? Die meisten Menschen interessieren sich noch nicht einmal dafür, mit welchen Energien sie arbeiten oder was sie wahrnehmen. Dieser feinstoffliche spirituelle Energiekörper stellt für mich die Verbindung zur und in die geistige Welt dar. Gleichzeitig verbindet sie mich mit allem, was ist. Es ist eine Verbindung, die ewig besteht und nicht gekappt werden kann, über die mir alles Wissen, was ich erlangen darf und kann, von der geistigen Welt zur Verfügung gestellt wird. Arbeite ich in und mit meiner Seelenenergie, dann kann ich direkt mit meinem höheren Selbst, dem spirituellen Körper meiner Seelenessenz, kommunizieren. Mir ist es darüber möglich, die enge Verbindung zur geistigen Welt zu spüren und alles, was diese für mich an Informationen, Hilfestellungen und Inspirationen bereithält, in Empfang zu nehmen. Alle unsere Energiekörper interagieren und kommunizieren natürlich auch miteinander. Je besser du dieses Zusammenspiel verstehst, umso einfacher kannst du für dich entscheiden, was und wie du etwas ändern möchtest.

Interessant zu wissen ist weiterhin, dass jede Energie, so auch der Energieköper, in einer unterschiedlichen Frequenz schwingt. Frequenzen lassen sich sowohl hörbar als auch sichtbar machen, wie wir das z. B. von Radio- und Fernsehwellen kennen. Auch wenn Letztere eine anders geartete Frequenzebene darstellen, so wird Folgendes deutlich: Nur weil die meisten von uns diese Frequenzen nicht wahrnehmen bzw. sehen können, bedeutet das nicht, dass es sie nicht gibt. Wer allerdings nicht daran glauben will, der wird diese Erfahrung auch nie machen! Wie auch, wenn sich diese Person vom Verstand her selbst daran hindert!

Wie auch immer! Probier dich bitte einfach aus und nimm deine Seele als Ratgeber! Wenn du Spaß und Lust daran hast, dann nimm nicht alles für bare Münze, was andere dir womöglich darüber erzählen. Finde deine Wahrheit für dich heraus! Diese muss nicht für alle anderen stimmen. Die Wahrheit liegt in dir! Deine Wahrheit.

3.7
Lebensweg

Ja, es gibt ihn, den Sinn des Lebens! Deinen sogenannten Lebensplan.

Zumindest ist das meine Auffassung. Allerdings bedeutet das nicht, dass jeder Mensch seinen Plan auch leben und ausfüllen möchte oder muss. Ja, nur einem Teil der Menschen ist überhaupt bewusst, dass es so etwas wie einen Lebensplan überhaupt gibt. Aus der geistigen Welt weiß ich jedoch, dass es ihn gibt. In diesem Lebensplan, und das ist für viele das Unglaubliche, legen wir vorher fest, welche Ziele wir in diesem Leben erreichen wollen oder besser, die Eckdaten. Zusammen mit unseren himmlischen Helfern, Engeln, geistigen Helfern, anderen Seelen unserer Seelenfamilie usw. klären wir vorab, welche Seinsform wir wählen und darüber welche Erfahrungen die Seele gerne machen möchte. Wir einigen uns darauf, welche Seelen in welcher Konstellation zu uns gehören sollen. Wer wird Vater, Mutter, Oma, Opa? Wo werde ich leben? Welche Hautfarbe werde ich haben, welche Nationalität usw.

Wir alle kommen aus der himmlischen Liebe und unendlichen Fülle. Deshalb entsteht für die Seele der Wunsch nach Erfahrungen, die sie innerhalb von Liebe und Fülle nicht machen kann. Der Spielplatz Erde oder auch andere Galaxien und Leben helfen uns dabei, all diese Erfahrungen wunschgemäß durchzuführen. Oft wird dabei von Lernaufgaben gesprochen. Das sehe ich nicht so. Es geht aus meiner Sicht nicht darum, etwas zu lernen, sondern wirklich alles auszukosten, was es zu erfahren gibt. Das ist ein großer Unterschied. Lernen bedeutet, du kannst es nicht oder noch nicht. Erfahren bedeutet, du bist alles und hast die Chance, noch mehr zu erfahren, um die vollkommene Meisterschaft für dich zu erreichen. Aber noch einmal zurück zum Lebensplan.

Ein Teil dieses Planes ist es, zu vergessen, wer wir sind und woher wir kommen. Wir werden als Mensch geboren und fühlen uns viele Jahre lang nur als Mensch bzw. als Körper. Wir sind weit weg von dem Gedanken und dem Verständnis, geistige Wesenheiten zu sein. Außerdem gibt es viele Menschen, die erst beim erneuten Eintritt in die geistige Welt verstehen, welchen Sinn ihr Leben hatte, oder dass ihre menschliche Hülle einzig als Umsetzungswerkzeug ihrer Seelenbedürfnisse gedient hat. Wichtig zu wissen ist vielleicht noch, dass nicht jeder Schritt, jeder Bereich oder jede Erfahrung in einem solchen Lebensplan exakt festgelegt ist. Immer und zu jeder Zeit ist es die freie, souveräne Wahl der Seele, welchen Weg sie wählen will, um darüber ihre Erfahrungen zu machen. Was im Übrigen nicht heißt, dass du als Seele genau das in deinem Menschsein noch zu Lebzeiten verstehst oder verstehen willst. Aber auch das ist die Wahl deine Seele.

Die Gesetzmäßigkeiten des Universums, wie z. B. das Gesetz der Polarität, sind uns bei der Umsetzung unseres Lebensplans genauso behilflich, wie alle himmlischen Wesenheiten, die unseren Weg stets begleiten. Auch hier unterliegt es unserem freien Willen, ob wir diese Hilfe und Wegweisungen erkennen und annehmen wollen oder eben nicht. Bei fast allen menschlichen Wesen ist es so, dass sie vom Unbewussten, also quasi der Dunkelheit, in das Bewusste, das Licht, kommen können. Was meine ich damit?

Jeder von uns ist während der Kindheit und des Erwachsenwerdens dem Willen, Glauben und vor allem den Glaubenssätzen seiner Eltern, Großeltern, Lehrer usw. unterworfen. Nur wenige von uns durften einfach nur sein. Wir haben gelernt, dass alles schwer ist. Wir haben gelernt, hart zu arbeiten, fleißig und ordentlich zu sein, damit etwas aus uns wird! Wie jetzt, wirst du dich fragen, ich selbst soll dafür verantwortlich sein, dass mein Leben scheiße ist und schwer läuft?! Ich soll festgelegt haben, dass ich so lebe?! Ich kann deine Skepsis gut verstehen und erläutere dir im Folgenden gerne die Hinweise, die ich dazu von meinem himmlischen Team erhalten habe. Also beruhige dich erst einmal und atme tief ein und aus. Dennoch ist die Antwort: ja!

Was, wenn alles einen Sinn hat?! Was, wenn auch das scheißschwere Leben einen Sinn hat?! Was, wenn jeder die Chance hat, sein Leben so zu leben, wie er es gerne möchte?! Ob du das jetzt glauben kannst oder nicht, jeder von uns entscheidet bewusst oder unbewusst, ob er dem eigenen Leben mit einem Lachen im Gesicht, mit Freude und einem tiefen Verständnis dafür, dass das Leben ein Geschenk ist, begegnen will. Oder eben nicht. Es ist eine Entscheidung, und zwar deine. Auch dass dieses, unser Leben, unserem Wunsch nach immer wieder neuen Herausforderungen folgt. Das ist unser Seelenwunsch. Dahinter steht, dass jedes Erkennen solcher Herausforderungen des

Seins wiederum das Geschenk des persönlichen Wachstums in sich birgt.

Damit ist das eigentliche Ziel das »Sein«, und das darf jede Seele, die auf Erden inkarniert, für sich erkennen.

Aufgrund unzähliger Erfahrungen in der Zusammenarbeit mit der geistigen Welt weiß ich heute, dass ich selbst mir diesen Körper erschaffen habe. Ich habe mich bereits mehrfach für ein Leben in dieser materiellen Welt entschieden und als Seele werde ich mich bestimmt auch noch öfter dazu entschließen. Ich habe meine Eltern und mein Umfeld selbst gewählt, ebenso wie alles andere, was ich mir für dieses Leben vorgenommen habe. Nichts passiert zufällig! So etwas wie Zufälle gibt es nicht. Ohne die Möglichkeiten, die eine Seele hat, die in einem menschlichen Körper steckt, wären all diese für uns teils schwierigen emotionalen Erlebnisse niemals erfahrbar.

Aber genau wegen ebendieses emotionalen Erlebens in den verschiedensten Bereichen inkarniert jede Seele. Das, was für uns als Menschen kaum zu ertragen ist, die Schwere, das Leid und der Schmerz, sind undenkbar wichtig für jede Seele. Als Menschen erkennen wir meist nicht, wie schöpferisch unsere Gedanken, Worte und Taten sind und was wir uns darüber alles selbst antun. Wo sonst können diese tiefgreifenden Erfahrungen gemacht werden, außer hier in diesem Körper? Nirgends! Oder gut, bestimmt auch noch in anderen Daseinsformen, aber das würde an dieser Stelle zu weit führen. Der Unterschied vom Seelen- zum menschlichen Bewusstsein ist, dass die Seele keine dieser Erfahrungen bewertet oder verurteilt. Unserer Seele ist jede Erfahrung herzlich willkommen. Wie bei einem Schwamm wird jede noch so kleine emotionale Erfahrung gespeichert und trägt zum Erfahrungsschatz der Seele bei. Kommen wir aber noch einmal zurück zum Thema scheißschweres Leben. Wie bereits gesagt, ist es immer unsere höchsteigene Entscheidung, wie wir unser Leben gestalten wollten. Überlege kurz! Was wäre, wenn du ab morgen ein ganz anderes Leben führen könntest? Erkennst du, dass der Ausgangspunkt immer ein Gedanke ist? Dein schöpferischer Gedanke?! Was, wenn dein Leben voller Freude, Leichtigkeit und Fülle sein könnte? Würdest du das wollen? Wäre es das Leben, das du führen willst? Dann entscheide dich dazu, und zwar jeden Tag aufs Neue! So ein Blabla, höre ich dich denken! Aber glaub mir, ich meine es ernst! Ich habe mich für ein wundervolles Leben entschieden! Das heißt jedoch nicht, dass rund um die Uhr alles easy peasy läuft! Es heißt erst einmal nur, dass ich mich bewusst dafür entschieden habe. Ich weiß heute, dass Leichtigkeit nur eintreten kann, wenn ich bereit bin, mir auch die Kehrseite der Polarität anzutun. Ich darf mir meine falschen Gedanken, mein Tun und meine Worte dazu genau ansehen. Alles gehört dazu. Ich muss also beispielsweise auch die Schwere erleben! Wie sonst soll ich erfahren, was Leichtigkeit für mich bedeutet?! Will ich in Frieden leben, darf ich mich allem Unfrieden in mir stellen. Möchte ich in Liebe leben, dann ist es sinnvoll, wenn ich mir alle Bereiche ansehe, in denen ich mich nicht liebe, sondern mich über meine täglichen Gedanken selbst bestrafe usw. Das habe ich gemeint, als ich sagte, dein Leben wäre allein deine bewusste Entscheidung.

Ich musste für mich erkennen, was ich wann und wo denke und ob meine Worte und Handlungen mit dem Gedachten übereinstimmen. Ich habe mir angewöhnt, bei allem, was ich tue, auf mein Herz zu hören. Ich schaue mir mein Innenleben, meine Gedanken zu mir selbst und zu meinem Leben an. Ich habe erkannt, dass alles im Außen ein Spiegel ist, der mir hilft, mehr und mehr bei mir zu sein. Natürlich gibt es auch bei mir Situationen, in denen ich weit weg davon bin, Leichtigkeit zu erfahren. Das ist meist bei meinen Familienthemen der Fall! Dennoch bin ich mir gewiss, dass alles, so wie es ist, seinen Sinn hat, und das ich bei diesem Sinngeben in der ersten Reihe sitze. Selbst wenn ich die tiefere Bedeutung hinter manchen Geschehnissen erst viele Jahre später verstehe.

Obschon die meisten Menschen nicht verstehen können, dass der Tod nur eine Art Übergang darstellt, so kehrt ihre Seele dennoch zurück in die geistige Welt oder zur Quelle. Die Quelle, von der wir niemals getrennt sind, selbst wenn es sich hier auf diesem Planeten oft so anfühlt. Dieses Trennungsgefühl entsteht, weil wir uns eher als Körper denn als Seele empfinden. Wenn ich mich nur als Körper wahrnehme, dann ist mein Leben äußerst zerbrechlich und vor allem endlich. Die Seele jedoch ist unverwundbar und ewig. Kehrt sie zur Quelle zurück, dann ist es unter dem Strich völlig egal, ob du nun deinen Seelenplan erfüllt hast oder nicht. Spätestens wenn dein Lebensfilm vor dir als Seele abläuft, hast du die Chance, zu verstehen, was und wo du hättest anders denken oder handeln können. Über diesen Film werden die gemachten Erfahrungen sichtbar und im Anschluss kann die Seele erneut entscheiden, ob sie Erfahrungen wiederholen oder sich Neuem stellen will. Erschreckend finde ich, dass unendlich viele Menschen an gebrochenem Herzen sterben. Warum?! Weil sie für sich nicht verstanden haben, dass sie jederzeit die Wahl und die Möglichkeit gehabt hätten, etwas in ihrem Leben zu ändern. Sie haben nicht bemerkt, wie sehr sie gegen ihr wahres Ich gelebt haben und dass es immer die Chance gegeben hätte, glücklich und voller Liebe zu sein. Wenn du das hier liest, hast du die Chance, dich jetzt für DICH zu entscheiden. Und das jeden einzelnen Tag aufs Neue. Hör auf dein Herz! Lebe und tue das, was du gerne machst und von ganzem Herzen liebst. Das ist mein Tipp!

Je mehr du dich lebst, deine Herzenswünsche erkennst und leben willst, umso glücklicher und zufriedener wird dein Leben sein. Das ist der eigentliche Lebensplan, dich selbst zu finden – in all deiner Schönheit und Perfektion! Und das, was du in Wirklichkeit bist, zu erkennen! Du bist einzigartig, genau so, wie du bist!

3.8

Lebensziel und Lebenssinn

Was, glaubst du, passiert, wenn deine Seele aus diesem, deinem Körper, austritt und voller Glorie in die geistige Welt zurückkehrt? Ich bin sicher, dass dies ein ganz besonderer Moment sein wird. Ein Moment voller Liebe und Freude, in welchem du all deine geliebten Verstorbenen wiedersehen darfst. Aber läuft so ein Übergang jedes Mal gleich ab?

Ich durfte einen solchen Übertritt zuletzt bei meiner Tante miterleben, die kurz nach Weihnachten ihrem Bauchspeicheldrüsenkrebs erlag. Ihre letzten Monate waren schlimm. Sie wurde zunehmend dünner, erbrach sich immer häufiger und war weit weg davon, Lebensfreude zu empfinden. Obwohl sie eisern an ihrem Leben festhielt, kam doch der Moment, an dem auch sie ihren, zum Schluss völlig ausgemergelten, Körper verließ. Auch wenn meine Tante eine äußerst liebenswerte Seele hatte, so lebte sie als Mensch genau das Gegenteil. Große Verbitterung, wenig bis keine Lebensfreude und Hass für jeden, der es auf ihre interne schwarze Liste geschafft hatte, prägten ihren Tag. Selbst zum Schluss schien sie keinen Funken Einsicht, Weichheit, Erkenntnis oder Liebe im Sinn zu haben. Ich bin sicher, sie gab zu jeder Zeit ihr Bestes, aber Freundlichkeit, Liebe und Dankbarkeit für alle, die ihr bis zum Schluss nahe waren, war ihr nicht möglich. Zu sehr litt sie an dem, was sie sich selbst erschaffen hatte, einem Leben voller Leid und Schmerz. Ihr einziger Lichtblick war mein Sohn, den sie über alles liebte und für den sie alles tat. Unter anderem deshalb, weil sie selbst keine Kinder bekommen konnte. Dennoch führte sie aus meiner Sicht ein trauriges

Leben, das sie bis zum Schluss nicht in Frieden und Liebe wandeln konnte.

Es gab einen Moment, in dem ich noch Zugang zu ihr hatte. Das war, als sie die Diagnose Pankreaskrebs erhalten hatte. Ich fragte sie: »Wozu willst du leben? Was ist dein Lebenssinn? Du weißt«, sagte ich, »dass du sogar mit dieser Diagnose alles selbst in der Hand hast!

Du kannst leben, wenn du das wirklich willst und vor allem, wenn du diese Diagnose als Chance für dich siehst, etwas zu ändern.« Sie nickte still und sagte, sie wolle wieder gesund werden, damit meine Mutter nicht alles allein putzen müsse! Nur zu ihrer Unterstützung wolle sie da sein, damit sie es nicht so schwer habe! Ich schaute sie erschrocken an! Nicht dein Ernst, dachte ich, dein Lebenssinn besteht doch nicht ausgerechnet nur aus Putzen, Ordnung und Sauberkeit! Anderen helfen, nur dir nicht! Setzen! 6!

Bis zum Schluss schien sie nicht zu verstehen, dass sie ein mögliches Wunder selbst in der Hand hatte oder zumindest das Datum, wann sie diesen Planeten verlassen würde, selbst nach vorne oder hinten schieben konnte. Tatsächlich war unser Verhältnis in den letzten Monaten dann nicht mehr so prickelnd. Egal – es war ihr Lebensinhalt und nichts konnte sie von dem Gedanken, anderen helfen zu wollen und deshalb selbst nicht zu leben, abhalten. Das Ergebnis war, dass nur vier Monate später die Urne ausgesucht werden musste! Die Frau des Onkels, den ich bereits ein paar Jahre zuvor in die geistige Welt begleiten durfte, war mit gebrochenem Herzen gestorben!

An einem Samstagmittag im Dezember war sie heimgegangen. Eine Stunde danach stand ich vor ihrem toten Körper. Sie sah müde und geschafft aus. Auch war sie körperlich sehr gezeichnet und wirkte, als würde sie nur noch aus Haut und Knochen bestehen. Dennoch konnte ich auf ihrem Gesicht eine leichte Zufriedenheit erkennen. Was für ein unglaubliches Zeichen! Nach diesem Kampf hatte sie es tatsächlich geschafft, friedlich zu gehen! Ich konnte spüren, dass ihre Seele schon in der geistigen Welt war und dort voller

Freude ihren Mann, ihre Schwestern, ihre Eltern und alle möglichen anderen begrüßte. Auch konnte ich spüren, und das war sehr spannend, dass sie irgendwie auf ihren Körper zurückblickte.

Es kam mir vor, als ob sie dachte, sie sei nur kurz zu Besuch in der geistigen Welt, also quasi auf Stippvisite! Kein Wunder, dass es viele Menschen gibt, die denken, es würde beim Sterben so etwas wie »Steckenbleiben« geben! Ich vermute, es handelt sich dabei um das Gefühl, das bei einem solchen Zurückschauen aufkommt!

Dieses Verhalten konnte ich bei ihr über mehrere Tage beobachten. Und im Übrigen auch, dass sie noch sauer auf mich war! Wann immer sie mich sah bzw. wahrnahm, drehte sie sich völlig gekränkt und schnippisch um, und das, obschon sie bereits auf dem Weg in die geistige Welt war. Ja, es ist nicht immer alles Gold, was glänzt, dachte ich und konnte deutlich fühlen, dass meine liebe Tante ihren Lebensfilm noch nicht angesehen hatte. Spätestens dann hätte sie sich anders verhalten. Da war ich mir sicher.

Mittlerweile waren 14 Tage vergangen. Meine Tante war gut angekommen in der geistigen Welt und nach ein paar Tagen wurde deutlich erkennbar, dass sich etwas verändert hatte. Sie hatte verstanden, dass ihre Seele nicht nur zur Stippvisite unterwegs war. Indessen herrschte im Hier und Jetzt Funkstille zwischen mir und meiner restlichen Familie. Zu viele Dinge waren vorgefallen, die ich erst einmal für mich verarbeiten wollte. Die Beerdigung kam und das zu Corona-Zeiten. Alles fand draußen statt und es war arschkalt! Noch bevor der Pfarrer seine ersten Worte sprach, konnte ich deutlich wahrnehmen, dass auch meine Tante sich die Ehre gab, um bei ihrer Beerdigung dabei zu sein. Wie gesagt, sie war bereits vor ihrem Tod sauer auf mich gewesen, weil ich ihr ein paar Monate vor ihrem Ableben verschiedene erbrechtliche Streitigkeiten vor die Füße geworfen hatte. Ich funktionierte nämlich nicht mehr so, wie sie es von mir erwartet hatte. Das Gefühl, dass sie sich über mich ärgerte, hielt deutlich an! Auch als Seele! Irgendwann, während der Pfarrer seine vorbereitete Rede hielt, bekam ich das Gefühl, dass meine Tante auf mich zukommt. Und dann auf einmal stand sie vor mir. Ich war verblüfft. Was kommt jetzt, dachte ich! Sie reichte mir als Zeichen des Friedens ihre Hand und ich reichte ihr meine. All das machte mich in diesem Moment sehr glücklich.

Auch wenn der Kirchendiener nur wenig über meine Tante sprach, so handelte seine Rede vom Glauben als auch von Liebe und Hoffnung. Zum Schluss äußerte er, dass nach dem Ableben nur noch die Erinnerung an die verstorbene Person bliebe! Okay, so weit, so gut, dachte ich! Das sehe ich auch so! Was er unerwähnt ließ, ist das, was ich jeden Tag erlebe!

Nämlich, dass genau diese Seele mit dem Aussprechen einer Erinnerung auch sofort wieder anwesend und teilweise deutlich spürbar bei ihren Hinterbliebenen ist! Deine Lieblingsseele ist also bei dir, sobald du von ihr sprichst oder an sie denkst – nix nur Erinnerung, sondern volles Programm! Aber weiter im Text! Auch sprach der Pfarrer davon, dass die Seele beziehungsweise die Verstorbene nun bei Gott sei! Gut, da konnte ich mitgehen, mal davon abgesehen, dass Gott kein alter Mann mit langem grauem Bart ist. Er sagte, die Verstorbenen werden von Gott ins Paradies, so heißt es ja im katholischen Glauben, aufgenommen!

Wie du bereits weißt, genoss ich eine streng katholische Erziehung. Dennoch hatte ich schon früh das Gefühl, dass mit diesen ganzen kirchlichen Aussagen etwas nicht stimmt. Etwas störte mich daran, aber ich wusste nicht, was es war. Es gehört nicht zu meiner Lebensaufgabe, andere Sicht- und Denkweisen zu kritisieren! Ich kenne die katholische Glaubensweise in- und auswendig, war ich doch jahrelang Messdiener und in dieser Funktion mindestens dreimal pro Woche in der Kirche. Plus Beerdigungen! War ja auch einfach, ich wohnte schließlich direkt gegenüber vom Friedhof! Das bot sich quasi an! Aber zurück zur Beerdigung meiner Tante. Ich hörte genauer hin, als der Pfarrer nun davon sprach, dass ab dem Moment, in dem der Verstorbene oder besser die Seele den ersten Schritt ins ewige Leben tätigt, sich etwas gravierend ändere. Ab diesem Übertrittszeitpunkt wäre es für uns Menschen nicht mehr möglich, mit dem Verstorbenen zu reden. Man könne dann auch keinen Kontakt mehr zu ihnen haben! Aha, dachte ich, mein Berufsstand ist also überflüssig! Wie du dir vorstellen kannst, konnte ich mir ein Schmunzeln nicht verkneifen.

Ich habe tatsächlich kurz überlegt, ob ich mich melde und ihn frage, ob ich etwas dazu sagen dürfe! Zum Beispiel, dass meine Tante gerade hier ist! »Möchten Sie mir ihr sprechen?!« Ich hätte dem Pfarrer auch sagen können, dass sie über seine Rede rummeckere, weil sie diese als viel zu unpersönlich empfinde. In der Tat hörte ich meine Tante einiges an Verbesserungsvorschlägen vor sich hin murmeln. So war sie eben! Es war schon schwierig, es ihr zu Lebzeiten recht zu machen, da machte sie auch nicht vor dem Pfarrer halt. Und immer war das Gemeckere groß! Warum sollte sich das plötzlich, so kurz nach ihrem Ableben, geändert haben? Letzten Endes habe ich mir das Klugscheißergehabe gespart. Wer braucht schon einen neuen Exorzisten am Start? Schließlich gab es bis 2008 noch angestellte Exorzisten innerhalb eines Bistums in NRW! Natürlich darf auch das sein, es braucht ja jeder seine Aufgabe. Ich und das, was ich bin und kann, läuft in diesen Kreisen unter Okkultismus. Mit diesem Thema wurde ich bereits auf der Buchmesse in Leipzig mehrfach konfrontiert. Damals stand ich mit meinem Engelbuch am Stand, um es den Lesern vorzustellen. Blöderweise war mir ein Platz in der Ecke »Religion« zugewiesen worden. Rückblickend hatte ich viel Spaß dort! Unglaublich oft kam irgendeiner vorbei, der mir entweder erzählen wollte, dass man mich noch bekehren könne oder aber, dass ich mir die Kommunikation mit Engeln nur einbilde usw. Sehr geil, oder? Ich kam mir wie damals in meiner Kindheit vor, wo mir gesagt wurde, dass all das, was ich erlebte, nur meiner Einbildung entsprungen sei. Mein Leben ist und bleibt spannend.

Beim Durchblättern einschlägiger Literatur an den Nachbarständen fiel mir auf, dass das, was ich bin und lebe, überall als Okkultismus aufgeführt wird. Das war krass! Damit hatte ich nicht gerechnet. Ich war, wie es aussah, eine

Okkultistenbraut! Kein Wunder, dass die Hälfte der Leute an den Ständen im Bereich Religion dachte, man müsse meine Seele dringend auf den richtigen Weg bringen! Da ich äußerst schlagfertig bin, gab es sofort den einen oder anderen Spruch von mir, der die Person veranlasste, schnell davon zu traben. Nix Bekehrung, Leute, ich weiß, wer ich bin und was ich leiste! Letztlich war alles auf dieser Messe eine überaus spannende Erfahrung!

Noch einmal zur Beerdigung meiner Tante. Ich schreibe deswegen so ausführlich darüber, weil viele, die tatsächlich an ein Leben nach dem Tod glauben, denken, dass nach dem Heimgang einer Person dort sofort Friede, Freude, Eierkuchen herrscht. Das wiederum nehme ich so nicht wahr.

Es geht keine Türe ins Jenseits auf, hinter der dir jemand einen Heiligenschein umhängt, dir Flügel anklebt, dir eine Tasse Tee oder Kaffee hinstellt und dich fröhlich singend vor deinen Lebensfilm schiebt! Nein, was genau nach dem jeweiligen Heimgang abläuft, ist zu jeder Zeit die höchsteigene Entscheidung einer jeder Seele. Es ist deine souveräne Seelenwahl!

Du als Seele entscheidest, wann du so weit bist, dir einen Eindruck über dein vergangenes physisches Leben zu verschaffen. Die einen brauchen länger, die anderen schauen ihn sich gleich an. Aber was ist schon Zeit in der geistigen Welt?

3.9
Lebenssinn

Gab es bei dir schon einen Moment, in dem du dich gefragt hast, was an dem Tod deines geliebten Menschen sinnvoll sein sollte? Ja?! Bist du schon einmal an einen Punkt in deinem Leben gelangt, an dem du für dich die »Sinnfrage« gestellt hast? Was ist der Sinn eines Lebens? Was ist der Sinn meines Lebens? Warum lebe ich und meine Lieblingsseele nicht mehr? Ich frage dich noch einmal: Was, wenn alles einen Sinn hat? Selbst wenn der Verlust eines geliebten Menschen für viele schmerzhaft und kaum erträglich ist und der Kopf immerzu sagt, dass das alles hier keinen Sinn haben kann. Was ist, wenn es doch einen tieferen Sinn hat? Was, wenn es nicht darum geht, alles bis ins Detail zu verstehen? Was, wenn der Sinn einzig und allein darin besteht, dass du für dich dein Sein »erkennen« darfst? Und deswegen musste ein geliebter Mensch gehen, fragst du dich vielleicht. Nein, nicht deswegen, aber vielleicht, um dir genau dabei zu helfen, aus deinem Alltagstrott, der ja auch eine Art Schlaf ist, herauszutreten!

Vielleicht, um dir zu helfen, zu verstehen, dass du die Chance hast, dich für dich anstatt für ein Leben voller Leid zu entscheiden. Vielleicht darfst du aufwachen, um endlich etwas aus dir und deinem Leben zu machen. Dein Wille geschehe! Du entscheidest alles! Auch wenn ich es an vielen Stellen bereits erwähnt habe, dein Leben ist wie ein Schachspiel. Du wählst eigenständig deinen nächsten Zug. Du kannst stehen bleiben oder den nächsten Zug unbewusst oder bewusst wählen. Ein Zug, der dich als Seele weiterbringt, ist immer eine souveräne Wahl. Dennoch – jeder souveränen Wahl wohnt eine Richtigkeit inne! Es gibt im Universellen kein Falsch.

Ich erwähnte es schon. Alles ist immer richtig und gehört zu dir! Über das Sein oder Leben entstehen Erfahrungen. Und um solche emotionalen Seins-Erfahrungen zu sammeln, entscheidet sich unsere Seele immer wieder neu für diesen Spielplatz ERDE. Eine Erfahrung als Seele, Körper und Geist oder, besser gesagt, Verstand. Aus dem, was ich hier täglich in Jenseitskontakten erlebe, wird für mich immer wieder deutlich, dass sich die Seele spätestens nach dem Schauen ihres Lebensfilms nicht länger mit ihrer irdischen Identität und ihrem irdischen Leben identifiziert.

Sie versteht dann das Warum und, dass es nichts mit der Person oder Identität zu tun hatte, die sie auf der Erde dargestellt hat. Und das, obwohl sich mir diese Seele im Jenseitskontakt noch so zeigt, wie sie in ihrer irdischen Identität gelebt hat. Das ist notwendig, denn wie sollte diese Seele sonst von ihren Lieben erkannt werden?! Stell dir vor, meine Tante würde jetzt mit Heiligenschein und voller Liebe aus dem Jenseits kommen und sich zeigen. Eine Frau, die meist nur gemeckert hat und der nichts recht zu machen war! Wer, glaubst du, sollte sie so erkennen, wenn sie jetzt nur noch Licht und Liebe wäre? Kein Mensch! Und das, obwohl sie das Anschauen ihres Lebensfilmes als Seele schon viel weitergebracht hat! Erst wenn sie im Jenseitskontakt über das, was sie waren, also ihre irdische Identität erkannt werden, zeigen die meisten Seelen ihre Wandlung, die sie in der geistigen Welt vollzogen haben, auf. Sie berichten, dass sie ihren Lebensfilm gesehen und darüber deutlich festgestellt haben, dass das, was sie zu Lebzeiten für das Beste hielten, wohl doch nicht das Beste war.

Sie kommen dann, um sich zu entschuldigen oder das zu würdigen, was der vor mir sitzende Hinterbliebene alles für sie getan hat. Dann beginnt das große emotionale Kino! Die Seelen haben verstanden, was hätte anders oder besser laufen können. Sie haben verinnerlicht, dass sie zu jeder Zeit für ihr Tun oder

Nicht-Tun verantwortlich waren. Nicht die bösen anderen waren es, wie zu Lebzeiten gedacht! Die Seelen helfen ihren Hinterbliebenen, sich daran zu erinnern, dass sie etwas an ihrem Leben und ihrem Lebenszustand ändern können. Immer wieder ist das alles eine einzigartige, ganz wundervolle Erfahrung für mich. Ein Grund, warum ich Jenseitskontakte so liebe! Ich darf Frieden, Liebe und Wandlung überbringen und aufzeigen. Der Seele bleibt nur durch ein irdisches Leben die Möglichkeit, solche Seelen-Seins-Erfahrungen für sich zu machen. Wobei es bestimmt noch mehr universelle Erfahrungen zu sammeln gibt, die außerhalb unseres Erdendaseins stattfinden. Davon bin ich fest überzeugt. Auch wenn wir oder fast alle über dieses selbst gewählte irdische Leben bis zum Schluss eine partielle oder volle Amnesie beibehalten.

Es ist unsere Entscheidung, aufzustehen, aufzuwachen und etwas aus dem, was uns geschenkt wird, zu machen! Deshalb arbeite ich daran, in allem, was passiert, meinen Anteil genauer zu betrachten. Warum habe ich mir das kreiert? Wo beachte ich mich vielleicht nicht, wo verachte ich mich noch, wo lebe ich nicht mein Sein, wo liebe ich mich noch nicht genug? Wann denke ich was über mich, über mein Leben oder andere Menschen? Mit diesen und vielen anderen Fragen betrachte ich seit einigen Jahren mein Leben neu! Nicht die anderen, sondern mich! Die anderen sind nur das Werkzeug, der Spiegel, der mir als Seele aufzeigt, wo ich noch nicht wirklich in der Ausgeglichenheit mit mir selbst und meinem Sein bin. Das läuft je nach Tagesform super oder so lala. Dennoch! Ich bin Mensch und Seele. Eine Seele voller Liebe, Lachen und

Leichtigkeit! Ich liebe mein Leben und tue vor allem nur noch das, was ich liebe!

Egal, in welcher Form. Ich habe für mich verstanden, dass ich entweder im Opferstuhlkreis Platz nehmen oder mich bewusst für Liebe und Leichtigkeit, Freude und Herrlichkeit entscheiden kann. Das tue ich! Jeden Tag auf Neue!

PS: Das heißt aber nicht, dass immer alles Bombe läuft. Liebe heißt auch, durch Ungeliebtsein hindurchzugehen. Leichtigkeit heißt, durch Schwere zu gehen und all das, was ich dabei empfinde, für mich zu erkennen, zuzulassen, zu erfahren und darüber zu wandeln usw. Das führt unterm Strich zu dem, was ich heute bin! Du siehst, das alles ist keine Zauberei, sondern eine ganz persönliche, aber bewusste Entscheidung. Eine Entscheidung für mein Leben! Eine Entscheidung für mich als Seelenwesen! Es ist eine Entscheidung, in Fülle zu sein und diese zu leben. Ich lebe mein Leben seither mit einem Lachen im Gesicht, mit Freude, mit weit geöffnetem Herzen, voller Liebe und mit einem tiefen Verständnis dafür, dass mein Leben ein Geschenk ist! Auch wenn mich dieses Geschenk immer wieder vor neue, selbst kreierte Herausforderungen stellt, es ist und bleibt ein Geschenk! Sonst wäre es auch echt voll langweilig, oder? Ja, du hast recht, vieles hört sich hier an wie ein Coaching. Stimmt! Weil genau das dir dazu verhelfen kann, das Große und Ganze aus einem anderen Blickwinkel zu betrachten. Mir zumindest hat das enorm geholfen.

3.10
Lebensfilm

Hast du von diesem besagten Lebensfilm schon einmal gehört? Weißt du um den tieferen Sinn dahinter und worum es dabei geht? Ist das Ende deines physischen Daseins gekommen, wechselt die Seele aus meiner Sicht direkt ins Jenseits. Ja, wenn du im Jenseits angekommen bist, weißt du, wer du bist, was du bist und was du und wer du alles warst. Diese Identitäten gehen nicht verloren, weil sie im Seelenkörper gespeichert sind. Voller Glorie im Jenseits angekommen, hat jede Seele die Möglichkeit oder, besser gesagt, die Gelegenheit, sich ihren Lebensfilm anzusehen und alles noch einmal Revue passieren zu lassen. Auch, um den Sinn, der hinter allem steht, besser verstehen zu können. Selbst wenn ich hier versuche, das, was ich in Jenseitskontakten erlebe, zu beschreiben, so ist mir bewusst, dass sich die Daseinsform Jenseits mit meinem begrenzten Verstand nicht vollständig erfassen und mit meinen Worten nicht vollumfänglich beschreiben lässt.

Ich glaube, dass mit dem Eintritt ins Jenseits jeder Seele wieder alle Möglichkeiten und alles Wissen, frei von unserem eingeschränkten irdischen Verstehen, zur Verfügung stehen. Dennoch sind einige Seelen noch sehr stark mit ihrer irdischen Identität verbunden, wie ich das bereits bei meiner Tante beschrieben habe.

Der persönliche Lebensfilm gibt jeder Seele die Chance, das vergangene Erdenleben mit der Unterstützung anderer Wesenheiten der geistigen Welt aus einem anderen Blickwinkel heraus zu betrachten. Alle gedachten Gedanken, gesagten Worte und jegliche Taten mit ihren entsprechenden Auswirkungen, auch auf andere

Menschen, können darüber genauestens erfahren werden. Über ihren Lebensfilm kann die Seele aus einer höheren Sichtweise heraus erkennen, wann sie durch das, was sie tat oder auch nicht tat, z. B. andere Menschen bewusst oder unbewusst verletzt hat. Sie kann mit dieser Anschauungsmöglichkeit erkennen, ob die Wahl, die ihre Seele im Vorhinein getroffen hat, wahrgenommen wurde. In Neale Donald Walschs »Gespräche mit Gott« beschreibt Gott diesen Film wie folgt. Er sagt, dass dieser ohne Schuldzuweisung, ohne Angst, ohne Schmerz, ohne ein Richten oder gerichtet werden und vor allem nicht nur von der Seele allein betrachtet würde. Der Grund dafür ist, dass wir viel zu selbstkritisch sind und eher unbarmherzig mit uns umgehen.

Es geht für die Seele bzw. für das Ganze einzig und allein darum, alle gemachten Erfahrungen aus der jenseitigen Dimension heraus zu betrachten, um dann zu wählen, welche Seins- und Seelenerfahrung die Seele als Nächstes anstrebt. Ich bin der Überzeugung, dass der emotionale, mentale und spirituelle Körper einer jeder Seele bestehen bleibt und hierüber die gesammelten Seins-Erfahrungen im persönlichen Lebensfilm betrachtet werden. Habe ich das, was ich mir als Seele für dieses physische Leben vorher zurechtgelegt habe, erfüllt? Oder lief es eher wie »Setzen, 6«? Gibt es überhaupt ein »Setzen, 6«? Bedenke, dass mit der Entscheidung der Seele, in einen für sie sehr engen menschlichen Körper mit all seinen Begrenzungen einzutreten, dennoch die freie souveräne Entscheidungsfreiheit einer jeder Seele bestehen bleibt.

Nehme ich jetzt das Beispiel meiner Tante, dann konnte ich von außen sehen, was sie für sich überhaupt nicht bemerkte. Sie erkannte nicht, wann sie sich gegen sich und damit gegen ihr Leben entschied. Alle Versuche, ihr zu sagen, dass auch sie ein Leben in Freude, Glück, Leichtigkeit und Liebe wählen kann, wurden von ihrem Leid, Gemecker und Gejammer niedergeschmettert. Sie wählte lieber das Leid. Auch das war ihre Entscheidung, wenn auch unbewusst. Über diese Entscheidung beschwerte sie ihre eigenen Energiekörper so sehr, dass diese über viele Jahre in völliger Schräglage waren und sich darüber, aus meiner Sicht, ihre ganzen Krankheiten ausbildeten oder, besser, körperlich manifestierten. Dabei wollte ihre Seele ihr über ihren Körper nur zeigen: Hey! Schau, was du mit dir, mir und deinem Leben machst. Ihr Verstand hat sich stattdessen gegen ihre Seele und für Leid, Opferdasein, Hass, Zorn, Gemecker, Frust und nur ganz wenige Lichtblicke entschieden. Ich bin sicher, wenn sie irgendwann ihren höchsteigenen Lebensfilm sieht, wird ihre Seele für sich erkennen, was sie, auch ihren Mitmenschen gegenüber, hätte anders machen können. Sie wird sehen, dass sie jederzeit ein Leben in Liebe, Leichtigkeit und Freude hätte wählen können. Es geht wie gesagt nicht um richtig oder falsch sondern einzig darum, ob dir und deiner Seele etwas dienlich oder nicht.

Zum Schluss bleibt noch die Frage: Was ist, wenn es genau diese leidvolle Erfahrung war, die sie als Seele machen wollte?! Was dann? Sollte das das Ziel gewesen sein, dann hätte meine Tante eine 1 plus mit vielen Sternchen bekommen! Du siehst also, wie unnötig und fehl am Platz jegliche Bewertungen sind, da wir Menschen von unserer eingeschränkten Warte aus gar nicht einschätzen können, was genau der Lebenssinn einer bestimmten Person beinhaltet. Wer weiß das schon! Wir Menschen bilden uns immer ein, alles zu wissen und überschauen zu können. Mir ist klar, dass genau das nicht der Fall ist und wenn, dann nur ganz eingeschränkt und durch die uns zur Verfügung stehenden Möglichkeiten begrenzt. Gerade wenn es zwischen mir und meiner Mutter mal wieder nicht läuft, hatte ich oft die Idee, dass sie sich den Scheiß, den sie mir zwischendurch unbewusst antut, irgendwann in ihrem Lebensfilm anschauen darf und wird, sobald sie diesen irdischen Körper verlassen hat.

Allein das hat mir schon ein friedvolles Gefühl beschert! Aber was, wenn es gar nicht um meine Mutter geht, sondern um mich? Was, wenn meine Mutter mir mit ihrem Verhalten, ihren Worten und Taten helfen soll, mich selbst als Seele mit dem, was ich bin und sein will, besser wahrzunehmen? Was dann? Du siehst, es gibt stets mehrere Blickwinkel und nicht nur eine Richtung, um eine bestimmte Angelegenheit zu betrachten. Das eine geht nicht ohne das andere. Das vergessen wir nur allzu leicht, weil es viel einfacher ist, nur auf die anderen zu schauen. Wir denken, dass so, wie wir richten, verurteilen und beurteilen, es auch das Universum oder das Jenseits tun müsste. Wir schließen von uns auf andere und deren Denk- und Handlungsweisen. Ebendas ist dort aber nicht der Fall. Dort haben wir das universelle Wissen um uns herum und zudem unsere Seele, unser ewiges Sein und die Unendlichkeit.

Wir haben freien Zugriff auf alles Wissen, was uns als Seele dienlich ist. Alles wird uns im Jenseits offenbart. Nichts liegt mehr im Verborgenen.

Eine andere Tante von mir – PS: Meine Mutter hat drei Schwestern, die alle drei bereits in der geistigen Welt sind – die ihren Schwestern charakterlich sehr ähnlich war, starb ein Jahr zuvor. Sie hatte für sich und ihre Form des Missmutes irgendwann noch die Kurve bekommen. Eine Kuriosität, die alle drei Schwestern hatten, war, gern alles dunkel zu haben. Immer waren die Rollläden heruntergelassen, nur ein schmaler Lichtstrahl durfte bleiben. Es war gerade so, als ob sie schon Jahre vor ihrem Tod das Probeliegen im Sarg übten! Für mich war und ist das undenkbar. Ich liebe Licht, ich bin schließlich Licht! Je mehr Licht, umso besser!

Während vieler persönlicher Heilsessions mit Tante Nummer zwei, konnten wir ganz offen über ihr Dasein und darüber, was sie nach ihrem physischen Leben erwartet, reden. Sie wusste um meine Sichtweise und die Zusammenarbeit mit der geistigen Welt, weshalb ich bei ihr offen reden konnte. Teilweise war es wirklich lustig, weil ich dabei Dinge sagen konnte, die ein Außenstehender in dieser Situation nicht verstanden hätte.

Dinge wie: »Entscheide dich, ob du jetzt sterben willst oder nicht. Du machst die geistige Welt ganz kirre, wenn du einen Tag bleiben und am nächsten Tag doch lieber abgeholt werden willst.« Meine Tante konnte nicht anders, als laut zu lachen. Ein anderes Mal sagte ich: »Komm bloß nicht aus dem Jenseits rüber und erzähle mir, wo ich hätte besser putzen müssen!« Dazu musst du wissen, dass die Damen unserer Familie sich stark über alle Putzlappen dieser Erde definieren! Sauberkeit, Fleiß und Ordnung sind das oberste Gebot! Hatte ich mich zeitweise nicht daran gehalten, wurde ich gleich als Schlampe tituliert!

Diese Tante wurde also zum Ende ihres Lebens hin weich und zugänglich. Zu Lebzeiten hatte ich jedoch einige echt heftige Ansagen von ihr gefangen, die mich damals unendlich verletzt hatten. All das war über diese letzten, für sie sehr schweren Jahre anders. Sie war körperlich eingeschränkt, konnte nichts mehr tun und war auf Hilfe von außen angewiesen.

Ich hatte einen Zugang zu ihr gefunden und sie zu mir. Wenn sie heute aus dem Jenseits bei mir ist, dann fühlt sie sich wie eine Freundin an. Ich muss dann oft schmunzeln, weil es auch mit ihr so unendlich lustige Geschichten gibt, an die ich mich sehr gerne erinnere! So war sie eben! Immer für einen Schenkelklopfer gut!

3.11
Jenseits

Wie genau stellst du dir das Jenseits vor? Hast du dir schon jemals darüber Gedanken gemacht, wie es dort wohl aussieht oder aussehen könnte? Hast du überlegt, ob das Leben dort unserem hier ähnelt? Was meinst du, gibt es so etwas wie Häuser?

Wie genau darf man sich das Jenseits denn nun vorstellen? Ich finde, das ist eine sehr gute Frage, die ich für mich auch nur grob beantworten kann. Wie bereits gesagt, ist das Jenseits aufgrund unseres begrenzten Denkens und mit dem Wortschatz, den wir besitzen, nicht beschreibbar.

Dennoch versuche ich das, was ich bisher erfahren durfte, hier mit dir zu teilen. Innerhalb meiner Jenseitskontakte beschreiben die Verstorbenen das Jenseits so, dass sie dort mit anderen Verstorbenen, aber auch mit Tieren zusammen sind. Frei von Schmerzen, Krankheiten oder Leid und Angst. Sie zeigen auf, dass dort alles in Harmonie, Leichtigkeit und Liebe stattfindet. Zumindest für jene, die ihr Seelendasein verstanden und ihren Lebensfilm bereits gesehen und hierüber ihr Bewusstsein erweitert haben. Oft werden Blumen und Landschaften beschrieben, die um so viel schöner, farbenfroher und duftender sind als unsere Pflanzen auf der Erde. Auch hier entscheidet jede Seele selbst, wie, was und wo sie sein will. Noch spannender finde ich Bücher und Erzählungen von Menschen, die sogenannte Nahtoderfahrungen gemacht haben. Sie erzählen davon, dass das Jenseits voller leuchtender Farben und Klänge und mit den uns zur Verfügung stehenden Sinnen und Worten nicht beschreibbar sei. In einem Buch wird beschrieben, dass Worte wie phänomenal, unfassbar oder sensationell nicht einmal annähernd die dortige Realität beschreiben können. Alle deine Sinne arbeiten dann automatisch zusammen. Du siehst, hörst und fühlst gleichzeitig. Alles dort fühlt sich real an. So wie ein Traum, der sich im Moment des Traumes ebenfalls völlig real anfühlt, und für diesen Moment auch ist. Alles findet telepathisch statt. So etwas wie Sprache oder Worte gibt es nicht.

Ein Gedanke reicht aus und du kannst eine andere Seele treffen oder dir das erschaffen, woran du gerade gedacht hast. Fernab von unseren normalen Vorstellungsmöglichkeiten. Für die Seele ist das »Leben« dort wie ein immerwährender perfekter Tag! Diese jenseitige Welt ist unserer irdischen so ähnlich und doch so anders. Für mich befindet sich diese Welt auch nicht irgendwo oder etwa im buchstäblichen Himmel, sondern parallel zu unserer Welt. Quasi neben uns oder um uns herum. Eine Seele kann meiner Erfahrung nach überall gleichzeitig sein, ohne auch nur einer irdischen Einschränkung zu unterliegen. Das Jenseits ist eine Welt ohne Polarität und ohne das, was wir als »böse« bezeichnen. Auch gibt es in der geistigen Welt keine Krankheiten, kein Schmerzempfinden, weder Behinderungen noch Leid, so wie wir es hier auf dieser Erde kennen.

Alle menschlichen Empfindungen, die z. B. Dinge wie Wärme, Kälte oder aber das Bedürfnis des menschlichen Körpers nach Nahrung betreffen, sind in der geistigen Welt überflüssig. Auch körperliche und/oder geistige Einschränkungen oder Erkrankungen sind dort nicht vorhanden. Spätestens beim Übergang in die geistige Welt sind alle physischen und psychischen Probleme weg. Die Seele spürt keine Schmerzen mehr und ist frei von körperlichen Gebrechen. Tanzen, singen, springen und gutsitzendes Haar – all das geht wieder! In sehr vielen Jenseitskontakten zeigen sich die Seelen dann wieder gutaussehend und ohne jegliche Einschränkungen. Im Jenseits können sie sich aussuchen, wie gut oder schön sie aussehen wollen. Nur ist davon keinerlei Beurteilung abhängig, wie es hier auf Erden der Fall ist. Sie dürfen einfach so sein, wie sie sein wollen! Das Jenseits ist ein Ort der Freude, der Liebe und des nicht Vermissens!

Genau deshalb melden sich so viele Verstorbene im Jenseitskontakt und wünschen sich, dass ihre Hinterbliebenen wieder leben und glücklich sein sollen. Warum? Weil die Verstorbenen nie weg waren oder weg sind. Wie könnest du also jemanden vermissen, der doch die ganze Zeit da ist?! Deine geliebten Verstorbenen können sehen, wahrnehmen, hören und fühlen, was du den lieben langen Tag machst. Sie sind immer noch ein Teil deines Lebens und werden es immer sein, selbst wenn du dir das nicht vorstellen kannst.

Einige beschreiben das Jenseits anhand von verschiedenen Bewusstseinsebenen. Irgendwo sind ja auch die Seelen, die für sich noch nicht verstanden haben, wer und was sie sind. So, wie meine Tante zu Beginn ihrer Heimkehr. Für mich ist dennoch vom Empfinden her alles eins. Selbst wenn das für viele nicht stimmig sein sollte. Schlussendlich ist es egal, ob eine Ebene oder viele Ebenen. Genaueres wird jeder erfahren, sobald er »drüben« angekommen ist. Wenn ich jetzt sage, es gibt nur Licht und Liebe, dann wäre auch das nicht ganz richtig. Es gibt alles Schöne, was du dir vorstellen kannst, und davon noch viel, viel mehr. Dennoch darf jeder so sein, wie er mag. Mit dem Eintritt der Seele in die geistige Welt, ist auch sofort alle Erinnerung an das, was war, wieder vorhanden. Die Seele an sich weiß sowieso immer, wer und wo sie ist.

Der einzelne Aspekt daraus, wie ich ihn im Blumenkohlbeispiel im Kapitel Reinkarnation beschrieben habe, kann allerdings entsprechend unserer Zeitrechnung eine gewisse Zeit benötigen, um das große Ganze wieder für sich zu verstehen. Hat dieses Seelenröschen dann seine Lebensfilm-Erfahrung zusammen mit seinen jenseitigen Helferlein angeschaut, spätestens dann ist alles wieder restlos vereint. Wie bereits an anderer Stelle erwähnt, gibt es in der geistigen Welt weder Dämonen noch andere Herren dieser Art mit Hörnern, Hufen und Schwanz. Das sind meiner Auffassung nach Eigenkreationen, die wir uns als Menschen selbst erschaffen haben. Selbst wenn es viele Menschen gibt, die genau das anders sehen. Frei nach dem Motto und unserem eigenen Willen: Du willst einen Dämon?! Du kannst einen haben. Alles wird vom Universum gehört und sofort ausgeführt. Jeder noch so bekloppte eingereichte Wunsch, auch wenn du ihn nur gedacht hast! Irgendwann habe ich mal auf Social Media gelesen: »Wie und wo bekomme ich einen Dämon?! Ich will unbedingt einen haben! Ich finde das super und cool!« Damals überkam mich kurzzeitig Fassungslosigkeit. Gut, dachte ich im nächsten Moment, beim Universum bestellt, ausgeliefert auf eigenen Wunsch hin und schwups, zugestellt. Bitte! Seine Wahl, seine Kreation! Sein Thema! Dass mit dem Dämon der Teil in ihm gemeint ist, den er nicht wahrnimmt, steht hierbei auf einem ganz anderen Blatt. Selbst kreiert nach Wunsch und nix geistige Welt!

Ich bin fest davon überzeugt, dass es nicht nur ein Universum gibt. Aber, wie bereits gesagt, es gibt so unendlich viele Dinge, bei denen unser Verstand bereits beim Denkansatz aussteigt. Letztlich ist alles mit allem in Liebe verbunden! Selbst das, was sich aussucht, nicht in der Liebe zu sein. Die souveräne Wahl jeder Seele, nach freiem Willen zu handeln und darüber Wachstum zu erlangen, steht immer im Vordergrund. Ebenso die Entscheidung für eine Inkarnation in einem physischen Körper. Dennoch, ohne das vermeintlich Böse, würde es für die Seele nur ein beschränktes Erdenseelen-Wachstum geben. Wie wollen wir Gutes sonst überhaupt von Schlechtem unterscheiden? Außerdem sind genau die Momente wichtig, in denen ich mich ganz bewusst für das Gute und die Liebe entscheiden kann!

Das ist der Grund für diesen wundervollen Erdenspielplatz. Wir können hier erfahren, was unserer Seele dienlich ist und was nicht. Diese Liebe ist von einer überwältigenden Dominanz und einer unendlichen hohen Schwingung in viel höhere Dimensionen.

Immer wieder wurde in unzähligen Sitzungen von Seiten der geistigen Welt erwähnt, dass jeder Einzelne von uns Zugang zum universellen Wissen hat. Auch wenn sich viele darüber streiten, ob dieser Zugang wirklich allumfassend ist oder ob jedem hier nur ein Teil dieses Wissens zur Verfügung steht. Selbst wenn wir dieses Wissen mit den uns zur Verfügung stehenden Möglichkeiten hier nur ansatzweise verstehen können. Tief in deinem Inneren weißt auch du, dass du immer Kontakt zur geistigen Welt und darüber zu deinen Lieblingsseelen haben kannst, auch wenn der physische Teil unserer Existenz diese wundervolle Verbindung durch unsere eingeschränkte Sichtweise anzweifelt. Wenn der Tag gekommen ist, dann wird jeder von uns voller Glorie auf der anderen Seite von all seinen Lieben empfangen werden. Die Seele ist zu Hause und die Freude darüber ist weit durchs Universum zu hören.

Zum Schluss dieses Kapitels möchte ich dir noch Folgendes mitgeben: Deine Lieblingsseele ist immer ansprechbar! Selbst kurz nach ihrem Tod!

Mag sein, dass es auch im Jenseits viele Erfahrungen für die Seele zu sammeln gibt und unser Leben hier nur einen kleinen Platz im Gesamterfahrungsschatz einnimmt. Dennoch. Es gibt keine Wartezeit, Heilungszeit, Filmguckzeit usw. Deine Lieben tun alles, um mit dir in Kontakt zu bleiben. Stell dir vor, du bist an dem wunderschönsten Ort, den du je gesehen hast. Alles ist voller Liebe, friedlich, überwältigend und so megahammergeil, dass du gar nicht weißt, wohin mit dir. Hinzu kommt noch, dass du alte, liebgewonnene Bekannte wiedertriffst und mit denen ein geiles Fest feierst! Mal ehrlich, würdest du nicht auch sofort zu Hause anrufen und allen diese tollen Neuigkeiten mitteilen wollen?!

3.12

Das Jenseits wird salonfähig

Früher gab es nur wenige US-amerikanische Filme oder TV-Serien mit einem klaren Jenseitsbezug. Vielleicht kennst du noch »Ghost – Nachricht von Sam« oder »Ghost Whisperer – Stimmen aus dem Jenseits« oder »Long Island Medium«? Inhaltlich waren diese natürlich typisch Hollywood! Was wäre das Jenseitige ohne etwas Böses?! Menschliches Denken halt!

In den letzten Jahren allerdings nehmen TV-Ausstrahlungen, in denen das Jenseits eine bedeutende Rolle spielt, immer mehr zu. Für mich als Medium ist der tägliche Dialog mit Verstorbenen bzw. dem Jenseits seit vielen Jahren zu einem Lebensinhalt geworden.

Zu meiner großen Freude wird das »Jenseits« oder vielmehr der »Kontakt zu Verstorbenen« nun langsam zur kleinen Normalität, und das auch im deutschen Fernsehen.

Egal, ob in Filmen wie »Schutzengel« mit Till Schweiger, »Stereo« mit Jürgen Vogel, in Serien wie »Großstadtrevier« und selbst im geheiligten Weimarer »Tatort« mit Nora Tschirner und Christian Ulmen, Jenseitskontakte als gespielter Normalzustand haben nun endlich auch im deutschen Abendprogramm Einzug gehalten und nehmen stetig an Popularität zu. Dabei werden die Verstorbenen meist so gezeigt und gespielt, dass die Hinterbliebenen sie als real und lebendig wahrnehmen.

Verstorbene, die sich aus dem Jenseits kommend zeigen, mit ihren Lieben Kontakt pflegen und sogar dauerhaft bei ihnen sind. Das kommt dem, was ich sehe und fühle, bereits sehr nahe.

Nicht immer wird in diesen Filmen das Jenseits so dargestellt, wie es sich mir zeigt.

Aber immerhin werden Jenseitskontakte langsam gesellschaftsfähig! Und das wurde auch Zeit, gell? Ich finde diese neue Weltanschauung ganz wunderbar, obgleich sich, wie bereits gesagt, die Darstellung und das Tun der Verstorbenen teilweise sehr stark von dem unterscheidet, was ich als Medium erlebe und wahrnehme.

Ich hoffe sehr, dass das Jenseits irgendwann kein Randthema mehr ist, und darüber auch nicht mehr im Widerspruch zu manch weltlicher Anschauungsform steht.

4
RENDEZVOUS MIT DEM JENSEITS®

4.1

Spinne ich jetzt völlig?!

Hast du dir diese Frage in puncto Jenseits auch schon gestellt? Ich mir früher oft! Warum? Weil ich für mich nicht verstanden hatte, was um mich herum oder in mir abgeht. Von Stimmen in meinem Kopf, Geräuschen, die ich definitiv gehört habe, ohne dass eine Quelle dafür ersichtlich war, immer und überall jemanden ganz dicht hinter mir zu spüren, obwohl niemand da war, Licht, was ich ausgeschaltet habe und was dennoch immer wieder brannte, Dingen, Wesenheiten, Geistern oder was auch immer ich spüren, aber nicht zuordnen konnte, Elektronik, die plötzlich und ohne erklärlichen Grund ausging und dann einfach so wieder funktionierte,Schritte, die ich deutlich hören konnte, obwohl niemand zu sehen war, Sachen oder Dingen, die ich plötzlich an anderer Stelle wiedergefunden habe als dort, wo ich sie wissentlich hingelegt hatte.

Silhouetten, die ich vor mir sehe, die durchsichtig sind und die Form und Bewegung eines menschlichen Körpers haben, habe ich alles erlebt, was sich hellsichtig oder hellfühlig wahrnehmen lässt.

Es gab unzählige Gänsehautmomente, in denen mein Verstand verrücktspielte, weil ich nicht mehr wusste, was ist real und was bilde ich mir ein. Das waren Momente, die mich in meinen Zwanzigerjahren manches Mal fast an den Rand des Wahnsinns gebracht haben, weil ich mit keinem darüber sprechen konnte. Zumindest nicht mit Menschen, die mir hätten sagen können, was genau mit mir los ist! Was gehört zu mir und was davon ist Einbildung? Kann ich wirklich glauben, was um mich herum stattfindet?

Oh Gott, wenn es dich gibt, bitte hilf mir zu wissen und zu verstehen, was hier mit mir geschieht!

Die Angst und das Wahrnehmen von Berührungen aus dem Nichts haben mich fast irre gemacht! Die Bemerkung einiger Mitmenschen, es würde sich bei meinen jenseitigen Begegnungen um böse Geister handeln, hat es auch nicht besser gemacht! Wer will denn so etwas zu Hause haben und dann auch noch deren Anwesenheit spüren?! Heute weiß ich, dass auch das zu meinem Erwachen in die Medialität gehörte. Alle meine Sinne spielten gleichzeitig verrückt. Die geistige Welt, die mich seit Kindertagen begleitet und mich auf eine Zusammenarbeit vorbereitet hat, war damals mental und physisch ganz deutlich für mich zu spüren! Nur, ich wusste es nicht! Hätte ich auch nur geahnt, was sich dahinter verbirgt, wäre meine Angst purer Liebe und Freude gewichen. Allein deswegen, weil ich meinen geliebten Opa aus der geistigen Welt dann immer bei mir gewusst hätte!

Zu Beginn meiner Arbeit, wenn ich als Medium Verstorbene um mich herum wahrnahm, war das schon okay für mich! Es sei denn, es war Nacht oder ich war im Bad bzw. im Schlafzimmer! Wie oft bin ich erschrocken, weil mich nachts jemand ansah oder neben meinem Bett stand. Wie oft ist mir das Herz in die Hose gerutscht, wenn ich nachts beim Gang zum Bad direkt jemand vor oder hinter mir spüren konnte. Wie oft habe ich die geistige Welt panisch aus meinem Schlafzimmer geworfen, weil ich mich erst einmal daran gewöhnen musste, sie immer und überall wahrzunehmen. Heute, wenn Verstorbene neben meinem Bett stehen, habe ich keine Angst mehr. Selbst wenn ich deutlich wahrnehmen kann, dass sich eine Seele ganz dicht zu mir – auf mein Bett! – setzt, ist der einzige Gedanke, der mir dabei kommt: Hey! Schön, dass du da bist, du wundervolle Seele! Bitte habe Verständnis, dass ich, Susan, ein Mensch bin und daher schlafen muss und körperliche Ruhe benötige, die du als Seele nicht mehr brauchst. Melde dich bitte später wieder, wenn ich wach bin! Du siehst, heute ist mir jeder aus der geistigen Welt immer und zu jeder Zeit willkommen. Was ich dann mit den Infos mache, die ich von meinen nächtlichen Besuchern bekomme, ist situationsabhängig. Wenn es mir zu viel wird, dann bitte ich einfach darum, ganz bei mir sein zu dürfen. Sie und ich wissen ja, dass wir jederzeit miteinander verbunden sind.

4.2
Können sich Verstorbene bemerkbar machen und wenn ja, wie?

Ganz viele Menschen wissen nicht, ob sich Verstorbene wirklich bemerkbar machen können. Die Antwort ist: Ja, das können sie!

Natürlich gibt es, wie in meinem Rezipient-Kleeblatt im Kapitel Emotionen beschrieben, unterschiedliche Empfängerarten einschließlich derer, die gut und gerne auf alles Jenseitige verzichten können. Dazu gehörst du schon einmal nicht, sonst hättest du dieses Buch niemals gekauft! Wie bereits gesagt, ja, deine Lieblingsseele kann sich für dich bemerkbar machen. Die Frage ist, willst du das für dich erkennen oder nicht?

Gehen wir beide jetzt mal davon aus, du würdest darauf brennen, endlich von deiner Lieblingsseele zu hören, dann kann eine Kontaktaufnahme auf unterschiedliche Art und Weise passieren. Stell dir vor, du bist völlig empfangsbereit und stehst dir nicht mit Gedanken wie: Das kann ich nicht, bei mir geht das nicht, selbst im Weg. Dann hat die Seele verschiedene Möglichkeiten, sich bei dir bemerkbar zu machen und sei dir sicher, sie tut es!

Das Empfangen von jenseitigen Informationen wird unter anderem in mentale und physikalische Wahrnehmung unterteilt. Die mentale Wahrnehmung meint geistig, über den Verstand empfangend, telepathisch in diesem Falle. Diese Wahrnehmungen kannst nur du allein spüren. Die physikalische Wahrnehmung hingegen beschreibt einen ganz anderen Bereich, den ich physische Zeichen nenne.

Diese Zeichen sind allerdings nicht nur für mich auf meinem Körper spürbar, sondern meist auch für alle anderen Menschen im Raum. Jetzt wird es so richtig spannend, gell?

Wenden wir uns aber zunächst einmal den mentalen Bereichen zu.

4.2.1

Mentale Bereiche – Hellsinne

Eine Möglichkeit für deine Lieblingsseele, sich bei dir bemerkbar zu machen, ist es, deine innere Wahrnehmung bzw. deine Hellsinne »anzutriggern« und sich hierüber bemerkbar zu machen. Das betrifft also alle Wahrnehmungen, die über das Mentale oder den mentalen Bereich sichtbar werden und dazu gehören deine Hellsinne! Okay, vielleicht wusstest du bis eben nicht, dass auch du so etwas hast! Ich versichere dir hier gern, dass auch du Hellsinne hast! Vielleicht arbeitest du nicht bewusst mit ihnen, aber da sind sie auf jeden Fall. Jeder Mensch hat diese wundervolle Gabe als Geschenk bzw. als Grundausstattung mitbekommen!

4.2.2

Hellsehen

Nehmen wir einmal an, du bekommst ein hellsichtiges Bild von deiner Lieblingsseele bzw. einem nahestehenden Verstorbenen gezeigt. Dieses Bild kann sich auf unterschiedliche Weise zeigen.

Schließe kurz und nur für einen Moment deine Augen! Stell dir einen Strand vor! Was siehst du? Strand, richtig?! Genau das ist Hellsichtigkeit, ein Bild, was sich vor deinem inneren Auge aufbaut. Du weißt, was ein Strand ist und über deine mentale Vorstellungskraft bekommst du ihn als Bild gezeigt. Meine Vorstellung eines Strandes kann hierbei völlig anders aussehen als deine! Faszinierend, gell?

Dass auch du hellsichtig bist, hast du gerade selbst erlebt! Vor deinem inneren Auge oder besser in deinen Gedanken taucht jetzt immer wieder ein Bild auf, das dir einfach nicht aus dem Kopf gehen will. Dieses Bild hat natürlich mit deiner Lieblingsseele zu tun. Sie erinnert dich über das Bild z. B. an eine gemeinsame Zeit und diese Erinnerung kannst du möglicherweise wie eine Art Filmszene wahrnehmen. Oder aber es handelt sich um einen Gegenstand, dessen Bild dir nicht mehr aus dem Kopf geht, welcher dich jedoch mit deiner Lieblingsseele verbindet.

Das kann vom Ehering bis hin zum Anhänger alles sein. Es kann demnach Schmuck sein, muss es aber nicht. Denke kurz nach, welches Bild, das dir jetzt aus der geistigen Welt gezeigt wird, erinnert dich an deine Lieblingsseele? Welcher besondere Moment wird dir bewusst? Immer ist ein solches Bild mit einem besonderen Gefühl für deine Lieblingsseele gekoppelt. Das gleiche Bild kommt dir also immer und immer wieder in den Kopf, ohne dass du wissentlich Einfluss darauf hast, richtig? Gratulation! Auf diese Weise hat sich die geistige Welt bei dir bemerkbar gemacht. Ich bin sicher, dass du in diesem Moment, in dem so ein Bild kommt,. unglaublich emotional wirst. Wenn du jetzt weißt, dass exakt dieses Bild von deiner Lieblingsseele nur für dich gesendet wurde, ist das ein erster wichtiger Erkenntnisschritt für dich. Deine Lieblingsseele zeigt dir darüber, wie emotional du wirst, auf, dass sie ganz dicht bei dir ist! Dieses dir gezeigte Bild hält eine tiefgehende Bedeutung bereit und natürlich auch eine Botschaft. Alles, was du aus der geistigen Welt gezeigt bekommst, egal, in welcher Form, birgt immer einen tieferen Sinn. Und diesen gilt es nun für dich herauszufinden, zu verstehen und zu erkennen. Es kann sein, dass es nur ein »Hallo, ich bin da«-Beweis von deiner Lieblingsseele ist. Es kann auch sein, dass deine Lieblingsseele dir eine andere Richtung oder eine andere Sichtweise für eine bestimmte Angelegenheit aufzeigen möchte. Es kann weiterhin sein, dass dir deine Lieblingsseele einfach nur Leichtigkeit in verschiedenen Situationen übermitteln oder überbringen möchte. Vielleicht möchte sie dich über die gemeinsamen Momente an glückliche Zeiten erinnern. Alles, damit du verstehen kannst, dass deine Lieblingsseele dich wieder lächelnd, lebendig und freudig sehen möchte, indem sie dir aufzeigt, dass sie noch immer an deiner Seite ist.

4.2.3

Hellhören

Hast du schon einmal das Gefühl gehabt, jemand würde deinen Namen rufen, obwohl gar niemand in der Nähe ist? Es kann gut sein, dass deine Lieblingsseele sich auf diese Weise bemerkbar macht. Das nennen wir im Esoterik-Bereich Hellhören! Ich möchte an dieser Stelle noch einmal kurz das Thema Strand aufleben lassen!

Sei so lieb und schließe bitte noch einmal deine Augen! Stell dir wieder deinen Strand vor! Und? Siehst du ihn? Wunderbar! Jetzt höre genau hin! Kannst du das Geräusch der Wellen und den Wind wahrnehmen? Bestimmt! Gratulation! Du beherrschst das Hellhören! Wie du siehst, ist all das keine Zauberei, für die man jahrelang studiert haben muss. Hellhören kann demnach bedeuten, dass du eine Stimme in deinem Kopf hörst. Es kann dir sogar so vorkommen, als ob deine Lieblingsseele direkt mit dir redet. Vielleicht nimmst du die Stimme deiner Lieblingsseele direkt neben deinem Ohr wahr, so, als ob deine Lieblingsseele dir etwas ins Ohr flüstert. Auch hier ist alles möglich! Wichtig ist es, sich darauf einzulassen!

4.2.4

Hellwissen

Hellwissen ist ähnlich einer Blitzeingebung! Dabei kann es sich um so etwas wie eine Idee oder einen Einfall aus heiterem Himmel handeln! Hast du so etwas schon einmal erlebt? Womöglich war dir das gar nicht wirklich bewusst! Das ist fast immer der Fall! Dieses Hellwissen findet meist statt, ohne dass dir der betreffende Ablauf genau bewusst wird. Du weißt etwas, was du normalerweise nicht wissen kannst. Oft wird genau dieser Punkt aber unterschlagen und der Verstand tut so, als ob jenes Wissen schon immer vorhanden war. Das ist ein Irrtum! Die Wahrheit ist, dass du eine Art telepathischen direkten Hinweis von deiner Lieblingsseele erhalten hast, der sich wie ein lichtvolles oder gedankliches Aufblitzen einer Idee anfühlt. Das einzige Unterscheidungsmerkmal hierbei ist, dass du eben diese Infos vorher nicht hattest! Auf diese Weise kannst du erkennen, inwieweit du die entsprechende Information deiner Lieblingsseele tatsächlich über das Hellwissen erhalten hast. Mischt allerdings dein Verstand mit, gaukelt er dir vor, er wisse sowieso alles! Lass dich davon bitte nicht täuschen! Hellwissen gibt dir die wundervolle Möglichkeit, beim Zusammensein mit deiner Lieblingsseele auch auf universelles Wissen zugreifen zu können. Dabei geht in gewisser Weise eine Tür auf, die dir von Seiten der geistigen Welt einen Einblick in das große Ganze gewährt. Zumindest aber in den Teilbereich des kosmischen Wissens, der für genau diesen Moment und für dich und deine Seelenlage gerade wichtig ist.

4.2.5

Hellfühlen

Hellfühlen stellt für mich den Dreh- und Angelpunkt aller Hellsinne dar, den Hauptsinn, der dich alles Erdenkliche von deiner Lieblingsseele spüren lässt.

Vom Charakter bis hin zur Krankheit, alles ist über dein Gefühl spürbar. Der Haken am Spüren deiner Lieblingsseele ist, dass du sie so gut kennst. Selbst wenn du also z. B. Informationen über ihren Charakter über dein Gefühl bekommen würdest, so wüsste dein Verstand jederzeit, dass du all diese Informationen bereits im Vorfeld hattest, denn schließlich hast du ja zu Lebzeiten viel Zeit mit diesem Menschen verbracht. Du weißt zu viel über die Person, über ihr Leben, ihre gesamte Lebensart und -weise. Dein Verstand würde dir in der Folge all diese Gefühle vollständig zerpflücken und dir belegen, dass sie nichts mit dem Jenseits zu tun haben. Obwohl dich deine Seele all das natürlich spüren lassen könnte, macht es doch wenig Sinn. Das ist das Einzige, was Jenseitskontakte, besonders zur Lieblingsseele, so schwierig macht. Deine Lieblingsseele könnte sich demnach nur mit Infos zu erkennen geben, die du nicht weißt. Puh! Ja genau, das hört sich nicht nur kompliziert an, sondern ist es auch. Du darfst dir dennoch sicher sein, dass du deine Lieblingsseele spüren und erkennen wirst, wenn sie sich bemerkbar macht, selbst wenn du alles von ihr weißt. Glaub mir, sie wird alles tun, damit du dir sicher sein kannst. Außerdem habe ich hier auch noch den ultimativen Tipp für dich. Kommen wir noch einmal zurück zum Hellfühl-Hauptsinn. Das Hellfühlen wird im normalen Leben auch als Bauchgefühl bezeichnet. Das kennt jeder! Darüber kannst du fühlen, ob etwas richtig ist oder eben nicht. Wenn du alles von deiner Lieblingsseele weißt, dann achte bei einem Kontaktversuch darauf, ob dein Gefühl warm, weich und weit wird, sobald es um deine Lieblingsseele geht oder eher eng, komisch und drückend. Ist Letzteres der Fall, dann bist du definitiv im Verstand und für diesen kurzen Moment nicht mit deiner Seele verbunden. Stell dir vor, ich würde dir in einer Übung jemanden aus meiner jenseitigen Familie vorstellen, dann würdest du über das Hellfühlen völlig unbefangen Informationen über meine geliebte Familienseele erhalten können. Immer vorausgesetzt, du bist bereit, alles, was du fühlst und wahrnehmen kannst, auch zuzulassen!

4.2.6

Physischer Jenseitskontakt

Wenden wir uns nun dem Bereich des körperlich spürbaren Jenseitskontaktes zu. Er umfasst alles, was sich fühlbar auf deinem Körper zeigt. So sehr mir das früher Angst gemacht hat, heute liebe ich das! Und das Faszinierende daran ist, dass diese physischen Zeichen auch von anderen Personen, die mit dir zusammen sind, wahrgenommen werden können. Deine Lieblingsseele körperlich spürbar bei dir zu wissen, ist ein einzigartiges, wunderbares Geschenk! Zugegebenermaßen, zu Beginn ist das vielleicht nicht für jeden etwas und sicher gibt es mehr als genug Menschen, die das unter »spooky« einsortieren würden. Was ich damit meine, ist ein wahrhaftiges körperliches Fühlen der Energie deiner Lieblingsseele, die dich zum Beispiel streichelt, dir die Hände auf die Schultern legt, dir über den Arm fährt, dich umarmt oder dir körperlich nahe kommt.

Manchmal fühlt es sich so an, als ob sich deine Lieblingsseele zu dir aufs Bett setzt. Ich möchte dir ein Beispiel gern so beschreiben, wie ich es dem einen oder anderen Hinterbliebenen nach den Sitzungen dann zum besseren Verständnis aufzeige. Während ich die physischen Zeichen, die ich von einem Verstorbenen erhalte, laut gegenüber seinem Hinterbliebenen ausspreche, spüre ich selbst auf meinem Körper, an welcher Stelle sich der Verstorbene in diesem

Moment bei dem Hinterbliebenen zeigt. Wir spüren diese Seele in einer Übung dann quasi zusammen an der gleichen körperlichen Stelle. Das hilft den meisten Hinterbliebenen dabei, das Gefühl, dass ihr Verstorbener da ist, besser zu verstehen und zu lokalisieren.

Leider haben wir nie gelernt, wie wertvoll so eine Berührung aus dem Jenseits sein kann. Niemand hat uns gesagt, wie viel Sicherheit die spürbare Anwesenheit der Seele eines geliebten Verstorben bringen kann.

Keiner hat uns beigebracht, wie man so eine Energie wahrnimmt oder woran man sie deutlich erkennen kann. Wir kennen nur die blanke Angst vor dem Unsichtbaren. Setzt du deine körperliche Wahrnehmung bisher im Alltag ein? Und falls ja, wofür? Lass mich raten! Du nutzt sie nie? Und falls doch, dann maximal unbewusst? Damit befindest du dich in guter Gesellschaft. Etwas zu fühlen, was für die meisten Menschen nicht sichtbar und damit auch nicht da ist, ist etwas, was vielen Angst bereitet. Das hat aus meiner Sicht damit zu tun, dass dir dieses Gefühl, diese körperliche Nähe deiner Lieblingsseele vorher so nicht bewusst war und du vielleicht gar nicht weißt, dass so etwas überhaupt möglich ist. Überlege einmal! Was kann es Schöneres geben, als sicher zu wissen, dass deine Lieblingsseele bei dir ist? Ist es nicht ein wahnsinnig großes Geschenk, sie körperlich so deutlich zu spüren? Auf diese Weise wüsstest du immer, wann deine Seele bei dir ist. Du könntest spüren, dass du niemals allein bist! Okay, deine Lieblingsseele hat dann immer noch keinen Körper und sie kommt auch nicht mehr so, wie du sie kennen und lieben gelernt hast, zu dir zurück. Dennoch! Sie ist da! Wenn auch in einer feinstofflichen Hülle! Und genau darüber kann sie dir so viel mehr geben als das, was du dir jetzt vorstellen kannst.

4.2.7

Physikalische Medialität

Alles optisch und körperlich Wahrnehmbare wird hierbei der Klassifizierung physikalische Medialität zugeordnet. Dazu zählt auch das, was ich dir eben als körperliche Zeichen aufgezeigt habe. Anders als bei der mentalen Medialität, bei der alles über deine inneren Sinne, genannt Hellsinne, zustande kommt, können sogenannte Phänomene der physikalischen Medialität von allen Personen im Raum gleichzeitig wahrgenommen werden. Dazu kann z. B. ein – im absolut windstillen Raum – flackerndes Kerzenlicht gehören, ebenso wie das Ein- und Ausschalten von Licht, Strom, Handy, Fernsehapparaten oder anderen Elektrogeräten wie Toaster, Mikrowelle, Föhn etc., ohne dass jemand Sichtbares irgendwelche Knöpfe drückt. Aber auch Klopfgeräusche und Stimmen, die von allen im Raum gehört werden, sowie levitierende Möbel und sich anderweitig bewegende Gegenstände des täglichen Lebens zählen zu derartigen physikalischen paranormalen Phänomen. Also all das, was den meisten vor Angst und Panik die Haare senkrecht in die Höhe stehen lässt. Dennoch.

Ich habe mich all dem gestellt, um zu wissen, was diese Erfahrungen für mich bedeuten. Gern berichte ich dir davon. Falls du befürchtest, dass dich meine diesbezüglichen Erfahrungen aktuell überfordern könnten, dann überblättere diesen Abschnitt bitte. Ich habe für mich also auch diese physikalischen Herausforderungen gesucht. Dabei habe ich, zusammen mit anderen Menschen, erleben dürfen, wie eines meiner Kinder sich für die Kommunikation über einem kleinen Tisch zeigte. Dieser tanzte dann mit fünf Menschen, die jeweils nur zwei Finger auf die Tischplatte hielten, durch den Raum. Ich habe erleben dürfen, wie sich die geistige Welt in Séancen mittels Ektoplasma materialisierte. Einmal genoss ich sogar das Privileg, die auf diese Weise materialisierten Hände zu schütteln. Ich habe erleben dürfen, wie sich materialisierte Hände anfühlen! Ich sage dir, das war der Wahnsinn! Ich wusste nicht, wohin mit mir vor Glück und Ehrfurcht wegen dem, was ich alles erleben durfte. Was für ein Geschenk!

Ich durfte erleben, wie Gegenstände durch die Luft fliegen, Berührungen voller Liebe stattfinden und ein Medium auf einem schweren Holzstuhl wie eine Feder durch den Raum levitiert wird.

Ich war dabei, als sich Gesichter in einer Überschattung zeigten, als spirituelle Lehrer durch ein Medium sprachen und vieles, vieles mehr. All das war mir wichtig, um selbst zu erfahren, ob es sich nur um Märchen handelt oder ob es all das wirklich gibt. Vieles davon wird als die Arbeit der ersten Pioniere bezeichnet. Dazu gehören Dinge wie Tische tanzen lassen, EktoplasmaErscheinungen etc. Kennst du Ektoplasma-Phänomene?! Weißt du, was ich damit meine?!

Früher, und teilweise auch heute noch, fanden sogenannte Séancen statt, in denen das Medium in einen tiefen schlafähnlichen Zustand versetzt wird.

Allerdings schläft das Medium nicht. Es tritt wie zur Seite, damit die geistige Welt die beabsichtigten Phänomene über den Körper des Mediums hervorbringen kann. Allein über diese Phänomene lassen sich Bücher füllen. Auch wenn das für die meisten Menschen total gruselig sein mag, so ist es unfassbar faszinierend zugleich. Ektoplasma wird während dieser Séancen über den Körper des Mediums und aller sich im Raum befindlichen Substanzen produziert, um z. B. eine Hand, ein Gesicht oder einen menschlichen Körper sichtbar für alle im Raum zu materialisieren. Gordon Higginson war eines dieser wundervollen Medien, welches ich leider nicht mehr persönlich kennengelernt habe. Aber ein paar meiner Tutoren kannten ihn und verhalfen auch mir über seine Lehren zu einem tieferen Verständnis für alles, was mit der geistigen Welt zu tun hat. Gordon konnte im Hellen für alle im Raum sichtbar einen

Verstorbenen oder auch seine spirituellen Lehrer materialisieren. Da viele Séancen aber nach wie vor im Dunkeln abgehalten werden und auch nicht alles, was sich Séance schimpft, wirklich eine ist, kannst du dir jetzt bestimmt gut vorstellen, wie viele Scharlatane sich gerade in diesen Bereichen tummeln.

Noch einmal. Auch ich hatte manchmal mehr Angst als Verstand! Jaja, magst du denken, nach all der Zeit, in der die Susan mit solchen krassen Dingen lebt, hat sie gut reden! Aber lass mich dir sagen, selbst mir standen oft die Haare zu Berge! Ich wusste nicht, was im Einzelnen passieren wird, aber meine Neugierde war stets größer als die Angst vor dem Ungewissen und Unsichtbaren. Ich wollte wissen, ist das real oder unterliege ich einer Täuschung. Ich wollte alles erfahren, was zu erfahren ist. Genau das war wichtig für mich und meine Erkenntnis, wer ich bin und was und wie ich sein will. Noch eine kleine Ergänzung: Ein Medium, welches Dinge oder Ektoplasma materialisieren kann. PS: Es gibt fast keine mehr – arbeitet unfassbar viele Jahre daran, bis sich auch nur ansatzweise irgendetwas tut. Medium zu sein ist eine Berufung, egal, für welchen Bereich. Eine Berufung, die man in Demut demgegenüber lebt, was man als Medium jeden Tag erleben darf.

Es gibt noch etwas Wichtiges zum Thema übersinnliche Phänomene zu ergänzen! Jetzt sollte man meinen, dass, wenn jeder im selben Raum derartige übersinnliche Ereignisse miterleben kann, alle sofort das ehrfürchtige Glauben anfangen. Fehlanzeige! Dies ist jedoch nicht der Fall, obwohl es seit über 100 Jahren umfangreiche Forschungen zu dieser Thematik und sogar einen eigenen diesbezüglichen Forschungszweig, die Parapsychologie, gibt. Medien haben alles Mögliche über sich ergehen lassen, um Skeptikern einen Nachweis der Existenz der geistigen Welt zu erbringen. Skeptiker gibt es und wird es immer geben, egal, was auch bewiesen wird und wie viele Beweise für diese Realität geliefert werden. Wer nicht glauben will, der glaubt auch nicht! Und weißt du was! Das ist auch okay so! Wie bereits erwähnt, ist es die Entscheidung eines jeden, ob er diese Wahrheit für sich akzeptieren will oder eben nicht. Heu-

te nutzt die geistige Welt zudem neue Wege, um ihre Existenz aufzuzeigen. Gesichter von Verstorbenen, die auf bereits geschossenen Handyfotos erscheinen, sind nur ein Beispiel dafür.
Ich bin so was von fasziniert, was die geistige Welt alles möglich macht und dafür tut, dass wir sie wahrnehmen und ein tieferes Verständnis von uns und allem um uns herum erlangen! Aber vor allem weiß ich eines, wenn du für dich nur einmal die Liebe aus der geistigen Welt über alles, was sie zu uns transportiert, spüren kannst, dann erst weißt du, warum ich für all das offen bin und es mir egal ist, ob ich mir kurz vor solchen Séancen vor Angst in die Hose mache! Wurscht! Das sind meine Kindheitsängste, weil ich im Dunkeln Berührungen gespürt habe, die niemand sonst wahrgenommen hat. Erlebnisse, die von Seiten meiner Familie mit »Da ist nix!« abgetan wurden. Darüber sind meine Ängste entstanden. Ich habe die Wahrheit anderer vor meine eigene Wahrheit gestellt. Als Kind war das normal. Wenn ich mich heute an diese Angst erinnere, dann nehme ich mein imaginäres inneres Kind liebend und mitfühlend in den Arm, um es miterleben zu lassen, wie glücklich ich bin, dass dieser kleine Schatz über Jahre hinweg versucht hat, mich zu beschützen. Bemerkst du, wie ich heute als Erwachsene mit meinen Kindheitsängsten umgehe?

Im Vergleich zu früher ist da für mich schon ein großes Wunder geschehen. Viele alte Ängste, entstanden aus falsch verknüpften Gedanken und Gefühlen, konnte ich darüber zulassen und vor allem gehen lassen. Das Resultat? FREI sein und ich selbst sein! Also trau dich! Lass dir das von einem Angsthasen gesagt sein! Es lohnt sich! Im Übrigen gehören auch Gerüche oder Düfte in den Bereich der physikalischen Medialität, sofern sie von allen im Raum gleichzeitig wahrgenommen werden können. Kannst nur du diesen Duft riechen, z. B. ein
Parfüm, eine bestimmte Blume oder einen bestimmten Rauch, der sich deiner Lieblingsseele zuordnen lässt, dann nimmst du diesen über deine Hellsinne – also mental – wahr.

Die Unterscheidung zwischen beidem ist einfach, oder?

4.2.8

Traumebene

Natürlich zeigen sich Verstorbene auch gerne über unsere Träume. Das gibt ihnen die Möglichkeit, ganz nahe bei uns zu sein, ohne dass unser Wachverstand dazwischenfunkt. Genaueres dazu habe ich im Kapitel Traum beschrieben.

Wie du siehst, gibt es unzählige Möglichkeiten, mit der sich deine Lieblingsseele für dich sichtbar machen kann. Sei dir gewiss, sie wird alles tun, damit du sie für dich erkennen kannst. Sie gibt nicht auf, wirft hin und geht! Aufgeben ist etwas Menschliches, so etwas gibt es von Seiten der geistigen Welt nicht. Mit Sicherheit hat jede Seele auch noch andere Aufgaben als bei ihren Hinterbliebenen zu sein, aber bedenke, dass eine Seele überall gleichzeitig sein kann! Wichtig ist dennoch, dass du bereit bist, dich auf alles, was von deiner Lieblingsseele kommen kann, einzulassen! Achte darauf, was du denkst und ob du dir durch deine selbst erdachte Realität nicht im Weg stehst. Sei mutig und trau dich, alles wahrnehmen zu wollen! Die Angst, die du vielleicht verspürst, gehört zu einem unwahren Gedanken, der darunter sitzt. Achte deshalb darauf, was du denkst und vor allem, wovor du Angst hast. Du kannst dich immer und jederzeit für deine Lieblingsseele entscheiden. Jetzt, wo du weißt, dass es unterschiedliche Kommunikationswege gibt, ist es beim nächsten Zusammentreffen bestimmt einfacher, zu wissen, was genau dir deine Lieblingsseele aufzeigt! Denk immer dran und freu dich: Deine Lieblingsseele ist nie mehr als einen Gedanken von dir entfernt.

4.2.9

Zeichen und Symboliken

Zeichen und Symboliken werden von Seiten der geistigen Welt ebenfalls gerne zur Kommunikation herangezogen. Warum? Weil es leicht ist, über Zeichen zu kommunizieren. Zur Rubrik Zeichen gehören für mich neben der Symbolik auch Farben und deren Bedeutung. Selbst Klänge! Sie alle sind eine Ausdrucksweise der geistigen Welt. Da diese Thematik sehr komplex ist und immer davon abhängt, welche Zeichen oder Symboliken du interpretieren willst, habe ich ihr ein extra Kapitel gewidmet. Es soll dir helfen, die Unterschiede, Möglichkeiten und Hintergründe für dich genauer zu verstehen.

4.3
Jenseitskontakt

In unzähligen Social-Media-Gruppen tauschen sich Hinterbliebene über ihre großen Verluste aus. Hier teilen sie ihren Schmerz und ihre Ohnmacht mit Gleichgesinnten und erhalten in den meisten Fällen auf diesem Weg Gehör für ihre unendlich schmerzliche Situation. Gerade in diesen Gruppen stellt sich für viele Hinterbliebene oft die Frage, ob es wirklich ein Leben nach dem Tod gibt und ob die geliebte verstorbene Person wirklich bei ihnen ist. Manchmal schreibe ich zu solchen Beiträgen dann ein paar Worte und schildere meine Erfahrungen bei der Zusammenarbeit mit der geistigen Welt, um den Hinterbliebenen etwas mehr Sicherheit in dem, was sie fühlen, zu geben und ihnen vor allem die Angst vor dem Abgetrennt-Sein zu nehmen.

Hier ein Beispiel einer Hinterbliebenen, deren Mann unerwartet verstorben ist. Meist schreibe ich: »Ja, es gibt ein Leben nach dem Tod. Das Wissen darüber kann dir helfen, den physischen Tod deines geliebten Mannes anzunehmen. Dennoch, gerade wenn es erst passiert ist, sind die Trauer und die Ohnmacht über den Verlust oft so groß, dass sich die meisten Hinterbliebenen total abgeschnitten und getrennt von ihrer verstorbenen Person fühlen.« Als Medium kann ich ihr zwar sagen, dass ihr Mann alles tut, um ihr aufzuzeigen, dass er immer noch bei ihr ist, ebenso, dass seine Seele da ist und es immer sein wird, dennoch braucht die Hinterbliebene Zeit, um mit der Situation umzugehen und zu verstehen, dass die Daseinsform des Verstorbenen sich inzwischen geändert hat. Erstaunlicherweise reichen diese einfachen, kurzen Informationen den meisten Menschen aus. Was mich dennoch immer wieder sehr überrascht, ist, dass es so viele Hinterbliebene gibt, die gerade in Social-Media-Gruppen mit solch einfachen Aussagen, dass die verstorbene Person immer an ihrer Seite ist und dass es ihr gut geht, bereits zufrieden sind. Das Wissen, dass irgendjemand ihnen sagt, deinen Verstorbenen geht es gut, reicht ihnen aus. Sie hinterfragen nicht, sie glauben einfach. Eigentlich schön. Okay, das war ja leicht, denke ich mir dann oft! Und ja, diese Form eines Trialoges ist natürlich schöner, als wenn ich einen Vollskeptiker auf der anderen Seite sitzen habe, der sich den Kontakt, ohne es zu wissen, durch sein Verhalten, seine Ansichten und Erwartungen selbst zerschießt.

Es ist für viele Menschen sicher einfach nur wichtig, dass sie jemanden haben, der sie versteht, ihnen zuhört und den Schmerz und das Erlebte vielleicht nachvollziehen kann. Wahrscheinlich ist es nur genau dieser Satz, dass ihr geliebter Verstorbener noch bei ihnen ist, den diese Hinterbliebenen für sich und den Moment benötigen. Für mich und meine Arbeit empfinde ich das als unglaublich großen Vertrauensvorschuss und als großartiges Kompliment. Obwohl die meisten vermutlich gar nicht wissen, wer ich bin und wie ich arbeite. Meist überlege ich mir dann, wie viel Frieden diese Hinterbliebenen erst finden könnten, wenn sie wirkliche Nachweise von ihren geliebten Seelen, z. B. in einem Jenseitskontakt, bekommen würden.

4.3.1

Jenseitskontakt mithilfe eines Mediums

Zurück zu dir! Hattest du bereits einen Jenseitskontakt, ich meine einen jenseitigen Kontakt, der dir von einem Medium übermittelt wurde? Ich gehe davon aus, dass du – in welcher Form auch immer – deine Lieblingsperson seit ihrem Heimgang wahrnimmst. Vielleicht gibt es manchmal auch Sequenzen, in denen du denkst, dass sie tatsächlich bei dir ist. Wenn du das bejahst, dann hoffe ich sehr, dass dein Herz liebevoll berührt und du mit deiner Lieblingsseele zusammengeführt wurdest. Gerade wenn jemand frisch verstorben ist, ist das Thema Tod für Hinterbliebene emotional noch sehr bewegend. Wird jetzt ein Jenseitskontakt bei einem Medium gebucht, ist die Erwartungshaltung dementsprechend groß. Was wird wohl passieren? Wird meine Lieblingsperson wirklich anwesend sein? Was, wenn nicht? Was wird mir meine Lieblingsperson als Beweis zeigen? Kommt unser vereinbartes Zeichen? Bilde ich mir nur ein, was ich über den Tod meines geliebten Menschen hinaus erlebt und wahrgenommen habe? Fragen über Fragen! Mit überfluteten Augen sitzen die Hinterbliebenen dann in meinen Jenseitskontakten und haben angeblich keinerlei Erwartungshaltungen oder Vorstellungen! Was für ein Schenkelklopfer! All diese Fragen können über einen Jenseitskontakt, der von einem Medium hergestellt wird, eine Erkenntnis für dich bringen. In jedem Jenseitskontakt öffne ich die Tore zur geistigen Welt und eröffne darüber die Plattform dieses einzigartigen Trialogs, meines Rendezvous mit dem Jenseits. Als Medium bilde ich dabei für beide Seiten die Brücke zwischen dem Himmel und der Erde. Zwischen dem Diesseits und dem Jenseits. Ich führe diese sensationellen Energien aus allen Ebenen zusammen und transportiere wie eine Schaltzentrale alles, was die geistige Welt übermitteln will. Über dieses Öffnen der Türen in die geistige Welt ist es vielen Menschen möglich, zusammen mit ihren Lieben diesen unglaublichen Verlust besser verarbeiten zu können. Obgleich sich ein Jenseitskontakt mit dem Verstand nicht wirklich erfassen lässt, so kann dieser den meisten Menschen, die bereit sind, ihr Herz dafür zu öffnen, Klarheit, Gewissheit und inneren Frieden bringen. Etwas, was ihre rast- und ruhelosen Seelen so dringend benötigen, um endlich selbst heilen zu können.

4.3.2

Brauche ich wirklich ein Medium?

Natürlich benötigt kein Hinterbliebener zum Stattfindenden eines Jenseitskontaktes ein Medium. Täglich finden Jenseitskontakte zwischen Hinterbliebenen und Verstorbenen statt. Selbst wenn der Hinterbliebene das für sich nur erahnt. Ich weiß, dass jeder Kontakt zu seiner Lieblingsseele aufnehmen kann und dass diese im Gegenzug gerne aufzeigt, dass sie bei dem jeweiligen Hinterbliebenen ist. Ein Medium ist für die meisten Personen nur dann wichtig, wenn es um die Bestätigung der eigenen Erfahrungen geht. Besonders solcher, die sie nicht mit anderen teilen können. Vielleicht kennst du das auch?! Viele Hinterbliebene glauben selbst nicht daran, was sie nach dem Tod ihrer Verstorbenen wahrnehmen oder erleben. Ihr Verstand sagt ihnen, dass das doch nicht sein kann. Erst wenn ich als Medium voller Klarheit, Liebe und Mitgefühl diese Bestätigungen aus der geistigen Welt durchgebe, erlauben sie sich, das Wahrgenommene als real und wahr anzunehmen.

4.3.3

Erwartungshaltungen

Stell dir vor, wir hätten einen gemeinsamen, nennen wir ihn, »Trialog«, – dein RENDEZVOUS mit dem Jenseits – zwischen dir, mir und deiner Lieblingsseele aus der geistigen Welt. Darüber würdest du voller Liebe in deinem Herzen den ersehnten Kontakt zu deinem geliebten Verstorbenen erhalten. Natürlich, weil die Seele aus der geistigen Welt das ebenfalls will. PS: Ich kann in meinem Job nur die Verantwortung dafür übernehmen, dass ich die Kommunikation aus der geistigen Welt, so gut es geht, übermittle und alle benötigten Energien dieses wunderbaren Trialoges miteinander verbinde und über diese Zeit hinweg stabilisiere. Für die Konsumentenhaltung einiger Hinterbliebener, vorab eine Erwartungshaltungserfüllungs-Garantie abzugeben, bin ich nicht zuständig. Stell dir bitte kurz vor, wie du völlig unvoreingenommen und voller Liebe in so einen jenseitigen Kontakt gehst. Darüber hättest du bzw. deine Seele die Möglichkeit, durch dein weit geöffnetes Herz eine wirklich einzigartige Berührung zu erleben.

Überprüfe jetzt bitte einmal kurz deine Gedanken! Hättest auch du feste Vorstellungen, wie sich deine gewünschte Seele für dich zeigen müsste? Gäbe es bestimmte Zeichen, die diese Seele vorweisen müsste, damit du für dich annehmen kannst, dass sie wirklich da ist? Oder würdest du aus tiefstem

Herzen all das annehmen, was die geistige Welt und darüber deine gewünschte Person zu sagen hätte? Ganz ohne Vorverurteilung dessen, was kommen mag oder gezeigt wird? Manche Hinterbliebene haben tatsächlich ganz starre Vorstellungen und Erwartungshaltungen, wie ein solcher Kontakt ablaufen soll oder sogar muss. Selbst wenn ihnen das vordergründig nicht bewusst ist. Sie versteifen sich dann auf das, was ihrer Vorstellung nach aufgezeigt werden muss. Oft sind diese Erwartungshaltungen so engstirnig, dass sie der wahren Erkenntnis im Wege stehen. Diese Hinterbliebenen verstehen in diesem Moment nicht, dass auch sie einen Anteil am Jenseitskontakt haben. Sie denken vielleicht, ihr Herz sei offen, aber genau das Gegenteil ist der Fall. Der übermächtige Verstand wartet darauf, dem skeptischen Hinterbliebenen die Beweise zu liefern, dass alles hier Humbug ist. Jede von mir durchgegebene Aussage des Verstorbenen wird zwar mit »Ja, stimmt!« bestätigt, jedoch im gleichen Atemzug von ihrer Seite mit einem ABER belegt! Einem »Aber« der Skepsis. Einem »Ja stimmt, aber ich habe etwas anderes erwartet!« Einem »Ja stimmt, aber ich brauche für mich einen anderen Beweis!« Einem »Ja stimmt, aber es gibt etwas Bestimmtes und nur, wenn ich das höre, glaube ich, dass dieser Kontakt auch wirklich stattfindet! Nur dann weiß ich sicher, dass meine Verstorbenen bei mir sind!« Mal ehrlich! Wenn die erbrachten Beweise, die immer mit »Ja, stimmt!« beantwortet wurden, obwohl ich als Medium keinen Schimmer von den Hinterbliebenen und deren Verstorbenen habe, glaubst du wirklich, dass es dann irgendetwas gibt, was solche Skeptiker überzeugen könnte? Wie gesagt, das gehört zu ihrem Anteil am Ganzen. Schade ist, was dadurch im laufenden Kontakt passiert. Ahnst du es? Der Kontakt kippt. Das gewünschte Ergebnis kippt! Zurück bleibt ein verständnisloses Warum. Warum nur wurden jetzt nicht die Beweise aus der geistigen Welt gebracht, die der Hinterbliebene sich so stark gewünscht und sogar für sich eingefordert hat?! Ich weiß, warum! Nur diesen Grund will der Skeptiker nicht hören!

Ich hätte solche Erwartungen oder so immense Erwartungshaltungen eines Klienten noch nicht einmal vor dem Beginn eines Jenseitskontaktes erbringen können. Das Ergebnis entspringt stets einer gemeinschaftlichen Arbeit, wo das Sein, die Vorstellungen und die ganze Liebe des Hinterbliebenen einen genauso großen Anteil haben wie ich als Medium und alle Verstorbenen, die sich dann zeigen. Durch solche Erwartungshaltungen und die zusätzliche Skepsis bricht der Anteil des Hinterbliebenen an diesem Trialog weg. Wie bei einem dreibeinigen Tisch, dem plötzlich eines der Beine fehlt. Die Informationen, die zu Beginn schon eher flach und oberflächlich waren, werden noch flacher und für mich nicht mehr spürbar. Zu guter Letzt geht der Verstorbene, weil der ausgeglichene energetische Raum durch diese Erwartungshaltung des Hinterbliebenen von meiner Seite nicht aufrechterhalten werden konnte, zurück. Damit war es das dann zum Thema Durchsage.

Der Kontakt ist zu Ende und alle Seiten bleiben mit einem eher unbefriedigenden Ergebnis zurück. Auch wenn das nur selten vorkommt, so bedauere ich es sehr. Ich bedauere es für den Hinterbliebenen, der sich durch dieses Verhalten den Kontakt buchstäblich selbst versaut hat. Was hätten manche Damen und Herren für wundervolle Erfahrungen machen können, wenn sie von ihrem Skeptiker-Ross abgestiegen wären! So schade! Aber, es ist, wie es ist. Wenn alles einen Sinn hat, dann sollte wohl auch das genau so sein!

4.3.4

Trilog, nicht Dialog

Natürlich hat jeder Mensch eine bestimmte Erwartungshaltung, die habe sogar ich als Medium! Ich will gut sein! Ich will bitte einen sensationellen Jenseitskontakt herstellen! Ich will, dass dein Herz berührt wird! Ich will, dass du verstehst, dass deine Lieblingsseele immer bei dir ist! Wie du siehst, bin auch ich alles andere als erwartungsfrei.

Aber, wenn ich auf diesen Erwartungen meines Ichbewusstseins oder Egos sitzen bleibe, dann ist der Erfolg einer solchen Sitzung mäßig. Der Punkt ist, dass ich als Medium genau das überwinden darf. Das wichtigste für mich als Medium ist, im vollen Vertrauen auf das, was kommt, raus aus meinem Ichbewusstsein und rein in das transpersonale Bewusstsein zu gehen, um den Kontakt zur jenseitigen Seele herzustellen. Kurz vor jedem Jenseitskontakt bitte ich die geistige Welt und mein Team darum, mit meinem Fokus einzig in diesem transpersonalen Bewusstsein der Seele zu bleiben. Ich weiß, dass jeder Verstorbene immer das absolut Richtige aus der geistigen Welt für jeden Hinterbliebenen durchgibt. Ungeachtet dessen, ob dieser das so erwartet oder nicht. In meiner Funktion eines beweisführenden Mediums biete ich Hinterbliebenen in einem Jenseitskontakt die Möglichkeit, für sich zu erkennen, dass z. B. die Seele eines Verstorbenen oder die Wunschperson wirklich immer bei ihnen ist. Aber auch nur dann, wenn genau dieser Kontakt als Gemeinschaftsprojekt läuft, an dessen Ergebnis jede Seite ihren Anteil hat. Wie bei einem Trilog! Genau das verstehen einige Menschen nicht. Sie denken, sie können sich hinsetzen und abwarten, während das Medium die gewünschten Ergebnisse ihrer angeblich nicht vorhandenen Erwartungshaltungen abliefert.

Der Brüller, wenn es nicht manchmal zum Schreien wäre! Dieser Trilog läuft

Bombe, wenn der Hinterbliebene im Herzenswunsch und in der Liebe anstatt im Konsumentenverhalten des »Mach mal!« ist. Über genau diesen Trilog, der ohne den Anteil des Hinterbliebenen nicht in der Form stattfinden kann, wird durch mich ein unsichtbarer energetischer Raum aufgebaut. Ich diene hierbei als Verbindung zwischen Jenseits und Diesseits und mache darüber diese Kommunikationsebene komplett. Für alle, die schon etwas mehr Erfahrung in diesem Bereich haben: Zur Aufgabe des Mediums gehört es, die Energien aller drei am Trilog Beteiligten schwingungsmäßig auf eine Ebene zu bringen und diese über die gesamte Kommunikation zu halten. Wie du siehst, geht es im Kontakt nicht darum, dass ein Medium die gewünschten Resultate des Hinterbliebenen »abliefert« und der Hinterbliebene dann anschließend beurteilt, ob seine Erwartungshaltungshaltung auch ja erfüllt wurde. Das ist einem Kontakt nicht zuträglich.

Ist das der Fall, wird aus dem Trilog ein Dialog und der Verstorbene, der versucht, sich für die Hinterbliebenen deutlich zu erkennen zu geben, muss dann unter Druck und trotz der immer geringer werdenden Energie Ergebnisse abliefern. Kannst du den Druck allein beim Lesen spüren? Der Verstorbene versucht jetzt, die goldenen Eier der Erwartungshaltung seines Hinterbliebenen im übertragenen Sinne durch eine aufgebaute Betonwand zu bringen, die weder einen Riss noch ein Nadelöhr besitzt. JUHU! Was ’ne Scheiße! Gut, dass die geistige Welt unseren Kram nicht beurteilt oder uns für unsere schwachsinnigen Verstandeskapriolen auslacht. Fühl dich bitte nur mal für eine Sekunde da rein! Wie soll unter solchen Umständen eine wundervolle Berührung der Seelen stattfinden können? Wie soll das gehen, wenn der Hinterbliebene sich quasi hinter meterdicken Betonwänden eingemauert hat? Als Medium habe ich keine Kenntnis von den Angelegenheiten der Hinterbliebenen. Ich weiß nichts über deren Leben oder das der Verstorbenen, die sich zeigen. Im tiefen Vertrauen darauf, dass die geistige Welt zu jeder Zeit weiß, was sie tut und sagen will, gebe ich das durch, was die Verstorbenen sagen möchten. Selbst wenn das nicht das ist, was die Hinterbliebenen für sich als Beweis oder Information erwartet haben. Werden diese Durchsagen mit Ja beantwortet, ist das ein Erkennen der Seele. Woher sonst sollen all diese Informationen stammen? Kann sich aufgrund einer solchen unbewussten und Druck ausübenden Erwartungshaltung des Hinterbliebenen und der darüber gekoppelten Vorstellung des Ablieferns von Beweisen kein Trilog aufbauen, passiert im Jenseitskontakt, wie gesagt, nur eines. Die geistige Welt tritt zurück! Ich erhalte keine Informationen mehr. Die Türe ist zu. Selbst zugeworfen, durch viel zu krasse Erwartungen, die an mich, aber auch an die geistige Welt und darüber an die Verstorbenen gestellt wurden. Es geht zum Glück aber auch anders. Und ja, da ist er wieder, der wundervollste Job, den es gibt! Läuft ein Trilog nämlich ganz wundervoll und jede Seite bringt sich voller Liebe ein, dann kann der Hinterbliebene darüber für sich und seine Seele Klarheit erlangen. Dann weiß und erkennt er für sich, dass seine Lieblingsseele immer bei ihm ist. Wenn das passiert, geschieht ein Wunder! Das Wunder sich berührender Seelen.

Vielleicht hat dir das einiges verdeutlicht, was dir bisher nicht bewusst war! Es kann so einfach und wundervoll sein, wenn du diese Möglichkeit für dich zulässt. Niemand ist frei von Erwartungshaltungen, das bin ich auch nicht. Beginne ich aber, als Medium zu arbeiten, stelle ich mein Ichbewusstsein beiseite, um für dich das beste Medium zu sein, dass ich in diesem Moment sein kann.

4.3.5

Was, wenn du die Seele wärst?!

Jetzt betrachte das Thema Erwartungen an einen Jenseitskontakt einmal von einer ganz anderen Seite. Stelle dir vor, du selbst würdest dich in der geistigen Welt befinden! Nur für einen Augenblick! Wir freuen uns jetzt beide, dass deine Hinterbliebenen erwartungsfrei und voller Liebe auf dich warten! Was genau würdest du sagen oder tun, damit dich der Hinterbliebene, der einen Jenseitskontakt bei mir gebucht hat, erkennt? Und jetzt vergiss mal Name, Straße und Telefonnummer! Die können auch via Facebook oder Google herausgefunden werden! Sei dir sicher, dass ich als Medium, wenn ich nur solche Fakten als Beweis hätte, von meinen Klienten förmlich in der Luft zerrissen werden würde. Wenn ich nur die Aussage geben würde: »Ich habe hier deine Oma und sie hat dich lieb!«, dann ist das natürlich kein ernstzunehmender Beweis! Das ist Behauptung oder Recherche! Denk daran, heutzutage ist es eigentlich einfach, alles Mögliche im Internet herauszufinden, wenn man denn als Medium seine wertvolle Zeit mit so etwas verbringen möchte, um diese Inhalte dann im Kontakt vorzutragen. Ich kann dir sagen, das ist nicht meins! Ich verlasse mich lieber auf das, was mir aus der geistigen Welt aufgezeigt wird.

Noch einmal zurück zu dir! Denk dran, du wärest jetzt gerade die Lieblingsseele aus der geistigen Welt. Hast du dir einen Moment Zeit genommen? Was würdest du zeigen und sagen, damit dich deine Hinterbliebenen erkennen? Was macht dich so besonders, was macht dich aus? Woran könnten dich deine Hinterbliebenen sofort erkennen? Was würdest du sagen?

Welche Gegenstände, Beweise oder Besonderheiten könntest du jetzt aus dem Hut zaubern, damit die trauernden Hinterbliebenen, in deren Position du dich sonst befindest, dich als Seele und als die Person, die du warst, deutlich wiedererkennen können? Und? Nicht ganz einfach, oder? Herberts, Hugos, Heidis usw. gibt es millionenfach in der geistigen Welt. Gefolgt von Opas, Omas, Mamas, Papas usw. Was macht genau dich aus? Was macht dich als Seele im Wiedererkennungswert so einzigartig? Denk bitte genau darüber nach, bevor du weiterliest! Ich verrate es dir! Es ist die Person an sich, die mit all ihren Facetten erkannt wird.

Es ist niemals nur ein einzelner Aspekt! Im Kontakt fügt sich alles zusammen wie ein Puzzle. Mit jedem Teilchen wird deine Lieblingsseele für irdische Verhältnisse deutlicher sichtbar. Eine Seele, die sich frei von der Leber weg zeigt, damit du das Gefühl bekommst, dass sie im gleichen Raum mit dir ist! Was sie ja tatsächlich ist, wie du jetzt weißt! Eine Seele, die alles tut, damit du sie am Wortlaut und ihren Aussagen bezüglich der Dinge wie Lebensweise, Charakter, Beruf, Hobby usw. erkennen kannst. Wenn du dich auch nur für einen Moment in die Situation deines geliebten Verstorbenen versetzt, dann bist du beim nächsten Kontakt vielleicht gelassener und freust dich über alles, was dir gezeigt wird.

4.4

Wie arbeitet die geistige Welt?!

Die Antwort auf diese Frage ist unglaublich einfach und kompliziert zugleich. Die geistige Welt arbeitet mit allem, was du bist, weißt und kannst. Es gibt, wie bereits gesagt, in der geistigen himmlischen Welt kein besser oder schlechter. Jeder von uns, zumindest stimmt das für mich, hat die gleichen medialen Voraussetzungen. Dabei sind Art und Weise der jenseitigen Kommunikation für jeden von uns ebenso einzigartig, wie es jeder von uns ist. Die Frage ist, willst du diese medialen Fähigkeiten für dich bewusst einsetzen oder eben nicht. Bist du bereit, dein Ichbewusstsein und damit deine eigenen Erwartungen förmlich in die Ecke zu stellen und dich voller Vertrauen auf die geistige Welt einzulassen?

Stell dir vor, die geistige Welt arbeitet mit dir oder aber durch dich! Was von deiner Persönlichkeit, was aus deinem Leben, deinen Erfahrungen und Erlebnissen meinst du, könnte sie dafür nutzen?! Ich sage es dir: alles! Jeder von uns hat seine höchsteigenen Erfahrungen machen dürfen. Erfahrungen, die uns zu dem geformt haben, was wir sind. Hierbei habe ich vielleicht andere Erfahrungen gemacht, die sich von deinen deutlich unterscheiden. All das macht sich die geistige Welt ebenfalls zunutze. Neben deinen Hellsinnen wie Hellsehen, Hellhören, Hellfühlen, Hellwissen und Hellschmecken stellt auch alles, was du bist und erlebt hast, eine ganz wundervolle Grundlage bereit. Ja, selbst das, was du nie erlebt oder erfahren hast, stellen sie dir über ein Gefühl, welches du dann zum Ausdruck bringen kannst, zur Verfügung.

Das einzige Problem dabei sind wir selbst!!! Wenn etwas nicht funktioniert, dann liegt es immer an uns selbst. Das zumindest kann ich über mein Leben sagen. Das ist so simpel und doch so wahr. Unser Wissen, unsere Erfahrungen und unsere Hellsinne sind eng an unseren Verstand gekoppelt. Wir sind nun einmal Körper, Seele und Verstand. Das macht es teilweise nicht einfacher, da die geistige Welt ihre Informationen auch telepathisch bzw. über dein Gefühl übermittelt. Eine der Herausforderungen ist, dass auch der Verstand fröhlich mit interpretiert und mitmischt, wo eigentlich kein Platz dafür ist.

Falls dir das nicht bewusst ist: Ein einziger Gedanke mit »ich will« katapultiert sich binnen Sekunden in den Verstand, der dann die Kommunikation zu übernehmen versucht. Das ist der erste Verunsicherungsfaktor, die erste Krux. So wundervoll und schön es ist, alles hellzufühlen, so schnell kommt auch die Unsicherheit hoch, ob alles Empfundene wirklich von der Lieblingsseele stammt! Oder hänge ich schlichtweg wieder in meinem Verstand fest? Gaukelt er mir nur vor, was ich sehen und hören möchte? Auch die Stimme, die du im Kopf hörst, ist, anders als im Film, fast immer deine eigene! Das ist die zweite Krux an der Geschichte! Unterscheide deine Verstandesstimme von der der geistigen Welt. Wenn du das für dich herausgefunden hast und in deiner Kommunikation sicherer geworden bist, dann geht alles! Das wichtigste ist es also, Verstand versus geistige Welt für dich unterscheiden zu können.

Du kannst von einer Seele aus der geistigen Welt vom Charakter, der Persönlichkeit und dem Familienstand, über Hobbys, Arbeit und Krankheiten bis hin zu Erinnerungen, die besagen, warum die Lieblingsseele aus der geistigen Welt gekommen ist, alles empfangen. Alles, was du dir nur vorstellen kannst, geht. Die dritte Krux hierbei ist, dass du all das nur empfangen kannst, wenn du es für dich bewusst zulässt! Hier geht aber nichts mit »ich will«!

Da wir gelernt haben, alles im übertragenen Sinne in kleine bunte Kisten zu packen, die wir mit einem Etikett versehen, das besagt, was genau darin ist, gehört das heute immer noch zu den Herausforderungen, denen ich mich täglich stellen darf. Heißt, ich bin aktiv im Kontakt und halte aktiv mein Ichbewusstsein raus. Ich limitiere und bestimme nicht, was und vor allem wie etwas aus der geistigen Welt für mich durchgegeben wird. Ich weiß, dass die ihren Job schon richtig machen, da braucht es mich als Mensch nicht. Sie wissen immer, was das Beste für den Hinterbliebenen ist. Wir wissen meist noch nicht einmal, was das Beste für uns ist.

Die vierte Krux ist, dass es viel einfacher ist, mit einer dir fremden Seele zu kommunizieren, als mit einer dir bekannten. Warum das so ist, fragst du jetzt sicher. Das liegt daran, dass dein Verstand sehr viel schneller ist, als du dir vorstellen kannst. Du kennst die Energie deiner Lieblingsseele und das, was sie ausmacht, in- und auswendig. Nur wenige Dinge sind dir fremd oder nicht bekannt. Viele Jahre wart ihr vielleicht ein enges Team. Auch das macht es für dich nicht wirklich einfacher, die Worte deiner Lieblingsseele von der Stimme deines Verstandes zu unterscheiden. Die Lösung besteht darin, ausreichend Zeit dafür aufzubringen, dich darin zu üben, und allzeit zu wissen, dass es geht! Noch einmal, in den meisten Fällen haben wir diese Form der Kommunikation nicht gelernt! Wir haben statt unserem Gefühl unserem Verstand die Vorherschafft übertragen. Deshalb dauert es meist eine Zeitlang, bis du für dich verinnerlicht hast, woran sich deutlich erkennen lässt, was dir auf welchem Weg übermittelt wird. Und es dauert meist auch, bis du deinen Verstand und seine Geschwindigkeit sowie seine Tricks und Kniffe von denen der geistigen Welt unterscheiden kannst.

Ein weiterer wichtiger Punkt ist folgender: Natürlich nehmen die Seelen unserer geliebten Verstorbenen an unserem Leben teil. Du hast, ob das nun kurz oder lange war, zu ihrem Leben gehört und warst vielleicht sogar ihr Lebensmittelpunkt. Daran hat sich auch im Jenseits nichts geändert. Du gehörst zu deiner Lieblingsseele und sie zu dir. Jetzt kannst du dir vielleicht besser vorstellen, wie unglaublich sich alle Verstorbenen freuen, wenn wir ihnen die

Möglichkeit zum ständigen Austausch gewähren. Sie wünschen sich von Seele zu Seele, dass du glücklich bist und voller Liebe, Leichtigkeit und Lachen in dein Leben zurückfindest und dieses mit ihnen an deiner Seite weiterführen kannst.

Kommen wir nun zum Thema jenseitige Kommunikation. Ich werde hier anhand von Beispielen, die meine Arbeit als Medium betreffen, aufzeigen, wie du das eine oder andere jenseitige Zeichen für dich leichter erkennen kannst. Achte immer drauf, was sich für dich stimmig anfühlt. Achte darauf, wann du oder wie schnell du ins Ichbewusstsein kommst. Beobachte, beurteile dich aber nicht dabei. Probiere dich mit einem Lächeln im Gesicht aus, damit du besser verstehen kannst, wie diese Art der Kommunikation für dich funktioniert. Das, worüber ich im Folgenden schreibe, muss nicht im Detail für dich stimmen.

Ich möchte dir lediglich ein paar Anhaltspunkte geben, die dir helfen können, deiner Lieblingsseele näher zu kommen. Ich zeige dir weiterhin auf, wie ich die Seelen von Verstorbenen im Jenseitskontakt wahrnehme und wie genau das für mich funktioniert. Vertraue darauf, dass du alles Mediale bereits kannst! Nur geübt bist du in dieser Kommunikationsweise eben nicht. Genau das lässt sich ändern. Jetzt aber auf zum ersten megaspannenden Punkt: dem Gefühl!

4.4.1

Mein Gefühl

Alles Jenseitige kommt über mein Gefühl zu mir. Das ist kein Witz! Über diese Gefühlsanbindung bekomme ich sämtliche später von mir ausgesprochenen Informationen. Das Gefühl von Seele zu Seele! Das Gefühlszentrum ist hierbei der Solarplexusbereich. Dort wohnt für den Hausgebrauch das Bauchgefühl.

Über dieses Gefühl entstehen dann als weitere Ausdrucksmöglichkeit:

- hellsichtige oder innere Bilder. Bilder, die einen Fakt beweisen. Wie z. B. Manschettenknöpfe, die der Verstorbene getragen hat. Ich sehe dann, wie beim Beispiel mit dem Stand, diese bestimmten Manschettenknöpfe bzw. der Verstorbene legt mir diese in die Hand. Sie gehören in irgendeiner Weise zu ihm. Vielleicht haben sie ihm gehört. Vielleicht hat er sie oft getragen. Vielleicht hat er sie als Grabbeilage mitbekommen. Vielleicht sind sie noch in irgendeinem Kästchen bei einem Hinterbliebenen. Vielleicht waren sie ein Geschenk usw. Das ist ein Erkennungsmerkmal im Gesamtpuzzle. Ein Erkennungsmerkmal, was du oberflächlich oder bis in die Tiefe und mit allen Details dazu von der geistigen Welt erhalten kannst. Wahnsinn, oder?!

- Worte, die in meinem Kopf entstehen oder Worte, die ich deutlich, z. B. als einzelnes Wort oder Satz hören kann. Hierzu gehören bestimmte Sätze, die die Verstorbenen häufig gesagt haben oder der Fakt, dass es einen ganz besonderen Spitznamen für dich gibt usw. Vielleicht bekomme ich sogar ein Gefühl davon, dass ein bestimmter Dialekt oder eine bestimmte Sprache gesprochen wurde oder mit dem Verstorbenen in Verbindung steht.

- Erinnerungen, wie z. B. Bilder oder Szenen aus eurem gemeinsamen Leben. Lustige oder traurige Erinnerungen an eine bestimme Situation. Auch hier geht alles!

- Belastungsgefühle, die ich für mich in diesem Moment körperlich fühlen bzw. wahrnehmen kann, wie z. B. eine Schwere, die auf einen Suizid oder eine Depression hinweist. Ich kann dann deutlich unterscheiden, dass das, was ich fühle, nicht meins ist und nicht zu mir gehört.

- Krankheitsanzeichen wie Schmerzen, bei denen ich benennen kann, wo die Krankheit für mich spürbar ist usw. Auch hier kann ich deutlich spüren, ob diese zu mir gehört oder mir aus der geistigen Welt als Hinweis gezeigt wird.

- Gefühle, wie z. B. ein Gefühl des Entschuldigenwollens, dass mir der Verstorbene aus der geistigen Welt für eine bestimmte Situation aufzeigt.

Das Ganze ist ein Zusammenspiel, das erst rund wird, wenn alle meine Hellsinne gemeinschaftlich und gleichzeitig unabhängig vom Ichbewusstseinsbereich des Verstandes arbeiten. Ich versuche an dieser Stelle Abläufe zu beschreiben, die im Jenseitskontakt in Windeseile und ineinander gehend stattfinden. Gerade das Empfangen ist dabei ein sehr spannendes Thema, das nur allzu oft vom Verstand oder von dem, was ich mir vorstelle, zu wollen, behindert wird. Wie lange habe ich gedacht, dass ich das alles vielleicht gar nicht richtig kann.

- dass ich vielleicht besondere Übungen oder Dinge tun muss, um es besser zu machen, deutlicher zu empfangen oder überhaupt zu bekommen.

- dass andere besser sind als ich.

- dass ich nur hellsichtige Bilder sehen kann. dass ich gar nicht mit meinem Gefühl arbeiten kann.

- es wäre eine rein telepathische Kommunikation ohne physikalische oder körperliche Anzeichen.

- Wie lange habe ich gebraucht, um die Stimme meines Verstandes von der der geistigen Welt bei telepathischen Durchsagen zu unterscheiden.

- immer wieder von vorn angefangen, bis ich für mich verstanden hatte, wie schnell ich wieder in meinem Verstand lande. Immer dachte ich, die geistige Welt, also die Seele des Verstorbenen, sei für mich nun nicht mehr spürbar. Einfach weg! Ich dachte, sie sei weg! Zurückgegangen! Ich kultivierte Gedanken wie:

- Die wollen nicht mit mir arbeiten. Ich bin dafür nicht gut und erfahren genug. Ich kann das nicht. So dachte ich und währenddessen standen die Seelen immer noch rum und warteten auf mich. Aber mein übermächtiger Verstand hatte die Tür zur geistigen Welt längst zugeschlagen! Das war der Grund, warum ich mich zu Beginn dauernd selbst aus einem Kontakt rausgehauen habe. Es hat gefühlt ewig gebraucht, bis ich das für mich kapiert hatte. Als ich das erst einmal verstanden hatte, war die nächste Frage: Wie schaffe ich es, im Jenseitskontakt zu bleiben und nicht mehr der geistigen Welt, sondern meinem Verstand die Tür zuzuschlagen, damit er sich nicht andauernd einmischt?

- gebraucht, um zu verstehen, dass alle meine Hellsinne zusammenarbeiten und das gleichzeitig! Ich wusste ja, dass ich hellsichtig bin, wozu brauchte ich da z. B. noch das Gefühl, wenn ich doch schon ein Bild gesehen habe? Dass das Bild über mein Gefühl entsteht, von diesem Verstehen war ich damals ganz weit weg. Ich verstand für mich zu Beginn nicht, dass ich ein Bild nur gefühlt beschreiben, aber darüber nicht die Person fühlen und beschreiben kann. Stell dir ein Portraitbild vor! Du kannst die Frisur, das Gesicht, den Schmuck, die Haare usw. beschreiben. Aber auch nur das. Über das, was du siehst, lassen sich weder der Charakter noch die Persönlichkeit der Person beschreiben.

Immer, wenn mein Verstand versuchte, die Durchsage und die durchgegebenen Gefühle des Jenseitskontaktes zu interpretieren, ging gar nichts mehr. Das geschah zu Beginn oft und ohne dass ich wirklich bemerkte, was passiert war. Mein Ich- oder Egobewusstsein rührte fröhlich im Kontakt mit.

Und je mehr ich ein Ergebnis wollte und mir Druck machte, noch besser zu werden, desto häufiger und schneller flog die Tür zur Kommunikation mit der geistigen Welt zu. Im Bereich der Gefühle geht mit Druck gar nichts! Übst du Druck aus, egal in welcher Form, dann haust du dich nur selbst raus und das ist natürlich nicht der Sinn der Sache. Mir war nicht klar, dass diese ganze Misere unbewusst von meinem Verstand ausgelöst wurde.

Unser Verstand kann nicht fühlen, auch wenn er denkt, dass er das brillant kann! Er denkt, aber er kann nicht fühlen! Dafür ist unser Gefühlsbereich zuständig. Fühlen ist Bestandteil der Seele. Jedes Gefühl kommt über den Solarplexus als zentralen Gefühlsbereich und darüber entsteht eine direkte Anbindung zu deiner Seele, aber auch in die geistige Welt. Das Gefühl! Ein großes, kleines, feines oder übermächtiges Gefühl! Egal, was es ist! »Geh hin und fühle«, hat Robert Betz einmal gesagt. Wie passend! Erlaube dir, alles wahrzunehmen und zu fühlen! Erkenne die wahre Kommunikation deiner Seele und die der geistigen Welt. Erkenne darüber deine wahren Gefühle. Trau dich und fühle, was ist! Erlaube dir, falsch zu liegen! Das sind Erfahrungswerte, die dich immer besser werden und dich vor allem immer mehr zu dir kommen lassen. Das wird dir die Sicherheit geben, die du benötigst. Das Fühlen ist der Dreh- und Angelpunkt zur geistigen Welt, nicht das Denken bzw. der Verstand.

Ich selbst bin anfänglich ganz leicht ins Denken abgerutscht und darüber in den Verstand gekommen. Dann ist immer das Gleiche passiert! Der Verstand übernahm die Oberhand über meinen gerade stattfindenden Jenseitskontakt! Er grätschte in mein hellsichtiges Bild oder das erhaltene Gefühl hinein und interpretierte dieses nun aus Verstandessicht. Damit war der Kontakt beendet. Im Verstand sitzend war das Gefühl natürlich blockiert und für mich somit nicht mehr zugänglich. Das hat mich fast verrückt gemacht, weil ich die Zusammenhänge damals noch nicht ansatzweise begriffen hatte.

Zu Beginn ist mir das nicht einmal aufgefallen. Mein Verstand hatte mir ja vorgegaukelt, auch Gefühle etc. interpretieren zu können. Heute passiert es gelegentlich, wenn Hinterbliebene statt, wie im Vorfeld besprochen, nur mit »Ja«, »Nein« oder »Keine Ahnung« zu antworten, während des Jenseitskontaktes meinen, losplappern und Fragen stellen zu müssen. Im Unterschied zu früher ist mir mittlerweile meist sofort bewusst, wenn mein Verstand, und darüber mein Ichbewusstsein, mitmischen und meinen, nun müssten sie das Gespräch führen! Ich sage nur: Ich will gut sein! Ich will das oder das bekommen! Nix Seele! Purer Verstand!

Es ist normal, dass, wenn die Hinterbliebenen in einem Jenseitskontakt unaufgefordert zu reden beginnen, der Verstand sofort bereit ist, die für ihn passende Antwort zu geben. Er weiß Bescheid, denkt der Verstand! Dazu ein Beispiel aus meinen Jenseitskontakten. Eine Seele aus der geistigen Welt legt mir während eines Kontaktes einen Gegenstand in die Hand, der dem Hinterbliebenen helfen soll, die Gesamtdarstellung seiner Lieblingsseele besser zu verstehen. Das kann z. B. ein Ring, ein Geldstück oder sonst was sein. Ich kann meist genau fühlen und darüber aussprechen, was ich in der Hand halte. Spreche ich dann gegenüber den Hinterbliebenen aus, dass mir ihre Lieblingsseele gerade einen bestimmten Gegenstand, z. B. eine Münze, in die Hand gelegt hat, gilt es für die Hinterbliebenen, diesen als Zeichen zu erkennen. So, jetzt wird es spannend! Die Frage ist, komme ich dazu, mehr über das zu sagen, was mir von Seiten der Seele gezeigt wird? Werde ich womöglich sogar eine genaue Beschreibung des Objektes abgeben? Vielleicht mache ich Angaben darüber, ob es ein Geschenk war oder welche Geschichte damit verbunden ist. Oder quatschen genau jetzt die Hinterbliebenen dazwischen und versuchen, selbst herauszufinden, was die Bedeutung des Gezeigten ist?! Dann, meine Liebe, mein Lieber, bin auch ich im Verstand, der, wie die Hinterbliebenen, sofort anfängt, das, was ich fühle und bekommen habe, für sich zu interpretieren.

Alles, was anschließend gesagt wird, vermischt sich über meinen Verstand mit meinem Gefühl. Ich kann die Mimik der Hinterbliebenen sehen und sofort startet mein Verstand damit, die gegebene Antwort in Schublade XY zu werfen. Die Hinterbliebenen reden keineswegs böswillig dazwischen. Sie tun das alles meist unbewusst, weil sie meinen, die Antwort bereits zu kennen oder aber, um über die Erwartungshaltung ihres Verstandes an mehr Informationen zu kommen und das in noch kürzerer Zeit. Ihr Verstand erwartet ein 100%iges Wording! Dann passiert Folgendes. Wenn ich nicht ganz bei mir bin und bleibe, würden sie mich genau jetzt aus dem Kontakt katapultieren. Allein dadurch, dass ich dann nicht mehr unbefangen, sondern nun unter Druck bin, herauszufinden, warum die Lieblingsseele genau diesen Gegenstand gezeigt hat.

In solchen Momenten bitte ich die Hinterbliebenen, strikt bei den Antworten: »Ja«, »Nein« und »Kann ich nicht verstehen« zu bleiben. Deren Erwartungshaltungen zu erfüllen, gehört nicht zu meiner Aufgabe. Ich bitte sie, offen zu dieser Form der Arbeit zu sein. So lange, bis die Lieblingsseele aus der geistigen Welt mit dem, was sie sagen und vorbringen möchte, fertig ist! Strenges Regiment! Aber sinnvoll!

Läuft alles wie gerade beschrieben, dann kann der Hinterbliebene zu jeder Zeit sicher sein, dass er wirklich einem Jenseitskontakt und nicht irgendetwas Gefaktem beigewohnt hat. Das hilft seinem Verstand, denn der darf kein Futter erhalten, auch wenn er noch so sehr darauf lauert. Sonst folgt im Nachgang die Verunsicherung! »Hey!«, ruft der Verstand dann ganz entrüstet. »Die Susan hat alles Gesagte nur aus dem abgeleitet, was du zuvor gesagt hast! Sie hat deine Mimik und Gestik benutzt!« Und so weiter und so fort. Halte dir immer wieder vor Augen: Ich als Medium weiß nichts von den Menschen, die vor mir sitzen, außer den Infos, die ich zur Terminreservierung benötige! Und das ist gut so! Nur so kann ich mich voll und ganz auf das einlassen, was aus der geistigen Welt kommt! Dennoch bleibt das Thema Trialog, das von jeder Seite vollumfänglich erfüllt sein muss.

Ja klar, sind ein oder zwei Fragen, die sich über den Jenseitskontakt vielleicht noch nicht klären ließen, zulässig. Aber erst zum

Ende eines solchen Kontaktes! In den meisten Fällen kann während eines Jenseitskontaktes alles an Fragen geklärt werden, was dir auf der Seele liegt! Warum? Weil die Seele deines geliebten Verstorbenen deine Fragen kennt. Sie hört dir zu, wann immer du Gedanken oder Worte an sie richtest. Sprechen und Fragen stellen kann der Hinterbliebene deshalb erst, sobald die Kommunikation von Seiten der geistigen Welt beendet ist und die Anwesenheit der Lieblingsseele aus der geistigen Welt sich für den Hinterbliebenen bestätigt hat.

Was glaubst du, warum ich als Antworten im Jenseitskontakt einzig »Ja«, »Nein« oder »Das kann ich nicht verstehen« sowie »Ich weiß es nicht« zulasse?!

Ganz einfach! Ich weiß, dass die gewünschte Lieblingsseele dicht bei mir steht und im Jenseitskontakt ihr Bestes gibt, damit die Hinterbliebenen die gewünschte Erkenntnis in ihrer Kommunikation mit der geistigen Welt bekommen! Ich weiß das!!! Die Hinterbliebenen wissen es manchmal auch, sind aber dennoch unsicher. Oder die Hinterbliebenen wissen es eben nicht und wünschen sich, dass es so ist! Würde ich ein normales Gespräch führen, so würden sich die Hinterbliebenen mit Sicherheit zwar selig und wohl verstanden fühlen, aber im Nachgang oder bereits währenddessen würde sich ihr Verstand melden und alles infrage stellen!

Nur wenn ich ein solches Gespräch unterbinde und mit der Kommunikation zur geistigen Welt direkt und ohne großes Kennenlernen beginne, haben die Hinterbliebenen im Nachgang einen deutlich stattgefundenen Jenseitskontakt. Lasse ich die Hinterbliebenen hingegen reden und erzählen, wäre ich zwar immer noch im direkten Kontakt, aber die Hinterbliebenen könnten sonst zu keiner Zeit in einem Gespräch mehr unterscheiden, ob sie nicht selbst anhand ihrer Mimik, Gestik und vor allem aufgrund dessen, was sie preisgegeben haben, wirklich einen Jenseitskontakt hatten. Unser menschlicher Verstand ist sofort am Start! Nicht nur bei mir, sondern auch bei jedem, der vor mir sitzt und dann sagt: »Ey! Das hast du doch dem Medium alles selbst verraten. Die Susan hat die Infos ja aus dem, was du gesagt und vor allem, wie du es gesagt hast, entnehmen können. Wo ist denn bitte dein Beweis, dass es wirklich ein Jenseitskontakt war! Hat das alles wirklich stattgefunden?«

Deshalb darf bei mir jeder ganz strikt nur mit »Ja«, »Nein« und »Kann ich nicht verstehen« antworten! That's it! Auch wenn es für mich als Medium so viel einfacher wäre, die Hinterbliebenen reden zu lassen! Es wäre bestimmt ein einzigartiges, superschönes und emotionales Gespräch! Aber das, weswegen sie gekommen sind, ihr von Herzen ersehnter Jenseitskontakt, der wäre nicht mehr deutlich genug »sichtbar«! Das ist meine Meinung und daraus resultiert meine Art zu arbeiten!

4.4.2

Charakter und Persönlichkeit

Es klingt unglaublich, aber dennoch ist es wahr! Über mein Gefühl kann ich spüren, wie deine Lieblingsperson war, als sie noch als Mensch gelebt hat! Natürlich kommt es immer darauf an, was eine Seele aus der geistigen Welt von sich preisgeben will. Aber alles das, was sie preisgeben möchte, kann ich entsprechend im Trialog empfangen. Die Seele lässt mich dann beispielsweise spüren, ob sie zu Lebzeiten eine fröhliche oder eher verbitterte Person war. Ob sie eher still oder gesprächig und gesellig war. Was es an wichtigen Faktoren in ihrem Leben gab. Manchmal außerdem, was ihre Hobbys oder ihre Arbeit waren, etc. Du kannst dir das so vorstellen, als ob du deiner Freundin von einem Menschen erzählst, den sie nicht kennt. Alles, was sich über diese Person sagen lässt, kann ich über mein Gefühl spüren. War die Person zu Lebzeiten sehr still und nicht gerade redselig, dann zeigt sich sie sich auch so im Kontakt. Für mich fühlt sich das dann so an, als ob ich ihr jedes Wort aus der Nase ziehen müsste. Oder, wenn sie sehr egoistisch war, dann kann es gut sein, dass eben nur wenig von ihrer Seite kommt, weil sie meint, das wäre unnötig. Stell dir kurz die Menschen vor, die sich in deinem Leben befinden. So, wie sie sich dir hier präsentieren, mit all ihren Vorlieben, Macken und Eigenarten, so präsentieren sie sich auch aus dem Jenseits. Manchmal sind auch echt lustige Begebenheiten dabei! Lustig, weil die Person zu Lebzeiten viel Wert auf den Sitz ihrer Haare gelegt hat. Oder weil die Person zu Lebzeiten immer versucht hat, gut auszusehen, und sich immer als jünger ausgegeben hat, als sie eigentlich war. Es gibt unglaublich viele Dinge, die mich schmunzeln lassen oder sogar zum Lachen bringen. Genau darum geht es im Jenseitskontakt, die Person, die du zu Lebzeiten gekannt hast, dir so nahe zu bringen, dass sie anhand ihrer Art und Weise, sich zu geben, für dich quasi sichtbar wird. Und zwar so, als ob du sie persönlich spüren und ihre Liebe wahrnehmen könntest. Deshalb ist ein Jenseitskontakt für mich so besonders. Denn über die emotionale Ebene und die Berührung zweier Seelen, deiner Seele und der deiner Lieblingsseele, kann geweint, aber auch gelacht werden. Es können Erinnerungen geteilt, es darf geliebt und vergeben werden. So, als ob die Seele nie weg gewesen wäre! Und genau darum geht es! Sie war nie weg! Sie ist immer da und wird es immer sein! Darüber kann deine Seele heilen.

4.4.3

Erinnerungen

Alles, was ich je erlebt habe, ist in meinem emotionalen und meinem mentalen Körper und natürlich auch in meinem Verstand abgespeichert. Übrigens auch in deinem! Das bedeutet, jede Erinnerung ist mit einem Gefühl verbunden, was mir hilft, diese Erinnerung wieder aufleben zu lassen. Das gilt für Freude und Liebe genauso wie für tiefen Schmerz oder schwer zu tragende Lasten. Nehmen wir mal das Gefühl der Freude oder der Heiterkeit! Hierzu gibt es vielleicht eine familiäre Erinnerung zwischen dir und deiner Lieblingsseele. Vielleicht, wie schön es damals war, als Kind mit deinem Opa durch den Wald zu laufen oder in tiefer Verbundenheit etwas gemeinsam zu erleben. All das sehe oder fühle ich im Jenseitskontakt, wenn die Seele das gern aufzeigen möchte. Über die Ebene der Gefühle bekomme ich Bilder, wie ich z. B. als Kind mit meinem Opa in der Natur war und wie es mir dabei ging. Alles das läuft über die Verbundenheit meiner Seele zu der jeweiligen Seele aus der geistigen Welt. Jetzt magst du dich fragen, warum die geistige Welt aber nun mit meinen Erinnerungen arbeitet und nicht mit deinen? Ganz einfach. Sie zeigt mir das, was ich als Kind in gute oder schlechte Schubladen gepackt habe, und knüpft darüber an. Ich sehe mich quasi als Kind mit meinem Opa im Wald. Gleichzeitig wird jedoch deutlich, dass es hier nicht um mich, sondern um dich geht. Auch wird sofort klar, dass es sich hierbei um ähnlich geartete Erinnerungen handelt. So sind unsere Erinnerungen in diesem kurzen Moment fast deckungsgleich. Die geistige Welt oder deine Lieblingsseele nutzt hier das Tool Erinnerung mit dem, was ich kenne und selbst erlebt habe. Das hilft mir verstehen, was genau mir alles gezeigt wird. Gern gebe ich dir noch ein anderes Beispiel! Deine Lieblingsseele zeigt mir auf, wie sie gewohnt hat. Ländlich oder in der Stadt bis hin zu ihrer Wohnungseinrichtung. Geil ist es immer, wenn ich dann, wie in den Siebzigerjahren üblich, Massivschrankwände mit eingebauter Bar sehe. Vorne die Flaschen und Gläser und hinten dran ein fetter Spiegel!

Keine Ahnung, ob du das kennst, aber das war früher MEGA in! Ein Must-have für den Mittelstand, der stets versucht hat, mit den Bessergestellten mitzuhalten. So etwas hatten wir auch. Wenn ich jetzt das Bild von einem solchen Schrank beschreibe, dann sei dir sicher, die geistige Welt knüpft hier an meine Erinnerungen an. Das, was ich dir beschreibe, stimmt dann zwar mit dem, was du kennst, überein, aber eigentlich sehen wir zwei völlig unterschiedliche Bilder!

4.4.4

Hellsichtige Bilder

Es ist sensationell, wenn mir im Jenseitskontakt hellsichtige Bilder gezeigt werden. In Windeseile kann ich dann über meine Hellsicht ein Bild von einem Gegenstand, Objekt oder einer Szene sehen. Wie z. B. ein bestimmtes Buch mit einem kleinen Zettel, der als Lesezeichen eingeschoben, im Buch steckt. Da ich mich und das, was mir gezeigt wird, über unzählige Sitzungen ausprobieren konnte, weiß ich heute, dass alles, was ich gezeigt bekomme, einen Sinn hat. Egal, ob der Hinterbliebene das Bild in diesem Moment verstehen kann oder nicht. Ich sehe etwas hellsichtig und beginne anschließend damit, das hellsichtig empfangene Bild mit meinem Gefühl über die Verbindung zur jenseitigen Seele zu interpretieren. Was sagt mir die Lieblingsseele zu diesem Gegenstand? Warum zeigt sie mir genau diesen Gegenstand? Was ist die Geschichte dazu? Das alles sind Fragen, die ich sofort an die geistige Welt rausgebe. Im Falle des Buches war dies der Hinweis eines jungen Mannes auf ein bestimmtes Buch, das in seinem noch unveränderten Zimmer lag. Die Mutter konnte das erst nicht verstehen. Ich fragte die Seele deshalb, was sie mir damit sagen wolle. Der junge Mann sagte, seine Mutter würde das Buch daran erkennen, dass ein handgeschriebener Zettel darin stecke. Der Zettel berge ein Geheimnis, was die Mutter bisher nicht kenne, da er es ihr zu Lebzeiten nicht offenbart habe. Die Mutter verneinte das im Kontakt vehement und gab mir zu verstehen, dass es weder Geheimnisse noch ein solches Buch mit einem Zettel gäbe. Das Problem ist, dass ich die Beweise nicht verändern oder schönreden kann, nur weil die hinterbliebene Person sie in diesem Moment nicht versteht.

Aber es gibt zum Glück ein Videoband, welches ich für jeden Kontakt in Erlaubnis mit der geistigen Welt aufzeichne. Diese Video-Aufzeichnung birgt das Geschenk, sie immer wieder ansehen und anhören zu können! Nichts geht verloren! Nichts! Selbst Monate nach dem Kontakt entdecken die Hinterbliebenen noch Informationen, die sie vorher nicht verstanden hatten. Das macht diese Aufzeichnung so unendlich wertvoll. Alles hat seinen Sinn, auch das Buch, das der junge Mann mir gezeigt hat. Drei Tage nach dem Kontakt bekam ich eine E-Mail, in der sich die Mutter unendlich entschuldigte. Sie hatte das Buch mit dem darin steckenden handgeschriebenen Zettel in seinem Zimmer gefunden. Und auf diesem Zettel stand in der Tat etwas, bei dem er sich nicht getraut hatte, es ihr zu sagen! Hatte ich schon erwähnt, dass ich meinen Job liebe? Was für ein geiler Beweis! Und für die Mutter stand fest, dass es wirklich einen Kontakt zu ihrem Sohn gegeben hatte. Weltklasse, oder?

Im Kontakt fühlte sich dieser Moment für mich zwar total scheiße an, weil die Hinterbliebene mich infrage stellte, aber da muss ich als Medium durch!

4.4.5

Hellhörige Worte oder Sätze

Die geistige Welt nutzt nicht nur meinen Wortschatz, um sich für alle Hinterbliebenen ausdrücken zu können, sondern sie nutzt z. B. auch die Art und Weise, wie ich als Susan Worte oder Redewendungen in meinem Alltag gebrauche! Im Jenseitskontakt sieht das dann so aus, dass ich etwas wiedergebe, was die jenseitige Seele mir übermittelt hat, und die Hinterbliebenen daraufhin sagen: »Ja! Das hat meine Lieblingsseele immer ganz genauso gesagt!« Auch hier gibt es völlig abgefahrene Beispiele.

Manchmal ist es ein bestimmter Satz, den die Lieblingsseele immer verwendet hat. Ein anderes Mal ist es ein bestimmter Kosename, den die Lieblingsseele ihrem Hinterbliebenen gegeben hat. Aber Achtung, meist habe ich nur die Info, dass es so etwas wie einen Kose- oder Spitznamen gibt. Nicht alle wurden Schatz, Schnuggel, Hasi oder Mausi gerufen.

Wie gesagt, wenn ich hier versuche, den genauen Namen zu bekommen, dann steht sofort mein Verstand bereit und hilft mir mit Hasi, Mausi und Konsorten aus. Entweder der Name kommt direkt ober es bleibt eben nur bei der etwas allgemeineren Info. Gleiches gilt für Namen. Hierzu muss ich aber laut lachend sagen: Ich, als Susan, hatte schon immer ein Thema mit Namen. Ich kann mir Gesichter super und Namen eher so lala merken. Wie genau soll dann die geistige Welt hier mit mir arbeiten? Erst wenn ich mir als Susan Namen und Straßen genauer merken kann, dann wird hier ein Schuh draus. Würde ich als Paketzusteller arbeiten, läge mein Fokus den ganzen Tag auf Namen und Adressen. Ergo, Paketzusteller können unter Garantie super Namen, Straßen usw. empfangen. Okay, da geht noch was!

Ich arbeite mit meinem wunderbaren himmlischen Team ständig daran, auch hier genauere Ergebnisse zu erzielen. Mal sehen, ob das nicht in den nächsten Jahren besser und genauer geht. Ach, im

Übrigen, was auch sehr geil ist. Ich muss als Susan keine Fremdsprache können, um die Worte deiner Lieblingsseele zu übersetzen. Die Verstorbenen zeigen sich mir und lassen mich alles in der für mich gängigen Muttersprache »fühlen«. Ist das nicht der Hammer? Die italienische Mama redet mit mir auf Deutsch.

Genauso wie die Oma in Guatemala oder die Mutter aus der geistigen Welt in Mexiko oder in Tibet. Wo auch immer ich bin, das Jenseits ist ebenfalls am Start. Bietet sich die Gelegenheit, gibt es Botschaften durch, was das Zeug hält. Wann erwischt man schon mal ein Medium im Urlaub?

Das heißt jedoch nicht, dass ich ungefragt Jenseitskontakte herstelle. Ich laufe nicht in der Gegend herum und sage: »Hey! Ich bin Medium! Und hier habe ich aus dem Jenseits deine Lieblingsseele, sie steht direkt neben mir!« Auf keinen Fall tue ich so etwas. Einschlägige Erfahrungen dazu durfte ich bereits zur Genüge machen! Zwar innerfamiliär – aber das hat mir gereicht! Nix da! Vielleicht ist der Hinterbliebene noch nicht so weit, diese Informationen für sich haben zu wollen. Alles passiert so, wie es passieren soll. Davon bin ich fest überzeugt!

4.4.6

Symboliken

Ich liebe Symbole, die sich mir im Jenseitskontakt zeigen. Noch einmal! Egal, wovon auch immer ich hier schreibe, alles spielt sich innerhalb von Bruchteilen einer Sekunde ab und unter der Voraussetzung eines ganz wundervollen Trialogs. Wie dem auch sei, Symboliken sind für mich nicht nur Zeichen wie Kreuz für Weg oder ein Kleeblatt für Glück.

Alles bildlich Gezeigte hat auch einen symbolischen Charakter. Nehmen wir einmal sogenannte Glückssymbole! Das kann vom

Marienkäfer über ein Hufeisen bis hin zum Kleeblatt alles sein. Über diese im Jenseitskontakt eingeschobene Symbolik kann die Lieblingsseele sinnbildlich etwas Bestimmtes für die Hinterbliebenen ausdrücken.

Wir kennen Symboliken auch in unserem Alltag. Angefangen von Schildern, die anhand ihres Bildes auf einzuhaltende Regeln hinweisen bis hin zu Gegenständen, die für uns im Alltag eine bestimmte Bedeutung besitzen. Darüber können Symboliken unsere Kommunikation einfacher und schneller gestalten.

Symbole oder auch Zeichen, die fast dasselbe für mich bedeuten, haben einen deutlichen Erkennungscharakter. Allerdings spielt bei den Symboliken auch die entsprechende Interpretation eine Rolle und diese überlasse ich deiner Lieblingsseele! Sie zeigt mir die entsprechende Symbolik für dich und gleichzeitig erhalte ich die Antwort, warum gerade diese Symbolik für dich gezeigt wird.

Symbole sind eine geniale Erfindung und sehr hilfreich in jedem Jenseitskontakt.

4.4.7

Körperliche Zeichen

Das ist ebenfalls ein Hammer-Thema! Denn die geistige Welt arbeitet während eines Jenseitskontaktes gern mit sogenannten körperlichen Zeichen, um mir als Überbringer ihrer Botschaften genauere Informationen aufzuzeigen. Stell dir vor, du würdest ein körperliches Zeichen spüren. Das kann etwas sein, wodurch deine du deine Lieblingsseele klar und deutlich erkennst. Das kann von dem Fühlen einer Krankheit oder Behinderung bis hin zu einem Kuss auf die Stirn alles sein, das Gefühl einer Hand auf deiner Schulter oder auch nur ein warmes Gefühl im Herzen. Alles ist hier möglich.

Hierbei sind deinem Gefühl und euren Erkennungszeichen keine Grenzen gesetzt.

Körperliche Zeichen können aber auch andere Hinweise geben. Ich erhalte beispielsweise regelmäßig Hinweise auf überstandene Krankheiten, komaähnliche oder andere Einschränkungen, die die Seele im Laufe ihres Lebens als Mensch oder vor ihrem Tode hatte. Das kann von schmerzenden, schweren Beinen, die Gehprobleme bereiten, über Asthma gekoppelt mit Atemnot bis hin zur Taubheit alles sein. Manchmal spüre ich eine Art Schlauch im Hals und die darüber entstandenen Schluckbeschwerden, die die Lieblingsseele zum Ende ihres Lebens hatte, als sie im Krankenhaus beatmet werden musste. Alles, was du dir an körperlichen Erkrankungen vorstellen kannst, können die Seelen mir – immer vorausgesetzt, dass sie es aufzeigen möchten – auch über ein für mich körperlich fühlbares Zeichen deutlich machen. Das jeweilige Gefühl mit seiner Bedeutung ist dann noch ausbaufähig!

Stell dir vor, ich habe so etwas wie ein Sausen im Ohr und das Gefühl, dass etwas mit dem Ohr oder den Ohren deiner Lieblingsseele nicht gestimmt hat.

Alles geschieht jetzt in Windeseile. Ich spüre etwas an meinen Ohren! Augenblicklich stelle ich die Frage an deine Lieblingsseele, ob das beiden Ohren oder nur ein Ohr betraf. Dann frage ich, warum deine Lieblingsseele mir dieses körperliche Gefühl aufzeigt. Ist das ein Hinweis auf Tinnitus, Hörprobleme oder gar das Tragen eines Hörgerätes? Handelt es sich um Ohrprobleme, die das ganze Hörsystem betrafen? War das ein Hinweis auf einen Hörsturz oder tatsächlich der Hinweis auf teilweise oder völlige Taubheit? Wie du siehst, gibt es jetzt die unterschiedlichsten Interpretationsmöglichkeiten! Jetzt ist wieder deine Lieblingsseele gefragt, mir als Mittler möglichst verständliche Hinweise zu geben, damit klar wird, was genau sie mir über dieses körperliche Zeichen aufzeigen möchte. Zusammen mit dem, was ich fühle, und den Informationen, die ich aus der geistigen Welt bekomme, entsteht für mich eine Art Bild, welches ich dann an die Hinterbliebenen weitergebe. Ein weiterer wichtiger Punkt, falls du das für dich als Zeichen entdecken willst, ist der folgende: Das körperliche Gefühl, das ich gerade beschreibe, hatte ich bis kurz vor dem Sichtbarmachen aus der geistigen Welt nicht. Darüber wird deutlich, dass z. B. dieser kurze Schmerz nicht zu mir und meinem Körper gehört. Des Weiteren gibt es hierbei kein Standbild, auf das ich erst einmal fünf Minuten daraufstarren kann, um es dann fröhlich zu interpretieren. Je länger das Hinterfragen dauert, umso schneller bin ich in meinem geliebten Verstand zurück. Deshalb kommt hier mein ultimativer Tipp: Die Botschaft aus der geistigen Welt ist immer das Erste, was dir in den Sinn kommt! Diese ersten Sekunden entstammen der Sprache des Herzens bzw. der der Seele. Auf den Jenseitskontakt bezogen wäre das die Sprache deiner Lieblingsseele aus der geistigen Welt. Würdest du auf die Interpretation wartend bis drei zählen, kannst du dir sicher sein, dass du die passende Antwort von deinem Verstand erhältst! Noch einmal ein Hinweis zum Wahrnehmen von Informationen aus der geistigen Welt und warum ich manchmal auf dem Schlauch stehe! Nehmen wir als Beispiel einen Mord! Stell dir vor, du befindest dich mit mir in einem Jenseitskontakt! Du weißt, dass deine Lieblingsseele ermordet wurde! Ich habe davon keinen Schimmer. Ich kenne weder dich noch deine Lebensgeschichte noch die deiner Lieblingsseele. Nur wenn ich als Susan jetzt deutlich einen Mord erkennen kann, würde ich ihn als solches aufzeigen. Das hat demgemäß auch etwas mit dem zu tun, was ich mir in diesem Moment vorstellen kann.

Meine eigenen Erfahrungen sind hier begrenzt.

Alle Verstorbenen, die mir nahestanden, wurden weder ermordet, noch hat sich einer selbst das Leben genommen. Hier kann die geistige Welt also nicht an meine Erinnerungen anknüpfen. Wenn ich jetzt als gut behütetes Seelenwesen nicht verstehe, dass deine Lieblingsseele ermordet wurde, dann erkenne ich es eben nicht. So einfach ist das! Auch muss ich den Mut aufbringen, solche Tatsachen gegenüber einem Hinterbliebenen auszusprechen.

Oft habe ich mich im Nachgang gefragt, warum die betreffende Seele mir hierzu kein deutliches Zeichen gegeben hat! Die ermordeten Seelen in meinen Jenseitskontakten kann ich an einer

Hand abzählen! Wenn ich keine deutlichen Zeichen und Hinweise bekomme, dann fühlt sich das für mich vielleicht an, als ob ich keine Luft bekomme. Es kann sogar sein, dass der Mord durch Erwürgen stattfand, dennoch erkenne ich es nicht! Warum? Weil ich mir in diesem Moment nicht vorstellen kann, dass jemand vor mir sitzt, der eine ermordete Person in der geistigen Welt hat. Einfacher ist es für mich tatsächlich bei den meisten Suizidarten. Zumindest bei denen, die mit schweren Depressionen einhergingen. Diese Schwere ist dann für mich so massiv, dass ich den Weg der Seele bis zum Suizid spüren kann. Dennoch, Morde und Suizide bleiben weiterhin eine Herausforderung für mich. Besonders, weil ich in diesem sehr sensiblen Bereich nichts Falsches sagen möchte. Das ist verständlich, oder? Was mich also zusätzlich vom Erkennen eines Mordes oder Suizides abhalten kann, ist schlicht die Tatsache, nicht falschliegen zu wollen. Dahinter steckt die Angst, etwas falsch zu machen, und die ist, was die Interpretation des Gezeigten betrifft, dann noch weniger hilfreich.

Zum Schluss gibt es noch einen anderen entscheidenden Punkt, warum ich diese beiden Todesursachen nicht erkenne: Die Seele will diese Infos nicht preisgeben, um z. B. darüber nicht alles selbst noch einmal durchleben zu müssen. Auch das ist verständlich, oder?

Weitere Ausführungen zu diesem Thema findest du in den Kapiteln Mord und Selbstmord.

4.4.8

Botschaft

Alles im Universellen besitzt einen tieferen, nicht immer für uns nachvollziehbaren Sinn! Auch ein Jenseitskontakt. Deine Lieblingsseele, die dein Leben in allen Momenten begleitet, kommt aus der geistigen Welt, um dir ihre Sichtweise zu überbringen und zu mehr Liebe und Leichtigkeit in deinem Leben beizutragen. Für mich gibt es keine klassische Botschaft. Viele meiner Kollegen arbeiten allerdings so, dass es zum Schluss so etwas wie eine Botschaft gibt. In meinen Jenseitskontakten ist für mich alles, was die Lieblingsseele aufzeigt, gleichzeitig ein Hinweis auf deren Botschaft! Nichts wird ohne Grund oder Sinn durchgegeben! Und dazu gehören auch die aneinander gereihten Informationen über das Leben deiner Lieblingsseele bzw. die Symboliken etc., die einen Hinweis auf die jeweiligen Botschaften geben. Manchmal entspricht dies sogar genau dem Gegenteil davon, wie die Lieblingsseele ihr irdisches Leben gelebt hat. Über die Weitsicht, die jede Seele irgendwann in der geistigen Welt bekommt, hat die Lieblingsseele in einem solchen Fall für sich verstanden, dass sie selbst sich jederzeit für Liebe, Glück, Freude und Frieden hätte entscheiden können. Möglicherweise hat die Lieblingsseele das zu Lebzeiten jedoch nicht so verstanden und zeigt dir deshalb genau das auf. Das ist, je nachdem, was gezeigt wird, unendlich vielfältig. Und deshalb liegt mein Fokus nicht auf einer klassischen Botschaft. Alles innerhalb des Jenseitskontaktes ist gleichzeitig auch eine wundervolle Botschaft oder ein Hinweis für dich und dein Leben. Deine Lieblingsseele kommt also niemals nur, um »Hallo« zu sagen. Du siehst, hier geht alles und nichts! Immer hängt es auch von dem ab, was du dir selbst zutraust und zugestehst, auszusprechen. Vorausgesetzt, du möchtest einer anderen Person selbst einen Jenseitskontakt geben. Es liegt also nicht immer nur an der Seele, wie eine Botschaft ausfällt, sondern immer sind es auch wir, die einen Kontakt auf vielfältige Weise beeinflussen. Deshalb bleib locker! Erfahre dich in allem, was geht! Je mehr Wahrnehmung du dir selbst erlaubst, desto unglaublicher können sich die Seelen zeigen. Ich wünsche dir viel Spaß und Freude dabei! Es ist eine wundervolle Erfahrung, diese Gefühlsebene mit der geistigen Welt zu teilen! Ein großes Geschenk, das auch auf dich wartet! Bist du dafür bereit? Dann los! Nichts und niemand hält dich, außer du dich selbst!

4.5
Tausende von Seelenberührungen und du hast nichts gemerkt

Tausende von Malen gab es eine Seelenberührung und nie ist etwas passiert?! Hast du eine Ahnung, was ich damit meine? Ich bin der festen Überzeugung, dass unsere Seele oft aus dem Jenseitigen berührt wird. So oft, bis wir erkennen, was passiert. Ich für mich kann das so sagen! Dennoch! Genau das hat bei mir gefühlt eine Ewigkeit gedauert. Warum? Weil ich gar nicht wusste, dass ich es kann und was genau dabei mit mir passiert! Ich habe nicht bemerkt, dass jedes Mal meine Seele berührt wird. Vielleicht geht es dir genau so, wie es mir über viele Jahre ging. Auch habe ich es schlichtweg nicht für möglich gehalten, dass ausgerechnet ich die Gabe der Hellsinne und die Möglichkeit der Kommunikation mit der geistigen Welt haben sollte! Obwohl? Ja, es gab ziemlich viele Momente, in denen ich mir insgeheim gewünscht habe, genau damit zu arbeiten! Herzlich willkommen in meiner Realität! Alles Mediale hat mich mega interessiert und vor allem fasziniert und manchmal gegruselt zugleich. Warum erzähle ich dir das? Weil es für dich wichtig sein kann, zu verstehen, dass du bereits alles kannst, was du dir vielleicht insgeheim von Herzen wünschst. Für mich war es ein unglaublich großer Schritt nach vorne, zu begreifen, warum ich einmal etwas gespürt habe und ein andermal eben nicht! Immer kamen sofort Gedanken auf wie: Ich kann das nicht, es geht nicht, warum auch ich usw. Lange Zeit habe ich mich damit beschäftigt, warum meine Medialität manchmal funktioniert und manchmal eben nicht. Wie eine Art Prof. hc. habe ich für mich erörtert, was das eigentliche Thema ist und was ich daran ändern könnte, damit es rundläuft! Denke bitte einmal kurz an elektrischen Strom! Ja, genau, den Strom, der dir tagtäglich aus der Steckdose zur Verfügung steht, sofern deine Rechnungen bezahlt sind. Du machst dir keinen Kopf darum, ob Strom fließen wird, wenn du einen Stecker in die Steckdose steckst. Du weißt einfach, dass es funktionieren wird!

Jetzt frage ich dich: Weißt du, wie Strom aussieht? Kannst du den Strom bei dir zu Hause sehen? Oder weißt du nur, dass er da ist? Rein theoretisch könntest du den Strom bzw. seine Auswirkungen fühlen, obwohl du ihn nicht mit deinen physischen Augen sehen kannst. Heutzutage gibt es sogar die Möglichkeit, Strom mit technischen Mitteln sichtbar machen! Aber wen interessiert das? Der Strom ist ja da! Das weiß jedes Kind, zumindest hier in der westlichen Welt, wo es normal ist, Strom, Wasser und Licht im täglichen Gebrauch zu haben, ohne sich darüber Gedanken zu machen, wie wertvoll allein das schon ist. Oder hast du irgendwann einmal darüber nachgedacht, dass es unfassbar viele Menschen gibt, denen genau das hier und heute nicht zur Verfügung steht? Zurück zum Strom. Dieses Beispiel stellt eine megageile Überleitung zur Arbeit mit dem Jenseits dar. Ebenso wie beim Strom ist es einem Großteil der Menschen nicht möglich, mit ihren physischen Augen zu sehen, wie viele und welche Seelen sich aus der geistigen Welt täglich um sie herum befinden – dennoch sind sie da! Ebenso wie der Strom. Du könntest dir an deinen Gedanken zum Thema Strom also ein Beispiel nehmen. So wie du Elektrizität als normal und immer zur Verfügung stehend ansiehst, so verhält es sich auch mit der geistigen Welt. Vielleicht hilft dir diese Herangehensweise, eine für dich stimmige Überleitung zum immerwährenden Dasein des Universums bzw. der jenseitigen Welt zu finden. Aus meiner Sicht braucht es hier kein Vertrauen, denn Vertrauen heißt nicht, etwas zu wissen! Geh bitte kurz in dein Gefühl und frage dich, ob das Jenseits ganz dicht bei dir bzw. um dich herum ist! Was fühlst du? Ist dein Gefühl warm, weich, rund und wohlig? Dann hast du diese Frage soeben aus dem Jenseits beantwortet bekommen. Die Antwort ist ja! Das Jenseits ist ebenso selbstverständlich da wie der Strom, den du täglich nutzt. Du denkst weder über ihn nach noch fragst du dich vorher, ob er einmal nicht zur Verfügung stehen könnte. Geiles Beispiel, oder? Genau dahin geht der Weg innerhalb der Zusammenarbeit mit der geistigen Welt.

So genug des Vorgeplänkels. Warum, meinst du, habe ich die Überschrift »Tausende von Seelenberührungen und du hast nichts gemerkt« ausgewählt? Genau! Weil es mit dem Jenseits bzw. der geistigen Welt eben nicht immer so läuft, wie wir uns das mit unserem Verstand vorstellen. Da bin ich keine Ausnahme. Auch ich durfte mich in Geduld fassen, bis es wirklich »BOOM« gemacht hat.

Und dennoch! Auch im sogenannten BOOM waren unterschiedliche Stufen erfahrbar. Ich möchte dich jetzt bitten, mit weit geöffnetem Herzen und voller Liebe an deine Lieblingsseele zu denken! Die Seele, bei der dir alles vertraut ist. Jeder Geruch, jeder Atemzug, jede Mimik, jede Geste, jeder Satz, jedes Lachen, jedes Weinen, jedes leichte und jedes schwere Erlebnis! Einfach alles! Um vertraut und innig miteinander verbunden zu sein, braucht es keine 20 Jahre Zusammensein. Das habe ich auch mit zweien von meinen Kindern, obwohl diese die Erde nur kurz berührt haben. Tag für Tag spüre ich diese tiefe Verbundenheit zu ihnen. Sie sind ein Teil von mir und werden es immer sein.

Kommen wir aber noch einmal zurück zu dem, was du alles von deiner Lieblingsseele weißt und kennst. Denn da liegt der Hase im Pfeffer, was das Erkennen angeht. Es ist viel einfacher, mit einer dir fremden Seele zu arbeiten, als mit Seelen, die deiner eigenen Familie angehören. Warum? Weil du alles oder fast alles von ihnen weißt und kennst. Der erste Schritt ist hierbei, ebenso wie beim Strom, im tiefen Wissen zu sein, dass deine Seele da ist. Erst wenn du diesen Erkenntnisschritt gemeistert hast, dann eröffnen sich dir darüber neue Möglichkeiten, die du bisher weder sehen noch fühlen konntest.

Immer wenn du den Wunsch aussendest, deiner Lieblingsseele nahe zu sein, und hierbei reicht der bloße Gedanke, ist sie bei dir! Immer! Es gibt keinen Raum und keine Zeit, kein Hindernis für Seelen, die in Liebe verbunden sind. Diese Verbindung ist da und bleibt über unseren physischen Tod hinaus bestehen. Das Wissen, dass deine Lieblingsseele immer bei dir ist, wenn du dir das wünschst, kannst du dazu nutzen, sie mit in deinen Alltag einzubauen. So, als ob sie jeden Tag mit dir lebt! Das macht sie auch so schon, nur bisher, ohne dass du sie wahrnehmen kannst. Rede mit ihr und beziehe sie ein! Mach dir keinen Kopf darüber, dass so etwas für andere Menschen womöglich befremdlich wirkt. Das ist so und darf so sein! Bedenke, dass es bei ihnen unter Umständen keinen Menschen gibt, der ihnen immens wichtig war und nun nicht mehr in physischer Form bei ihnen weilt. Wie sollen sie dann wissen, wie es dir geht? Immer wieder erzählen die Lieblingsseelen im Jenseitskontakt, dass sie am Alltag der Hinterbliebenen teilnehmen und nicht eine wichtige Sekunde verpassen würden. Warum auch?! Es gibt ja weder Zeit noch Raum.

Sie haben die große Chance, überall gleichzeitig sein zu können. Allein der Gedanke daran überfordert unseren Verstand, der uns als einen Körper mit zeitlicher und räumlicher Begrenzung wahrnimmt. Lass uns einmal kurz zum Thema Erzengel abschweifen. Warum? Um dir ein Gefühl davon zu vermitteln, wie es ist, wenn es keine Zeit und keinen Raum gibt. Du weißt bestimmt, dass unfassbar viele Menschen an Engel glauben und diese auch um Hilfe bitten.

Geh jetzt bitte wieder in dein Gefühl, um die Wahrheit deiner Seele zu erfahren. Was meinst du, gibt es so etwas wie eine Schlange oder Traube von menschlichen Seelen, die sich brav in Reih und Glied anstellen und warten müssen, bis einer der Erzengel Zeit für sie hat? Was spürst du jetzt? Fühlt sich das Gesagte komisch, eng und bedrückend an? Was spürst du tief in dir, wenn ich dir sage, dass diese wundervollen Erzengel Geschöpfe sind, die überall gleichzeitig sein können und ohne Warteschleife jedem von uns zu jeder Zeit zur Verfügung stehen? Fühlt sich das für dich warm, weich und gut an? Fällt dir auf, wie viele Dinge wir einfach nur hinnehmen, ohne uns auch nur ansatzweise einen Kopf darüber zu machen, was wir denken? Gut! Das ist eine wichtige Erkenntnis! Eine weitere gute Möglichkeit, deine Lieblingsseele deutlich für dich zu erkennen und darüber zu wissen, dass sie da ist, um mit dir zu arbeiten, ist regelmäßige Übung. Übe mit deiner Lieblingsseele, damit dir die Energieveränderung vom physischen zum feinstofflichen Körper auch im Alltag vertrauter wird. Bitte deine Lieblingsseele, zu dir zu kommen. Nimm dir am Anfang die Zeit und achte darauf, was du spürst und wo du etwas spürst.

Beobachte gründlich, nimm alles wahr, was nach dem Aussenden deines Wunsches passiert. Voller Liebe wird deine Lieblingsseele alles tun, um dir hier Sicherheit zu geben. Das Einzige, was uns daran hindert, diese feinen Energien wahrzunehmen, ist unser Verstand! Der Verstand, der dir den lieben langen Tag in den Ohren liegt, um dir einzureden, dass keine Kommunikation mehr möglich ist, weil der Mensch ja tot ist! Solche Gedanken kreisen unbewusst im Verstand umher und halten dich davon ab, die Seele, die längst an deiner Seite ist, zu spüren.

So lange, bis du bereit bist, zu erkennen, dass diese Gedanken nicht deiner Wahrheit entsprechen. Erkenne, dass dein Verstand nur das tut, was er von Kindesbeinen an gelernt hast. Dein Verstand ist darauf trainiert, alle Erinnerungen, auch die vom Tod deines Lieblingsmenschen, ständig wieder sichtbar zu machen. Dein Verstand tut dies bei allen Erinnerungen, aber vor allen Dingen bei solchen, an die du dich erinnern willst. Stell dir also vor, du versuchst, deine Lieblingsseele zu fühlen und jemand, nämlich dein Verstand, hält dir währenddessen andauernd das Bild des betreffenden toten Menschen vor die Nase. Er versucht ständig, dir zu beweisen, dass es nur das für ihn Sichtbare gibt. Alles, was du als Kind gehört, gelernt und irgendwann als deins übernommen hast, spielt er dir täglich in Dauerschleife vor. Dazu gehören auch jene Gedankenmuster, die wir übernommen haben, ohne sie jemals zu hinterfragen! Verurteile dich nicht für diese Gedanken. All das gehört zu dir. Erst wenn du diese dich verurteilenden und kleinhaltenden Gedanken bewusst erkennst und annimmst, ist eine Veränderung und Wandlung in Liebe möglich. Bis das reibungslos läuft, sei dir sicher, dass alle in der geistigen Welt dir täglich zur Verfügung stehen, bis du alle Sicherheit hast, die du für dich brauchst. Ich weiß, dass es eine große Freude für die geistige Welt ist, diese feinstofflichen Verbindungen für uns fühlbar zu machen. Trau dich! Voller Freude stehen alle für dich bereit! Dessen kannst du dir sicher sein! Noch einmal kurz zum BOOM! Dieser BOOM-Faktor bei einer Seelenberührung ist für die Hinterbliebenen etwas ganz Besonderes. Ich selbst spüre ihn in den Jenseitskontakten ebenfalls, allerdings in abgemilderter Form. Und zwar so, dass man es als liebevolle Berührung der Seele beschreiben könnte, aber nicht als BOOM! Mein BOOM, das mich voll aus den Schuhen gehauen hat, war die Berührung, die ich erfahren habe, als ich die Hand meines Kindes in meiner und zeitgleich die Liebe aus der geistigen Welt dazu spüren durfte. Eine meiner besten Freundinnen hatte genau dieses BOOM gerade erst vor Kurzem und das, obwohl sie ihre geliebte verstorbene Mama oft wahrnehmen kann. Aber eben nicht so! Nicht mit so einem BOOM! Aber der Tag kam. Völlig unverhofft nahm sie mitten in einem Gespräch wahr, dass sich auch jemand aus der jenseitigen Welt im Raum befand.

Gesehen hat sie nichts, nur ein wohliges Gefühl von, da ist jemand, verspürt. Dann erst, im zweiten Moment, erkannte sie ihre Mutter, die gekommen war, um ihr etwas mitzuteilen. Im nächsten Augenblick, und wieder völlig unverhofft, kam ihre Mutter auf sie zu und umarmte meine Freundin ganz liebevoll. Da hat es BOOM gemacht! So sehr BOOM, dass sie nicht wusste, wohin sie sich tun sollte. Wie aus dem Nichts flossen Tränen einschließlich eines völlig emotionalen Gefühlsausbruchs. So sehr wurde ihre Seele berührt. Hammer, oder?! Sie hing sich sofort ans Telefon, um mir diese besondere Begebenheit zu erzählen. Und es hat BOOM gemacht! Wie geil!

4.6
Absicht

Die Absicht zählt! Was genau ich damit meine, lässt sich in einfachen Worten erklären. Stell dir vor, du möchtest Kontakt zu deiner Lieblingsseele haben. Du möchtest! Ja, wunderbar! Das ist bereits der erste Schritt! Deine Entscheidung oder vielmehr, deine Absichtserklärung. Mehr als diese Absichtserklärung braucht es eigentlich nicht, damit ein Jenseitskontakt zustande kommen kann. Vielleicht vertrete ich hier eine Einzelmeinung, aber ich finde, dass die Zusammenarbeit mit der geistigen Welt eigentlich ganz leicht ist. Aus meiner Sicht steht und fällt alles mit dem Aussenden einer bzw. deiner Absicht. Diese sollte natürlich voller Liebe sein! Schließlich ist das, was du erreichen willst, etwas Liebevolles, also ein Kontakt, der deine Seele berührt. Es ist also wirklich einfach und für jeden von uns machbar, mit der geistigen Welt zusammenzuarbeiten. Du musst nicht bis 100 zählen, eine halbe Stunde meditieren oder irgendetwas Besonderes tun. Es braucht nur deine Absicht, deinen Wunsch, wirklich Kontakt in die geistige Welt haben zu wollen. Die geistige Welt verfolgt immer das Interesse, alles so einfach wie möglich zu machen. Wir sind es, die alles verkomplizieren bzw. unser Verstand! Ab dem Augenblick, in dem du die Absicht aussendest, dass du mit deiner Lieblingsseele zusammen sein willst, wird sie für dich bereitstehen. Das ist der Beginn! Einfach, oder? Im nächsten Schritt bis du dran! Glaubst du wirklich, dass du das kannst? Die Auflösung dazu findest du im Kapitel »Emotionen«.

4.7

Die Wahrnehmung von Verstorbenen

Zu meinem Alltag gehört es, Verstorbene wahrzunehmen. Dass ich nie allein bin, ist für mich völlig normal und gibt mir das unfassbar wundervolle Gefühl von Einssein! Dennoch! Obwohl ich weiß, dass die geistige Welt 24/7 um mich herum ist, bedeutet das nicht, dass ich sie auch 24/7 wahrnehme! Wenn ich nur noch mit dem Jenseits kommuniziere, wann genau soll ich dann leben? Doch genau deswegen bin ich hier auf diesem wundervollen Planeten und in diesem wundervollen Körper! Um mein Leben und das, was ich bin und was ich kann, zu genießen! Meine Arbeit mit dem Jenseits stellt einen wunderbaren Ausgleich dazu dar, der mich leicht meine innere Balance finden lässt. Wenn ich Verstorbene wahrnehme, dann fühlt sich das jedes Mal ein wenig anders an und kann zudem auch komplett unterschiedlich aussehen. Es kann sein, dass sich die Seele als Person, wie in der Realität sichtbar, vor mir, neben mir oder seitlich von mir zeigt. Möglich ist auch, dass ich nur das Gefühl habe, dass eine Seele bei mir ist, sich zu mir setzt, mich anschaut oder berührt. Die Wahrnehmung hängt sehr stark davon ab, was ich gerade tue. Erst dann, wenn ich mit all meinen Sinnen vollkommen auf die himmlische Welt ausgerichtet bin, erhalte ich alle Informationen, die mir zu diesem Zeitpunkt aus der geistigen Welt zur Verfügung gestellt werden können. Ich weiß, dass alles, was ich als Medium in einem solchen jenseitigen Trilog sage, eine Information der Seele aus der geistigen Welt ist bzw. ein Nachweis für ihre Existenz. Selbst dann, wenn der Hinterbliebene kein Wort davon verstehen kann. Bisher hat sich im Nachgang noch immer alles aufgeklärt.

Wenn ich mit meinem normalen Alltag beschäftigt bin, dann nehme ich zwar am Rande wahr, dass jemand bei mir ist, lege meinen Fokus jedoch nicht darauf, Informationen von dieser Seele zu erhalten. Ich weiß dann nur, dass jemand da ist. Das ist oft der Fall, wenn die Seelen vorab bei mir im Büro vorbeischauen, um mich als »Susan« genauer kennenzulernen oder einfach nur in meiner Nähe zu sein und wie im Wartezimmer einer Arztpraxis schon mal auf den anstehenden Termin zu warten.

In dieser Wartezeit haben sich schon sehr viele witzige paranormale Situationen ergeben. Einmal, während ich mit meinem Hund laufen war, gesellte sich ein junger Mann aus dem Jenseits zu mir. Im ersten Moment fühlte es sich so an, als ob jemand hinten auf meinen Schuhen stünde. Vielleicht kannst du dir vorstellen, wie es sich angefühlt hat. Völlig gedankenversunken über das, was am Tag so ansteht und immer mit einem Auge auf meinen Hund, bemerkte ich erst in diesem Moment, dass eine jenseitige Seele Kontakt mit mir aufnehmen wollte. Ich blieb kurz stehen und begrüßte die Seele. Der junge Mann sagte mir, dass seine Schwester einen Jenseitskontakt bei mir gebucht habe. Ich konnte ganz deutlich sein markantes Gesicht erkennen. Für sein junges Alter sah es fahl und eingefallen aus und wies tiefe dunkle Augenränder auf. Der junge Mann war an einer Überdosis gestorben. Die Drogensucht war deutlich am Aussehen seines Gesichtes zu erkennen. Ich bat den jungen Mann, mir keine weiteren Informationen über sich zu geben, sondern sich erst dann wieder zu zeigen, wenn seine Schwester im Kontakt mit mir sei. Er willigte ein und fragte, ob er bis zu diesem Zeitpunkt bei mir bleiben dürfe. Aber natürlich erlaubte ich es ihm! Und so setzte er sich auf mein schönes blaues Antiksofa und wartete geduldig, bis endlich der Kontakt mit seiner Schwester stattfand.

Die Freude war groß, als sie sofort alles verstand, was er in diesem sehr emotionalen Kontakt für sie durchgab. Nach dem Termin bedankte er sich bei mir und verschwand. Mein Mann, der immer nachfragt, wie denn meine Kontakte gelaufen seien, fragte auch an diesem Tag liebevoll nach, ob ich die Seelen mit meiner Arbeit hatte glücklich machen können. »Ja«, sagte ich, »endlich konnte der Kontakt für den drogensüchtigen jungen Mann stattfinden, der bereits eine Woche auf unserem blauen Sofa im Büro auf seinen Termin gewartet hat!« Mein Mann riss die Augen auf! »Hier saß sieben Tage lang ein drogensüchtiger Mann aus dem Jenseits in meinem Büro und hat gewartet?« Er konnte es nicht fassen! »Ja«, antwortete ich und lachte. »Heute konnte er endlich alles durchgeben, was nötig war, damit seine Schwester versteht, dass er immer an ihrer Seite ist und sich alles, was geschehen ist, selbst ausgesucht hat!« »Super«, hörte ich meinen Mann nur sagen, »jetzt sitzen sie schon bei mir im Büro!«

Ich habe also im Normalfall einen ähnlichen Alltag wie du. Ich bin Ehefrau, Mutter und Hausfrau, aber auch Unternehmerin und Medium. Für meine Arbeit als Medium habe ich für mich eine Art Zeitfenster etabliert, in dem die geistige Welt genau weiß, wann ich mich voll und ganz auf das Jenseits konzentrieren kann.

Natürlich gibt es auch Gelegenheiten, in denen mich wichtige Botschaften oder Hinweise aus der geistigen Welt erreichen, obwohl ich in diesem Moment nicht wirklich auf sie ausgerichtet bin. Es ist für mich ein großes Geschenk, so viele Helfer aus der geistigen Welt an meiner Seite zu wissen und auf jenseitige Fachkräfte aus allen Bereichen und für jede Lebenslage zurückgreifen zu können. Auch ich bin manchmal so sehr in meinen eigenen Themen verstrickt, dass ich dankbar bin, wann immer ich diese Möglichkeit der himmlischen Führung für mich erkenne. Und dafür schätze ich mich wahrhaft glücklich.

Meine Wahrnehmung von Verstorbenen findet, genau wie bei dir, über die inneren Hellsinne statt. Maßgebend ist hier immer das Gefühl, über das dann alle entsprechenden Informationen an mich weitergeleitet werden. Aber dazu später mehr. Zudem wissen meine himmlischen Helfer sehr genau, dass ich gut darauf verzichten kann, Seelen zu treffen, die völlig gruselig aussehen und umherirren, weil sie nicht verstanden haben oder annehmen wollen, dass sie bereits tot sind und ihren Körper längst verlassen haben! Angst geht im Jenseitskontakt gar nicht, zumindest nicht von meiner Seite her. Hätte ich Angst, dann könnte ich meine Berufung als Medium an den Nagel hängen und die geistige Welt müsste ihren Job ohne mich machen.

Zugegeben, häufig werde ich wegen meiner Fähigkeiten im Alltag komisch beäugt, teilweise verspottet und/oder belächelt. Selbst bei meiner Familie läuft alles, was ich medial tue, unter der wenig liebevollen Bezeichnung »Hokuspokus«. Aber eines haben dennoch alle gemeinsam, paranormale Geschichten aus meinem Alltag hören sie überaus gerne!

4.8
Kinderseelen

Ein für mich ein persönlich sehr besonderes, wichtiges und wunderschönes Thema sind Kinder in der geistigen Welt. Ich habe dieses Kapitel in die Bereiche »Sterben und Tod eines Kindes« und in »Kinder in der geistigen Welt« unterteilt, um es einfacher und verständlicher erläutern zu können.

4.8.1
Sterben und Tod eines Kindes

Schon beim Aufschreiben dieser Worte begleitet mich eine gewisse Schwere, die ich jedes Mal spüre, wenn ich beginne, mit den Eltern eines verstorbenen Kindes zu arbeiten. Zwar bittet die geistige Welt darum, den Tod und das Sterben in keinem Fall zu beurteilen, aber für Eltern, die mit dem Verlust eines Kindes klarkommen müssen, ist das alles andere als leicht oder nachvollziehbar. Sie fühlen sich, als ob ihnen ein Stück Herz herausgerissen wurde. Bestraft, ohnmächtig und hilflos dem ausgeliefert, was sie sich in ihren kühnsten Albträumen nicht hätten ausmalen können. Es bedarf einer neuen, zuvor nicht erlernten Sichtweise, um hier frei von der Beurteilung des Todes zu werden. Kein einfaches Thema – so viel steht fest. Bei der Todesart werden hierbei die Bereiche vor der Geburt, bei der Geburt sowie die Zeit danach und im Kindesalter unterschieden. Das macht es allerdings auch nicht besser. Als Sternenkinder werden u. a. Kinder bezeichnet, die nie das Licht dieser Welt erblickt haben und in einem frühen Stadium der Schwangerschaft verstorben sind. Hierzu zählen Fehlgeburten, wie ich sie hatte, aber auch abgetriebene, während oder kurz nach der Geburt verstorbene Kinder. Ich finde das Wort Sternenkinder wunderschön, weil es bedeutet, dass diese Kinderseelen dem Himmel nie wirklich fern waren, sondern immer ein Teil von ihm geblieben sind.

Wer jetzt glaubt, eine Fehlgeburt sei weniger schlimm als eine Totgeburt oder das Verlieren eines Kleinkindes, der irrt.

Belastend ist der Tod für Mütter und Väter immer! Bis zum Schluss hoffen Eltern auf ein Wunder und schicken Stoßgebete gen Himmel, dass so etwas wie ein Kindstod bitte niemals passieren möge. Dennoch sterben jeden Tag Hunderte von Kindern auf der ganzen Welt. Warum ist das so? Warum lässt Gott das zu? Warum wir? Warum ich? Warum mein Kind? Das sind Fragen, die diese Familien jeden Tag begleiten. Sie fühlen sich bestraft, weil sie ihr Ein und Alles verloren haben. Ihr Kind, vielleicht sogar das einzige, was sie haben, wurde ihnen genommen! Sie verfallen in eine tiefe Trauer und für die meisten dauert es Jahre, bis sie auch nur ansatzweise irgendwie damit klarkommen. Die Schuldgefühle, die viele Mütter jahrelang mit sich herumtragen, machen ihr Leben fast unerträglich. Oft geben sie sich selbst die Schuld daran, dass z. B. ihr Kind im Mutterleib gestorben ist, weil sie vielleicht etwas übersehen haben oder etwas anderes hätten tun können, damit all das nicht passiert wäre. Auch die Fälle, in denen nur ein Zwilling überlebt hat, bergen jede Menge Schuld und Wutpotential. Helfen kann hier neben einfühlsamen Gesprächen die Sichtweise, dass auch diese kleinen Seelen ihr Schicksal selbst gewählt haben. Zugegebenermaßen ist das weit weg von dem, was wir gelernt haben. Dennoch obliegt es einer jeden Seele, jederzeit ihre eigene souveräne Wahl zu treffen, auch bezüglich des Zeitpunktes ihres Gehens. Keiner trägt hier Schuld. Keiner hätte etwas besser oder anders machen können. Wir dürfen lernen, hier bewertungsfrei zu werden und die Wahl der Seele zu respektieren, obgleich uns dies unendlich schmerzt. Es war der Wunsch dieser Seele, nur genau jenen Lebensabschnitt für sich als Erfahrungswert zu erleben. Manche Sternenkinder wollen z. B. nur für einen Moment spüren, wie eingeengt man sich als geistiges Wesen in einem solchen Körper fühlen kann. Oder wie es ist, nur die Zeit im geschützten Mutterleib zu erleben. Für uns Menschen sind solche Argumente wenig bis gar nicht nachvollziehbar, vor allem weil der Schmerz über den Verlust so unendlich schwer zu ertragen ist. Für uns ist es okay, wenn ein Mensch mit 80 Jahren, der alles in seinem Leben mitnehmen konnte, was geht, stirbt! Aber doch kein Kind! Nein, das darf nicht sein! Jeder unplanmäßige Tod stellt für uns Menschen eine Art Bedrohung dar, weil wir dieses Geschehen nicht unter Kontrolle haben oder bringen können.

Es war der Wunsch meiner kleinen Sternenkinder, nur für einen kurzen Moment die Enge eines menschlichen Körpers in meinem Körper zu erfahren. Mein Sohn Elia hatte den Wunsch, dabei noch länger in seinem und meinem Körper zu verweilen, als es bei meiner Tochter Emilia der Fall war. Ich hatte zu Beginn keine Schuldgefühle, sondern irgendwie den Gedanken, dass alles gut ist, so wie es ist! Erklären konnte ich diese Gedanken damals allerdings nicht. Diese schuldfreie Zone hielt bis zum ersten Beileidsanruf an. Schwups kamen anschließend Gedanken und Schuldgefühle hoch.

Ich fragte mich, ob ich vielleicht doch etwas falsch gemacht hätte. Hatte ich womöglich irgendetwas versäumt, was etwas am unglücklichen Ausgang der Schwangerschaft geändert hätte? Ich tröstete mich bei Elia damals damit, dass bei seiner Zellteilung vielleicht etwas nicht perfekt gelaufen sei, weshalb sein Embryo irgendwann von meinem Körper abgestoßen wurde. Das war zwar eher eine medizinische Sichtweise, aber mir half es zumindest für eine gewisse Zeit, besonders weil ich mit einem zweiten Sohn gesegnet wurde, dessen Aufwachsen ich miterleben durfte. Bei Emilia wurde mir nach der Geburt gesagt, dass ich zwei Plazentas gehabt hatte und ein Kind wohl gleich abgestorben sei. Das war keine schöne Vorstellung, ich hatte aber wieder eine eher medizinische Erläuterung bekommen, die zumindest meinem Verstand in irgendeiner Form weiterhalf.

4.8.2

Kinder und Wachstum

Alles auf Erden ist ein Kreislauf aus Wachsen und Vergehen! Das Sterben beginnt, sobald das Leben entsteht! Alles Leben hier ist endlich und alles kehrt danach in den unendlichen Kreislauf des Seelenwachstums zurück. Hierbei gibt es weder Zeit noch Raum. Auch gibt es kein Alter oder Jahreszahlen, so wie wir das hier auf Erden kennen und zur Orientierung nutzen. Ich freue mich, dir hier ausführlich meine Erfahrungen mit Kindern in der geistigen Welt darlegen zu können.

Viele Jahre später, ich hatte meine in die geistige Welt zurückgegangen Kinder nicht mehr auf dem Schirm, begann ich mit meiner medialen Arbeit. Und auf einmal war alles wieder präsent. Diesmal fühlte ich mich allerdings schuldiger als je zuvor! Ich hatte meine Kinder vergessen! Ich Rabenmutter! Nun standen sie vor mir und gaben mir deutlich zu verstehen, dass es ihnen gut geht. Zuerst Elia, der in einem Jenseitskontakt an der Hand meines geliebten Opas um die Ecke kam. Ich weiß noch, dass es sich anfühlte, als würde mir jegliche Farbe aus dem Gesicht weichen, so sehr habe ich mich für das Vergessen meines Kindes geschämt! Mein Elia hingegen, der sich im Kontakt als 3- bis 4-Jähriger zeigte, war fröhlich, gut gelaunt, voller Freude und Liebe, endlich zu mir durchgekommen zu sein. Endlich konnte er sagen: »Mama – ich bin immer bei dir gewesen und werde es immer sein. Sieh nur, wie groß ich bin. Ich bin hier in der geistigen Welt groß geworden und habe jeden Tag alles, was du tust, gemacht und erlebt hast, durch deine Augen miterleben dürfen.« Wie glücklich mich diese Informationen machten! Wie tief berührt meine Seele war! Wie deutlich ich ab dann jedes Mal die Liebe meines Kindes bzw. meiner Kinder spüren konnte! Ich hatte vergessen, dass die verstorbenen Kinder in der geistigen Welt aufwachsen. Oder vielmehr, dass auch Elia ein »Blumenkohlseelenröschen« einer anderen Seele ist, mit der ich genau diesen Verlust und darüber das Wiederfinden der unendlichen Liebe verabredet hatte. Näheres dazu berichte ich dir im Kapitel »Reinkarnation«.

Ähnliches passierte, als ich weitere Jahre später Emilia für mich wiederentdeckte. Innerhalb eines Heilzirkels stand immer wieder ein kleines Mädchen mit langen Zöpfen vor mir. Sie war so niedlich und ich hörte mich zu einer meiner Kolleginnen sagen: »Ich liebe dieses Kind. Sie ist wie meine eigene Tochter. Die Tochter, die ich nie hatte.« Und ich hatte recht: Sie war es! Sie war meine Tochter. Frag nicht, wie es mir ging! Nachdem ich das für mich verstanden hatte, war ich zwei volle Tage lang nicht ansprechbar. Ich habe damals nur geweint, so sehr habe ich mich dafür geschämt, dass ich auch sie vergessen hatte. Das Gefühl der Schuld und das, keine gute Mutter gewesen zu sein, warf mich völlig aus der Bahn.

Nach ein paar Tagen Daueranwesenheit meiner Kinder verstand ich, dass es ihre Entscheidung gewesen war, so früh zu gehen. Meine Kinder zeigten mir auf, dass sie zwar immer an meiner Seite waren, ich für dieses Erkennen der Wahrheit jedoch noch nicht bereit gewesen sei. Alles zu seiner Zeit eben. Sie ermunterten mich, ihre Geschichte aus einem anderen Blickwinkel zu sehen und zu verstehen. Meine Scham und Schuld haben jedoch nicht meine Kinder herbeigeführt. Das waren meine Gefühle in Bezug darauf, nicht gut genug zu sein und deswegen nicht geliebt zu werden. Elia und Emilia haben mich immer geliebt und werden es immer tun. Meine Kinder sind unabhängig voneinander beide von meinen Großeltern, ihren Engeln und spirituellen Lehrern oder Guides im Irdischen abgeholt und wieder in der geistigen Welt in Empfang genommen worden. Natürlich mit großer Freude und voller Liebe! Alles, was sie erfahren wollten, haben sie über diesen kurzen Eintritt in dieses Leben mit mir erfahren können. Sie sind beide überglücklich, dass ich ihnen über mein Leben und meinen Körper diese Erfahrungsmöglichkeit gegeben habe.

In Jenseitskontakten, die ich für mich bei anderen Medien gebucht hatte, zeigten sich mir beide als kleine Kinder, Elia als Junge und Emilia als Mädchen. Ihr tatsächliches Alter spielt hierbei keine Rolle, weil beide, streng genommen, das, was sie aufzeigen konnten, nur in der geistigen Welt erlebt hatten. Beide kommen fast immer an der Hand meines Lieblingsopas oder meiner Oma zu mir.

Das hat den Hintergrund, dass jedes meiner Kinder, außer dem Tatbestand der Fehlgeburt, keine Erlebnisse schildern kann, die mir zu erkennen geben, dass es sich wirklich um eins meiner Kinder handelt. Deshalb haben sie Opa und Oma einfach im Schlepptau. Dann beweisen sich quasi meine Großeltern und über diese Art der Beweisführung kann auch mein Kind bzw. meine Kinder nach vorne treten. So oder so ähnlich erlebe ich das Zustandekommen eines Kontaktes auch bei Eltern, die bei mir einen Jenseitskontakt wahrnehmen. Nur hin und wieder kommen die Kinder ganz allein, meistens befinden sie sich jedoch in Begleitung.

Megalustig fand ich in meinen Kontakten, was meine Kinder so alles erzählten, damit ich wirklich weiß, dass sie es sind. Elia zeigte einmal einem Medium, dass meine Schuhe ganz oben in einem Schrank liegen würden. Ich hätte unfassbar viele davon, die völlig wild, drunter und drüber, oben in diesem Schrank liegen würden. Ich musste laut lachen und bestätigte, dass es genauso ist. Meine Schuhe lagen damals im obersten Regal meines Kleiderschrankes, sonst gab es für die vielen Exemplare gar keinen Platz! Super Beweis von meinem schlauen Kind, oder? Wer hat seine Schuhe schon ganz oben im Schrank?!

Über unser dauerhaftes Zusammensein erfuhr ich weiterhin Dinge wie z. B., dass die Seele eines Kindes bereits viele Monate vor Beginn einer Schwangerschaft anwesend ist. In Form einer Energiekugel kann es von einigen Medien deswegen bereits als neue Seele hellsichtig wahrgenommen werden, bevor die Zeugung überhaupt stattgefunden hat. Sobald alle Umstände für die neue Seele stimmen, kann sie in den Mutterkörper übertreten. Energetisch sind beide sowieso immer miteinander verbunden. Einige sagen, dass sich die Seele erst kurz vor der Geburt mit dem kleinen menschlichen Körper verbindet. Für mich stellt sich das anders dar. Für mich ist die Seele sofort mit ihrem sich entwickelnden, wenn auch noch nicht fertigen, Körper verbunden. Meine Kinder haben mir deutlich aufgezeigt, dass sie nur kurzzeitig die Erfahrung eines engen Körpers oder besser die einer entstehenden Zellform erleben wollten.

Wie sollte das möglich sein, wenn die Seele erst so viel später in den Körper eintritt? Wie dem auch sei, es ist eine Co-Kreation, bei der beide Seiten diese Form der Verabredung getroffen haben und darüber einen Wachstumsaspekt erhalten. Es kann sein, dass es sich dabei um das Thema der Verlustangst oder um ein Gefühl des Abgetrennt-Seins handelt, das es in diesem Leben zu wandeln und darüber aufzulösen gilt. Selbst bei einer Abtreibung! Auch hier haben die Seele des Kindes und die der Mutter eine Co-Kreation vereinbart. Auch dieser Seele ist zu jeder Zeit bewusst, dass sie nie in einem menschlichen Körper geboren werden wird.

Das genau ist es, was sie erfahren will, einschließlich aller Umstände, unter denen diese Entscheidung dann zustande kommt. Ich habe in meinem Leben nur wenige Frauen kennengelernt, die im Nachgang nicht unter dieser Abtreibungsentscheidung gelitten haben. Ihre Kinder aus der geistigen Welt aber sind glücklich. Es war ihr Wunsch. Sie wünschen sich alle von ganzem Herzen, dass wir uns wegen dieser, zu einer anderen Zeit getroffenen, Verabredungen, keine Schuldgefühle machen. Alles hat immer einen tieferen Sinn, selbst wenn wir diesen zu Lebzeiten nicht verstehen.

Die Zeichen und das Aufzeigen von Beweisen sind bei Kinder-Jenseitskontakten genauso unterschiedlich wie bei Erwachsenen-Jenseitskontakten. Das hängt unter anderem davon ab, was die Kinder vorzeigbar machen können. Oft werden Spielsachen oder auch Grabbeigaben gezeigt. Manchmal sind es bestimmte Erlebnisse rund um die Beerdigung oder die Bestattung. Ein anderes Mal die Todesursache. Hier gilt wie bei jedem Kontakt: Alles kann, nichts muss. Ganz wundervoll finde ich es, wenn Kinder beschreiben, wie oft sie z. B. ihre Mutter umarmen und darüber aufzeigen, dass sie bei ihr sind. Das sind zumeist keine klassischen Umarmungen, sondern eher ein Gefühl, als wenn das Kind die Beine umfasst hält. Wenn du als Mutter dieses Gefühl erlebst, dass dein Kind, das in der geistigen Welt weilt, dich berührt, dann haut es dir den Boden unter den Füßen weg. Ich sage nur BOOM! Dieses Gefühl ist unbeschreiblich schön. So voller Liebe aufgrund solch einer tiefen Seelenberührung. Noch einmal!

Es gibt kein Wort, das diesen so einzigartigen, wundervollen und heilsamen Moment beschreiben könnte. Bitte vertraue darauf, dass auch dein Kind immer bei dir ist.

Wenn du glaubst, es nicht spüren zu können, dann befasse dich bitte mit den Kapiteln »Heilt die Zeit alle Wunden?« und »Geht nicht, gibt's nicht!« Ich bin sicher, dass du dein Kind ebenso wahrnehmen kannst, wie ich meine beiden!

Mir war schon immer klar, dass ich Tattoos sehr schön finde, wenn sie denn gut gestochen sind. Auch liebe ich Engel, wie du weißt. Heute findest du auf meinem linken Arm, nah meines physischen Herzens, zwei Engel. Ein Engel steht für Elia, meinen Sohn, und ein weiterer Engel für Emilia, meine Tochter. Verbunden sind beide meiner Engel mit Rosen und einem Kompass. Die Rosen stehen für alle meine Lieben in der geistigen Welt, vorrangig für meine Großeltern. Meine Oma züchtete und liebte nicht nur Rosen, sondern hieß Rosina und wurde Rosa genannt. Der Kompass symbolisiert das Finden meines Weges, meines Ichs und meiner Seele. Ich bin angekommen und unendlich glücklich, mein Leben zusammen mit meinen Kindern und allen Lieben aus der geistigen Welt genießen zu können.

4.9

Todesursache und Co.

Hast du dich jemals mit dem Thema Todesursache oder Todesart beschäftigt? Nur wenige tun das. Den meisten reicht das an Wissen aus, was sie sonntagsabends über Krimis und Co. zu sehen bekommen.

Zu meiner persönlich größten Herausforderung in meinen Jenseitskontakten gehört es, Informationen zur Todesursache des Verstorbenen auf eine deutliche Weise zu bekommen. Das ist der Grund, warum ich mich hier mit diesen Begrifflichkeiten beschäftige. Diese kurzen Erläuterungen werden auch dir helfen, besser zu verstehen, warum die Todesursache für ein Medium aufgrund der Komplexität der Möglichkeiten eine Herausforderung darstellt.

Medizinisch gesehen gibt es unterschiedliche Vorgänge, die in der Folge zum Tode und damit zum Übergang in die geistige Welt führen. Hierbei wird zwischen einem natürlichen, einem unnatürlichen sowie einem ungeklärten Tod unterschieden. Das Wort Todesursache bedeutet für mich das vorangegangene Ereignis, welches schlussendlich den Tod nach sich gezogen hat.

Damit geht jedem Tod ein sogenannter Sterbeprozess voraus, der mit drei miteinander gekoppelten Funktionsweisen endet:

- Atemstillstand oder Ausfall bzw. Wegfall der Atmung (Lungentod)

- Herzstillstand (Herztod)

- Coma depassé – Ausfall bzw. Wegfall des zentralen Nervensystems/ Hirntod, keine Hirnfunktionen mehr, Hypothermie – der Körper kühlt nach und nach aus – inkl. Polyurie, d. h. Abfluss von Körperflüssigkeit

Todesauslöser können innerhalb dieses Sterbevorganges Komplikationen sein, die sich z. B. zusätzlich zur Grunderkrankung eingestellt haben. Somit stirbt ein krebskranker Mensch dann im Endstadium nicht an Krebs, sondern vielleicht an einer Lungenentzündung. Diese löst dann den Sterbeprozess aus. Gerade bei Multimorbidität – also mehreren, parallel verlaufenden Erkrankungen – ist die genaue Todesursache schwer zu ermitteln. Wie aus allen Tatort- oder SOKO-TV-Serien bekannt ist, wird bei ungeklärter Todesursache die Staatsanwaltschaft zur Klärung eines möglichen Verbrechens eingeschaltet, der Leichnam wird beschlagnahmt und direkt zur Gerichtsmedizin gebracht. Es könnte sich ja um ein Verbrechen handeln.

Jeder physische Tod stellt eine unüberschreitbare, absolute Grenze für jeden Mensch und jedes Tier dar. Die Begrifflichkeit Todesart unterscheidet die genauen Todesursachen:

- natürlicher Tod (Herz-Kreislauf-Erkrankungen, Krebs, Leber-, Lungenerkrankungen, Infektionen)

- unnatürlicher Tod (Sturz, Suizid, Unfall, Vergiftung, Ertrinken, Erfrieren, Blitzschlag etc.) ungeklärter Tod (Tötungsdelikt/ Mord durch Vergiften, Erschlagen, Erschießen, Erstechen etc.)

Laut Statik zählen tatsächlich Stürze und Suizide zu den häufigsten unnatürlichen Todesursachen. Erst danach, im unteren fünfstelligen Bereich, finden sich Verkehrsunfälle oder andere Unfallarten.

Die Begrifflichkeit Todesursache unterscheidet zwischen:

- Kreislaufsystem (z. B. Herzinfarkt, Schlaganfall),
- Krebs (z. B. Lungen-, Darm-, Prostata-, Brustkrebs etc.),
- Atmung (z. B. Asthma, Bronchitis, COPD, Lungenemphysem) oder Verdauungsorganen (z. B. Lebererkrankungen),
- Unfällen (z. B. Stürze, Verkehrs-, Arbeits- und Sportunfälle) und Sonstigem (z. B. Verletzungen, Infektionen).

In all diesen Statistiken, die sich im Netz finden lassen, fehlt ein Bereich: Totoder Fehlgeburten. Ungeborenes Leben wird in all diesen Statistiken nicht erfasst.

4.9.1

Todesursache spüren

Meist gehört zu der größten Erwartungshaltung eines Hinterbliebenen im Jenseitskontakt, dass als Beweis mindestens die genaue Todesursache ihres geliebten Verstorbenen vom Medium bzw. der geistigen Welt vorgebracht werden muss. Deshalb war es mir wichtig, dem Thema Todesursache ein Kapitel zu widmen. Wie genau stellst du dir das Erspüren einer Todesursache vor? Hast du dir schon jemals darüber Gedanken gemacht, auf welche Weise eine Todesursache von einem Medium empfangen werden kann? Bestimmt nicht!

Glaub mir, wenn ich mir das aussuchen könnte, dann würde ich die genaue Todesursache bzw. die Umstände, die dazu geführt haben, gerne zu 100 % und bis ins kleinste Detail beschreiben können. Das zum Thema eigene Erwartungshaltung! Ich habe an mich und meine Arbeit einen sehr hohen Anspruch. Das liegt auch daran, dass ich weiß, wie wichtig ein genaues Wording und der Inhalt dessen, was gesagt wird, für einen Hinterbliebenen sind. Dennoch kann ich es mir nicht aussuchen, welche Informationen ich auf welche Weise aus der geistigen Welt erhalte.

Im Gegenzug bin ich jedoch überglücklich, wenn mir aus der geistigen Welt die Todesumstände gezeigt oder fühlbar gemacht werden. Dieses Empfangen von

Informationen aus der geistigen Welt ist komplexer, als es sich die meisten Menschen vorstellen können. Alles läuft, wie schon beschrieben, über mein Gefühl!

4.9.2

Todesursachen im Jenseitskontakt

Im Jenseitskontakt bekomme ich direkt aus der geistigen Welt eine Ahnung von der Todesursache des Verstorbenen übermittelt. Das kann ein Wort, ein Bild oder eine Szene, eine Emotion oder ein körperliches Gefühl sein. War es ein Unfall, dann bekomme ich z. B. das Gefühl von einem Unfall sowie möglicherweise ein Bild oder eine Szene eines Autos oder Motorrades oder vielleicht sogar ein Gefühl bezüglich des Unfallhergangs. Manchmal bekomme ich nur das Gefühl Unfall, dann spüre ich diesen nicht. Dieses Gefühl stellt sich dann eher so dar, als ob mir jemand das Wort Unfall eingibt. Dieses gefühlte Wort Unfall steht dann meist für einen schnellen und sehr plötzlichen Tod. In solchen Momenten muss ich für mich den Unterschied herausfinden. Was genau bekomme ich? Das Gefühl von dem Wort Unfall oder aber die möglichen Umstände, die sich mir in kurzen bildlichen Sequenzen oder Abläufen zeigen. Auch kann es sein, dass ich deutliche körperliche Hinweise spüren kann, die auf die Todesursache oder den Sterbeprozess hindeuten. Plötzlich fällt mir im Jenseitskontakt das Schlucken, Atmen oder Reden schwer. Es fühlt sich an, als ob es mir unmöglich wäre, zu schlucken oder aber, als ob mir etwas im Hals steckt oder ich beamtet werde oder so, als ob mir jemand den Hals zuschnürt. Oft bekomme ich ein körperliches Stechen im Herzbereich oder einen körperlichen Druck im Hals, in der Brust oder im Bauchbereich. Manchmal gibt es von den Verstobenen deutliche Hinweise darauf, dass sie nicht mehr sprechen und/oder sich nicht bewegen konnten. Mein ganzer Körper fühlt sich dann für einen kurzen Moment starr und unbeweglich an. Teilweise schmerzen dann ganz kurz Körperteile wie Knie, Ellbogen, Beine, Hüfte etc.

Wie du im vorherigen Kapitel erfahren hast, gehört auch Krebs zu einer der häufigsten Todesursachen.

Meist empfange ich das Gefühl Krebs als Wort und darüber dann eine Körperstelle, auf der ich augenblicklich einen körperlichen Druck verspüre. Das ist der Moment, in dem ich mich dann völlig auf dieses kurze Gefühl einlassen muss, um dann wiederum die genaue Diagnose wie z. B. Darm-, Brust- oder Lungenkrebs zu erhalten. Das bedeutet, ich fühle den Tod in einer etwas abgeschwächten Form, aber dennoch genau so wie der Verstorbene! Schwierig wird es, wenn die Todesursache aufgrund der Multimorbidität nicht die Krankheit war.

Dann sind zwar die entsprechenden Hinweise da, sie sind aber nicht bis in die Tiefe gehend vorhanden. Ich bin sicher, dass dir das bis heute nicht bewusst war. Vielleicht sitzt du jetzt mit einem etwas komischen Gefühl da! Ja, ich als Medium spüre, ob die verstorbene Person im Jenseitskontakt krank war, den Freitod gewählt hat oder umgebracht wurde!

Es ist auch nicht immer angenehm, wirklich alles über den eigenen Körper zu fühlen, das kannst du mir glauben. Einige Todesursachen oder viel mehr das, was ich als Medium dazu bekomme, spreche ich aus Achtung und Respekt vor den Gefühlen der Hinterbliebenen nicht aus. Das bedeutet, auch wenn ich tatsächlich die Todesursache bis ins kleinste Detail erhalte, so entscheide ich dennoch aus dem Bauch heraus, ob es wirklich sein muss, die Fakten eines solchen, für alle Beteiligten schmerzhaften Prozesses laut auszusprechen.

Meist reicht auch hier ein kleiner Hinweis wie im Kapitel Mord oder Suizid beschrieben. Aber zurück zur Todesursache. Um die Todesursache und ggf. die genauen Umstände zu erhalten, müssen mir die Verstorbenen also unzählige Hinweise übermitteln, auf die ich mich voll einlassen muss, um diese wiederum für mich zu verstehen und richtig zusammenzubringen.

Es kann also sein, dass mir ein langer Krankheitsweg angezeigt wird. Oder die Verstorbenen zeigen an, dass sie ihre Krankheit zu Beginn nicht wirklich ernst genommen haben und meist gar nicht erst zum Arzt gegangen sind. Wieder andere zeigen bildlich, wie bei einer Statistikanzeige, auf, dass die Krankheitssymptome zu Beginn nicht wirklich spürbar waren. Erst nach einer längeren Zeit mit nur minimalen oder wenigen Anzeichen, stellte sich eine akute Verschlechterung ihrer Krankheitssituation ein und kurz darauf folgte der Tod. Die Verstorbenen zeigen mir, ob sie gefallen sind, viel gelegen haben, körperlich eingeschränkt waren etc.

Es geht also nicht nur um die Todesursache an sich, sondern meist auch um alle anderen Umstände dieser letzten Lebensphase, die sich zu einem Gesamtbild zusammenfügen lassen. Ich arbeite ständig daran, diesen wichtigen Bereich für mich noch viel genauer und detaillierter aus der geistigen Welt erhalten zu können.

Ein anderer Grund ist der, dass ich schon genau wissen möchte, wie meine Jenseitskontakte verstorben sind, weil ich als Medium super sein will. Aber Achtung! Was ich will – aus menschlicher Sicht gesehen – läuft im Universellen unter EGO! Gut! Aber auch das darf manchmal sein! Es ist mir nur möglich, meine Arbeit als Medium zu verbessern, wenn ich komplett aus meinem EgoDasein heraustreten und mir die Hinterbliebenen sowie die Verstorbenen dazu die Möglichkeit geben. Der Trialog dazu muss stimmen.

Auch ist das Empfangen, ebenso wie andere Hinweise im Rahmen meiner medialen Arbeit, von unterschiedlichen Faktoren abhängig. Ein Faktor bin ich! Als Medium bin ich gut, wenn die Tagesform, in der ich mich gerade befinde, das zulässt. Ein weiterer Faktor ist die geistige Welt bzw. die Verstorbenen, die selbst entscheiden, ob und was sie mir überhaupt zeigen wollen. Der andere Faktor bist du mit deinen möglichen Erwartungen, die den Erhalt auch für mich unmöglich machen können. Falls du es vergessen haben solltest, ich kann nur dann alles Bombe erhalten, wenn alle erforderlichen Faktoren stimmen. Aber weiter im Text.

Oft sieht der Verstorbene keinen Anlass, mir mit der Todesursache einen zusätzlichen Beweis zu liefern. Ein Grund dafür kann sein, dass auch der Verstorbene keine Lust hat, alles noch einmal zu durchleben. Aber genau das passiert, wenn er mir zeigen soll, wie genau die Todesursache oder der Verlauf des Sterbens war. Wir beide – der Verstorbene und ich – durchleben dann gemeinsam den Sterbeprozess. Je nachdem, wie »furchtbar« der war, ist das nicht gerade die Priorität Nummer eins eines Verstorbenen, das ein weiteres Mal durchmachen zu müssen.

Gut, natürlich nicht so wie beim ersten Mal, aber dennoch! Auch wenn wir beide dieses Durchmachen in einer Art abgepufferten Version erleben, Durchmachen ist Durchmachen. Das ist meine Erklärung, warum ich nicht immer eine Todesursache oder alles rings um den Tod bis ins winzigste Detail erhalte.

Ich spüre also am eigenen Körper, wie der Verstorbene ums Leben gekommen ist. Aber keine Sorge! Ich bin mir im Jenseitskontakt zu jeder Zeit bewusst, ob das Gefühl und die körperlichen Zeichen zu mir gehören oder von Seiten der geistigen Welt gezeigt werden. Ist das nicht spannend?

Wir alle haben die Fähigkeit, Dinge wahrzunehmen. Auch du kannst bestimmt fühlen, wenn es jemandem, den du sehr magst, nicht gut geht. Das kommt dem schon sehr nahe, wie es für mich im Jenseitskontakt abläuft. Es kann sogar sein, dass einige Menschen bewusst oder unbewusst Hinweise zu möglichen Gefahrensituationen erhalten. Im allgemeinen Sprachgebrauch wird das als sechster oder siebter Sinn bezeichnet und ruft eher Unverständnis und Ängste bei den betroffenen Personen hervor. Auch hier werden diese meist deutlichen Zeichen eher als Hinweis auf eine paranormale Erfahrung oder Fähigkeit gedeutet. Wie auch immer es sich verhält, ich weiß, dass wir alle Hinweise aus der geistigen Welt bekommen!

Aber frage dich selbst! Nimmst du das, was du wahrnimmst, wirklich ernst?!

4.10

Behindert, eingeschränkt oder krank geboren

Wenn du dich bereits mit vielen universellen Themen und Sinnfragen beschäftigt hast, dann wird dir die folgende Frage ebenfalls schon gekommen sein! Warum gibt es Menschen, die gelähmt oder krank geboren ihr Leben fristen müssen? Wie kann die Seele so eine Entscheidung für sich nur selbst getroffen haben wollen?! Was sagt dein Verstand dazu? Sicher Dinge wie: Das ist doch total absurd! Wer will denn so was! Richtig? Ich kann das gut verstehen! Während anderer Phasen meines Lebens habe ich mir diese und andere Fragen oft gestellt. Allerdings wurden diese dann von meinem Verstand beantwortet und nicht von meiner Seele oder der geistigen Welt! Die Antwort war dann: KEINER WILL DAS! Heute denke ich anders darüber. Natürlich auch, weil ich bis heute unzählige Erfahrungen mit der geistigen Welt gemacht habe und dabei Dinge erfahren durfte, die mein Denken und Handeln in jeder Weise beeinflusst haben. Spüre gern einmal in dich hinein und fühle, ob sich das, was dein Verstand zu dieser Thematik sagt, wie deine innere Wahrheit anfühlt.

Ich weiß heute, dass jede Seele sich vor ihrem gewählten irdischen Dasein dafür entscheidet, die eine oder andere für sie interessante Erfahrung in einem physischen Leib zu machen. Das tut sie in den geistigen Welten, fernab von jeglicher Materie, fernab von menschlichen Bewertungen, die mit dieser Thematik einhergehen. Vielleicht entscheidet sich die Seele für einen solchen Weg, weil sie erfahren möchte, wie sie trotz dieses eingeschränkten körperlichen Daseins dennoch einen friedvollen und liebevollen Lebensweg gehen kann. Vielleicht tut sie das auch, weil sie gerade wegen dieser Einschränkungen viel Liebe zu geben hat und auch anderen diese Erfahrungen in Liebe ermöglichen möchte. Was dafür spricht, sind Menschen, die mit körperlichen Einschränkungen geboren werden und dennoch voller Leben und Lebensfreude sind. Menschen, die das Beste aus ihrem Leben machen und ihr Leben trotz oder gerade auch wegen dieser Einschränkung als besonderes Geschenk sehen.

Es ist immer die souveräne Wahl der Seele, egal, wie diese auch aussehen mag. Immer hast du die Wahl, in diesem menschlichen Körper in jedem Augenblick dein Bestes zu geben. Das Beste, was du mit diesem, deinem Bewusstsein in diesem Moment für dich und für andere tun kannst. Deine Seele lässt dich einfach machen und freut sich über jede Seinserfahrung. Das ist aus meiner Sicht auch der Grund, warum das Universum bzw. die geistige Welt uns Menschen nicht verurteilt. Das Universum weiß, das wir zu jeder Zeit immer nach bestem Wissen und Gewissen handeln. Was, wenn das die Haupterfahrung ist, die diese Seele sich gewählt hat, weil jede Wahl einer Seele eine souveräne Wahl ist? Was dann?

4.10.1

Behinderungen und andere Einschränkungen im Jenseitskontakt

Ich liebe meine Arbeit! Ich glaube, das hatte ich bereits erwähnt! Es ist unglaublich spannend, täglich aufs Neue zu erfahren, was genau die Verstorbenen im Jenseitskontakt über sich preisgeben. Hier kann alles passieren, muss es aber nicht! Es obliegt der Seele in der geistigen Welt, was sie aufzeigen möchte. Wenn mir Besonderheiten aufgezeigt werden, dann ist dies für die Hinterbliebenen sehr wertvoll, weil sie über diese Besonderheiten, von denen ich vorher nichts weiß, ihre Lieben aus der geistigen Welt deutlich zuordnen können. Nehmen wir einmal an, die Lieblingsseele ist körperlich eingeschränkt, dann fühle ich mich ggf. am ganzen Körper steif oder ich sehe so etwas wie eine Gehhilfe, einen Rollstuhl, Rollator oder Ähnliches. Besteht eine Erkrankung, die die Seele innerhalb ihres physischen Lebens eingeschränkt hat, dann erhalte ich auch hierzu Zeichen auf meinem Körper. Stell dir vor, das Gehör dieser Lieblingsseele war zu Lebzeiten eingeschränkt. Sie war schwerhörig oder hatte so gut wie keine Hörfähigkeit. Ist das der Fall, dann habe ich ein langes, durchgehendes Ohrensausen.

Ich kann darüber dann deutlich spüren, dass etwas mit den Ohren bzw. mit dem Hören zu Lebzeiten nicht in Ordnung gewesen sein muss. Nicht immer kann ich die entsprechende Einschränkung bis ins Detail beschreiben. Das liegt auch daran, dass ich keine medizinische Ausbildung habe, die mich jede Krankheit direkt mit deren körperlichen Zeichen und Auswirkungen erkennen lassen würde. So bleibt mir nur zu beschreiben, was ich spüre. Darüber kann der Hinterbliebene dann für sich erkennen, ob sich diese körperlichen Anzeichen entsprechend zuordnen lassen.

4.11
Koma

Zugegeben, noch nicht wirklich oft, aber manchmal kommt es dennoch vor, dass ich etwas wahrnehme, was auf einen komatösen Zustand, also so etwas wie eine tiefe Bewusstlosigkeit hinweist. Spannend ist für mich dann, zu sehen, woher genau ich diese Information bekomme. Gehört diese Information wirklich zu einer Seele aus der geistigen Welt oder nicht?! Ich möchte anhand dieses Beispiels die Möglichkeit nutzen, dir aufzuzeigen, wie ich »Koma« für mich als Orientierung wahrnehme, und ich möchte dir weiterhin Hinweise geben, die ich über die Zusammenarbeit mit der geistigen Welt zu diesem Thema bekommen habe.

Ein Komapatient nimmt trotz dieser Beeinträchtigung alles im Raum wahr und kann sogar hören, was gesagt wurde. Ist das nicht der Hammer? Deswegen wird empfohlen, mit Komapatienten so zu sprechen, als ob sie bei vollem Bewusstsein sind! Das durfte ich bei meinem Onkel miterleben! Koma ist, meiner Erfahrung nach, ein Zustand, indem sich die meist leblos aussehende Person teilweise frei von ihrer körperlichen Identität bewegen kann. Dennoch kann sie nach dieser außerkörperlichen Erfahrung immer wieder in ihren physischen Körper zurückkehren. Die Seele ist frei und kann sich zwischen dem Jenseits und dem Diesseits hin und her bewegen. Es ist beinahe so, als ob diese Person schon mal gucken geht, was da drüben im Jenseits so alles geht. Gerade durch unendlich viele Berichte von Menschen mit Nahtoderfahrungen ist hierüber jede Menge bekannt geworden. Befindet sich der Patient im Komazustand, so kann ich deutlich fühlen oder auch sehen, dass nur der Körper anwesend ist. Die Seele nehme ich dann nicht im, sondern über dem Körper befindlich wahr. Stell dir kurz eine Person vor, die du beim Schlafen beobachtest. Wenn du genau hinschaust, dann kannst du die Vereinigung der Seele mit ihrem physischen Körper wahrnehmen. Genau diese Wahrnehmung fehlt für mich bei einem Komapatienten. Es fühlt sich an, als ob die Seele vom physischen Körper getrennt bzw. nur über eine feine Silberschur verbunden ist. Diese Silberschnur löst sich, wenn sich die Seele vom physischen Körper trennt. All das durfte ich live beim Sterbevorgang meines Onkels miterleben, der vier Tage vor seinem Heimgang nicht mehr ansprechbar war. Du kannst dir bestimmt vorstellen, wie neugierig mich solche Erkenntnisse machen. Aufgrund des Erlebnisses mit meinem Onkel wurde das Seelen-Energien-Spüren, d. h. das Feststellen, aus welcher Richtung diese Energien kommen und wie sich diese für mich anfühlen, zu meinem medialen Steckenpferd.

Ich kann bei Komapatienten also gänzlich andere Energien spüren. Energien, die ich als körperliche Zeichen erhalte. Wie eine Art Druck auf der Brust, wenn ich z. B. Informationen von noch lebenden, vor mir sitzenden Person erhalte. Kommen die Informationen von deiner Seele aus dem Jenseits, dann verändert sich das Gefühl und ich kann diese Energie im Schulterbereich wahrnehmen.

Ich erinnere mich noch wie gestern daran, als ich zum ersten Mal einen Komapatienten im Kontakt spüren durfte. Das war äußerst spannend! Ich spürte während eines Jenseitskontaktes deutlich eine seitlich von links kommende Energie. So etwas hatte ich noch nie zuvor gefühlt! Was war das?! Was genau spüre ich da und was zum Kuckuck hat das zu bedeuten, dachte ich damals. Sehr schnell stellte sich heraus, dass diese Energie zu einer Frau oder besser einer Oma gehörte, die sich zu dem Zeitpunkt des Jenseitskontaktes im Koma befand. Der Knaller! Eine noch lebende Seele zeigte sich zusätzlich zu der verstorbenen Seele aus dem Jenseits! Die Seele der Oma, deren Körper als Komapatient im Krankenhaus lag, gab damals viele interessante Informationen durch, die sehr heilsam für meine Klienten waren. Das war übrigens der für mich ausschlagenden Punkt, warum ich heute immer gleichzeitig weiß, woher die

Energie der Person kommt. Ich habe deutliche Anzeichen, ob die Energie aus dem Jenseits oder dem Diesseits stammt.

4.11.1

Koma zu Lebzeiten

Stell dir vor, deine geliebte Person liegt im Koma und erlebt darüber so etwas wie eine tiefe Bewusstlosigkeit. Das war zumindest bislang die medizinische Erklärung für Koma. Mittlerweile ist die Wissenschaft hier zu einer anderen Erkenntnis gelangt. Obwohl jener komatöse Zustand für alle Menschen im Umfeld so aussieht, als ob die betreffende Person nichts mehr mitbekommt, weiß man inzwischen, dass es sich genau anders verhält.

Bewusstlosigkeit hinweist. Spannend ist für mich dann, zu sehen, woher genau ich diese Information bekomme. Gehört diese Information wirklich zu einer Seele aus der geistigen Welt oder nicht?! Ich möchte anhand dieses Beispiels die Möglichkeit nutzen, dir aufzuzeigen, wie ich »Koma« für mich als Orientierung wahrnehme, und ich möchte dir weiterhin Hinweise geben, die ich über die Zusammenarbeit mit der geistigen Welt zu diesem Thema bekommen habe.

Ein Komapatient nimmt trotz dieser Beeinträchtigung alles im Raum wahr und kann sogar hören, was gesagt wurde. Ist das nicht der Hammer? Deswegen wird empfohlen, mit Komapatienten so zu sprechen, als ob sie bei vollem Bewusstsein sind! Das durfte ich bei meinem Onkel miterleben! Koma ist, meiner Erfahrung nach, ein Zustand, indem sich die meist leblos aussehende Person teilweise frei von ihrer körperlichen Identität bewegen kann. Dennoch kann sie nach dieser außerkörperlichen Erfahrung immer wieder in ihren physischen Körper zurückkehren. Die Seele ist frei und kann sich zwischen dem Jenseits und dem Diesseits hin und her bewegen. Es ist beinahe so, als ob diese Person schon mal gucken geht, was da drüben im Jenseits so alles geht. Gerade durch unendlich viele Berichte von Menschen mit Nahtoderfahrungen ist hierüber jede Menge bekannt geworden. Befindet sich der Patient im Komazustand, so kann ich deutlich fühlen oder auch sehen, dass nur der Körper anwesend ist. Die Seele nehme ich dann nicht im, sondern über dem Körper befindlich wahr. Stell dir kurz eine Person vor, die du beim Schlafen beobachtest. Wenn du genau hinschaust, dann kannst du die Vereinigung der Seele mit ihrem physischen Körper wahrnehmen. Genau diese Wahrnehmung fehlt für mich bei einem Komapatienten. Es fühlt sich an, als ob die Seele vom physischen Körper getrennt bzw. nur über eine feine Silberschur verbunden ist. Diese Silberschnur löst sich, wenn sich die Seele vom physischen Körper trennt. All das durfte ich live beim Sterbevorgang meines Onkels miterleben, der vier Tage vor seinem Heimgang nicht mehr ansprechbar war. Du kannst dir bestimmt vorstellen, wie neugierig mich solche Erkenntnisse machen. Aufgrund des Erlebnisses mit meinem Onkel wurde das Seelen-Energien-Spüren, d. h. das Feststellen, aus welcher Richtung diese Energien kommen und wie sich diese für mich anfühlen, zu meinem medialen Steckenpferd.

Ich kann bei Komapatienten also gänzlich andere Energien spüren. Energien, die ich als körperliche Zeichen erhalte. Wie eine Art Druck auf der Brust, wenn ich z. B. Informationen von noch lebenden, vor mir sitzenden Person erhalte. Kommen die Informationen von deiner Seele aus dem Jenseits, dann verändert sich das Gefühl und ich kann diese Energie im Schulterbereich wahrnehmen.

Ich erinnere mich noch wie gestern daran, als ich zum ersten Mal einen Komapatienten im Kontakt spüren durfte. Das war äußerst spannend! Ich spürte während eines Jenseitskontaktes deutlich eine seitlich von links kommende Energie. So etwas hatte ich noch nie zuvor gefühlt! Was war das?! Was genau spüre ich da und was zum Kuckuck hat das zu bedeuten, dachte ich damals. Sehr schnell stellte sich heraus, dass diese Energie zu einer Frau oder besser einer Oma gehörte, die sich zu dem Zeitpunkt des Jenseitskontaktes im Koma befand. Der Knaller! Eine noch lebende Seele zeigte sich zusätzlich zu der verstorbenen Seele aus dem Jenseits! Die Seele der

Oma, deren Körper als Komapatient im Krankenhaus lag, gab damals viele interessante Informationen durch, die sehr heilsam für meine Klienten waren. Das war übrigens der für mich ausschlagenden Punkt, warum ich heute immer gleichzeitig weiß, woher die Energie der Person kommt. Ich habe deutliche Anzeichen, ob die Energie aus dem Jenseits oder dem Diesseits stammt.

4.11.2

Koma im Jenseitskontakt

Eigentlich fühlt sich eine Wahrnehmung, die aus einem Jenseitskontakt kommt, genauso an wie eine, die von einem Komapatienten stammt. Der einzige Unterschied zum Jenseitskontakt ist, dass ich die dazugehörige Energie aus dem Jenseits als von hinten kommend wahrnehme, und nicht seitlich, wie es bei einer noch lebenden Person der Fall ist.

Zusätzlich zu diesen für mich körperlichen Zeichen fühle ich, dass die verstorbene Person gelegen hat und nicht mehr ansprechbar war. Vielleicht sogar an Maschinen angeschlossen war. Die Bilder und Gefühle, die ich dann bekomme, wirken für mich wie aus dem Blickwinkel der komatösen Person heraus wahrgenommen. Der Verstorbene lässt mich über diesen Weg selbst erleben, wer zu diesem Zeitpunkt um ihn herum anwesend war und ob diese Anwesenden etwas gesprochen oder zu ihm gesagt haben. Manchmal erfahre ich sogar, was genau gesagt wurde.

Oft auch, ob der Verstorbene in seinem damaligen Komazustand von einer anderen Person berührt worden ist und zumeist auch, an welcher Körperstelle ebendiese Berührung stattgefunden hat. Meist kann ich aufgrund eines Gefühls im Hals spüren, ob der Komapatient beatmet wurde. Es fühlt sich an, als ob sich ein Schlauch in meinem Hals befindet und ich nicht richtig schlucken kann. Auch zeigt mir der Verstorbene zumeist auf, wie viel Unsicherheit damals bei seinen Angehörigen herrschte. Diese resultierte zumeist daraus, dass sie den wie schlafend daliegenden Körper angesprochen haben, ohne den Hauch einer Ahnung zu haben, ob ihre Worte wirklich bei dem Komapatienten angekommen sind. Der Verstorbene zeigt mir dann auf, ob er direkt aus dem Komazustand in die geistige Welt hinübergegangen ist. Und außerdem, ob er beim Versterben allein oder in Gesellschaft war.

Meistens zeigen die Verstorbenen im Jenseitskontakt zusätzlich auf, ob die Hinterbliebenen noch lange nach ihrem Tode bei dem leblosen Körper geblieben sind. Ich erfahre, ob sie diesen vielleicht berührt, geküsst oder gestreichelt haben. Oder ob sie noch mit dem leblosen Körper gesprochen haben. All das hat der Verstorbene mitbekommen, obwohl seine Seele nicht mehr mit seinem physischen Körper verbunden war. Dennoch, von Seiten der Hinterbliebenen bleiben große Wissenslücken und unendlich viele Fragen offen. Hat die geliebte Person alles gehört, was ich gesagt habe? Konnte sie wahrnehmen, dass ich bei ihr war? Weiß meine geliebte Person, wie sehr ich sie vermisse? Diesen Fragenkatalog könnte ich beliebig fortführen.

Große Gewissensbisse und tiefsitzende, zermürbende Schuldgefühle sind bei Hinterbliebenen besonders dann vorhanden, wenn sie beispielsweise die HerzLungen-Maschine eines solchen Patienten abstellen ließen. Und das, obwohl die Ärzte im Vorfeld sicher mehr als 100-mal bestätigt hatten, dass die geliebte Person hirntot und damit körperlich nicht mehr lebensfähig war. Dennoch leiden die Menschen, die eine solche Entscheidung zu treffen hatten, häufig unter quälenden Gedanken und heftigen Schuldgefühlen.

Oft glauben sie sogar, die Schuld am Tod der geliebten Person zu tragen. Schließlich, so sagt ihnen ihr Verstand, hast du die Maschinen abstellen lassen! Auch Fragen wie: Vielleicht war es zu früh? Hätte ich besser noch warten sollen? Was, wenn meine Lieblingsperson doch noch eine Chance gehabt hätte und wieder aufgewacht wäre? Habe ich wirklich richtig entschieden? Was, wenn nicht? All diese zermürbenden Gedanken wirken wie eine Selbstgeißelung, dennoch gehören sie fortan zum Alltag der Betreffenden.

Zeigt sich dann über das Zustandekommen eines Jenseitskontaktes die Lieblingsseele, ist die Freude erst einmal riesengroß. Deckt diese Seele nun Einzelheiten ihrer damaligen Situation auf und beschreibt Details aus dieser schweren Zeit, dann beginnt sich etwas zu verändern. Solche Jenseitskontakte sind meist sehr emotional. Spätestens dann, wenn die Seele sich für all das, was der Hinterbliebene für sie getan hat, bedankt. Denn zumeist bedankt sie sich vor allem dafür, dass der Hinterbliebene die für den Verstorbenen so schwerwiegende Entscheidung gefühlt allein treffen musste.

Die Seele zeigt dann jeweils auf, dass es die »richtige« Entscheidung war und sie es sich so gewünscht hat. Sie betont außerdem, wie dankbar sie dafür ist, dass der Hinterbliebene ihr diesen Wunsch erfüllt hat. Dann gehen bei den betreffenden Hinterbliebenen die Schleusen auf und das große Emotionskino beginnt. Alles darf jetzt da sein! Alles darf sich jetzt endlich lösen. Alle Schwere, alle Last und alle Schuld, die die Hinterbliebenen so lange getragen haben.

Über diese Erkenntnis kann dann endlich Frieden einkehren. Die Hinterbliebenen durften von Seiten der Seele aus der geistigen Welt erfahren, dass sie alles »richtig« gemacht haben. Die Dankbarkeit und der Frieden, die dann in die Herzen der Hinterbliebenen einziehen, sind unglaublich. Sie sind frei! Nach unzähligen Jahren voller Schuldgefühle ist das für viele ein unbezahlbarer Moment!

Verstehst du, warum ich meinen Job so sehr liebe?

4.12
Suizid

Selbsttötung oder ein gewählter Freitod gehört zu den Themen, über die nicht gerne gesprochen wird. Dennoch ist diese Wahl des Ablebens keine Seltenheit. Gerade für die Hinterbliebenen birgt sie unendlich viele Schuldgefühle und darüber hinaus verbleiben jede Menge offener Fragen.

Bei einem meiner Live-Auftritte zeigte sich ein Mann, der sich selbst aus dem Leben genommen hatte. Er berichtete davon, dass es ihm im Jenseits gut gehe. Er war ein Freund von einer Dame im Publikum. Der Mann war zu diesem Jenseitskontakt gekommen, weil er bestimmte Gerüchte, die innerhalb seiner Angehörigen kursierten, aufklären wollte. Seine Hinterbliebenen waren der Auffassung, dass auf jemanden, der sich selbst getötet hat, in der geistigen Welt eine Bestrafung warte. Er teilte mir mit, dass er zu keiner Zeit bestraft worden sei und dass es eine solche Bestrafung, wie einige Menschen sich diese vorstellen, in der geistigen Welt nicht gäbe. Es sei seine freie Entscheidung gewesen, zu gehen. Niemand sei daran schuld, auch wenn sich viele seiner Hinterbliebenen schuldig fühlen würden. Keiner von ihnen hätte seine Wahl verhindern können. Er teilte weiterhin mit, dass er diese Entscheidung zu keiner Zeit leichtfertig für sich getroffen habe. Er hätte das Gefühl gehabt, einfach nicht mehr in diese Welt »zu gehören«. Über das Anschauen seines Lebensfilms in der geistigen Welt hätte er die Möglichkeit bekommen, alles noch einmal genauer für sich zu betrachten. Er gab zu, dass er mit der Sichtweise, die er heute in der geistigen Welt habe, vielleicht hätte anders handeln können. Diese Sichtweise sei ihm als Mensch jedoch verschlossen geblieben. Er hätte nicht mehr leben wollen und sich kurzentschlossen dafür entschieden, dieses Leben hinter sich zu lassen. Jeder, der bei diesem Jenseitskontakt anwesend war, konnte die Emotionalität und Tiefe hinter jeder seiner Aussagen spüren. Im Raum breiteten sich Spannung, Liebe und Frieden zugleich aus. Mit einer solchen Durchsage aus der geistigen Welt hatte an diesem Abend niemand gerechnet.

Selbstmord bzw. die Entscheidung einer Person, selbst aus dem Leben zu scheiden, wird von Seiten des Universums zu keiner Zeit ver- oder beurteilt. Das hatte dieser junge Mann an jenem Abend deutlich gemacht. Er hatte aufgezeigt, dass es weder ein Straflager noch andere Bestrafungsformen für Menschen gibt, die sich selbst aus dem Leben genommen haben. Ebenso klar war seine Aussage gewesen, dass sein frühzeitiger Tod seine eigene freie Entscheidung gewesen sei und nichts und niemand ihn daran hätte hindern können. An dieser Stelle würde ich dir gern einen vielleicht neuen Denkanstoß geben, auch wenn er dir zunächst ein wenig ungewöhnlich vorkommen mag. Stell dir bitte einmal vor, dass wir zur gleichen Zeit unendlich viele Leben in den unterschiedlichsten Lebensformen führen. Nicht nur dieses eine hier auf der Erde! Was, wenn genau diese Selbstmordvariante nur eine der vielen seelischen Erfahrungen darstellt, die deine Seele machen möchte? Die dazu getroffene Entscheidung des Suizids ist genauso gültig wie jede andere souveräne Wahl, die eine jede Seele für sich treffen kann. Wie der junge Mann im Kontakt bereits erwähnte, hätte seine Seele durchaus eine harmonischere Wahl für sein Ableben treffen können. Jedoch hatte er diese Möglichkeit innerhalb seines vergangenen Lebens und mit seiner damaligen Sichtweise nicht erkennen können.

Das Thema Suizid und alles, was damit zusammenhängt, hat mich in meinem Leben oft beschäftigt. Als Kind wurde mir beigebracht, dass Selbstmord zu den Todsünden gehört. Im Christentum galt die Selbsttötung lange Zeit als Sünde. Selbstmördern, wie man diese Menschen früher nannte, war somit der Zugang zum Himmel verwehrt. Gemäß christlichem Glauben durften noch nicht einmal ihre

Körper in geweihter Erde bestattet werden! Das Wort Suizid kommt aus dem Lateinischen. »Sui« steht dabei für »selbst« und »caedere« für »töten«. Ergo bezeichnet es die Selbsttötung eines Menschen. Spannenderweise hat im Jahre 2011 der Europäische Gerichtshof die Selbsttötung als Menschenrecht anerkannt! Natürlich steht dies im Widerspruch zu den Lehren der katholischen Kirche, wo auch ich gelernt habe, dass Selbsttötung eine Todsünde darstellt.

Auch heute noch können Hinterbliebene, die oft selbst nicht wissen, wohin mit ihren Schuldgefühlen, nur wenige tröstliche Worte dafür finden. Der Tod an sich ist schon ein schwieriges Thema. Da macht es ein Suizid nicht besser! Viele Menschen wissen nicht, wie sie mit Angehörigen, die einen Menschen verloren haben, der sich selbst aus dem Leben genommen hat, umgehen sollen. Manche wechseln die Straßenseite, andere drehen sich einfach weg. Kaum jemand weiß wirklich, was er außer – es tut mir leid – noch sagen soll. Aus Sicht vieler Psychiater fällt ein Suizid unter das Thema Krankheiten. Hierbei geht es natürlich auch darum, mögliche Schuldzuweisungen der Angehörigen außer Kraft zu setzten. Oft helfen solchen Hinterbliebenen spezifische Selbsthilfegruppen, um mit dem Geschehenen irgendwann besser umgehen zu können.

In Jenseitskontakten zeigen sich Verstorbene, die sich selbst aus dem Leben genommen haben, weitaus häufiger, als ich das im Vorfeld angenommen hatte. Heute weiß ich natürlich auch, dass diese Todesursache nicht so unüblich ist, wie ich zunächst dachte. Bei meinen ersten diesbezüglichen Jenseitskontakten überkam mich eine solche Schwere, dass ich erst einmal gar nicht wusste, wie ich damit umgehen sollte. Diese bleierne Schwere zeigte mir auf der körperlichen Ebene deutlich an, wie sich die Person zum Schluss, also kurz bevor sie die Entscheidung zum Freitod getroffen hat, gefühlt hatte. Ich kann mich noch gut daran erinnern, wie schwer es mir fiel, das Gespürte dann als »Deine geliebte Person hat sich selbst das Leben genommen!« gegenüber den Hinterbliebenen auszusprechen. Für mich zeigen sich in solchen Kontakten oft die Krankheitsverläufe von tiefen Depressionen, über deren tatsächliche Schwere die Hinterbliebenen nicht immer Kenntnis hatten. All jene Kontakte hatten eins gemeinsam: die großen Schuldgefühle, die fast alle Hinterbliebenen quälten. Es bedurfte in diesen Jenseitskontakten unendlich vieler Kleinigkeiten, die die Verstorbenen in Bezug auf ihr Leben und dessen Verlauf aufzeigten, um die Hinterbliebenen zu überzeugen, dass sie selbst diese Entscheidung getroffen hätten. Die Aussage, dass niemand etwas daran hätte ändern können, half meist, diese großen Schuldgefühle zu mindern.

Für Menschen, die nie den Suizid eines geliebten Menschen verschmerzen mussten, mag es unvorstellbar sein, wie tief diese Schuldgefühle sitzen können und wie schnell sie zu einem täglichen Begleiter werden.

Viele Jahre konnte ich anhand dieser Schwere sofort erkennen, ob sich jemand selbst aus diesem Leben genommen hatte. Bis irgendwann Jenseitskontakte dazukamen, bei denen ich zwar das Gefühl eines Freitodes bekam, aber komischerweise keinerlei Schwere verspürte! Erst da bemerkte ich für mich, dass sich Suizide für mich unterschiedlich anfühlen können. Warum? Weil es auch bei Selbsttötung unterschiedliche Todesarten gibt, wie ich infolgedessen herausfand. Das hatte ich vorher nicht auf dem Schirm gehabt! Mir wurde klar, warum ich auf einmal keine Schwere mehr fühlte, sondern lediglich die Information über einen Freitod aus der geistigen Welt erhielt.

Bei der sogenannten Kurzschlussvariante stehen aktuelle Krisen im Vordergrund. Hier wird der Entschluss ohne langes Nachdenken aus einem Impuls heraus getroffen, und zwar ohne dass der Betroffene vorab Hinweise gibt oder andere Anzeichen darauf hindeuten. Eine andere Variante bezieht sich auf einen unendlichen Leidensdruck, der durch Verlusterlebnisse, schwere oder unheilbare Erkrankungen sowie Verschlechterungen von körperlichen oder psychischen Erkrankungen ausgelöst wird. Eine weitere Variante wird als chronische Suizidalität bezeichnet und beschreibt eine sogenannte Basissuizidalität mit durchgehendem, anhaltendem Leidensdruck. Und die letzte Variante, die ich zu diesem Thema gefunden habe, ist tatsächlich der sorgfältige und wohlüberlegte Bilanzsuizid, bei der ein Mensch seine Lebensbilanz als so negativ einstuft, dass nur der Tod als Lösung infrage kommt.

Ich habe für mich festgestellt, dass ich alle oben genannten Varianten der Selbsttötung bereits in Jenseitskontakten durchgegeben habe. Vom sorgfältig geplanten Suizid bis hin zur Kurzschlussreaktion war alles dabei. Die für mich wichtigsten Aussagen aus diesen Jenseitskontakten sind für mich die

Folgenden. Die betreffenden Personen fühlten sich zu Lebzeiten, in welcher Form auch immer, wie selbst bestraft. Sie haben es sich zu keiner Zeit leicht gemacht, bis sie zum Schluss einfach nicht mehr mit ihrem Leben klarkamen. Sie fühlten sich so, als ob sie nicht auf diese Erde gehörten oder nicht mehr in ihren Körper. Nichts und niemand bestraft sie, wenn sie in die geistige Welt hinübergehen. Ganz im Gegenteil. Hier werden sie voller Liebe und Mitgefühl willkommen geheißen. Hier fühlen sie sich endlich geborgen, wieder lebendig und ohne jeglichen Leidensdruck. Ich habe mich oft gefragt, ob diese Wahl der Seele nicht einfach nur eine Art der Seelenerfahrung darstellt. Wie auch immer, in jedem Fall war es das Beste, was die jeweilige Person in diesen Moment für sich und andere tun konnte.

Das Universum weiß, dass wir allezeit nach bestem Wissen und Gewissen handeln. Das ist der Grund, warum es in der geistigen Welt keine Bestrafungen gibt. Am wichtigsten für alle Hinterbliebenen, die mit dieser für sie wirklich schlimmen, ohnmächtigen Situation des Verlustes umgehen müssen ist, ist ein tiefes Mitgefühl. Auch bei dieser Todesform kehrt der Körper zur Erde und die Seele in die geistige Welt zurück. Dort wird dann der ewige Erfahrungskreislauf der Seele fortgesetzt.

4.13
Mord

Nicht oft, aber hin und wieder kommt es tatsächlich vor, dass ich eine Seele aus der geistigen Welt durchgebe, die ermordet worden ist. Wenn ich an diesem Tag richtig gut drauf bin und alle Vorzeichen von Seiten der geistigen Welt bombig stehen, dann kann es sein, dass ich diesen Mord auch gezeigt bekomme. Dann kann ich körperlich fühlen, was passiert ist. Zusätzlich erhalte ich dann noch Bilder, z. B. von einer Gruppe Personen, die während der Tat um die Person herum sichtbar wird oder wie in einem speziellen Fall auch noch das Messer für das Erstechen als Bild dazu.

Es gibt jedoch keinerlei Garantie dafür!

Wie du dir vorstellen kannst, gibt es unzählige Faktoren, warum ich einen Mord nicht als solchen erkennen oder entsprechend beschreiben kann. Ein paar meiner Gedanken dazu hatte ich dir bereits im Abschnitt Todesursachen geschildert. Ich habe mich natürlich gefragt, warum das so ist. Warum ich einen Mord nicht jedes Mal so klar und deutlich für mich sichtbar aufgezeigt bekomme. So schwer kann das ja für die geistige Welt nicht sein, vor allem, da ihr Medium ein erklärter Tatort-Fan ist. Allein darüber habe ich mehr als genug Mordursachen kennengelernt. Warum also, läuft das im Fall Mord dann so schräg oder eben gar nicht? Immer wenn ich solche Fragen habe, dann kläre ich sie zusammen mit der geistigen Welt. Ich lasse mir deutliche Zeichen im Außen geben oder höre auf das, was mir als Erstes gesagt wird.

Hier meine Fragen an die jenseitige Welt und darauffolgend die Antworten, die ich bekommen habe: Manchmal spüre ich die Zusammenhänge und beschreibe sogar im Kontakt die Umstände des Todes eines Verstorbenen. Dennoch erkenne ich als Susan nicht, dass es sich hierbei um einen Mord gehandelt hat. Zum Beispiel fühlte ich bei einer Seele aus der geistigen Welt, dass ich keine Luft mehr bekam. Alles ging sehr schnell und es kam mir vor, als ob sich mein Hals zudrückt oder im weitesten Sinne zugedrückt wird.

Trotz dieser deutlichen körperlichen Zeichen war für mich nicht klar ersichtlich, dass die bei mir stehende Seele ermordet worden ist. Das Warum dazu ist megaeinfach und dennoch vielfältig. Manchmal raffe ich es für mich selbst in diesem Moment nicht! Ich kann mir z. B. bei einem kleinen und überschaubaren Live-Event mit etwa 25 Personen nicht vorstellen, dass ausgerecht hier ein Hinterbliebener sitzt, der eine Person in der geistigen Welt hat, die ermordet wurde. So weit reichte an diesem Tag, während dieses Events, mein Horizont nicht. Ich hätte mir das für jenen Event und dieses Kaff, in dem der Event stattfand, nicht vorstellen können, Tatortfan hin oder her! Das ist ein Grund, warum manchmal die Todesursache – in diesem Fall Mord – nicht so zu mir durchkommt, wie es die geistige Welt vielleicht sogar beabsichtigt hat!

Ein wesentlicher Faktor bin also ich als Medium mit meiner Vorstellungskraft und dem Aspekt, wie gut der Trialog und darüber die Anbindung in die geistige Welt ist. Auch meine Tagesform spielt da hinein, d. h. wie offen ich an diesem Tag für die Interpretation dessen bin, was ich körperlich oder hellsichtig empfange. Zum anderen kann es gut möglich sein, dass die Seele aus der geistigen Welt keinen Bock hat, mir diesen sicher schrecklichen Todesumstand aufzuzeigen. Das bedeutet nämlich, das sie quasi alles noch einmal durchleben muss, wenn auch nur für eine kurze Zeit. Sicher verstehst du, dass es das gute Recht der Seele ist, selbst zu entscheiden, ob sie das erneut durchleben will oder eben nicht. In diesem Fall bekomme ich schlichtweg keinerlei Informationen zu den Umständen des Todes oder nur solches Allgemeingeplänkel, dass es wahrscheinlich auf die halbe geistige Welt passt!

In einem anderen Fall kam noch dazu, dass die genaue Todesursache des Verstorbenen ungeklärt blieb. Außerdem lag dieser Mord so viele Jahrzehnte zurück, dass die Erinnerung daran für die Seele vielleicht einfach nicht mehr wichtig war. Der Todesumstand war über die Zeit in der geistigen Welt und das Erwachen ins wahre Bewusstsein völlig in den Hintergrund gerutscht. Aus Sicht der Seele geht es ohnehin nicht um die Verurteilung des Täters. Die Seele weiß, dass dieser Mord eine Co-Kreation mit einer anderen Seele war, den beide vor dem Beginn ihres Erdenlebens bereits als Erfahrung festgelegt hatten. Aber erkläre das mal einem Hinterbliebenen, der wegen des Kontaktes mit einem Ermordeten völlig aufgelöst vor dir sitzt! Sicher kannst du dir vorstellen, dass er von einer Co-Kreation beider Seelen nichts hören möchte!

Allein deswegen, weil wir als Menschen alles und jeden be- und verurteilen. Und bei Mord steht eine Verurteilung sicher völlig außer Frage.

Immer hat die Seele die Wahl, selbst wenn sie in einem menschlichen Körper steckt! Jeder hat zu jedem Moment die Wahl, sein Bestes zu geben. Das Beste, wozu eine Person mit diesem, ihrem aktuellen Bewusstsein gerade fähig ist. Das Universum weiß, dass wir zu jedem Moment bewusst oder unbewusst immer nach bestem Wissen und Gewissen handeln.

Das ist sogar der Fall, wenn wir in diesem Leben Täter sind. Es gibt so viele Taten, die im Affekt passieren und nicht alle Täter sind krank im Kopf. Es geht an dieser Stelle keineswegs darum, einen Täter von seiner Tat freizusprechen. Wenn jedoch alles seinen Sinn hat, warum dann nicht auch etwas für uns so Erschütterndes wie ein Mord? Wenn du selbst Hinterbliebener eines Mordopfers bist, dann mag dir eine solche Sichtweise aus deiner aktuellen Perspektive unmöglich erscheinen. Das ist vollkommen verständlich. Jedes Seelenwesen ist hier angetreten, um seine höchsteigenen Erfahrungen zu machen. Ich kann, will und werde die jeweilige Form der gemachten Erfahrung deswegen nicht klassifizieren. Immer war es die souveräne Wahl jeder einzelnen Seele. Was, wenn ermordet zu werden, tatsächlich die Wahl dieser Seele war? Dafür sprechen würde, dass sie ohne Verachtung für die Tat und ohne Verurteilung für den Täter antritt und wertfrei nur ihre Todesursache durchgibt. Was bleibt, ist ein tiefes Mitgefühl für diejenigen, die eine solche Situation als Hinterbliebener erleben müssen, ohne sie aus übergeordneter Sicht verstehen und dementsprechend verarbeiten zu können.

Wie du nun weißt, spielt auch jeder Hinterbliebene mit seinen jeweiligen Erwartungshaltungen und seiner eigenen Energie das Zünglein an der Waage. Bleiben die Erwartungen der Hinterbliebenen an mich als Medium! Vor allem dahingehende Erwartungen, dass die Seele aus der geistigen Welt, gerade bei Mord, Selbstmord oder sonstigen besonderen Todesumständen, als Beweis für den Kontakt auf jeden Fall die Todesursache aufzeigen muss. Dann kann es sein, dass ich durch diesen nicht stabilen Trialog diese gar nicht erst empfange. Einige Hinterbliebene erwarten zudem, dass ich als Medium »alles« bekomme und das entsprechend durchgeben muss. PS: Das wäre super! Geht aber nur, wenn jeder hierzu seinen Anteil verantwortungsvoll und voller Liebe trägt. Die Antwort ist: Nein, dem ist nicht so! Ich gebe und beschreibe dir das, was die geistige Welt und deine Lieblingsseele mir zeigen möchten und nicht das, was du hören willst! Falls du dir jemals einen Kontakt bei einem Medium wünschst, denke immer dran, auch du hast einen großen Anteil am Gelingen und an der Qualität der Durchsagen, mit dem, was du bist, denkst und tust.

4.14

Der schönste Kontakt!

Ja, den gibt es für mich ebenfalls! Den schönsten, wundervollsten und genialsten Jenseitskontakt! Und wie ein Wissenschaftler beschäftige ich mich im Nachgang mit jedem gegebenen Kontakt und den jeweiligen Hinterbliebenen. Selbst wenn ich mich nach dem Jenseitskontakt an den Großteil der gegebenen Aussagen nicht mehr erinnere, so bleibt eine Angelegenheit für mich ganz deutlich, und zwar die Energie des jeweiligen Jenseitskontaktes!

Wie bereits beschrieben, benötigt ein sensationeller Jenseitskontakt nicht nur meine Energie, die des Raumes und die Energie aus der geistigen Welt, sondern auch deine! Trialog! Was für ein schönes Wort! Eine perfekte Einheit, dabei entsteht so etwas wie ein heiliger Raum.

Gehörst du zu den Hinterbliebenen, die fröhlich, aufgeschlossen und voller Liebe für ihre Lieblingsseele sind? Dann kannst du davon ausgehen, dass auch der entsprechende Jenseitskontakt leicht und unbeschwert verläuft. Wenn dein Herz weit geöffnet ist und du keine Angst verspürst, dann können alle Emotionen fließen. Über das Wunder eurer Zusammenkunft kann eine tiefgreifende Heilung geschehen. Das ist wirklich großes Kino! In einem solchen

Moment sind alle Anwesenden tief berührt! Da ist so viel Energie von allen Beteiligten im Raum, dass wahnsinnig viele bedeutende Beweise und Beweisketten durchgegeben werden können. Jedes noch so kleine Detail stimmt. Das ist der absolute Hammer! Genau diese Art von Kontakten erfüllt mich so sehr, dass ich ohne Ende beschwingt und dankbar für diese Tätigkeit bin.

Aber natürlich gibt es nicht nur den Hammer-Jenseitskontakt! Es gibt auch einfach nur schöne Kontakte. Diese sind etwas abgeschwächter, aber dennoch mit tiefen Emotionen verknüpft! Und zum großen Glück sind fast alle meine Kontakte hammermäßig oder wunderschön!

Ich kann zu jeder Zeit sehen, wann und wie die Seele der Hinterbliebenen berührt wird. Je nachdem, wie weit die Hinterbliebenen das zulassen, kann es sich um eine tiefe oder eine eher oberflächliche Berührung ihrer Seele handeln.

Die Bandbreite an Emotionen, die Hinterbliebene zulassen können, ist groß. Ich bekomme erst dann eine Ahnung davon, wie der Kontakt verlaufen wird, sobald die Hinterbliebenen bei mir sind. Der Ablauf meiner Jenseitskontakte ist hierbei immer gleich. Egal, wie unterschiedlich die Lieblingsseelen aus der geistigen Welt auch sein mögen, sie geben alles, um ihren Hinterbliebenen Sicherheit zu geben und aufzuzeigen, dass sie noch immer bei ihnen sind. Sind die Hinterbliebenen allerdings noch zu sehr in ihrem Schmerz und der damit zusammenhängenden Schwere gefangen, spüren sie nichts. Ganz im

Gegenteil, sie sind wie taub.

Vom Kopf her wollen sie ihre geliebte Seele wirklich spüren und mit ihr Kontakt haben. Da sie jedoch in ihren alten Denkstrukturen des Schmerzes verhaftet sind, halten sie diesen krampfhaft fest. Sie nähren ihr persönliches Perpetuum mobile, aus dem sie nur schwer, wenn überhaupt, herausfinden!

Obwohl es ein Stoppschild mit einer JA-Entscheidung zur Leichtigkeit und zum Leben geben würde, bleiben sie lieber in dem Schmerz gefangen, den sie kennen. Sitzt so ein Hinterbliebener vor mir, verändert sich alles.

Obwohl die geistige Welt und allen voran die Lieblingsseele alles gibt und Beweis für Beweis raushaut; obwohl der Hinterbliebene sich bei den Durchsagen die Tränen aus den Augen wischen muss; obwohl der Hinterbliebene alles als richtig bestätigt, was von Seiten der Lieblingsseele durchgegeben wird, und obwohl wir uns als Personen nicht kennen und ich weder seine Geschichten noch die seiner Lieben kenne, wird er den Zweifel der Gewissheit vorziehen.

Erreichen wird die hinterbliebene Person dadurch nichts.

Sie ist und bleibt, wie es ihr innerlicher Wunsch ist, tief in ihrem Schmerz gefangen. Bewusst möchte auch diese Person aus ihrem Schmerz heraustreten! Unbewusst wird sie aber brav im eigenen Perpetuum mobile gehalten und dieses weiter vorangetrieben.

Im Anschluss bedanken sich solche Hinterbliebenen ganz liebevoll für die herzliche Aufnahme und die Zeit, die ich mir für sie genommen habe, dennoch glauben sie nicht, dass ein Jenseitskontakt mit ihrem geliebten Verstorbenen stattgefunden hat. Sie ordnen das, was sich in ihrer Sitzung gezeigt hat, eher einem Spiel der Emotionen zu und verbuchen das Ganze als eine sehr schöne und wertvolle Erfahrung.

Sie fühlen sich getröstet und wie in den Arm genommen! Mehr nicht! Auch das Im-Schmerz-Stecken, genau wie die Erwartungshaltung, können ihren Anteil des Trialogs blockieren. Sie blockieren ihren eigenen Zugang und spüren darüber leider nichts. Das sind die Momente, in denen mir oft die Tränen kommen! Diese wundervolle Seele aus der geistigen Welt tut jeden Tag alles, nur, damit sie von ihren Hinterbliebenen erkannt und wahrgenommen wird.

Ein Erfolg bleibt jedoch aus, weil ihre Angehörigen aufgrund ihrer tief verwurzelten Glaubenssätze und Gedanken mehr Angst davor haben, frei und leicht zu sein, als davor, im Schmerz verhaftet zu bleiben. Dabei gibt es einen Weg da raus! Der Schmerz ist bekannt! Und Schmerz kann eben auch bedeuten, ich werde gehen! Um mich wird sich gekümmert! Ich bekomme Aufmerksamkeit! Egal, wie! Egal, wann! Deine Lieblingsseele wird nicht aufhören, den Kontakt zu dir herzustellen.

Ganz im Gegenteil! Sie will nicht, dass du leidest! Sie ist bei dir! Immer! Wenn du zu dieser Gruppe von Hinterbliebenen gehören solltest, dann stell dir bitte die folgende Frage, sofern du wirklich bereit dazu bist! Was wäre, wenn morgen alle Schmerzen einfach weg wären?

Was wäre das Schlimmste, ja, das Allerfurchtbarste, was dann eintreten könnte? Wie wäre dein Leben ohne deinen Schmerz?

Fühl dich gern mal in diese Fragestellung hinein und erkenne darüber deine Wahrheit! Jetzt, wo du meine schönsten Jenseitskontakte kennst, möchte ich dir meine schlimmsten natürlich nicht vorenthalten! Denn ja, die gibt es auch! Wenngleich selten! Diese finden mit Hinterbliebenen statt, die sich aus dem Trialog komplett rausnehmen und

- ein 100%-iges Wording von mir erwarten, obwohl sie natürlich keinerlei Erwartungshaltungen haben!

- so in sich selbst und ihre allzeit kreiselnden Gedanken verstrickt sind, dass der Zugang zu ihrem Herzen fest verschlossen ist.

- sich selbst nicht spüren können und darüber alles andere erst recht nicht! Noch einmal! Auch hier steht die Lieblingsseele ganz dicht bei mir und gibt ihr Bestes! Die Hinterbliebenen tun in einem solchen Fall allerdings so, als ob ich auf dem Prüfstein stehen würde!

In Wirklichkeit stellen sie genau da ihre Lieblingsseele hin! Wie du dir vorstellen kannst, verspüre ich dann ein großes Mitgefühl für die Seele aus der geistigen Welt, die nicht gehört wird, weil ihre Hinterbliebenen nicht offen für eine solche Kommunikation sind.

Egal, was die Lieblingsseele für Beweise vorbringt. Wenn ich jetzt nicht sofort Name, Adresse, Geburts- und Sterbedatum durchgeben kann, erfüllen sich die Erwartungen solcher Hinterbliebener nicht. Aber weißt du was?

Im Nachgang habe ich für mich festgestellt, dass, selbst wenn ich das Gewünschte durchgegeben hätte, ihnen auch das nicht ausreichend genug gewesen wäre! Das ist zwar schade, aber nicht zu ändern. Und wenn alles Universelle einen Sinn hat, dann wird es auch hinter dieser Geschichte einen Sinn geben!

Wenn diese Hinterbliebenen irgendwann selbst in die geistige Welt übertreten, spätestens dann dürfen sie sich davon überzeugen, was sie vom Verstand her zuvor abgelehnt haben. Und spätestens dann, wenn sie ihren Lebensfilm betrachten, werden sie erkennen, dass ihre Lieblingsseele in dem von mir gegebenen Jenseitskontakt alles gegeben hat.

Wie du dir vorstellen kannst, tröstet mich das sehr.

Entscheide dich dazu, mit weit geöffnetem Herzen dein Leben zu leben. Ich kann es dir nur empfehlen, selbst wenn dich das anfänglich Überwindung kostet. Wunder können dann geschehen.

5
SICHTWEISEN

5.1
Erinnerungen

Wenn du einen geliebten Menschen verloren hast, kennst du wahrscheinlich Gedanken wie: Du fehlst mir so sehr! Zusammen haben wir gelacht und geweint! Gemeinsam haben wir glückliche, aber auch schwere Zeiten durchgestanden. Ich bin nicht sicher, aber manchmal glaube ich, dich zu spüren! Aber ist das wirklich so?! Ich wünsche es mir sooo sehr! Jeder von uns hat Erinnerungen. Diese können wunderbar, herzergreifend oder aber auch ganz furchtbar sein. Tatsächlich können sich nur wenige Erwachsene detailliert an ihre Kindheit erinnern. Ich übrigens auch nicht! Wusstest du, dass unser Verstand im Verlauf unseres Lebens darauf trainiert wurde, immer und immer wieder bestimmte Erinnerungen sichtbar machen zu wollen? Das gilt vor allem für solche, an die wir uns gerne erinnern! Die Wissenschaft hat jedoch herausgefunden, dass wir selbst unsere Erinnerungen bereits nach kürzester Zeit verfälschen oder in anderer Weise verändern. Wir passen unsere Erinnerungen über unseren Verstand an und reden uns Erinnerungen teilweise sogar schön, obwohl sie es vielleicht gar nicht waren. Auch erlernte und übernommene Gedankenmuster spielen bei der Rekonstruktion von Erinnerungen eine große Rolle.

Dieses Gefühl von Vertrautheit, Liebe, Wärme und Glück ist in Wahrheit das Gefühl, was ihr in diesem Moment zusammen erlebt. Das ist es, was du spürst: die Seele deiner Lieblingsperson, die zwar nicht mehr körperlich in deiner Nähe, aber dennoch da ist! Wenn du jetzt doppelt gerührt sein solltest, also voller positiv empfundener Emotionen steckst, dann freut mich das noch mehr.

Das bedeutet nämlich, dass du, wenngleich unbewusst, gerade deine Lieblingsseele wahrgenommen hast! Jippie!

Gleiches passiert auch, wenn du mit anderen Menschen zusammen bist und in dieser netten Runde Geschichten über eine geliebte verstorbene Person austauschst. Sei dir sicher, bereits zu Beginn dieser tollen oder lustigen Geschichten steht deine Lieblingsseele bei dir und freut sich unendlich, dass sie immer noch ein Teil deines Lebens und auch des der anderen ist. Du selbst öffnest darüber die großen goldenen Türen in die geistige Welt und gibst deiner Lieblingsseele die Möglichkeit, ganz dicht bei dir bzw. euch zu sein. Ist das nicht der absolute Hammer? Woher ich das wissen will? Das ist leicht! Du erinnerst dich sicher noch, dass ich als Medium arbeite?! Wenn ich in einer solchen Gruppe bin oder auch nur mit einer anderen Person über einen Verstorbenen spreche, dann gibt es kein Halten mehr in der geistigen Welt und alle laufen sofort los. Jeder Verstorbene, über den hier gerade gesprochen wird, möchte bei diesem Gespräch und beim Teilen von Erinnerungen dabei sein! Ich kann sofort ihre Anwesenheit spüren. Gern teilen mir diese Seelen mit, wie sie zu Lebzeiten waren.

Manche von ihnen erzählen indirekt die angefangene Erinnerung und die dazu gehörende Geschichte weiter. Das finde ich immer megaspannend. Okay, oft sage ich nichts, wenn die Lieblingsseele ganz dicht bei mir steht oder wenn ich sie bei ihren Lieben stehen sehe. Warum? Weil es tatsächlich eine Menge Menschen gibt, die ich damit restlos überfordern würde. Hokuspokus, du erinnerst dich?! Dennoch stehen sie als wundervolles Seelenwesen bei uns beiden und freuen sich total, ein Teil dieser Erinnerungen sein zu dürfen. Siehst du! Wir sind niemals allein! Auch du nicht! Bezaubernde Erinnerungen

5.2

Bezaubernde Erinnerungen

Stell dir vor, du sitzt auf deinem Lieblingsplatz und denkst an all die schönen Dinge, die du zusammen mit deiner verstorbenen Lieblingsperson erlebt hast. Schließe bitte kurz deine Augen und fühle dich in diese Gedanken hinein. Was fühlst du? Vertrautheit, Liebe, Wärme und Glück? Wundervoll! So soll es sein. Ahnst du bereits, was gleichzeitig mit diesen schönen Erinnerungen und den damit verknüpften Emotionen geschehen ist? Unbewusst hast du deine geliebte verstorbene Person gebeten, zu dir zu kommen, und schwups, ist sie da! Hast du gewusst, dass das passieren würde?

Gleiches passiert auch, wenn du mit anderen Menschen zusammen bist und in dieser netten Runde Geschichten über eine geliebte verstorbene Person austauschst. Sei dir sicher, bereits zu Beginn dieser tollen oder lustigen Geschichten steht deine Lieblingsseele bei dir und freut sich unendlich, dass sie immer noch ein Teil deines Lebens und auch des der anderen ist. Du selbst öffnest darüber die großen goldenen Türen in die geistige Welt und gibst deiner Lieblingsseele die Möglichkeit, ganz dicht bei dir bzw. euch zu sein. Ist das nicht der absolute Hammer? Woher ich das wissen will? Das ist leicht! Du erinnerst dich sicher noch, dass ich als Medium arbeite?! Wenn ich in einer solchen Gruppe bin oder auch nur mit einer anderen Person über einen Verstorbenen spreche, dann gibt es kein Halten mehr in der geistigen Welt und alle laufen sofort los. Jeder Verstorbene, über den hier gerade gesprochen wird, möchte bei diesem Gespräch und beim Teilen von Erinnerungen dabei sein!

Ich kann sofort ihre Anwesenheit spüren. Gern teilen mir diese Seelen mit, wie sie zu Lebzeiten waren.

Manche von ihnen erzählen indirekt die angefangene Erinnerung und die dazu gehörende Geschichte weiter. Das finde ich immer megaspannend. Okay, oft sage ich nichts, wenn die Lieblingsseele ganz dicht bei mir steht oder wenn ich sie bei ihren Lieben stehen sehe. Warum? Weil es tatsächlich eine Menge Menschen gibt, die ich damit restlos überfordern würde. Hokuspokus, du erinnerst dich?! Dennoch stehen sie als wundervolles Seelenwesen bei uns beiden und freuen sich total, ein Teil dieser Erinnerungen sein zu dürfen. Siehst du! Wir sind niemals allein! Auch du nicht!

5.3
Negativ empfundene Erinnerungen

Ja, ich weiß, wovon ich rede, und ich weiß auch, wie viel Überwindung und Mut es jeden von uns kostet, sich mit solchen Scheißgefühlen auseinanderzusetzen! Mir hat es allerdings sehr geholfen, mich auch diesen Erinnerungen zu stellen. Deshalb möchte ich dir an dieser Stelle einfach nur meine Erfahrungen zu dieser Thematik mit auf den Weg geben. Du entscheidest selbst, ob und wann du dazu bereit bist, dich deinen unschönen Erinnerungen zu stellen.

Gerade mit engen Familienmitgliedern gibt es für mich einige unschöne Erinnerungen, auf die ich jahrelang hätte gut verzichten können. Ich gehe davon aus, dass du das kennst! Erst nachdem ich es geschafft hatte, meinen Blickwinkel grundlegend zu ändern und mich auch meiner als unangenehm empfundenen Gefühlswelt anzunehmen, geschah das Wunder!

Als Beispiel möchte ich hier gern meinen Stiefgroßvater anführen. Mein Stiefopa mochte mich nicht! Das hat er mich immer und überall spüren lassen. Für mich als Kind war das ein furchtbares Gefühl. Aus meiner Sicht heraus habe ich wirklich alles getan, damit er mich mag und wahrnimmt. Immer und immer wieder bin ich zu Besuchen mitgefahren. Okay, als Kind zwar eher gezwungenermaßen, aber ich tat es. Auch später noch. Irgendwann beschloss ich, dass ich mir das nicht mehr antun werde. Damit war für mich das Thema Stiefgroßvater besiegelt. Möge er bleiben, wo der Pfeffer wächst, dachte ich und klappte das betreffende Kapitel in meinem Buch zu! Trotz seiner Alkoholsucht hielt er bis weit über 90 Jahre durch. Als er starb, war er alt, süchtig, miesepetrig und verbittert! Gratulation zu dieser Leistung! Ich hatte ihn seit meiner Entscheidung damals nicht mehr gesehen und hielt es auch nicht für nötig, auf seiner Beerdigung zu erscheinen! Wozu auch? Er mochte mich nicht, was also soll ich da?! Er wurde ohne mich begraben! Fertig! Das war lange, bevor ich meine mediale Karriere startete. In der Zeit meines medialen Erwachens verspürte ich tatsächlich irgendwann den Drang, auch mit diesem Stiefopa im Frieden sein zu wollen.

Mein Verstand rebellierte dagegen und ich beschimpfte mich dafür. Kleiner Fakt am Rande: Die Erlebnisse mit meinem Stiefgroßvater betreffen einen Bereich meines Lebens, an den ich wenig bis keine Kindheitserinnerungen habe. Lediglich das Gefühl des nicht gemocht Werdens war mir geblieben, allerdings ohne Erinnerungsbilder. An einem Tag beschloss ich, dass ich diese Angelegenheit nicht länger aufschieben wollte. Ich setzte mich auf meinen Meditationsstuhl und bat meinen Stiefgroßvater, zu mir zu kommen. Fast im gleichen Augenblick spürte ich, dass er da war. Es kostete mich einiges an Überwindung, diesen Vorgang fortzuführen. Ich fasste mir ein Herz und sagte der nun vor mir stehenden Seele, wie scheiße ich mich über all die Jahre gefühlt hatte. Mutig schleuderte ich ihm entgegen, als wie unfair ich es empfunden hatte und wie schlimm es für mich gewesen war, ihn fortwährend besuchen zu müssen, obgleich ich doch spürte, dass ich unerwünscht war. Mit gesenktem Kopf stand die Seele meines Stiefopas vor mir und hörte sich geduldig alles an, was ich unter Tränen zu sagen hatte. Wie ein Wasserfall, der hinter einen Damm eingesperrt worden war, prasselte nun alles aus mir heraus, was sich jahrelang in mir angesammelt hatte. Oder vielmehr, was ich in die untersten Schubladen meines mentalen und emotionalen Energiekörpers gestopft hatte, um im Anschluss die Tür zu diesen beiden Körpern bildlich gesprochen zuzuwerfen. Er stand einfach da und schaute mich verständnisvoll an. Das ist komisch, dachte ich mir. Früher schaute er anders. Viel grimmiger! Nachdem ich mir alles von der Seele geredet hatte, sagte er zu mir: »Es tut mir leid! Ich habe damals nicht gewusst, was ich dir damit antue. Ich habe nicht gemerkt, welche Auswirkungen mein Handeln hatte. Ich tat, wovon ich dachte, dass es gut und richtig sei. Davon war ich überzeugt. Jetzt aber, da ich meinen Lebensfilm mit all meinen Taten, Worten, Gedanken und den entsprechenden Auswirkungen gesehen habe, ist mir bewusst geworden, dass das, was ich für richtig und gut gehalten habe, dir weh getan hat. Dafür möchte ich mich bei dir entschuldigen!« Ich schaute ihn mit großen Augen an und konnte es kaum fassen! Eine wohlige Wärme breitete sich in meinem Herzen aus. Kam das von ihm? Er bat mich wirklich um Verzeihung! Ich sage dir, es war der Hammer!

Ich fühlte mich überglücklich und konnte es, wie gesagt, kaum fassen. »Gerne«, hörte ich mich noch sagen und dann war er auf einmal wieder verschwunden! Da saß ich nun, tränenüberströmt, aber frei und glücklich. Allein durch seine Bitte um Verzeihung hat sich bei mir so viel gelöst. Dafür bin ich ihm bis heute unglaublich dankbar. Ich hätte nie gedacht, dass es mir so viel Frieden bringen würde, wenn ich mich mit einer verstorbenen Person versöhne. Andererseits hätte ich mir auch nicht vorstellen können, wie sehr ich dieses nicht im Frieden Sein, täglich unbewusst mit mir herumschleppe und welche Auswirkungen das auf mein gesamtes Leben hat.

Auf folgenden wichtigen Punkt möchte ich dich gern noch hinweisen: Verzeihen oder vergeben heißt nicht, dass alles das, was vorgefallen ist, ab sofort vergessen sein soll! Verzeihen heißt nur, dass die Seele erkannt hat, welche Konsequenzen ihre Worte, Taten und Gedanken nach sich gezogen haben.

Diese Erkenntnis ist der Grund, warum sie dich um Entschuldigung bzw. Verzeihung gebeten hat. Vergessen habe ich das, was vorgefallen ist, nicht. Dennoch bin ich heute im Frieden damit!

Es ist unglaublich befreiend, im Frieden zu sein. Selbst wenn du erst einmal allen Mut zusammennehmen musst, um dich dem Unfrieden mit dieser verstorbenen Seele zu stellen. Glaub mir, es lohnt sich! Heute bin ich sogar noch einen Schritt weiter! Ich habe meinem Stiefgroßvater vergeben! Warum? Weil ich inzwischen weiß, dass ich Mitschöpfer dieser Situationen war. Aber auch diese erschaffene Situation hat dazu beigetragen, aus mir das wundervolle Geschöpf zu machen, das ich heute bin. Das klingt jetzt superweise, oder?

Vielleicht tröstet dich mein PS: Ich arbeite noch kräftig daran, mit ein paar anderen Menschen und Seelen Frieden zu finden. Das ist etwas, was mir bis heute nur bedingt gelungen ist. Du siehst also, auch ich trage keinen Heiligenschein! Ich bin ein Mensch voller unterschiedlicher Gefühle, ebenso wie du! Aber weißt du was? Es ist mir wichtig, irgendwann mit allen Menschen und Seelen in Frieden zu kommen! Allein diesen Wunsch in dir zu verspüren, ist der erste und wichtigste Schritt dabei, dich auch deinen unangenehmen Gefühlen zu stellen.

5.4

Glaubenssätze

Hast du dich schon einmal mit Glaubenssätzen beschäftigt? Ich weiß, auch das ist kein einfaches Thema. Glaubenssätze werden irgendwann zu tiefen Überzeugungen! Warum gibt es die Dinger überhaupt und was habe ich damit zu tun? Gerade in den letzten Jahren habe ich mir diese Fragen oft gestellt. Zwischendurch musste ich dabei laut über mich selbst lachen. Wie oft habe ich den alten Glaubenssätzen meiner Mutter, Oma oder meiner Tanten Folge geleistet und diese brav umgesetzt! Glaubenssätze wie: Die schönsten Sachen werden nur sonntags zur Kirche angezogen und nach dem Kirchgang direkt wieder ausgezogen. Oder: Wenn du heimkommst, musst du dich sofort umziehen und etwas Altes anziehen! Auch schön war: Wenn du das Haus verlässt, dann zieh gefälligst immer frische und vor allem gute Unterwäsche an! Warum? Falls du unvorhergesehen zum Arzt oder ins Krankenhaus musst oder irgendwo umfällst und alte, schäbige Wäsche trägst, wird über dich getratscht! Solche Glaubenssätze kennen vielleicht nur Frauen, aber egal! Alles, was mir mittels dieser Glaubenssätze gesagt wurde, war immer mit Schuld, Gewissensbissen oder Strafe belegt. Nie ging es dabei um mich! Immer ging es darum, anderen zu gefallen oder von anderen gemocht und angenommen zu werden. Vor allem ging es zumindest bei uns darum, was wohl die anderen über mich bzw. uns denken, und dass es kein gutes Licht auf die Familie wirft, wenn ich mich nicht vernünftig benehme und z. B. vorzeigbare Unterwäsche trage! All das lässt tiefe Einblicke in mein damaliges Familienleben oder besser in meine Kindheit zu. Ich bin sicher, auch du kennst das eine oder andere und hast ähnliche oder auch andere Glaubenssätze erfahren, die nicht wirklich zu dir und deiner Lebensweise passen. Glaubenssätze, die teilweise noch aus einer Zeit herrühren, in der vor allem die Frau zum Gespött der anderen wurde, wenn ihre Kleidung schmutzig oder nicht neu war. Stichwort: Sonntagskleidung! Was soll ich dir sagen, natürlich habe ich nach diesem Vorbild und diesen Wertvorstellungen beziehungsweise nach diesem Gedankengut gehandelt. Ich habe diese Sätze in meinem Leben tausendfach gehört. So lange, bis ich dachte, es wäre mein eigenes Gedankengut.

All diese Glaubenssätze sind mir im wahrsten Sinne des Wortes in Fleisch und Blut übergegangen und natürlich habe ich so gehandelt, als ob mir das ebenfalls wichtig wäre. Immer!

So habe ich jeden einzelnen Tag unbewusst meine alltägliche Kleidung von der schönen und schicken Kleidung getrennt. Und noch schlimmer! Ich habe mich scheiße gefühlt, wenn ich zu Hause mal etwas Schickes anhatte! Das war dann so, als ob ständig einer mit dem imaginären Zeigefinger auf mich deutet! Krass, nicht wahr! Es hat Jahre gedauert, diese Gedankenabläufe für mich zu verstehen und dann zu erkennen, dass sie nicht meiner inneren Wahrheit entsprechen. Meinem Ich ist es egal, was andere denken! Es geht um mich! Nicht um andere! Und ja! Das zu erkennen ist wichtig und kann brauchen, aber noch viel länger hat es gedauert, bis ich kein schlechtes Gewissen mehr hatte, wenn ich mich überall schick und gut angezogen habe, selbst wenn ich nur auf meinem Sofa sitzen wollte. Manchmal erwische ich mich heute noch dabei, ein klamottenbezogenes schlechtes Gewissen zu haben. Das führte sogar dazu, dass ich die »guten« Sachen gar nicht erst getragen habe. Das mag sich praktisch anhören! Geht ja nix kaputt! Blöd ist dabei nur, dass mir heutzutage die Größe S nicht mehr passt! Wie viele Klamotten habe ich wegen dieses dämlichen Glaubenssatzes in meinem Kleiderschrank gehortet, OHNE sie jemals getragen und mich damit schön gefühlt zu haben! Kommt dir das bekannt vor? Heute ist das anders! Ich trage jeden einzelnen Tag etwas Schönes und fühle mich wohl dabei! Sei dir sicher, falls ich morgen umfalle, sehe ich dabei wenigstens umwerfend aus!

Über alle diese Fragestellungen und die mir gegebenen ehrlichen Antworten habe ich sehr schnell feststellen dürfen, in welchen Lebens- und Persönlichkeitsbereichen ich noch nicht seelenkonform lebe oder immer noch versuche, die Erwartungen anderer zu erfüllen. Vielleicht fragst du dich gerade, was all das mit dem Jenseits oder der Unsterblichkeit zu tun hat. Viel! Wenn nicht sogar alles! Nur Geduld, die Zusammenhänge werden sich dir in späteren Kapiteln noch erschließen.

An dieser Stelle habe ich noch eine Fragestellung für dich! Hast du mal darüber nachgedacht, was von dir bliebe, wenn du heute gehen würdest? Spannende Frage, nicht wahr? Vielleicht magst du darüber ein wenig nachdenken. Mit meiner Arbeit als Medium durfte ich unzähligen Menschen dabei helfen, zu verstehen, wie wichtig es ihren Lieblingsseelen ist, dass ihre Hinterbliebenen ihr Leben mit jedem Atemzug genießen. Wenn ich mich also frage, was bliebe, wenn ich heute diese Erde verlassen würde, nun vielleicht sind es die Erinnerungen jener Menschen, denen ich als Medium helfen durfte. Wir werden sehen!

5.5

Täuschung oder Realität

Kennst du den TV-Klassiker »Die Truman Show« aus dem Jahr 1998? Ein Film, der vor über 20 Jahren in die Kinos kam. Gott! Das zum Thema Jungsein! Darin spielt Jim Carrey einen ahnungslosen Mann namens Truman Burbank, dessen Leben 24 Stunden am Tag live im TV in der sogenannten »Truman-Show« übertragen wird. Exakt 5000 Kameras filmen Trumans Leben seit seiner Geburt. Alle Mitwirkenden, seine Ehefrau, seine Freunde, jeder einzelne Nachbar etc., sind gutbezahlte Schauspieler und der Ort, an dem er lebt, ist ein gigantisches Studio, das für ihn wie eine typische amerikanische Kleinstadt wirkt, die vollständig von Wasser umgeben ist.

Mit fast 30 Jahren lebt Truman sein Leben mehr oder weniger unbewusst, während Milliarden von neugierigen Zuschauern jeden seiner Schritte verfolgen. Dabei verläuft Trumans Leben immer in den gleichen Bahnen, bis es an Tag 10909 zu zahlreichen unvorhergesehenen Geschehnissen kommt. Zwar versucht der Regisseur, die Vorfälle durch inszenierte, raffinierte Schritte geschickt auszugleichen, dennoch werden bei Truman erstmals Zweifel an seiner »Lebensform« geweckt. Ist sein Leben wirklich real?! Und dann kommt die Wahrheit ans Licht! Trumans »Leben« ist eine einzige Täuschung! Nur er ist echt, sonst nichts!

Teilweise hat mich mein Leben an diesen Film erinnert. Wie lange bin ich dieser Täuschung aufgesessen, anderen Menschen, ihren Worten und Gedanken mehr zu glauben als meinem Gefühl!

Wie oft habe ich mich wertlos, bestraft und ungeliebt gefühlt, weil ich ihren Erwartungen nicht entsprochen habe. Sehr oft befand ich mich im Widerstand zwischen Verstand und Gefühl, ohne zu verstehen, warum das so ist. Erst nach und nach habe ich für mich herausgefunden, wie ich meine »Wahrheit« von dem Denken und Tun der anderen unterscheiden kann.

Zugegeben, das liest sich hier einfacher, als ich das in vielen erlebten und durchlebten Situationen empfunden habe. Irgendwann habe ich für mich verstanden, dass die mir im Kopf herumschwebenden verurteilenden Gedanken und Gedankenmuster zu anderen gehören. Ich habe sie seit meiner Kindheit gehört und befolgt und darüber als meine Wahrheit angenommen.

Es hat lange gedauert und dauert selbst heute noch an, meine Wahrheit von den immer wiederkehrenden alten Gedanken und Gedankenmustern zu unterscheiden und darüber zu wandeln. Aber – es geht!

Du entscheidest, ob du im täglichen Leben bereit bist, dich mit deinen Gedanken, deinen Ängsten und deinen Emotionen auseinanderzusetzen, um deine persönliche Wahrheit herauszufinden.

Oder eben nicht! Niemand sonst!

5.6

Universelle Gesetzmäßigkeiten

Vieles, was wir in unserem Dasein wahrnehmen, lässt sich nicht wirklich bis ins Detail wissenschaftlich belegen. Dennoch folgt alles im Universum einem bestimmten Ordnungsprinzip und sogenannten universellen Gesetzmäßigkeiten. An mancher Stelle werden sie als Naturgesetze bezeichnet, an anderer Stelle werden sie als göttliche, kosmische oder Lebensgesetze beschrieben. Die Aufgabe ebendieser Gesetzmäßigkeiten liegt darin, einen Ausgleich für alle Bereiche zu schaffen. In unserem Diesseits, auch »Leben« genannt, unterscheiden wir geistige, also universelle, und materielle Gesetzmäßigkeiten. Selbst wenn dir diese Begriffe bisher nicht geläufig waren, wirst du gleich verstehen, was ich damit meine. Wir alle kennen diese materiellen Gesetzmäßigkeiten, die täglich auf die Natur, aber auch auf uns Menschen wirken. Dazu gehören beispielsweise das Hebelgesetz und das Gesetz der Schwerkraft. Wirf einmal einen kurzen Blick in die Natur und die dort herrschenden Gesetzmäßigkeiten wie Ebbe und Flut, Tag und Nacht usw. Alles hängt mit allem zusammen! Selbst unser Körper und unsere Organfunktionen unterliegen diesen Gesetzmäßigkeiten. Materielle Gesetzmäßigkeiten sind für uns also zumeist sichtbar bzw. können sie sichtbar gemacht werden. Die geistigen oder universellen Gesetze hingegen sind, wie der Begriff bereits besagt, geistiger Natur. Sie helfen dir, Entscheidungen zu treffen und deine persönliche Freude, Gesundheit und Ausgeglichenheit zu finden. Hierbei geht es nicht um die großen, gut durchdachten Entscheidungen, sondern um alles, was du bewusst oder unbewusst über den Tag hinweg entscheidest. Selbst Sprichwörter oder Weisheiten basieren schon seit Jahrhunderten auf diesen geistigen Gesetzen. Denk einmal an das Gesetz von Ursache und Wirkung! Oder wie meine Oma immer sagte: »Wie es in den Wald hineinruft, so schallt es zurück!« Oder: »Ohne Fleiß kein Preis.« – Gott, wie habe ich diesen Spruch gehasst! Das Gesetz von Ursache und Wirkung oder anders beschrieben Aktion und Reaktion betrifft aber nicht nur das gesagte Wort, sondern auch das, was du denkst oder vielmehr das, was es in dir und über dich denkt!

Kurz gesagt, diese universellen Gesetze haben als Grundlage – zumindest entspricht das meiner Wahrnehmung – Energie. Energie, die so geleitet wird, wie wir es für uns bestimmen. Alles trägt dazu bei, uns in unserer persönlichen Entwicklung zu fördern und zu stärken. Andererseits können wir uns damit auch herrlich selbst im Weg stehen. Was kennst und weißt du alles über die universellen Gesetzmäßigkeiten? Hast du dich bereits eingehend damit beschäftigt?! Ich bin sicher, dass du unbewusst täglich damit zu tun hast. Jeder hat die Möglichkeit, im Einklang mit den kosmischen universellen Gesetzmäßigkeiten zu sein! Oh Gott, klingt das für dich zu esoterisch? Dann formuliere ich es gern um! Wenn du nicht gegen dich handelst, dann geht es dir gut und du bist in der Lage, die Freude und Liebe, die du empfindest, auch mit anderen zu teilen. Verstehst du, wie ich das meine? Weißt, achtest und lebst du das, was deine Seele zum Singen und Tanzen bringt? Oder lebst du diese Gesetzmäßigkeiten vielleicht auch nur unbewusst? All diese Gesetzmäßigkeiten werden dich dabei unterstützen, dein wahres Ich zu finden und darüber ein glückliches Leben führen zu können. Glücklich sein! Will das nicht jeder?! Wenn ich aber, wie einige Menschen den ganzen Tag mit Gedanken und Worten beschäftigt bin, die negativ wirken, dann muss ich mich nicht wundern, wenn das auch auf mich und mein Leben abfärbt. Wenn jemand anderen also gern die Meinung geigt oder ihm verhassten Menschen die Pest an den Hals wünscht, dann fällt ein solches Verhalten letztlich auch auf ihn zurück. Das Gesetz von Ursache und Wirkung greift! Jeder

Gedanke, jedes Wort und jede Handlung entspringen einer Entscheidung, selbst wenn wir diese unbewusst treffen. Ob du dich selbst erkennst und deine eigene Person achtest, unterliegt ebenfalls deiner Entscheidung.

Ich denke, wir sind uns einig, dass es so viel mehr zwischen Himmel und Erde gibt als das, was du und ich wissen, sehen oder uns überhaupt vorstellen können. Selbst wenn viele glauben, sie könnten das große Ganze erfassen, meinst du wirklich, dass wir Menschen das können?! Wozu auch! Es gibt keinen Fleißstern, wenn du alle universellen Gesetzmäßigkeiten auswendig aufsagen kannst. Die gute Neuigkeit ist, es gibt keinen Grund, immer alles mit dem Verstand verstehen zu müssen.

Ich glaube, es geht im Leben viel mehr darum, dich in Balance mit dir selbst, der Natur und allem um dich herum zu bewegen und zu sein. Es ist also günstig, dich positiv, wenn ich an dieser Stelle mal bewerten darf, auszurichten. So weit, so gut! Auch mir gelingt das nicht immer!

Es gibt Tage, an denen ich in einer Tour laut schreien könnte! Und auch das gehört zu mir! Heute weiß ich, wenn mich etwas trifft, dann betrifft es mich auch. (Danke, Robert Betz! Der Satz hat gesessen!) Das ist die wertvolle Erkenntnis, die ich in den letzten Jahren für mich gefunden habe. Nichts im Universum oder von Seiten der geistigen Welt passiert umsonst! Nichts ist ohne Sinn! Dabei spielt es keine Rolle, ob wir einen tiefgründigen Sinn dahinter sehen und verstehen oder eben nicht. Es passiert dennoch! Alles soll so sein und dass es selbst kreiert ist, versteht sich, oder? Ich habe für mich erkannt, wie wertvoll und wichtig ist es, einfach nur zu sein! Jeden Tag.

Wie viele Menschen kennst du, die sich täglich mit allen Gesetzmäßigkeiten beschäftigen oder versuchen, damit im Einvernehmen zu sein? Wenn ich darüber nachdenke, fällt mir niemand ein. Die Menschen um mich herum wissen, dass alles z. B. einer Ursache und ebenso einer Wirkung unterliegt. Das heißt jedoch nicht, dass sie diese Erkenntnis auch immer positiv für sich umsetzen können.

Mir gelingt das auch nicht immer, sondern ist von meiner jeweiligen Tagesform abhängig. Außerdem kommt es immer ganz darauf an, welche Themen ich gerade bearbeite. Wozu ist das Wissen über diese Gesetzmäßigkeiten dann wichtig und wie kann sich dieses Wissen für mich auswirken, wirst du dich jetzt vielleicht fragen. Der Grund ist, weil es dein Leben um so vieles einfacher macht, wenn du um diese universellen Gesetzmäßigkeiten und Möglichkeiten weißt! Es fällt dir dann leichter, zu verstehen, warum manches im Leben so kommt oder so ist, wie es ist. Es hilft dir, alle deine Lebensbereiche in Balance zu bringen. Und denk dran! Es ist immer deine souveräne Wahl, ob du dich mit diesen Dingen beschäftigen möchtest oder nicht. Niemand im Universum bestimmt über dich und das, was du denkst oder denken willst.

Um dir mal eine kurze Übersicht über ein paar universelle Gesetzmäßigkeiten zu geben, habe ich hier einige aufgelistet. Vieles geht hierbei ineinander über oder ist übergreifend zu verstehen:

- Gesetz der Polarität

Dieses Gesetz beschreibt, dass alles über zwei Pole verfügt und diese auch benötigt. Das eine ist ohne das andere nicht erfahrbar. Der Tag nicht ohne die Nacht. Arm nicht ohne reich. Liebe nicht ohne Hass. Schön nicht ohne hässlich. Gut nicht ohne böse. Männlich nicht ohne weiblich etc. Wie kann das eine ohne das andere sein?! Wie kannst du das Gefühl der Liebe für dich erkennen, wenn du das Gegensätzliche nie kennengelernt hast? Wie willst du wissen, wie sich hell und lichtvoll anfühlt, wenn du die Dunkelheit niemals kennengelernt hast? Dieses wundervolle Gesetz hilft dir, deine persönlichen Erfahrungen zu machen und darüber deinen Weg zu finden und das, was für deine Seele richtig und wichtig ist. Wenn du ausschließlich gesund bist, weißt du diesen Zustand nur wenig zu schätzen. Sobald du aber krank wirst, wünschst du dir eine schnelle Gesundung herbei. Besonders nach längerer Krankheit wirst du jede Sekunde wertzuschätzen wissen, in der es dir super geht.

- Spiegelbildgesetz

Was mich trifft, betrifft mich. Was mich an einem anderen stört, ist der Teil von mir, den ich bei mir bisher nicht angenommen habe. Meine Fehler oder die Fehler, die ein anderer aus meiner Sicht macht, deuten nur auf das Fehlen dieses Teiles bei mir hin.

- Gesetz von Ursache und Wirkung

Hiermit sind die Konsequenzen des eigenen Denkens und Tuns mit der entsprechenden Auswirkung gemeint. Nichts im Universum passiert einfach so – ohne Grund. Es gibt nichts Sinnloses! Umgekehrt bleibt keine Ursache jemals ohne die entsprechende Wirkung oder Auswirkung. Schicksal oder Zufall gibt es nicht. Diese Gesetzmäßigkeit ist ein Grund dafür. Man könnte auch sagen, dass das Wort Zufall nur eine nicht erkannte Ursache beschreibt.

- Gesetz der Geisteshaltung bzw. des Bewusstseins

Alles ist Geist oder besser, alles ist Bewusstsein. Als feinstoffliche Energien zählen z. B. unsere Gedanken. Alles, was du anfassen und sehen kannst, nennt man grobstoffliche Energie. In jedem Moment bestimmst du, wie und wer du sein möchtest. Deine Gedanken, gekoppelt mit deinen Gefühlen, erschaffen deine Realität. Ganz gleich, ob diese Gedanken positiv oder negativ sind, es ist immer deine Realität. Deswegen sage ich auch, dass jeder zum Zeitpunkt seines Tuns immer nur sein Bestes gibt, denn es ist seine Realität. Das ist anhand der Jenseitskontakte, die ich herstelle, deutlich erkennbar. Meist reicht es bei einer großen Unzufriedenheit nicht aus, einfach nur den Job zu wechseln, da die darunter liegenden Gedanken, die zu dieser meist unbewussten Unzufriedenheit geführt haben, darüber unbeachtet bleiben. Wenn du wirklich etwas verändern möchtest, dann schau dir an, was du über dich und dein Leben denkst! Erfahre deine Bewusstseinsebenen und wie sich diese auf dein Leben auswirken. Erkenne für dich, dass alles, was im Unsichtbaren geschieht, also deine Gedanken und Gefühle, zum Sichtbaren wird, also zu deinem Leben und deiner Realität.

- Energiegesetz

Alles, was auf unserem wundervollen Planeten existiert, ist Energie. Energie bedeutet ständige Bewegung und darüber geschieht Veränderung. Lustigerweise sind das oft Veränderungen, die die meisten Menschen gar nicht wollen. Alles ist also Energie und darüber ist alles in Bewegung und schwingt. Alles, selbst das, was wir als feste Materie ansehen wie z. B. einen Baum oder einen Stuhl, besteht aus Atomen und darüber aus kleinsten Teilchen, die alle miteinander verbunden sind und sich auf einer entsprechenden Schwingungsfrequenzebene bewegen. Das sind Teilchen, die für uns nicht sichtbar sind. Vieles ist für unser menschliches Auge unsichtbar, aber dennoch wissenschaftlich belegt. Wenn auch nicht alles! Liebe ist die höchste Schwingungsform. Sie lässt sich sehr leicht durch eine wohlige Freude und Leichtigkeit wahrnehmen. Auch Dankbarkeit und Freude gehören in diesen hohen Schwingungsbereich oder Energiefrequenzbereich. Im Gegenzug dazu schwingen Hass, Angst, Wut und Ärger in einer entsprechend niedrigen, sich eher schwer anfühlenden Frequenz. Noch einmal, alles bewegt sich fortwährend in einem natürlichen Zyklus. Alles ist ein ewiger Kreislauf. Unser Körper gibt uns dafür genügend Beispiele. Bei diesem Gesetz kannst du sehr gut erkennen, wie auch die anderen Gesetzmäßigkeiten mit einfließen.

- Das Gesetz des Rhythmus

Alles unterliegt einem Rhythmus und darüber einem Wandel. So kennst du das beispielsweise vom Ein- und Ausatmen, von Tag und Nacht und von Ebbe und Flut. Hier mal ein kleiner Denkanstoß: Dein Verstand kann nicht bewusst steuern, dass du atmest. Du kannst deinen Atem anhalten und die Geschwindigkeit variieren, in welcher du den Atem wieder herauslässt! Das war es! Allein die

Tatsache, dass du atmest, kommt einem Wunder gleich, das, wie viele andere Körperfunktionen, nicht vom Verstand gesteuert oder kontrolliert werden kann. Hammer, gell? Deswegen kommt man über das tiefe Atmen auch immer in das Sein oder in das Jetzt und damit raus aus dem Verstand. So einfach kann das Leben sein!

- Gesetz des männlichen und des weiblichen Prinzips

Jeder von uns besitzt männliche und weibliche Anteile, die dir helfen, für dich im Gleichgewicht zu sein. Wusstest du das? Beide Geschlechteranteile in dir sind gleichrangig zu betrachten und das bezieht sich nicht nur auf deine physische Gestalt und Sexualität. Das dir innewohnende männliche Prinzip steht hierbei für: Tun, Struktur, Zielorientiertheit, Kontrolle, Fokus oder aktiv sein. Hingegen umfasst das weibliche Prinzip: Empfangen, Intuition, Vertrauen, Kreativität oder z. B. Ausruhen. Ist beides ausgeglichen, befinden wir uns im Gleichgewicht, nicht nur geistig, sondern auch körperlich. Wir können nicht Tag und Nacht arbeiten, ohne uns auszuruhen. Oder was meinst du, wie lange das gut geht? Wir treiben viel zu oft Schindluder mit unserem Körper, weil wir täglich über unsere körperlichen Grenzen hinausgehen, ohne dieses männliche und weibliche Prinzip in uns verstanden zu haben. Ich arbeite wirklich gerne und ich liebe meinen Job! Im Laufe der Zeit habe ich jedoch verstanden, dass ich viel weiterkomme, wenn ich kleine Pausen einlege und mir Momente des Durchatmens gönne. Jeden Tag 14 bis 16 Stunden »durchzukloppen« und abends todmüde ins Bett zu fallen, hat nichts mit Lebensfreude zu tun. Früher hatte auch ich kein Gleichgewicht, was das Ausleben meiner männlichen und weiblichen Anteile angeht. Ich wusste schlichtweg nicht, wie viel es ausmacht, darüber auch nur ein wenig Kenntnis zu haben. Probiere es aus!

- Gesetz der Anziehungskraft

Gleich und gleich gesellt sich gerne! Den Spruch hast du sicher schon gehört. Alles, was du denkst, spiegelt das wider, was du irgendwann im Außen z. B. über deine Familie erfahren und erlebt hast. Wenn Wut und Ärger tief in dir drinsitzen und du dir nie wirklich erlaubt hast, sie zu fühlen oder wenn du sie gar nicht zulassen kannst, dann kann das schnell zu einem Thema werden. Auch negativ bewertete Gefühle gehören zu dir, obgleich viele Menschen dahingehend erzogen wurden, dass solche Gefühle sich nicht gehören. Vielleicht möchtest du sie auch nur möglichst schnell weghaben? Damit blockieren wir uns allerdings nur selbst. Natürlich unwissend. Denn dadurch wirst du im Außen, in deinem Alltag, in verschiedensten Lebenssituationen, immer wieder Menschen und Situation anziehen, die dich genau auf dieses Thema stoßen. So lange, bis du bereit bist, zu erkennen, dass es dein Thema ist und die anderen nur »Spieglein, Spieglein an der Wand« mit dir spielen. In solchen Momenten bekommst du das Gefühl einer Endlosschleife und du denkst dir womöglich, den Scheiß kenne ich doch schon! Wieso wiederholt sich das alles immer wieder, nur unter anderen Vorzeichen? Ich nehme an, das kommt dir bekannt vor?

Du siehst, diese unterschiedlichen Gesetzmäßigkeiten begleiten uns jeden Tag, ohne dass wir uns dessen wirklich bewusst sind. Vieles wird unbewusst durch unseren Verstand geprägt. Dabei sind du und ich keine Ausnahmen. Das betrifft uns alle! Gerade sogenannte negative Verhaltensweisen versuchen wir gern, vor der Öffentlichkeit zu verbergen. Wir tun einfach so, als ob wir sie nicht haben. Dazu gehören unter anderem Neid, Habgier und Machtbesessenheit!

Sie sind aber da, auch wenn sie dir vielleicht peinlich sind! Selbst wenn es also reine Verhaltensweisen sind, die durch unser Verstandesego geprägt werden, sind sie nicht weniger existent. Meist sitzen manifestierte Gedankenmuster der Angst, die sich aus Kindheitserlebnissen speisen und mit diesen verknüpft wurden, in der Tiefe darunter. Manche Dinge haben wir in unserem Leben schon an die 100.000-mal gehört. Wir wurden als Kinder so lange beeinflusst, bis wir selbst glaubten, dass die gesagten Dinge unserer Wirklichkeit entsprechen. Damit haben wir uns weit von den universellen Gesetzen entfernt. Und wozu führt das? Zu Streitigkeiten im Kleinen, z. B. in der Familie, als auch im Großen, z. B. in Form von Kriegen zwischen Nationen. Das Ego oder egoistische Gründe arbeiten gegen diese kosmischen Gesetzmäßigkeiten. Dennoch kommt es meiner Ansicht nach auch hier auf den Standpunkt des jeweiligen Betrachters an. Was, wenn alles immer und zu jeder Zeit seinen Sinn hat?! Polarität?!

Probiere dich aus! Jede Erfahrung wird dir helfen, besser zu verstehen, wer du bist und wie du dein Leben lebst oder leben willst. Materie ist manifestierte Schwingung. Schwingung heißt Bewegung und ist somit eine Energie, die sich im ständigen Wandel befindet. Das ist genau jene Veränderung, die unzählige Menschen jeden Tag unter allen Umständen zu vermeiden versuchen. Sie bemühen sich, das, was sie in ihrem Leben geschaffen haben, mit Druck und Anstrengung festzuhalten. Was meinst du? Ist das überhaupt möglich? Durch die ständige Bewegung können sich Schwingungen überlagern oder gegenseitig beeinflussen. Durch das gedankliche Festhalten werden diese Schwingungen blockiert und geraden ins Stocken. Nichts bleibt, wie es ist. Alles ist immer im Wandel. Tagein, tagaus! Nur mal so ein Hinweis für alle, die jede Form der Veränderung scheuen, ob nun bewusst oder unbewusst. Du möchtest in Fülle leben? Dann sei die Fülle und erkenne, wie wertvoll du bist und was du wirklich über dich und dein Leben denkst! Auch Geld ist Energie und unterliegt diesen Gesetzmäßigkeiten. Keines zu haben, bedeutet für mich, dass du es dir nicht erlaubst, diese Energie wirklich fließen zu lassen. Aber dazu vielleicht mehr zu einer anderen Zeit.

5.7
Bewusstsein

Im Netz wird das Bewusstsein oft über unsere körperlichen Prozesse erklärt. So wird Bewusstsein als Mitwissen, bei Sinnen sein oder denken bezeichnet. Manche erklären es auch als die erfahrbare Existenz geistiger Zustände und Prozesse. Die Begrifflichkeit »Bewusstsein« hat im Sprachgebrauch sehr unterschiedliche Bedeutungen, die sich teilweise mit den Bedeutungen von Psyche, Seele und Geist decken. Über die Funktionsweise des Bewusstseins heißt es, dass die Nervenzellen des Gehirns, die im Gleichtakt schwingen, auf diese Weise Bewusstsein erzeugen. Andere Theorien besagten, dass Bewusstsein entsteht, wenn im Gehirn gespeicherte Informationen zu einem »Gesamtbild« verknüpft werden.

Aber geht das wirklich? Ist das die korrekte Erklärung dafür, was Bewusstsein bedeutet? Ist alles, was du siehst, real? Bedeutet das, dass jenes, was du nicht sehen kannst, nicht real ist? Was, wenn sich das, was du nicht sehen kannst, aber vollkommen echt anfühlt?! Herzlich willkommen in meiner Welt!

Ich bin kein Prof. Dr. h. c., kein Neurowissenschaftler und auch kein Experte für Kosmologie, dennoch bin ich fest davon überzeugt, dass es so etwas wie das Bewusstsein gibt. Ich weiß, dass vieles, was ich denke und tue, im absoluten Widerspruch zu dem, was andere Menschen glauben, steht. Mag sein, dass für einige Menschen die wissenschaftlichen Beweise nicht ausreichend sind, um das, was unser Bewusstsein ausmacht, an dieser Stelle darzulegen. Das bedeutet jedoch nicht, dass es Bewusstsein nicht gibt!

Das Thema Bewusstsein ist, genau wie alle Themen im spirituellen Bereich, für viele rätselhaft, weil sich eben nicht alles mit dem

Verstand begreifen lässt. Gibt es ein Bewusstsein, so wäre das der Beweis dafür, dass es neben unserer wahrgenommenen Welt auch etwas Jenseitiges, Universelles gibt, das auf einer Seite bestritten wird und auf einer anderen Seite wiederum nicht.

Es kommt immer darauf an, ob der Mensch sich mit den einzelnen Themen auseinandersetzen möchte oder nicht. Einige verleugnen das Thema Bewusstsein und stellen darüber auch die Existenz eines Jenseits, einer Seele, außersinnlicher Wahrnehmungen, eines Kontaktes zu Verstorbenen, der Hellsinne usw. infrage. Hier werden vorschnelle Urteile gefällt, ohne dass diese Menschen sich überhaupt näher mit diesen Themen befasst haben. Aber ist das nicht eine eingeschränkte Sichtweise der Dinge? Heißt das, nur weil es sich wissenschaftlich nicht bis ins letzte Detail nachweisen lässt, ist all das nicht existent?!

Ich weiß es nicht. Für mich ist Bewusstsein so viel mehr, als ich das hier mit Worten beschreiben kann. Bewusstsein hat für mich etwas mit bewusstem »Sein« zu tun. Also damit, täglich bewusst zu leben. Dinge ganz bewusst zu tun und eben nicht alles in einer Art Automatismus ablaufen zu lassen. Sei einfach!

Und glaub mir, es gibt so viel mehr als das, was wir mit unserem menschlichen Verstand erfassen können. Das ist für mich Bewusstsein.

5.8 Eigenverantwortung

Hast du dir schon einmal Gedanken darüber gemacht, dass du eine Eigenverantwortung für dich, deine Gedanken und dein Tun hast?! Den meisten Menschen kommt gar nicht erst in den Sinn, dass es so etwas wie eine Eigenverantwortung für ihr Tun überhaupt geben könnte! Es ist doch so viel einfacher, allen anderen die Schuld in die Schuhe zu schieben! Oder?! Wie du bereits weißt, gibt es so etwas wie einen göttlichen Plan. Du kannst ihn auch deinen Lebensplan oder Seelenplan nennen. Darin wurde das, was du auf dem Spielplatz Erde als emotionale Erfahrung erleben möchtest, grob festgelegt. Du hast entschieden, wer deine Eltern sein sollen, wo du lebst, wie deine Hautfarbe sein soll etc. Nehmen wir mal das Beispiel Sport. Mein Mann würde sich jetzt vor Lachen den Bauch halten.

Er als Sport- und Gesundheitswissenschaftler weiß genau, wie weit weg ich vom Thema Sport bin. Schon beim Anblick von Turnschuhen vergeht mir prompt die Lust, mich zu bewegen. Das Beispiel Sport ist dennoch das, was mir gerade aus der geistigen Welt gezeigt wird. Du hast in deinem Lebensplan z. B. festgelegt, dass du weitspringen möchtest! Der Sandkasten, der Absprung, die Markierung, der geglättete Sand – alles steht für dich bereit, um genau diese Erfahrung zu machen! Der Rest liegt jetzt ausschließlich bei dir! Niemand richtet dich, niemand bewertet dich, niemand verurteilt dich! Zumindest nicht von universeller Seite!

Von menschlicher Seite wird das dennoch passieren! Da hat dir jetzt jeder etwas Kluges darüber zu erzählen, wo dein Absprungpunkt ist, wie weit du Anlauf nehmen solltest, dass du nicht übertreten darfst, dass du dich verbiegen sollst, um möglichst weit zu kommen, etc. Das Universum oder die geistige Welt tut Derartiges nicht!

Egal, ob du übertrittst und damit einen Fehlversuch verursachst! Egal, ob du nur vorne oder ganz hinten im Sand landest! Alles ist gleich gut und wundervoll für die geistige Welt, weil es deine Entscheidung war und alles deiner Eigenverantwortung unterlag. Du hast bewusst oder unbewusst gewählt, ob oder wie du springen möchtest. Weiterhin unterliegt es deiner Eigenverantwortung, überhaupt zu springen oder das, was dir die anderen Personen dazu erzählen, für dich anzunehmen oder nicht.

Springst du ungehemmt? Machst du dein Ding voller Liebe? Brennst für das, was du bist und liebst? Oder lässt du dich belabern, unter Druck setzen, kleinhalten, fremdbestimmen und dir erzählen, dass dein Sprung aus menschlicher Sicht hätte echt weiter sein können? Ist das so? Hättest du wirklich weiter springen müssen oder machst du immer alles perfekt? Alles gehört zu dir! Alles ist eine Erfahrung, sofern du es verstehst, sie einmal ganz ohne Bewertungen anzunehmen. Auch hier in diesem Beispiel der Eigenverantwortung liegt alles bei dir! Anderen die Schuld in die Schuhe zu schieben, macht aus meiner Sicht wenig Sinn.

Achte auf das, was du denkst! Vor allem auf das, was du über dich und dein Leben denkst. Übernimm die Verantwortung für dich und das, was du leben willst! Immer wenn du deine Eigenverantwortung nicht selbst übernimmst, gibst du sie quasi freiwillig ab und wirst darüber fremdbestimmt. Ist es das, was du möchtest?

Wie gesagt, dem Universum ist es wurscht! Du willst als Seele Erfahrungen machen? Gerne! Dein Wunsch ist mir Befehl! Du bekommst deine Erfahrungen! Jede Menge davon, wenn du willst. Es ist an dir, für dich zu entscheiden, welche Erfahrungen du machen möchtest. Hast du schon ausreichend Scheißerfahrungen gemacht?! Dann ändere etwas!

Nimm deine Eigenverantwortung an! Du kannst dich jeden Tag für ein Leben voller Liebe, Freude und Glück entscheiden. Keiner hat dich hierher strafversetzt. Du musst nicht leben wie in einem Opferstuhlkreis oder einem Strafgefangenenlager. Dennoch tun viele so, als ob genau das der Sinn ihres Lebens sei. Du kannst dir sicher sein, jede noch so beschissene Erfahrung hatte ihren Sinn. Wenn du das einmal für dich erkannt hast, dann verstehst du vielleicht auch, dass es immer an dir ist, etwas zu ändern. Egal, wie du dich entscheidest! Bewusst oder unbewusst! Das Universum wird dir jeden ausgesandten Gedanken erfüllen! Dein Wunsch ist Befehl! Du als schöpferisches Wesen, selbst wenn du das für dich noch nicht verstanden haben solltest, kreierst dir deinen Lebensraum selbst.

Du möchtest anders leben? Super! Dann auf! Nimm dein Leben in die Hand und erkenne, was du über dich und dein Leben denkst!

Komm in die Eigenverantwortung!

5.9
Die Augen als Spiegel der Seele

Sich nicht liebenswert, nicht hübsch, nicht schön, nicht fleißig genug usw. zu fühlen, hinterlässt Spuren auf deiner Seele. Diese Spuren kannst du für dich ganz leicht erkennen.

Nimm dir einen Moment Zeit und schau dir in die Augen! Was siehst du? Traue dich, dir wirklich tief in die Augen zu sehen! In deinen Augen wirst du erkennen, wie es dir wirklich geht. Selbst wenn dein Verstand versuchen sollte, dir zu erzählen, dass es dir super geht!

Was siehst du? Fröhliche, Funken sprühende, lebensbejahende Augen? Oder traurige, leidende, ängstliche Augen, die lieber geschlossen als offen sind? Was siehst du?

Deine Augen gewähren dir einen einzigartigen Blick in deine Seele und in das, was du gerade fühlst. Wenn du andere Menschen beobachtest, während du mit ihnen redest, kannst du über ihre Augen deutlich erkennen, ob sie zum einen ehrlich zu sich selbst sind und zum anderen ehrlich zu dir sind. Deine Augen sind der Spiegel deiner Seele!

Selbst wenn du jetzt in tieftraurige Augen schaust, die versuchen, den Verlust deines Lieblingsmenschen zu verstehen, so kann es doch wichtig sein, zu erkennen, dass sie noch an Emotionen hängen, die du vor langer Zeit für dich selbst erschaffen hast. Nimm dir die Zeit und schau in deine Augen und darüber tief in deine Seele!

Das ist ein wichtiger Schritt, um ehrlich zu dir selbst zu sein und darüber zu erkennen, ob du wirklich bereit bist, etwas für dich zu ändern. Heilung ist immer möglich! Immer!

5.10

Verschlossenes Herz

Wie wir alle, hast mit Sicherheit auch du schon einmal die Tür deines Herzens oder vielmehr deiner Seele zugeschlagen. Für mich geht es hierbei nicht um das physische Herz, wobei sich blockierte Herzenergien irgendwann natürlich auch dort niederschlagen. Jetzt aber, 100 Schritte vorher, darfst du dir darüber klar werden, ob du dich deinen alten Verhaltens- und Gedankenmustern widmen und darüber dein Herz erneut öffnen möchtest.

Tun wir beide mal so, als ob du dich voller Freude dazu entschlossen hättest, dein Herz wieder zu öffnen und fortan mit weit geöffnetem Herzen durchs Leben zu gehen! Wenn du erst einmal die Angst und den Schmerz überwunden hast, wirst du feststellen, wie wunderbar die Zusammenarbeit mit deinem Herzen bzw. deiner Seele ist.

Woher ich das weiß? Natürlich aus eigener Erfahrung! Ich laufe mit weit geöffnetem Herzen durch die Gegend, auch wenn ich gefahrlaufe, aus alten immer mal wieder aufpoppenden Mustern heraus verletzt zu werden. Ich habe verstanden, dass ich keine Angst vor Verletzungen haben muss. Ich weiß, dass mein Herz, also meine Seele, der beste Ratgeber für mich ist. Natürlich neben meinem himmlischen Team. Möchtest du das auch? Dann los, kümmern wir uns um dein Herz, um deine Seele!

Stell dir vor, dein Herz ist weit offen! Was glaubst du, stehen dir jetzt für Möglichkeiten offen?! Über dein weit geöffnetes Herz ist es dir möglich, es wieder voll wahrzunehmen und als persönlichen

Seismografen zu nutzen. Schnell kannst du im Alltag herausfinden, was sich für dich rund und stimmig anfühlt und was nicht. Stellst du eine Frage an deine Seele, erhältst du sofort eine Antwort. Du musst nicht bis 10 zählen und warten, nein, die Antwort kommt sofort!

Lass uns das gemeinsam ausprobieren! Was ist mit deinem derzeitigen Leben?

Fühlt es sich für dich stimmig an? Höre auf die Antwort deines Herzens! Du hast sie schon! Die Frage ist, willst du sie hören? Auch wenn dein Herz vielleicht gerade NEIN gesagt hat? Wie auch immer du es haben willst – es ist deine Entscheidung. Bei dieser Übung geht es einzig darum, dir die Antworten deiner Seele aufzuzeigen. Noch eine Frage: Fühlt sich das, was du über den Tod deiner Lieblingsseele denkst, für dich stimmig an? Höre wieder, was dein Herz sagt! Und? Im Bruchteil einer Sekunde hast du deine Antwort. Sie hilft dir, zu erkennen, was wirklich deiner inneren Wahrheit entspricht.

Entspricht die Antwort deiner inneren Wahrheit? Der Wahrheit deiner Seele, deines Herzens? Dann wirst du gleich im nächsten Moment spüren, ob es sich für dich stimmig, weich, warm, rund, gut oder glücklich anfühlt.

Es ist, wie gesagt, nur ein ganz kurzer Moment, in dem du die Antwort deines

Herzens wahrnehmen kannst. Im zweiten Moment ist bereits dein Verstand am Start und übertönt deine Seele mit lautem Gemecker, mit Getöse und gern auch mit einer heftigen Be- und Verurteilung. Über die Stimme deines Herzens kannst du sehr schnell herausfinden, was an dem, was du denkst und lebst, schon seit Jahren nicht mehr stimmig für dich ist!

Es sind sehr oft Jahre, manchmal sogar Jahrzehnte, in denen du bewusst oder unbewusst die Stimme deines Herzens übergangen und überhört hast, weil dein Fokus auf den Antworten deines Verstandes lag. Frage dich also immer wieder: Stimmt das, was ich gerade denke, für mich und entspricht es meiner inneren Wahrheit?

Sei dir gewiss! Du erhältst sofort eine Antwort, die deiner inneren Wahrheit entspricht! Egal, ob du sie hören möchtest oder nicht! Zumindest weißt du es dann.

5.11

The Power of Silence

Gelingt es dir, nur für dich und ganz in der Stille zu sein?! Bist du überhaupt schon einmal auf die Idee gekommen, dass es wichtig sein könnte, nur für dich in der Stille zu sein? Ich meine hierbei nicht, allein in einem von Geräuschen abgeschotteten Raum zu sein! Ich meine wirklich die Stille!

In der heutigen Zeit mit all den uns zur Verfügung stehenden Ablenkungen, fällt uns das Fehlen von Stille kaum noch auf. Dabei ist gerade die Stille eine Möglichkeit, wirklich zu dir selbst zu kommen.

Stille bedeutet eine Zeitspanne ohne Fernseher, ohne Radio, ohne Handy, ohne jegliche Ablenkung. Einen Moment nur mit dir! Und natürlich mit deinem Verstand, der bestimmt die ganze Zeit über an dir herumkritisiert, was genau du jetzt mit so etwas wie Stille anfangen willst. Dieses in der Stille und darüber ganz nahe bei sich selbst Sein, gehört, glaube ich, zu den schwierigsten Herausforderungen, denen wir uns stellen dürfen. Natürlich nur dann, wenn du dich darauf einlassen möchtest. Die Stille ermöglicht es dir, ganz in der Achtsamkeit dir selbst gegenüber zu sein. Dir wird klar, was du die ganze Zeit über denkst und vor allem, was du über dich selbst denkst. Über diese wundervolle Stille kannst du wieder ins Spüren kommen. Du kannst spüren, wie es dir geht. Du kannst spüren, ob dein Körper dir Zeichen übermittelt und wenn ja, welche das sind.

In genau dieser Stille kannst du auch die Gegenwart der geistigen Welt spüren.

Deiner Wahrnehmung steht in solchen Momenten keine Ablenkung zur Verfügung, auch wenn dein Verstand, besonders zu Beginn, alles dafür tut, ein Ablenkungsmanöver nach dem anderen zu starten. Wie oft habe ich in meinem Kopf Sätze gehört wie: »So, du bist also schon fertig mit allem, was du heute tun wolltest? Hast du wirklich Zeit, hier herumzusitzen?« Oder so etwas wie: »Was genau willst du denn da spüren? Da ist doch nichts! Das kannst du bestimmt nicht«.

Wenn das Ertragen solcher Gedanken zu Beginn auch alles andere als erfreulich und aufbauend für mich war, so habe ich doch sehr schnell verstanden, worum es wirklich geht. Die Stille wirft dich so stark auf dein eigentliches Ich zurück, dass du nicht länger vor dir davonlaufen kannst und dich endlich einmal ausführlich mit dir selbst beschäftigen musst. Das ist das Geheimnis der Stille.

Sie ist der Schlüssel zu deiner Wahrnehmung, den du für dich finden darfst. Dieses in der Stille Sein ist aus meiner Sicht immens wichtig, damit du für dich erkennen kannst, was du wirklich fühlst, siehst und hörst – ohne dass all das vom Außen, deiner Umwelt oder dem Radio übertönt wird!

Die Stille führt dich tief in dich selbst hinein!

Gerade in Momenten, in denen ich völlig ausgelaugt, müde, fertig und überarbeitet auf meinen Stuhl gesunken bin, konnte ich, wenn auch nicht zu Beginn, nach einer Weile spüren, wie wichtig dieser Moment der Stille für mich geworden war.

Wir haben nie gelernt, wie wichtig es für uns ist, immer wieder Momente der Stille zu suchen. Wir haben verlernt, wie unerlässlich es ist, die Sprache unseres Körpers, unseres Verstandes oder der geistigen Welt von unserer Umwelt unterscheiden zu können. Über die Stille habe ich mich selbst gefunden und mich und mein Sein darüber immens gestärkt.

Es geht nicht darum, dass du stundenlang regungslos in einem abgedunkelten Zimmer auf einem harten Schemel sitzt. Es geht grundsätzlich nur darum, ob du bereit bist, etwas für dich zu tun und darüber zudem deine Sinne für die Wahrnehmung deiner

Lieblingsseele zu schulen. Die meisten Menschen haben die Erwartungshaltung, dass am liebsten alles, wonach ihnen der Sinn steht, augenblicklich vom Himmel fällt.

Dabei vergessen sie jedoch etwas Wesentliches. Du, genau wie ich, hast einen Eigenanteil, eine Eigenverantwortlichkeit, deinen Anteil an diesem Geschenk beizutragen. Das Leben ist wie ein Puzzle, alle Puzzleteile sind da, aber das Gesamtbild wird erst dadurch komplett, dass du die einzelnen Teile in die Hand nimmst und sie zusammensetzt.

Ich habe mir schon sehr häufig vorgenommen, täglich für mich in die Stille zu gehen, um die Stimme meines Herzens, meines Körpers und die der geistigen Welt besser hören zu können. Wie so oft im Leben, kam auch mir der Alltag dazwischen. Morgen, morgen, nur nicht heute, sagte ich mir, und hielt mich dadurch selbst immer wieder von den Erfahrungen ab, die die Stille bietet! Was glaubst du, warum es so schwer ist, den Weg vom Alltag in die Stille zu finden?

Weil unser mächtiger Verstand immer wieder versucht, uns weiszumachen, dass wir uns ausruhen können, sobald wir das eine oder andere noch erledigt haben. So oft kommen wir uns selbst in die Quere! Alles Ausreden! Alles hausgemacht!

Du siehst also, obgleich mich dieses in der Stille Sein so unendlich weit nach vorne gebracht hat, fiel es mir dennoch schwer, Momente der Stille zu finden. Mittlerweile habe ich für mich eine einfache Möglichkeit gefunden, regelmäßig in die Stille zu gehen und darüber Kraft zu tanken. Feste Termine sind der Trick! Abends um 8, wenn mein Alltag vorüber war und ich die Chance hatte, für mich zur Ruhe zu kommen, war für mich die perfekte Zeit. Dann habe ich mich immer wieder auf den gleichen Stuhl gesetzt und über das Verweilen in der Stille mein Energiefeld aufgebaut.

Probiere es gern aus und überzeuge dich selbst, wie viel Heilung für deine Seele dir die Stille bringen kann.
Es lohnt sich!

5.12

Deine innere Wahrheit

In verschiedenen Kapiteln dieses Buches habe ich immer wieder erwähnt, dass du jederzeit auf dein Herz oder deine Seele hören kannst, um für dich herauszufinden, was deiner inneren Wahrheit entspricht. Vorausgesetzt, du hast für dich verstanden, wie du es anstellst, auf dein Herz zu »hören«. Weil es so wichtig ist, möchte ich an dieser Stelle das Thema innere Wahrheit gern noch ein wenig vertiefen.

Nicht alles, was du siehst, hörst oder was dir gesagt wird, entspricht deiner inneren Wahrheit. Woher ich das weiß?! Aus eigener Erfahrung! Wie oft habe ich mir die Meinungen und Ansichten anderer zu eigen gemacht, ohne zu prüfen, ob sie für mich wirklich stimmig waren. Angefangen bei Mode bis hin zu Denkweisen.

Irgendwann wurde mir klar, ich bin wer und ich habe alles, was ich brauche! Das entsprach also schon einmal nicht dem, was von Seiten meiner Familie für mich galt und richtig war. Noch deutlicher als das verstandesmäßige Erkennen der Wahrheit, war das Empfinden der Wahrheit auf der Gefühlsebene! Spannend, dachte ich! Mein Gefühls-Seismograf, der übrigens immer »on« und 24/7 zugeschaltet ist, gab mir deutlich fühlbare Hinweise, was gut für mich ist und was nicht. Was für ein geiles Seelen-Tool, nicht wahr? Wie großzügig das Universum doch ist, uns auf diesem Planeten mit so zauberhaften Möglichkeiten auszustatten! Auch hier steht es dir frei, dieses Tool für dich zu nutzen oder aber nicht! Es ist immer deine Entscheidung! Wie alles andere auch.

Folgst du deinem Herzen bzw. deiner Seele, bist du automatisch immer auf dem für DICH richtigen Weg. Auch wenn der Holzweg viele Erfahrungswerte birgt, so ist es nur allzu menschlich, nicht ewig auf dem Holzweg sein zu wollen.

Ich denke, das hat viel damit zu tun, dass sich jeder von uns ein Leben in Fülle wünscht, ohne zu merken, dass er die Fülle bereits hat oder jederzeit haben kann, wenn er sich dafür entscheidet! Zurück zu deiner inneren Wahrheit! Alles, was dir beigebracht wurde, alles, was du gelernt hast, alles, was du liest, hörst oder was auf sonstigem Wege an dich herangetragen wird, immer hast du für dich die Chance, zu prüfen, ob all das wirklich deiner inneren Wahrheit entspricht. Das gilt nicht nur für große Entscheidungen, die du bewusst triffst, sondern auch für alles Kleine, was gar nicht wirklich in deinem Fokus steht. Dein Tagesgeschäft und alles, was du um dich herum wahr- und aufnimmst – es lohnt sich auch hier, in allen Situationen deutlich auf dein Gefühl zu achten.

Wie fühlt sich deine innere Wahrheit an? Weich, warm, rund, gut, glücklich, friedvoll und liebevoll? Alles, was zu dir gehört, fühlt sich entsprechend wohlig an. Bedenke, auch das, was sich unwohl anfühlt, gehört in irgendeiner Weise zu dir! Schließlich kreierst du dir das, um einen Unterschied zwischen für dich richtig und für dich falsch wahrzunehmen. Wie willst du wissen, was für dich wahr ist, wenn du den Gegenpol gar nicht kennst?

Es geht hierbei immer darum, eine Erfahrung zu machen. Versuche bitte, nichts in deinem Leben zu beurteilen. Alles gehört zu dir.

Also noch einmal in Kurzfassung. Fühlt sich der Gedanke an etwas toll an, dann ist das, was auch immer es ist, gut für dich. Du stehst mitten auf deinem wundervollen Seelenweg! Herzlichen Glückwunsch!

Fühlt es sich scheiße an? Dann ist dir dein Platz auf dem Holzweg sicher. Die Frage ist jetzt, wie bist du dahin gekommen? Was hast du kurz zuvor gedacht?

Der Holzweg zeigt dir sehr deutlich deine unwahren Gedanken an.

Es geht also nur um deine innere Wahrheit oder um unwahre Gedanken!

Ist das nicht ein hammermäßiges Tool?

5.13

Die Macht deiner Gedanken

Jetzt mal ehrlich! Weißt du um die enorme Macht und den gigantischen Einfluss deiner alltäglichen Gedanken auf dich und dein Leben? Für mich lag das lange im Dunkeln! Ebenso wie meine Medialität im Verborgenen lag. Was meinst du? Was haben deine Gedanken mit dem Tod deiner Lieblingsseele zu tun? Hast du dich vielleicht gerade gewundert, warum ein solches Kapitel überhaupt in diesem Buch vorkommt? Immer, wenn das Mediale innerhalb deiner Wahrnehmung versagt, sind zu 100 % unwahre Gedanken am Start. Hä?, fragst du dich jetzt vielleicht. Aber Achtung! Ich habe nicht gesagt, dass dir diese Gedanken bewusst sind! Dennoch stellen sie sich zwischen dich und die geistige Welt. Genau deshalb finde ich es wichtig, diesen Bereich etwas näher zu beleuchten. Egal, ob es sogenannte positive Gedanken voller Freude, Liebe und Glück sind, die dich und dein Leben beeinflussen, so tun das auch alle deine negativen Gedanken, die voller Angst, Ohnmacht, Hilflosigkeit und Furcht sind. Nur selten ist den Menschen, mit denen ich darüber spreche, wirklich bewusst, was sie über sich, ihr Leben und andere Menschen denken. Dabei ist das so wertvoll, wenn du all das für dich etwas näher anschaust und erörterst. Alles ist Energie, auch jeder unserer Gedanken. Je nachdem, was wir denken, belasten diese Gedanken unser Gemüt und vielleicht sogar unseren Gesundheitszustand. Das Gefühl, allein zu sein, nicht gebraucht zu werden, nicht geliebt und wertlos zu sein, breitet sich im Leben vieler Menschen aus und beherrscht deren Alltag. Unsere Gedanken sind, seit wir auf dieser wundervollen Erde leben, vorhanden. Wir denken hierbei zwischen 50.000 und 70.000 Gedanken pro Tag!

Keine Ahnung, wie sie das gemessen haben. Überlege dir das mal! Die meisten dieser Gedanken laufen dabei unbewusst ab! Noch so ein Hammer, richtig? Du denkst quasi den ganzen Tag und hast eigentlich gar keinen Schimmer, was du so vor dich hin denkst, woher diese Gedanken kommen und was sie mit dir und deinem Leben anrichten können.

So »unbeleckt« wie wir als Kinder alle sind, so sind wir dennoch den Gedanken, Sichtweisen und Ansichten unserer Eltern, Großeltern, Lehrer, Kindergärtnerinnen, Omas und Opas und sonst wem, der uns nahesteht, völlig ausgeliefert. Wir glauben das, was wir hören. Hören wir, das Leben ist schwer, dann glauben wir, dass das Leben schwer ist!

Darüber wird dieses Gedankenbeispiel dann zu unserer höchstpersönlichen Einstellung, die lautet: MEIN LEBEN IST SCHWER! Ach, komm! Selbst, wenn du jetzt denkst: Nee, so etwas denke ich nicht! Wenn dem so ist, super! Mach dir dennoch die Mühe und setz dich mit Stift und Zettel hin und beobachte einmal ein paar Tage lang, was du wirklich denkst, und notiere es dir. Wann hältst du dich klein und beschimpfst dich? Und glaube mir, das tun wir alle! Zumindest so lange, bis uns bewusst wird, dass wir uns auf diese Weise selbst kleinhalten. Wir haben über viele Jahre die Denkmuster unseres nahen Umfeldes ungeprüft übernommen. Deswegen denken wir manchmal einen derartigen Unsinn über uns selbst, dass uns beim Bewusstwerden die Haare zu Berge stehen! Anstatt mir selbst der größte Freund oder Fan zu sein, war ich über viele Jahre hinweg mein schlimmster und unerbittlichster Feind! Ich habe mich selbst beschimpft, kleingehalten und aufs Härteste kritisiert. Ich habe mir selbst immer wieder vorgehalten, was ich alles nicht kann. Mir täglich aufs Neue erzählt, dass ich zu blöd dafür bin, usw. Ohne dass ich es überhaupt bemerkt habe!

Gedankenhygiene ist das erste Zauberwort. Versteh bitte und nimm für dich an, was du alles über dich denkst, und hol dir in dein Bewusstsein, dass nur du dafür verantwortlich bist. Du denkst!

Niemand anderes übernimmt diesen Part für dich! Jedes Mal, wenn du dich gedanklich nicht in Liebe annehmen kannst, sondern dich beschimpfst, schneiden dich diese unwahren Gedanken von dem ab, was du eigentlich willst! Den Kontakt mit deiner Lieblingsseele! Natürlich ist Gedankenhygiene nicht eben mal in zwei Stunden erledigt! Schließlich hast du jahrelang so gedacht!

Fang deswegen einfach damit an, dein Augenmerk auf das zu legen, was es so in dir denkt! In vielen Kapiteln dieses Buches habe ich dir genauestens beschrieben, wie du einen unwahren Gedanken von deiner inneren Wahrheit unterscheiden kannst. Nutze das und du wirst sehen, schon bald wird sich auch deine Kommunikation mit der geistigen Welt verändern. Erlaube dir vor jedem Kontakt, ganz bewusst alles wahrzunehmen! Der laut ausgesprochene Satz: »Ich kann das und ich freue mich riesig auf dich!« hilft dir, deine Lieblingsseele zu dir einzuladen! Noch einmal! Du kannst das! Das Einzige, was dir als auch mir dabei im Wege stehen kann, sind machtvolle, unwahre und unbewusste Gedanken über uns selbst!

5.14
Vorahnungen

Ist es normal, Vorahnungen zu haben? Ich denke, ja! Allerdings können Vorahnungen von einem kleinen, unguten Gefühl in bestimmten Situationen bis hin zu einem vor dir ablaufenden Film oder innerem Bild alles sein. Manche Vorahnungen werden wie eine Art Vision im Traumstadium erlebt. Vorahnungen weisen, wie der Name bereits sagt, immer auf etwas hin, was in der Zukunft geschehen wird. Diese Vorahnungen werden mit deinen inneren Sinnen, also deinen Hellsinnen wahrgenommen. Diese Vorahnungen können dich selbst, aber auch andere Menschen betreffen. Manche Menschen können in ihren Vorahnungen deutlich den Tod einer anderen, ihnen vielleicht nahestehenden Person wahrnehmen. Ganze »Abhandlungen« können dabei vorausgeahnt werden, d. h. konkrete Abläufe und detaillierte Szenarien davon, was passieren und wie es passieren wird. Sie wissen nur nicht, wann es passiert. Dennoch ist das zumeist gruselig für die Betroffenen. Solche Wahrnehmungen werden im Allgemeinen als schlimme Vorahnungen bezeichnet. Aber sind sie das wirklich? Irgendwie schon. Denn wem willst du von diesen Vorahnungen erzählen? Gerade wenn es um die Vorausschau eines Todesfalls geht, will das zumeist keiner hören! Stell dir vor, du ahnst, dass es mit einer bestimmten Person bald zu Ende gehen wird, zumindest für dieses Leben, und kannst es unter Umständen mit niemandem teilen! Warum? Weil dich alle entweder für verrückt oder für einen Unheilsüberbringer halten. Gerade aus diesen Gründen werden solche Vorahnungen in den meisten Fällen verschwiegen.

Das kann ich gut verstehen, besonders, da ich solche Ahnungen manchmal ebenfalls habe. Im Kleinen, wenn es um Situationen geht, von denen ich mich um meines Seelenfriedens willen besser fernhalten sollte. Mein Verstand wiegelt dann gerne ab: »Ach komm, so schlimm wird das nicht werden!« Doch! Es wird dann so schlimm für mich! Oder aber im Großen, wenn ich deutlich sagen kann, dass die betreffende Person, z. B. aus meiner Familie, in Kürze gehen wird. In bin der festen Überzeugung, dass ich diese Dinge vor allem deswegen sehe und erfahre, weil ich der geistigen Welt so nahe bin. Egal, wie du es auch beschreiben möchtest, es gibt einfach mehr als das, was wir mit unseren physischen Augen sehen und wahrnehmen können. Spirituelle Vorahnungen oder auch Visionen sind für Menschen, die es nicht gewohnt sind, so etwas zu erleben, eine echte Herausforderung. Ich sehe Dinge und bekomme Informationen, die die meisten Menschen weder sehen noch sonst irgendwie wahrnehmen können. Was ich allerdings nicht erfahre, ist das WANN. Hierzu erhalte ich keine Details. Weder zum Tag noch zur Stunde. Einzig, dass es jetzt bald so weit ist. Ich denke, das liegt daran, dass dieser Zeitpunkt, z. B. bei einem Todesfall, von der Seele selbst entschieden wird. Dennoch ist das Wissen um den Tod für mich immer sehr präsent. Ich habe keine Angst vor dem Tod, weder vor meinem eigenen noch vor dem eines anderen Menschen. Das heißt jedoch nicht, dass ich das, was ich in Vorahnungen erfahre, dem Betreffenden ungefragt auf die Nase binde. Zu sehr könnte dieses Wissen die entsprechende Person belasten oder in ihren Handlungen einschränken. Deswegen behalte ich Vorahnungen zum Tod einer Person zumeist in meiner Eigenverantwortung. Was bleibt, ist, dass sogenannte Vorahnungen für viele Menschen negativ behaftet sind und sie nichts damit zu tun haben wollen. Wie auch immer es sich verhält, es ist gut so, wie es ist! Vorahnungen geben unter anderem die Möglichkeit, sich noch einmal persönlich zu verabschieden, zu entschuldigen oder eine entsprechende Entscheidung für sich zu treffen. Unter diesen Gesichtspunkten ist auch eine Vorahnung etwas Wunderbares. Schließlich hat sie nichts mit der Entscheidung der Seele zu tun, die dann vielleicht sogar den Weg ins Jenseits beschreiten wird. Das ist in jedem Fall die souveräne Entscheidung einer jeden Seele. Bitte behalte das in Erinnerung.

5.15
Mediale Verantwortung

Oft berichten mir Hinterbliebene, dass sie traurig sind, weil eine andere spirituell arbeitende Person Aussagen getätigt hat, wie z. B.:

- »Der Verstorbene ist böse auf dich!«
- »Der Verstorbene ist mit deinem Handeln nicht einverstanden!«
- »Du wirst bald sterben!«
- »Deine Katze wird bald sterben, weil ein Auto sie überfahren wird!«
- »Dein Hund hat einen Hirntumor!«

Du darfst mir glauben, dass ich hier schon Dinge gehört habe, bei denen ich einfach nur fassungslos bin, wie spirituelle arbeitende Menschen solche Aussagen treffen und darüber Menschen in tiefes Unglück stürzen können. Ich möchte dieses Kapitel derartigen Aussagen widmen und dir anhand einiger Beispiele meinen Stand der Dinge aufzeigen. Bitte versteh mich richtig, es geht hierbei nicht darum, andere »schlecht« zu machen. Es geht einzig darum, aufzuzeigen, warum so etwas passieren kann und wie viel Verantwortung der Job als Medium mit sich bringt! DANKE! Eine Frau schrieb mich kurz vor Weihnachten an und teilte mir mit, dass ihr Enkel im Alter von drei Jahren verstorben wäre. Da es große

Differenzen innerhalb dieser Familie gäbe, habe sie derzeit keinen Kontakt mehr zu ihrer Stieftochter und auch keinen Kontakt mehr zu deren Familie. Vor der Beerdigung hätte die Stieftochter, die zwischenzeitlich ein weiteres Baby bekommen hatte, ein Medium beauftragt, Kontakt zu ihrem 3-jährigen Sohn, dem verstorbenen Enkel der Frau, aufzunehmen. Bei diesem Termin sei die Aussage getroffen worden, dass der Enkel hätte sterben müssen, um Frieden in die Familie zu bringen. Weiterhin wäre ihr gesagt worden, dass, wenn dieses Enkelkind es nicht schafft, das neu geborene Kind ebenfalls sterben würde. Die Frau fragte mich dann: »Tätigt ein Medium wirklich solche Äußerungen?«

Ich war kurz sprachlos, nachdem ich diese Zeilen gelesen hatte. Medium zu sein, bedeutet, für alles, was ich sage, die Verantwortung zu tragen. Ich bin damit auch für den Menschen verantwortlich, der vor mir sitzt oder dem ich meine Aussagen und Denkweisen zur Verfügung stelle! Das, was ich sage, kann Menschen ins Glück oder ins Unglück stürzen! Welche Verunsicherungen, Scham- und Schuldgefühle können über solche Aussagen ausgelöst werden! Womöglich bleiben diese sogar ein ganzes Leben lang bestehen! Ich war erschüttert über diese Aussage und versuchte, dieser Frau über mein Wissen und meine Anbindung an die geistige Welt, aus dieser für sie sehr belastenden Situation herauszuhelfen. Das war nicht leicht, denn die Schuldgefühle hatten sich bereits in ihre Gedanken eingebrannt.

Ich sagte ihr, dass ich solche Aussagen befremdlich finde und zutiefst betroffen bin, so etwas aus den Reihen meiner Zunft zu hören. Was auch immer da empfangen wurde, entspricht nicht dem, was ich aus der geistigen Welt bekomme! Ich glaube nicht, dass das 3-jährige Enkelkind der Frau gestorben ist, weil es die Aufgabe hatte, dadurch Frieden in diese Familie zu bringen. Auch bin ich nicht der Meinung, dass das neugeborene Geschwisterkind ebenfalls sterben muss, nur weil es das erste Kind nicht geschafft hat, Frieden zu bringen. Ich bin immer noch tief berührt, während ich das hier niederschreibe. Wie muss sich die Mutter des Jungen in diesem Moment gefühlt haben, als sie diese Nachricht angeblich aus dem Jenseits übermittelt bekam? Schrecklich, nehme ich an!

Nichts geschieht im Universum ohne Sinn! Auch nicht der Tod eines Kindes! Wenn alles einen Sinn hat, dann heißt das nicht, dass wir diesen Sinn auch verstehen können. Ich bat die Dame, sich bezüglich ihres verstorbenen Enkels erst einmal nur diesem Gedanken, dass alles einen tieferen Sinn hat, zu öffnen. Kaum gesagt, schwups, war das Enkelchen bei mir und vermittelte mir sogleich das Gefühl, gut in der geistigen Welt angekommen zu sein. Auch gab mir der kleine Kerl das Gefühl, dass es ihm wichtig war, dass seine Oma, aber auch die Familie, mit der sie keinen Kontakt mehr hatte, sich keine Schuldgefühle wegen seines Todes einreden lassen sollten.

Der kleine Junge hat mir gezeigt, welche teils großen Schuldgefühle bei allen Hinterbliebenen da waren und sind. Dem Kleinen war wichtig, dass jeder in der Familie wisse, dass es ihm gut gehe. Ich sagte der Frau, dass ihr Enkelsohn wisse, wie sehr er vermisst würde. Gerade vor Weihnachten. Er sagte, er sei zum Weihnachtsfest da. Dann gab mir der kleine Kerl einen Hinweis zu einem Geschenk. So, als ob die Oma sich Gedanken über ein Geschenk für ihn gemacht, diese Idee aber noch nicht ausgeführt hätte. Der Kleine zeigte mir auf, dass er um diesen Gedanken für ein Geschenk wisse und sich sehr darüber freue. Weiterhin sagte ich der Frau, dass alles Negative, was ihr in irgendeiner Form als Botschaft übermittelt worden sei, aus meiner Sicht nicht aus der geistigen Welt komme. Die Oma erzählte mir dann, dass sie sich überlegt habe, einen kleinen Weihnachtsbaum für ihren Enkel als Geschenk auf Grab zu stellen und dass sie weiterhin überlegt habe, was sie ihm kaufen solle! Wundervoll, nicht wahr? Sie hatte mit nur einer kurzen Aussage ihres kleinen Enkels aus der geistigen Welt einen für sie wichtigen Hinweis erhalten. Und sie wusste nun, dass ihr Enkel sich über ihr Geschenk freuen würde. Sie war überglücklich und von ganzem Herzen dankbar. Dankbar, dieses Gefühl der Schuld endlich loszuwerden!

Ein anderes Mal gestand mir eine sehr liebenswerte Frau, dass ihr bei einem

Jenseitskontakt die Botschaft überbracht worden wäre, dass ihr geliebter Verstorbener mit ihrem Handeln nicht einverstanden sei. Das sei für sie in dieser frischen und tiefen Trauer ein echter Schlag vor den Bug, wie sie schrieb! Auch das konnte ich gut verstehen, aber dennoch kann ich immer nur für mich sprechen. Mein Gefühl sagte mir, dass diese ersten Aussagen nicht passten, zumindest nicht für die Seele aus der geistigen Welt. Vielleicht gab es Menschen im nahen Umfeld der Frau, die mit ihrem Handeln nicht einverstanden waren, und vermutlich waren es genau diese Infos, die das Medium aus ihrer Aura abgegriffen, als jenseitige Infos interpretiert und weitergegeben hatte! Mir war wichtig, dass sie selbst überlegte, ob jene Aussage nicht besser zu dieser Situation passen würde! Sie bestätigte dies später und teilte mir mit, dass ich ihr sehr geholfen hätte!

Ich kann es nicht oft genug betonen: Keine Seele kommt aus der geistigen Welt, um dich kleinzuhalten oder niederzumachen! Ich wüsste auch nicht, was das für einen Sinn haben sollte. Die Gefahr, dass die Türen zur geistigen Weltvon Seiten des Hinterbliebenen zugeklappt werden, wäre viel zu hoch. Das, was die geistige Welt aufzeigen möchte, ist, dass sie bei dir ist, und wenn tatsächlich etwas zu Lebzeiten nicht gut gelaufen ist, dann erfahren die Verstorbenen das spätestens in ihrem Lebensfilm. Das führt dann dazu, dass diese Seelen sich im Jenseitskontakt z. B. für ihr Verhalten entschuldigen möchten. Wobei es nicht um ein Vergeben und Vergessen geht, sondern um ein »Es tut mir unendlich leid!« Das ist ein wichtiger Moment für deine Seele, da eine von Herzen kommende Bitte um Vergebung zu deiner persönlichen Heilung beitragen kann.

Als Medium habe ich die Möglichkeit, entweder mit der Seele in der geistigen Welt zu arbeiten oder aber mit deiner Seele oder mit der Seele deines Tieres. Sensitiv zu sein, heißt, über deine Wahrnehmung alle Informationen aus der Aura eines Tieres oder einer Person zu erhalten. Wie du ja schon gelesen hast, ist jedes Lebewesen mit Energiekörpern ausgestattet, die man in ihrer Gesamtheit Aura nennt, und mit denen ich als Medium kommunizieren kann. Landläufig nennt man diese Form der medialen Beratung dann Lebensberatung oder Wahrsagerei. Auch diese Bereiche sind leider von unzähligen Negativbeispielen überschattet, auf die ich allerdings nicht im Einzelnen eingehen werde.

An dieser Stelle möchte ich dir dennoch gern von meinem Hund Emma berichten, um klarzustellen, warum mache Besuche bei einem Wahrsager problematisch sein können. Meine heute 11 Jahre alte Magyar-Vizsla-Dame hat in diesem Leben bereits vieles mitgemacht. Ihre Seele hat sich einiges an Erfahrungswerten kreiert und auch an körperlichen Schwierigkeiten nichts ausgelassen. Heute ist sie voller Freude an meiner Seite und liebt unser Leben in Hamburg. Das war früher anders. Ihre Hundeaugen schauten immerzu traurig, zudem hatte sie körperliche Probleme, die auch der beste Tierarzt nicht in den Griff bekam. Natürlich war ich offen für alles nicht Schulmedizinische und arbeitete selbst sehr oft mit Heilenergien an ihr. Aber es wurde nicht wirklich besser. Eine Kollegin, die sich mit Tierkommunikation beschäftigte, bot mir an, energetisch nach meinem Hund zu sehen, um mir dann zu sagen, was mein Hund ihrer Wahrnehmung nach habe. Am nächsten Tag teilte sie mir mit, dass meine Emma eigentlich sterben wolle. Sie sei nur noch an meiner Seite, weil ich derzeit kein leichtes Leben habe. Das war der Moment, in dem ich aus diesem Gespräch ausgestiegen bin. Eine andere Kollegin meinte dann zu wissen, dass Emma einen Hirntumor habe, der all ihre Probleme verursache. Mit ruhiger Stimme sagte ich damals: »Nein, sie hat keinen Hirntumor! Wie kannst du so eine Information an einen Menschen rausgeben, ohne wirklich zu wissen, woher du diese Info hast und was sie bei dem Hundebesitzer auslösen kann?« Mit solchen Informationen werden Menschen negativ beeinflusst und womöglich sogar handlungsunfähig gestellt. Diese Informationen kreisen dann täglich in ihren Gedanken und verstärken ihre Ängste um das geliebte Tier. Aber was hat diese Kolleginnen dazu bewogen, solche Aussagen zu treffen? Das hat mich mehr interessiert als das, was sie zuvor gesagt hatten. Ich fühlte tief in mir, dass diese Aussagen nicht stimmten, ja, ich wusste es sogar. Warum ich das wusste? Das verrate ich dir gerne, allerdings werde ich dazu etwas ausholen.

Ein paar Jahre zuvor hatten wir einen anderen Vizsla, ebenfalls eine Hundedame, mit dem Namen Mala. Mala, ebenfalls eine Seele von Hund, hatte ich mit ihren fünf bis sechs Jahren, die sie damals alt war, vor der Tötungsstation gerettet. Sie lebte von da an bei uns und erfreute uns mit ihrem liebevollen Wesen täglich. Eines Tages bekam Mala epileptische Anfälle und keiner wusste, warum! Ich fuhr direkt in die Tierklinik und die Ärzte dort versuchten, über mehrere Wochen hinweg in einem Ausschlussverfahren herauszufinden, was genau diesem liebenswerten Hund fehlte. Gleichzeitig bekam ich in dieser Problemfindungsphase deutliche Hinweise aus der geistigen Welt. Das waren Hinweise, die ich anfänglich für Kopfkino hielt. Zunächst einmal war ich völlig verunsichert, ob es nun meine eigene Stimme im Kopf oder eine Stimme aus der geistigen Welt wäre. Diese Stimme, mein Team aus der geistigen Welt, wie ich später erfuhr, teilte mir mit, dass Mala an einem Hirntumor leide. Ich konnte es nicht fassen! Woher kam diese Info? Je mehr ich diese Information infrage stellte, umso deutlicher wurden die Zeichen aus der geistigen Welt. So deutlich, dass ich die Stimme laut im Außen hörte, so, als ob jemand neben mir stünde, der mit mir spricht. Diese Stimme bestätigte mir immer wieder, dass Mala einen Hirntumor habe. Als ich die Tierärzte das erste Mal fragte, ob Mala nicht eventuell einen Hirntumor habe, sagten diese, es sei alles, aber sicherlich kein Hirntumor! Dennoch würde man mit dem Ausschlussverfahren fortfahren, bis man der Ursache auf den Grund käme. Die Stimme meines Guides aus der geistigen Welt blieb, die mir immer und immer wieder bestätigte, dass Mala einen Hirntumor habe. Ich teilte meine Erfahrungen mit meiner Familie. Diese belächelte mich und stützte sich lieber auf die Aussage der Tierärzte, es sei alles, aber kein Hirntumor! Was, wenn doch? Zum Schluss des Ausschlussverfahrens stand ein CT an, also eine Computertomographie. Am Abend vor dem Termin stand auf einmal ein riesiger, wunderschöner Engel in meinem Schlafzimmer.

In seinen Armen trug er meinen Hund. Er schaute mich liebevoll an und ging dann mit meiner Mala im Arm davon. Völlig aufgelöst und tränenüberströmt saß ich im Bett, so sehr hatte mich dieser Moment berührt. Was, wenn es doch ein Tumor ist? Ich war mir sicher, dass das, was ich da wahrgenommen hatte, kein Hirngespinst war. Der Tag kam und wir standen alle in der Tierklinik. Ich hatte meine Mutter auf den Moment vorbereiten wollen, aber gelang mir das? Nein! Wieder sagte der Tierarzt, er sei gespannt, was es sei, aber auf keinen Fall sei es ein Hirntumor. Mala wurde sediert und fürs CT schlafen gelegt. Sie fuhren meinen Hund aus dem Raum und da stand er wieder, der riesige, wunderschöne Engel! Keine fünf Minuten später kam der Tierarzt mit Mala auf dem Wagen zurück und sagte, es täte ihm leid, dass er sich getäuscht habe. Der Hund habe tatsächlich einen riesigen Hirntumor!

Es ist wichtig für dein Verständnis, dass du diese Geschichte kennst. Du erinnerst dich sicher noch an das, was ich dir zuvor geschildert habe. Und zwar, dass eine Kollegin über meinen Lieblingshund Emma gesagt hatte, sie müsse bald sterben, weil sie einen Hirntumor habe.

Du erinnerst dich auch noch, dass ich sagte, dass das nicht stimmen würde. Die beiden Damen hatten die Informationen zum Thema Tod, Sterben und Tumor von einem meiner Hunde aus meiner Aura! Darin ist alles, was ich je erlebt habe, gespeichert. Es waren beides Hündinnen, sie gehörten der gleichen Hunderasse an und waren beide körperlich nicht wirklich fit.

Alles, was in meiner Aura zum Thema Mala gespeichert war, haben die Damen auf meinen Hund Emma übertragen und gedacht, es beträfe sie! Das war jedoch nicht der Fall.

Eines Tages telefonierte ich mit einer meiner Freundinnen und wir unterhielten uns über das Thema mediale Verantwortung. Sie erzählte mir, dass sie das gut verstehen könne, aber dass auch sie bereits einschlägige Erfahrungen in diesem Bereich hatte machen dürfen. Bei einem Lebensberatungstermin bzw. beim Kartenlegen sagte die Dame zu meiner Freundin, dass ihre Katze bald sterben bzw. von einem Nachbarn überfahren werden würde. »Das war ein Schock!«, erzählte sie mir. »Da gehst du zur Kartenlegerin und dann das!« Daraufhin fragte ich sie: »Sag mal, hattest du schon mal eine Katze, die deiner jetzigen ähnlich sieht, und die tatsächlich von einem Nachbarn überfahren wurde?« Ihre Antwort war: »Ja!« Wen verwundert das? Auch hier speiste sich die Aussage aus den alten Erlebnissen in ihrer Aura und wurde mit dem Hier und Jetzt vermischt. Kleiner Fakt am Rande: Der Katze meiner Freundin geht es bis heute Bombe!

Eines der obersten Gebote in meinem Job ist es, Negatives wie z. B. diesen Hirntumor ebenso wie zeitliche Prognosen auf keinen Fall an die Menschen, die vor dir sitzen, weiterzugeben. Es ist hierbei völlig egal, ob diese Informationen von einem vor mir sitzenden, lebenden Menschen oder von einer Seele aus der geistigen Welt kommen. Selbst wenn ich tatsächlich etwas wahrnehme, würde ich solche Schockinformationen niemals rausgeben. Ich denke, du verstehst jetzt auch, in welch großer Verantwortung und Fürsorgepflicht ich gegenüber allen Menschen stehe, die meine Hilfe suchen.

Denn diese Menschen schenken mir etwas sehr Wertvolles, ihr Vertrauen. Allein deswegen würde ich niemals negative Informationen zu ihrem bevorstehenden Tod oder Ähnliches an meine Kunden weitergeben. Mir ist wichtig, dass diese Menschen auch weiterhin normal und unbelastet durchs Leben gehen können.

Vielleicht verstehst du anhand dieser kurzen Beispiele außerdem, warum es mir so unendlich wichtig ist, ganz genau zu wissen, woher ich meine Informationen habe! Stammen die Infos wirklich aus der geistigen Welt?! Oder kommen sie aus der Aura der Person, die mich als Medium für diese Sitzung gebucht hat? Ich weiß heute, wo und wie ich genau erspüren kann, woher meine Informationen kommen! Das macht mich unendlich stolz und gibt mir Sicherheit in dem, was ich an Durchsagen weitergebe.

5.16

Energieräuber

Oft wird in der Esoterik-Szene behauptet, es würde so etwas wie Energieräuber geben! Ist dem wirklich so? Energieräuber oder noch besser Energiesauger bzw. Energievampire sollen Menschen sein, die einem bewusst die Lebensenergie abziehen! Angeblich findet das unbewusst statt, soll aber keine Seltenheit sein! Es soll demnach passieren, dass Energieräuber dir deine Lebensenergie abziehen, indem sie dich zu ihrem Opfer machen. Sprich, sie laden bei dir ihren belastenden Alltagskram ab. Damit trägst du deren Päckchen und nicht sie! Lebensenergie absaugen, das hört sich doch furchtbar an, richtig? Das bedeutet, ich fühle mich schwach und kann, weil ich andauernd Menschen mit Problemen zuhöre, darüber meine Lebensenergie einbüßen? Wie halten das die Menschen aus, die anderen helfen, die wirklich Probleme haben? Wie z. B. Pfleger in einer Psychiatrie? Haben die es dann nur mit Energieräubern zu tun? Okay, mit 20 hätte ich solchen Kram wahrscheinlich auch geglaubt! Ich hätte das noch nicht einmal hinterfragt, unwissend, wie ich damals war. Bitte! Spüre kurz in das, was ich gerade geschrieben habe, hinein und schaue, ob es deiner inneren Wahrheit entspricht!

Meiner Wahrheit entspricht das nicht! Das ist eher etwas, wo mir beim Hören oder Lesen gleich die Haare zu Berge stehen! Ich glaube, damit ist etwas anderes gemeint. Vielleicht driftet es nur ins Schaurige ab, um sich darüber besser verkaufen zu können. Ich finde es eigenartig, dass es für alles, was mir energetisch schadet wie z. B. Besetzungen, Anhaftungen, Energieräuber und Co., es auch immer einen gibt, der mir das wieder entfernt! Hammer! Die 007s des Universums sind zur Stelle! Okay! Du kannst sicher meine Ironie hören! Ich auch! Ich werde an dieser Stelle mal laut überlegen, was es für mich bedeutet, wenn jemand von einem Energieräuber spricht! Keine Angst! Es ist nicht halb so schaurig, wie du vielleicht denkst! Energie ist immer in Bewegung! Als geistige Wesenheiten, die wir alle sind, sind wir, wie bereits an anderer Stelle erwähnt, ebenfalls Energie. Nehmen wir das Beispiel eines Radios. Ein einziges Radio hat die Möglichkeit, unfassbar viele Sender zu empfangen. Einer kommt gut rein, der nächste weniger gut.

Nehmen wir einmal an, dass ich als Mensch jetzt das Radio bin, dann empfange ich alle Energien der anderen Menschen, die sie wie ein Radiosender unablässig aussenden. Anders als beim Radio empfange ich zu einer Zeit nicht nur einen Sender, sondern viele. Ich nehme auf diese Weise unbewusst alles um mich herum wahr und trage diese unzähligen Informationen auch unbewusst mit mir herum. Gerade dann, wenn ich im Alltag mit jemandem zu tun hatte, der verbittert, deprimiert usw. ist, also eine selbst kreierte schwere Energie um sich herum aufgebaut hat. Treffe ich also auf einen solchen Menschen und unterhalte mich mit ihm, höre also seinen Radiosender, dann kann es sein, dass diese schwere Energie von mir »mitgenommen« wird. Aber wie genau kann das passieren? Ganz einfach. Du denkst über diese Schwere nach, die du bei der Person gespürt hast. Vielleicht überlegst du, was sie aus deiner Sicht hätte anders machen können oder warum sie sich Dinge antut, die sie offenbar nicht verkraftet. Schwups, durch diese Gedanken hast du quasi die Energie seiner Schwere eingeladen, Zeit mit dir zu verbringen. Solche Energieübergänge lassen sich ganz leicht aufspüren, wenn du deine Emotionen genau beobachtest.

Warst du vielleicht gerade noch glücklich, so fühlst du dich nach dem Treffen mit einer solchen Person nun ohne ersichtlichen Grund belastet und traurig. Das bedeutet, dein emotionaler Zustand gleicht sich dem der Person an, über die du gerade nachgedacht hast. Du versetzt dich quasi in ihre Geschichte und schwingst in ihrer Energie eine Runde mit! Da war kein Energieräuber am Werk! So etwas nenne ich hausgemacht! Es ist deine Entscheidung, in der schweren Energie eines anderen zu verbleiben! Okay, das läuft überwiegend unbewusst ab, dennoch ist es deine Entscheidung! Nehmen wir einmal an, es fällt dir auf! Jetzt, wo du eine andere Sichtweise auf die Angelegenheit hast. Nehmen wir weiterhin an, deine Seele betrachtet das, was ich dir hier gerade aufgezeigt habe, als stimmig und nimmt es als deine innere Wahrheit an. Dann fragst du dich jetzt sicher, wie genau man diese Päckchen der anderen wieder loswerden kann, richtig?

Es ist ganz einfach! Das Zurückschicken von Paketen ist heute ein Massensport geworden. Werde zur Retouren-Queen! Der erste Schritt ist es, zu bemerken, dass etwas nicht zu dir gehört! Wenn du also wie aus heiterem Himmel in eine Art Schwere kommst. Vielleicht fällt dir sogar auf, dass du direkt zuvor über diese Person und ihre Probleme nachgedacht hast. Das ist wieder ein Punkt, der deutlich macht, was unsere Gedanken unbewusst so alles mit uns anstellen. Aber zurück zu dem Päckchen, das du gar nicht haben möchtest!

Jetzt schickst du alle Energien, die nicht zu dir gehören, direkt mit angehängtem Bewusstsein, zurück zum Empfänger! Was meine ich damit? Du schickst alles, was der andere zu diesem Thema denkt oder wovon er überzeugt ist, einschließlich seiner Energien, zu ihm zurück. Sprich das gern laut aus, so, wie ich es dir hier aufgeschrieben habe: »Ich schicke alle Energien, die nicht zu mir gehören, zurück zum Empfänger!« Achte darauf, wie du dich im nächsten Moment fühlst. Ich bin sicher, dein Gemüt ist leichter und freudiger als zuvor. Kippt deine Stimmung anschließend erneut, dann hast du wieder an diese Person und ihre Probleme gedacht, und das Spiel beginnt von vorne!

Nun ist es ein weiteres Mal an dir, alle Energien, die nicht zu dir gehören, direkt mit angehängtem Bewusstsein zum Empfänger zurückzuschicken. Je nachdem, wie bewusst oder unbewusst dir das ist, was du denkst, kannst du diesen Vorgang in Dauerschleife wiederholen, bis du das Gefühl hast, wieder ganz bei dir zu sein. Die Arbeit mit Energien ist etwas sehr Geiles! Verstehst du jetzt, warum ich meine Arbeit so liebe und mir all das so einfach vorkommt? Also! Mach es dir nicht unnötig schwer, sondern nimm es leicht! Für jedes Problem gibt es eine Lösung! Und wie bei einer Retoure: Lächle – und schicke den Scheiß der anderen einfach wieder zu ihnen zurück! ENDE!

5.17 Besetzungen/Anhaftungen

Unglaublich oft wird, sowohl in meinen persönlichen Sitzungen als auch in den Social-Media-Plattformen, das Thema »Besetzungen« angesprochen. Es wird von Menschen erzählt, die mit solchen Anhaftungen leben und deswegen unglücklich sind. Das sollen Seelen sein, die nicht ins Licht gegangen sind und hier auf Erden ihr Unwesen treiben. Auch soll ein bestimmtes Schuldthema des Menschen der Seele gegenüber, sowie auch umgekehrt, angeblich zu Anhaftungen führen. Diese Menschen fühlen sich verfolgt, unfrei und körperlich eingeschränkt. Ihren Erzählungen nach sind sie kaum in der Lage, ihren Alltag zu gestalten. Diese Anhaftungen sollen in der Aura einer Person derart verankert sein, dass sie wie eine Art Rucksack wirken, den sie fortan mit sich herumschleppt. Andere sprechen von sogenannten ätherischen Schnüren, mit denen man dann auf Seelenebene verbunden ist. Wie in jedem Bereich gibt es auch hier Kollegen, die helfen, diese Anhaftungen zu entfernen, teilweise auch mit der Unterstützung von Erzengel Michael. Aber ist dem wirklich so?

Ich habe Anhaftungen oder Ähnliches persönlich noch nicht erlebt, obschon der eine oder andere Hinterbliebene dieses Thema in meinen persönlichen Sitzungen zur Sprache gebracht hat.

Ich habe sogar mal einen Kurs besucht, in dem mir vermittelt wurde, dass ich unfassbar viele niedere Anhaftungen hätte, die sich jedoch entfernen lassen würden. Eine solche Anhaftung soll eines meiner Kinder gewesen sein. In einer Art Ritual wurden diese Anhaftungen durch das Herbeirufen von Erzengel Michael entfernt! Bravo! Aber war das wirklich nötig? Einmal berichtete mir eine junge Frau nach ihrer Sitzung, dass sie von etwas heimgesucht werde und unfassbare Angst habe, weil sie spüren könne, dass jemand bei ihr sei. Sie fragte mich, ob das eine Besetzung sei, also eine Seele, die sich in ihre Aura, in ihr Energiehaus, eingenistet habe. Sehr schnell stellte sich im Kontakt zu ihren Verstorbenen heraus, dass die vermeintlich wahrgenommene Besetzung die Uroma war, die aus der geistigen Welt gekommen war, um ihrer Urenkelin nahe zu sein.

Die junge Frau hatte ihre Uroma zu Lebzeiten nicht kennengelernt, konnte aber ihre Energie wahrnehmen. Wie immer, wenn sich unser Verstand etwas nicht erklären kann, wurde daraus neben großer Angst vor dem nicht Sichtbaren auch eine vermeintliche Besetzung. In der Sitzung stellte sich heraus, dass es bei ihr zu Hause noch ein paar Fotos geben musste, die diese Uroma zeigten. Auf einem Foto, so teilte die Uroma mit, trage sie eine schmale, eng am Hals anliegende Perlenkette. Daheim angekommen suchte die junge Frau nach dem Foto und fand eines, das eine Person zeigte, die ihre Mutter auf Nachfrage als Uroma bestätigte. Auf dem Foto trug die Frau eine eng am Hals anliegende Perlenkette.

In einer anderen Sitzung erzählte mir eine junge Mutter, dass sie gerade nachts unfassbare Angst habe, weil sie etwas oder jemanden bei sich wahrnehmen könne. Diese Angst würde dann jeweils so groß, dass sie ihren Mann aufwecke, damit er sie ins Bad und zurückbegleite. Auch tagsüber kommen diese Ängste immer wieder mal auf, sodass sie nicht wisse, was sie tun solle. Diese

Ängste resultierten also daraus, dass sie etwas fühlt, was sie sich vom Verstand her nicht erklären kann. Böse Geister? Besetzungen? Ich konnte mir gut vorstellen, dass ihr Mann über diese Angelegenheit wenig begeistert war.

Das sind Momente, in denen auch dir nahestehende Menschen nicht wissen, wie sie mit dir und deiner möglichen Paranoia umgehen sollten. Aber ist es wirklich Paranoia? Auch hier stellte sich im Kontakt sehr schnell heraus, dass es ihre Lieben aus der geistigen Welt waren, die sie täglich besuchten, allerdings nicht in der Absicht, ihr Angst zu machen. Ganz im Gegenteil! Sie wollten ihr zeigen, dass sie da sind und es ihnen gut geht. Weiterhin wollten sie sie ermutigen, ihre Medialität und ihre übersinnliche Wahrnehmung zuzulassen. Eine Wahrnehmung, die sie vor lauter Angst mehr und mehr »zuklappte«. Was blieb, war die Angst! Dieses Gefühl, das am liebsten keiner haben und schon gar nicht spüren will. Es wird gesagt, dass immer, wenn wir uns ärgern oder Erwartungshaltungen an andere richten oder zu einer anderen Person eine Abhängigkeit bestehe, würden diese ätherischen Schnüre, ergo Anhaftungen, als niedere Schwingungen im Universum entstehen. Diese gelte es dann nach Ansicht einiger Heiler zu lösen, damit der betreffende Mensch wieder gesund leben könne. Spüre in dich hinein!

Wie fühlt sich dieser Gedanke, dass es so etwas wie Anhaftungen gibt, an? Weich, warm und rund, deiner inneren Wahrheit entsprechend? Für mich nicht!

Ich kann es nicht erklären, aber ich finde, es gibt andere Gründe, warum wir Menschen uns so fühlen, als ob uns etwas auf den Schultern hängt. Wenn es niedere Energien sind, gut! Dann sind diese selbst erschaffen und selbst erdacht. Mein ganzes Inneres sträubt sich, wenn ich irgendwo so etwas lese! Das würde eine Abhängigkeit zum Universellen bedeuten, die nur einer wie z.

B. Erzengel Michael lösen kann. Ich liebe Erzengel Michael, ebenso wie alle anderen Engel. Ich denke nicht, dass das oben Beschriebene seine Aufgabe ist, selbst wenn er das sicher kann. Kommen wir noch einmal zurück zu meinem Kind in der geistigen Welt, das mir als Anhaftung verkauft worden war! Was, wenn mein Kind einfach nur bei mir war? Was, wenn das aus der Sichtweise eines anderen Menschen, dem so etwas nicht geläufig ist, gleich mal als Anhaftung ausgelegt wird? Gott! Ich bin überglücklich, dass das Universum uns alle hier so sein lässt, wie wir sind.

Selbst wenn es manchmal zum Fremdschämen ist. Ich bin sicher, dass sich die Engel über das, was wir hier auf diesem wundervollen Planeten so denken und tun, manchmal die Bäuche halten! Bisher haben sich alle vermeintlichen Besetzungen innerhalb der persönlichen Sitzungen aufklären lassen. Dennoch möchte ich dir sagen, nur weil ich das selbst nicht kenne, heißt das nicht, dass es so etwas nicht gibt! Es gibt so vieles, was ich bisher nicht kennengelernt habe und in diesem Leben vielleicht niemals kennenlernen werde. Auch kann ich gut verstehen, dass sich viele Menschen vor solchen vermeintlichen Besetzungen fürchten. Auch ich kann davon ein Lied singen, wie du weißt. Als mein Opa damals, als ich Anfang 20 war, starb, bin ich fast verrückt geworden, weil ich in meinem Zuhause täglich eine Anwesenheit spürte. Damals konnte ich das nicht zuordnen. Ich spürte etwas und hatte höllische Angst davor. Mir damals nahestehende Personen sagten, dass es böse Geister seien. Das machte meine Ängste nicht besser! Ganz im Gegenteil! Angst vor der Angst! Toll! Auch wurde mir gesagt, dass, je mehr Angst ich hätte oder gegenüber dieses Geistes zeigen würde, umso stärker würde dieser Geist von mir Besitz ergreifen wollen! KREISCH! Da soll einer nicht irre werden! Ich kann dir gar nicht sagen, wie viel Angst ich vor dem hatte, was ich spürte. Egal, ob ich wach war oder ob ich versuchte, einzuschlafen. Immer spürte ich etwas, selbst im Traum. Ich konnte wahrnehmen, wenn etwas die Treppe zu meiner Maisonettewohnung hochkam, mich berührte, über mir oder hinter mir war oder zu mir kam. Morgens war meine Wohnung hell erleuchtet, obwohl ich alles Licht wissentlich ausgeschaltet hatte. Dinge wurden verschoben bzw. lagen auf einmal an einem anderen Platz usw. Und immer spürte ich eine Anwesenheit, die ganz dicht bei mir war! Jemand riet mir, ich solle abends Mehl ausstreuen, dann könne ich morgens die Abdrücke des Geistes sehen und hätte Gewissheit für mich, dass jemand da gewesen wäre. WER WILL DAS? Dann sehe ich ja sogar noch die Abdrücke von etwas, das ich gar nicht haben will! Das war zu viel für mich! Wegen solcher Schauergeschichten wurde meine Angst immer größer, sodass ich manchmal glaubte, ich könne all das nicht länger aushalten. Ich wollte am liebsten gar nicht mehr nach Hause kommen und schon gar nicht mehr dort schlafen.

Eine damalige Bekannte erklärte mir dann, dass es keine Besetzung eines bösen Geistes sei, sondern aus ihrer Sicht eine Abspaltung meines Ichs. Was, dachte ich, jetzt spalte ich mich auch noch von mir ab? Ehrlich! Das machte es auch nicht besser! Immer wieder bekam ich das Gefühl, dass etwas mit MIR nicht in Ordnung sei. Was war nur mit mir los? Warum konnte ich nicht sein wie jeder andere? Sicher kannst du dir vorstellen, wie lange ich darum gebetet habe, dass das alles bitte aufhören möge! Über diese sich häufenden Vorkommnisse konnte ich natürlich nicht frei reden. Wer sollte verstehen, was bei mir zu Hause an Paranormalem abging? Ich befürchtete, die meisten hätten mir auf der Stelle die Freundschaft gekündigt. Nach ca. zwei Wochen Hochphase mit allem, was du dir vorstellen kannst, kehrte auf einmal Ruhe ein. Zwar hatte ich danach immer wieder mal das Gefühl, dass jemand bei mir ist oder dass etwas die Treppe hochkommt, aber es war nicht mehr so schlimm wie in diesen ersten beiden Wochen. Erst viele Jahre später kam heraus, dass das alles mein geliebter verstorbener Opa war. Er wollte mir nahe sein und mir zeigen, dass er immer noch bei mir ist, besonders weil ich mich nach seinem Tod so alleingelassen fühlte.

Was, wenn es keine Besetzung ist, wie alle sagen, sondern deine geliebte Seele aus der geistigen Welt? Was, wenn diese Angst daher rührt, dass du nicht weißt und erklären kannst, was du spürst? Was, wenn es deine Lieblingsseele ist? Es wäre so leicht, alles aufzulösen, aber dazu muss jeder von uns bereit sein, seine Angst, egal, wie krass diese auch sein mag, zuzulassen und sich mit seiner Wahrnehmung wirklich auseinanderzusetzen. Du musst dich dem, was du spürst und deiner damit verknüpften Angst stellen, um herauszufinden, wer es ist, der bei dir ist. Dann passieren zwei Dinge. Ich z. B. weiß dann auf einmal, dass es keine Besetzung und kein böser Geist, sondern meine Lieblingsseele ist, die ich spüre. Nur darüber kann deine bisher durch die Angst festgehaltene Energie wieder fließen. Du kommst wieder in dein inneres Gleichgewicht und vor allem kannst du beim nächsten Fühlen dieser Anwesenheit voller Freude und Liebe sagen: »Hallo, schön dass du bei mir bist und ich dich spüren kann!« Wie wäre das?!

5.18
Böse Verstorbene

Was meinst du? Gibt es böse Verstorbene? Oder gar Seelen, die womöglich noch in einem Jenseitskontakt durchkommen, um dich zu beschimpfen oder dir im Alltag das Leben schwer zu machen?

Für mich gibt es keine bösen Verstorbenen. Zumindest nicht so, wie du dir das vielleicht gerade vorstellst. Ich möchte dir in zwei Bereichen aufzeigen, was ich damit meine und wie ich das sehe. Ja, bestimmt haben viele Seelen zu ihren Lebzeiten in ihrem physischen Körper großen Mist gebaut und fanden sich damit in unserer irdischen Klassifizierung als »böse« wieder. Menschen, die vielleicht gemordet und anderen geschadet haben, die egoistisch waren etc. Wenn du diese Verstorbenen als »böse« Seelen betiteln möchtest, dann gibt es sie bestimmt. Aber was genau ist das BÖSE oder was bedeutet es?!

Wenn man es von einer höheren, übergeordneten Ebene aus betrachtet, existiert das Böse nicht. Böse ist für mich eine Sichtweise und eine Beurteilung dessen, was wir weit von uns weisen. Wie oft hast du schon gesagt und gedacht, dass du am liebsten denjenigen oder diejenige umbringen würdest? Der Unterschied zu einigen Menschen ist, du hast es nicht getan! Aber du hast es gedacht! Alles Tun beginnt mit einem Gedanken. Ich gebe dir recht, dass sicherlich nicht alle Seelen in der geistigen Welt gleich entwickelt sind. Das ist hier auf dieser Erde und mit den Menschen genauso. Wir sind hier auf unserem irdischen Seelen-Spielplatz der Erfahrungen. Ich bin der festen Überzeugung, dass wir, wenn wir uns für das Leben hier entscheiden, vorab genaue Verabredungen treffen. Wir legen unsere Eckdaten fest und das, was wir hier an Erfahrungen sammeln möchten und mit wem.

Schau dich in deinem Umfeld um! Hier denkt und tut jeder etwas anderes und dabei handelt es sich vor allem um das, was er möchte. Richtig?

Genau das bleibt dir erhalten – auch als Seele. Du hast zu jeder Zeit deinen eigenen freien Willen! Das ist dein göttliches Recht! Du entscheidest, welche Entwicklungsstufe du für dich einnehmen willst. Willst du in völliger Liebe leben oder dich lieber den irdischen Emotionen und Gedanken hingeben, die dir genau diese Sichtweise durch das Beurteilen und Verurteilen verstellen? Lustigerweise verurteilen wir uns selbst unbewusst mehr als alles andere um uns herum. Wir bemerken das nicht, weil es eben unbewusst abläuft. Dennoch ist es immer unsere Entscheidung, ob bewusst oder unbewusst.

Du darfst dich entwickeln, entweder auf der Erde als Mensch oder in der geistigen Welt als Seele – aber keiner bestimmt für dich, wie und in welcher Form und in welcher Geschwindigkeit! Das legst du für dich fest! Bewusst oder eben, wie bei so vielen Menschen, unbewusst. Vielleicht bist du – oder sollte ich sagen, mit Sicherheit bist du – in einem von dir gewählten Leben ein Täter! Der Täter, den du, aber auch alle anderen jetzt verurteilen. Du hältst mich jetzt womöglich für völlig wirr, weil ich es wage, so etwas nicht nur zu denken, sondern auch auszusprechen! Das darfst du! Das ist ein Einblick in meine Sichtweise aufgrund der geistigen Gesetze, von denen ich dir berichtet habe. Erinnerst du dich daran, was ich über das Erfahren von Polarität gesagt habe? Hell und dunkel, Licht und Schatten, Freundlichkeit und Grausamkeit? Vielleicht magst du ja noch einmal zu dem betreffenden Kapitel blättern und dir anschließend die obige Passage ein weiteres Mal durchlesen.

Es geht in unserem Leben einzig um Erfahrungen, und zwar in jeglicher Form. Schmerzliche und qualvolle Erfahrungen kann die

Seele nur hier in diesem irdischen Dasein machen. Dort, wo die Seele herkommt, lebt sie in Liebe und völliger Harmonie. Zur Entwicklung benötigt sie aber verschiedene Herausforderungen. Besonders solche leidvollen Erfahrungen sind eine wunderbare Möglichkeit, etwas zu wandeln. In jedem Leid ist demnach auch ein Geschenk enthalten. Kummervolle und schmerzliche Erfahrungen rütteln quasi die Seele, die vergessen hat, was sie ist und wo sie herkommt, auf. Das soll der Seele helfen zu erkennen, über welche Schöpfungskraft sie verfügt und dass sie aus jedem noch so dunklen Loch wieder herauskommen und sich ein wundervolles und lebenswertes Dasein schaffen kann.

Selbst hier in diesem irdischen Dasein kannst du zu jeder Zeit aus den unschönen Erfahrungen heraustreten und in die von dir ersehnten liebevollen und lichtvollen Erfahrungen gelangen. Vom Unbewussten in Bewusste. Vom Dunkel ins Licht. Oder wie auch immer du das bezeichnen möchtest. Du musst es nur wollen, deine diesbezüglichen Gedanken erkennen, sie als deine Schöpfungskraft annehmen und entsprechend wandeln. Das ist mit Sicherheit nicht immer leicht! Aber es geht! Das habe ich alles hinter mir und zugleich jeden neuen Tag vor mir! Das mag sich ironisch anhören, aber so ist der Lauf der Dinge. Alles befindet sich nun mal in einem ständigen Wandel.

Aber zurück zu den sogenannten bösen Seelen! Für mich handelt es sich dabei um Seelen, die sich nicht weiterentwickeln wollen. Was im Übrigen allein deren Entscheidung ist. Aber selbst diesen Seelen wird in der geistigen Welt geholfen. Viele höher entwickelte Seelen stehen bereit, um auch diesen wundervollen Seelen, deren Blick aktuell noch verstellt ist, zu helfen, und um ihnen den Weg ins Bewusste und Lichtvolle aufzuzeigen. Dennoch ist es an jedem selbst, diesen Weg zu beschreiten. Wer nicht will, darf da bleiben, wo er ist, und zwar, ohne dass diese Entscheidung und alles, was dazu gehört, von der geistigen Welt be- oder verurteilt wird! Das ist der Unterschied zu uns hier auf der Erde!

Zurück zu dir! Du kannst dich jetzt entscheiden, ob das Thema »böse« Seelen deiner Wahrheit entspricht. Tut es das, dann wird es genau diese bösen Seelen auch in deiner Realität geben. Wenn du daran glauben willst, dann sind sie für dich real. Das ist immer deine höchsteigene Entscheidung, die du demnach auch zu jeder Zeit anpassen kannst! Ich für mich weiß, dass in der ewigen Liebe, das ist für mich die geistige Welt, nichts anderes als Liebe existiert! Deshalb habe ich etwas vermeintlich »Böses« auch noch nie erlebt und werde es auch nicht erleben. Das ist die souveräne Wahl meiner Seele oder besser Susans Wahl.

5.19

Botschaften von bösen Seelen

Glaubst du wirklich, dass die Botschaft einer Seele aus der geistigen Welt durchgegeben wird, die nichts anderes beabsichtigt, als dich zu beschimpfen und kleinzuhalten?

Geh bitte in dein Gefühl!

Fühlt sich das wahr an und gibt es dir ein warmes, wohliges Gefühl? Mir nicht!

Warum sollte die geistige Welt das tun? Wieso sollte die geistige Welt sich auf diesem Wege bemerkbar machen? Wie schnell wären die Türen in die geistige Welt verschlossen, wenn das ihre Wahrheit wäre.

Wenn du tatsächlich Aussagen aus der geistigen Welt erhältst, die dich beschimpfen, kleinhalten oder niedermachen, dann sei sicher, das kommt nicht aus der geistigen Welt. Empfängst du selbst solche Informationen, dann stammen diese, meiner Meinung nach, aus deinem Verstand.

Deinem Verstand, der dir suggeriert, dass das aus der geistigen Welt kommt. Tut es aber nicht. Es ist etwas Wahres daran, sich zu fragen, inwieweit Schizophrenie und die geistige Welt nicht ganz nahe beieinander liegen.

Nicht alles kommt aus der geistigen Welt. Wenn alles dort aus Liebe, Harmonie und Verständnis füreinander usw. besteht, wozu sollte man die Personen im Hier und Jetzt kleinhalten?

Welchen Sinn macht es für die geistige Welt, dass du dich nach der Kommunikation mit ihr scheiße fühlst? Etwas Derartiges entspricht weder meiner Wahrnehmung noch meiner Wahrheit!

5.20 Dein heiliger Energieraum

Meine paranormalen Erfahrungen begannen schon sehr früh und unter großer Angst. Diese Angst konnte mir damals keiner nehmen, weil niemand in meiner Familie sich auch nur annähernd vorstellen konnte, was ich eigentlich spürte und sah. Ich bin sicher, dass viele Ängste gar nicht erst aufgekommen und vor allem nicht so groß geworden wären, wenn ich damals gewusst hätte, dass es die geistige Welt ist, die ich wahrnehmen kann. Aber wer von meiner Familie hätte mir das aufzeigen können? Niemand! Die halten mich heute noch für spooky.

Egal, was ich rückblickend auch erlebt habe, egal, wie viel Angst es mir teilweise gemacht hat, Seelen unbewusst zu sehen, zu hören oder zu fühlen, bis heute ist es meine Wahrheit, dass es für mich keine »evil spirits« oder bösen Geister gibt. Die einzigen bösen Geister, die in meiner Wahrnehmung existieren, sind meine eigenen, wie man so schön sagt, inneren Dämonen. Imaginäre, selbst erschaffene Wesen, die mein inneres Kind kleinhalten, niedermachen und ihm Druck machen. Mein kleines inneres Kind, das manchmal furchtbare Angst hat und doch nur geliebt werden will. Alles habe ich selbst erschaffen, durch das, was ich erlebt, erfahren und gedacht und darüber mit Gefühlen verknüpft habe.

Dennoch ist es mir wichtig, dir zu sagen, nur weil ich das nie kennengelernt habe, muss das nicht heißen, dass es so etwas nicht gibt. Ich bin nur nicht sicher, ob das, was viele als böse Geister bezeichnen, wirklich welche sind! Oft habe ich erlebt, dass sich Menschen etwas so lange und so fest eingebildet haben, bis es zu einem Glaubensmuster wurde. Zuerst nur in Gedanken und dann auch in ihrer Realität haben sie sich ihren eigenen bösen Geist erschaffen, der sie fortan begleitet. Dieser Typ hat allerdings nicht das Geringste mit der geistigen Welt zu tun! Das ist keine Seele. Das ist eine Materialisation, die ein Mensch unbewusst oder bewusst, selbst erschaffen hat. Ein solcher böser Geist ist übrigens auch ein Typ, den andere nicht sehen können!

Wenden wir uns nun der Frage zu, inwieweit du einen energetischen Schutz benötigst. Ich habe in der Vergangenheit unzählige Rituale und Techniken kennengelernt, in denen man sich vom Salzkreis bis zum Schutzraum alles imaginär aufbaut, um irgendwie in Sicherheit zu sein und sich energetisch zu schützen. Ich kann dir nicht sagen, warum, aber ich wusste für mich immer, dass ich jederzeit beschützt bin und keinen extra angeforderten, gesonderten Schutz benötige. Gut, ich bin auch ein Mensch, der sich nicht vorstellen kann, dass eine Dauerregenwolke über ihm hängt. Ich bin ein Mensch mit unglaublich viel Sonne und Freude im Herzen, der schon morgens »GUTEN MORGEN, du wundervolles Universum!« durch die Gegend ruft und auch entsprechend denkt! Vielleicht liegt es daran.

Wie auch immer es sich verhält, du entscheidest, was sich für dich richtig und gut anfühlt! Dann befindest du dich auf deinem Weg und genau da gehörst du hin!

Erklären kann ich mir die Idee hinter solchen Schutzmaßnahmen damit, dass jeder von uns zwar mit eigener Schöpferkraft ausgestattet ist, aber dennoch den Gesetzmäßigkeiten der Anziehungskraft und denen der Resonanz unterliegt, und auf diese Weise vor möglichen niederen energetischen Einflüssen besser geschützt ist. Hierbei soll der Schutz automatisch dazu beitragen, alles »Niedere« von den Betreffenden fernzuhalten. Wie fühlt sich das für dich an? Was meinst du, benötigst du einen Schutz? Wenn ja, dann nutze diese Schutzbereiche oder Schutzräume für dich, wenn sich das für dich stimmig anfühlt. Nur darum geht es! Du sollst dich wohl und sicher fühlen.

Bevor ich beginne, medial zu arbeiten, dann bereite ich sowohl meinen eigenen Raum, in dem ich sitze, als auch den virtuellen Raum vor, wenn es sich um eine Onlinesitzung oder um einen Event, z. B. via Zoom, handelt. Wie das geht und was ich da mache, erkläre ich dir sehr gerne. Ich bitte meine göttliche Führung, zu mir zu kommen und alle Energien im Raum sowie meine eigenen Energien in liebevolle und lichtvolle Energien zu wandeln und darüber anzuheben.

Damit wird die Schwingung angehoben und darüber kann voller Liebe eine Kommunikation mit der geistigen Welt stattfinden. Alles ist also genau so, als ob du zu Hause alles schön sauber machst, bevor Besuch kommt. Die geistige Welt senkt ihre viel höheren, feineren Schwingungen ab und hebt über mein Bitten die irdischen Schwingungen an. Da ich meinen Beruf – oder besser meine Berufung – als Medium voller Liebe ausübe, bin ich sicher, dass allein das schon einen Schutz, wenn du so willst, herbeiführt.

Das Gesetz der Resonanz. Liebe zieht Liebe an. Licht zieht Licht an. Liebe ist die höchste Schwingungsform. Aufgrund dieser hohen Schwingungen können dann selbst schwierige Jenseitskontakte, bei denen für das irdische Leben viel Klärung stattfindet, in Liebe durchgeführt werden. Liebe ist das größte Wunder, findest du nicht auch? Oder wie meine liebe Freundin und Autorin Simone White immer sagt: »Liebe ist, Liebe wird, Liebe bleibt – Liebe ist die Ewigkeit!« Was für wahre Worte!

Danke, liebe Simone White, für diese wunderbare Zusammenfassung!

5.21
Wahrsagerei

Wahrsagerei oder Hellseherei ist eine uralte Zunft, die es bestimmt schon ebenso lange gibt, wie es Menschen gibt. Unfassbar viele Menschen nutzen dieses Fenster in die Zukunft, um für sich zu verstehen, was wann passieren wird und ob sich ihre Zukunft möglichst positiv entwickelt. Von Karten und Pendeln über Runen bis hin zur medialen Beratung. Alles wird genutzt, um mehr Sicherheit für sich und sein Leben zu erlangen. Der Ratsuchende verspricht sich davon, den für sich richtigen Weg zu finden oder Bestätigung darüber zu finden, dass er ihn bereits beschreitet. Bei den gegebenen Antworten kommt es hierbei immer auf das Medium an, welches diese Zeichen interpretiert. Warum erzähle ich dir das?! Zum einen, weil auch ich jahrelang zum Kartenlegen war. Irgendwann, und das war echt lustig, wusste ich alles vorher.

Ich ging also nur noch dorthin, um das, was ich sowieso schon wusste, bestätigt zu bekommen. Zum anderen, weil ein Jenseitskontakt nichts mit Wahrsagerei oder der hier beschriebenen Hellseherei zu tun hat. Im Jenseitskontakt geht es nicht um das Voraussehen deiner Zukunft. Natürlich läuft auch jeder Jenseitskontakt über meine Hellsinne. Das gehört zu meiner Arbeitsweise dazu, hat aber nichts mit Wahrsagerei zu tun. Selbst wenn ich wahrsagen könnte, würde ich es nicht tun! Ich kann die Aura eines Menschen lesen, in der alle Vergangene, Gegenwärtige und Zukünftige verankert ist. Dennoch tue ich es nicht! Die Seelen bzw. die geistige Welt wissen, dass die Informationen, die sie durchgeben, nur in ganz seltenen Fällen tatsächlich mal etwas mit der Zukunft des Hinterbliebenen zu tun haben. Sehr selten!

Wie du dir vorstellen kannst, wäre es sowohl für mich als Medium, als auch für deine Lieblingsseele aus der geistigen Welt einfach, dir deine Zukunft vorherzusagen! Aber mal ehrlich, wozu soll das gut sein?! Alles, was ich dir sagen oder für dich channeln würde, könnte dich dergestalt beeinflussen, dass es fortan unterschwellig in deinen Gedanken mitläuft. Bei positiven Dingen mag das vielleicht noch ganz nett sein. Aber bei negativen Informationen bin ich als Medium, mit dem, was ich tue und sage, voll in der Verantwortung, dich eben nicht zu beeinflussen.

Deshalb gebe ich persönlich keine Prognosen ab. Jetzt, wo du weißt, dass du es bist, der am Schaltknüppel deines Lebens sitzt und alles in die für dich richtige Richtung navigieren kannst, besteht dafür zudem gar keine Notwendigkeit mehr. Oder! Ich finde es wunderbar, so wie es ist. Ich bin im Vertrauen, dass alles, wie es ist, gut ist. Ich finde es schwierig, mit Hinweisen umzugehen, die vielleicht völlig falsch interpretiert wurden, nur weil die Person es nicht besser wusste. Vertraue, dass nur das Beste auf dich wartet. Vertrauen heißt für mich übrigens, etwas nicht zu wissen! Aber dennoch zu wissen, alles ist da! Die Fülle liegt jeden Morgen vor deiner Tür.

Erkenne, dass du bereits die Fülle und Liebe bist, nach der du dich so sehr sehnst.

Du hast zu jeder Zeit die Möglichkeit, eine neue Entscheidung für dich und deine Zukunft zu treffen! Nichts ist in Stein gemeißelt und darüber unveränderbar. Da jeder medial ist, brauchst auch du dazu kein Medium. Falls du aber dennoch Hilfe zu deiner Sicherheit oder als »Sicherheitscheck« benötigst, helfe ich dir gerne. Ich öffne dir den Himmel, damit du von deiner Lieblingsseele

Hilfe für dich erhalten kannst. Die Erkenntnis, die du für dich und dein Weiterleben mit deiner Lieblingsseele benötigst und für dich bisher noch nicht zulassen konntest.

Du bist verbunden, geschützt, behütet und geliebt. Zu jeder Zeit.

5.22
Mythen um das Sterben und den Tod

Fast täglich lese ich in einschlägigen Social-Media-Kanälen Kommentare zum Thema Tod und Sterben, die mich schmunzeln lassen. Lustigerweise werden nur die wenigsten Kommentare hinterfragt oder infrage gestellt. Vieles von dem, was diese Thematik betrifft, ist überliefert und wird weiterhin auf eine Weise gedacht, wie alle Generationen der Familie das getan haben. Natürlich tragen auch Religionen dazu bei, dass Mythen entstehen und Menschen davon abgehalten werden, sich selbst, ihr Können und ihr Sein zu erkennen. Wie auch immer es sich verhält, du weißt, dass es immer die souveräne Wahl deiner Seele ist, wie und für was du dich entscheidest – bewusst oder unbewusst. Nun aber zu den teilweise lustigen Mythen in Bezug auf den Tod und das Sterben. Ich habe mir erlaubt, diese Ideen einmal auseinanderzunehmen, damit du dir, aus einer anderen Sichtweise heraus, selbst ein Bild dazu machen kannst.

- *Mythos 1:* Die Totenruhe soll und darf nicht gestört werden bzw. Seelen, die schon ins Licht gegangen sind, soll man in Ruhe lassen. Der angebliche Grund dafür lautet, dass die Seele durch unsere Störungen nicht weitergehen und deswegen ihre Seelenaufgabe nicht erfüllen kann.

Als weiterer Grund wird genannt, dass durch den Kontakt mit Verstorbenen und ihren möglicherweise niedrigen Schwingungen die eigene Lebensenergie heruntergeht. Entspricht das den Tatsachen? Hast du dich jemals gefragt, ob so etwas richtig oder wahr ist? Bitte lies diesen Absatz noch einmal und achte dabei auf dein Bauchgefühl. Fühle in dich hinein, ob das wirklich deiner Wahrheit entspricht. Und? Fühlt sich dieser Mythos weich, warum und rund an?

Für mich nicht. Ich bin selbst lange genug in die Kirche gegangen oder besser gesagt, ich wurde dazu angehalten. Daher weiß ich, dass ein Teil der Aussagen zur Totenruhe aus dem Bereich der christlichen Religionen kommt. Bei der letzten Beerdigung, der ich beiwohnte, sagte der Pfarrer: »Die Toten dürfen nach ihrem Weggang nicht mehr gestört und auch nicht angesprochen werden. Nur noch Erinnerungen an sie sind erlaubt!« Gut, dachte ich mir, das ist seine Sichtweise. Bei mir tauchte jedoch sofort die Frage auf: Wenn die Verstorbenen angeblich nicht mehr angesprochen werden sollen, warum tun sie von Seiten der geistigen Welt aus alles, um mit uns Kontakt aufzunehmen? Warum ist es ihnen wichtig, uns mitzuteilen, dass sie gut angekommen sind und es ihnen gut geht? Weil sie nicht gestört werden wollen? Das passt für mich nicht! Wie fühlt es sich für dich an?

- *Mythos 2:* Die Seele benötigt eine mindestens 40-tägige Ruhephase für ihren Heilschlaf. Wofür braucht die Seele diesen Heilschlaf? Um danach angesprochen werden zu dürfen? Da sind sich die Herrschaften, die diesen Mythos verteidigen, nicht so ganz einig. 40 Tage! Wenn es im Jenseitigen doch keine Zeit und keinen Raum gibt, woher kommen dann bitte diese genau 40 Tage?! Du erinnerst dich sicher, dass es in der geistigen Welt keine Be- und Verurteilungen gibt. Woher sonst sollten aber solche Restriktionen stammen, die besagen, dass du erst ab dem 41. Tag mit deiner Lieblingsseele sprechen darfst? Was ist mit den Seelen, die sich erlauben, schon innerhalb dieser 40Tage-Frist zu kommunizieren? Fliegen die womöglich wegen Nichteinhaltung der Regeln aus dem Universum?

- *Mythos 3*: Der ist auch herrlich. Er besagt, dass die Seele noch 40 Tage bei uns bleibt, bevor sie nach Hause geht. Die Zahl 40 wird immer wieder mit wichtigen Zusammenhängen in der Bibel genannt. Wahrscheinlich wird deshalb immer von 40 Tagen geredet. Zumindest steht bei diesem Mythos fest, dass die Seele nach Hause geht. Das ist doch schon mal ein Anfang, findest du nicht? Dennoch impliziert auch dieser Satz, dass die Seele nach 40 Tagen nicht mehr ansprechbar ist! Nichts davon passt zu meinen Erfahrungen. Wie kann es sein, dass ich in meinen Jenseitskontakten Seelen durchgebe, die gerade mal verstorben sind? Oder Seelen, deren Körper noch nicht einmal beerdigt ist? Oder Seelen, die sich gemäß unserer Zeitrechnung seit 20 Jahren in der geistigen Welt befinden? Oder Seelen, wie z. B. die meines Onkels, die sowohl in der Sterbephase als auch im direkten Übergang mit mir kommunizierten und bis heute kommunizieren? Bilde ich mir das alles nur ein? Der biblische Gott wird oft als Gaul vor den bildlichen Karren gespannt, damit die getätigten Aussagen von den Gläubigen auch wirklich mit Nachdruck angenommen werden. Hierzu gehören Aussagen wie: »Gott ist es ein Gräuel, wenn wir versuchen, mit unseren Toten Kontakt aufzunehmen.« Liebevoll an sie denken – das ist okay, Kontakt zu Verstorbenen nicht! Manche sehen den Kontakt zu Verstorbenen sogar als gefährlich an. Oder auch schön, ein Originalzitat aus der Bibel, das jemand unter eins der Videos meines Youtube-Kanals gepostet hat: »Die Lebenden wissen, dass sie sterben werden, aber die Toten wissen gar nichts!« Weiter schrieb der nette Herr: »Alles, was du tun kannst, tu mit deiner ganzen Kraft, denn es gibt weder Tun noch Planen noch Wissen noch Weisheit im Grab, dort, wohin du gehst.« Es gibt laut der Bibel also angeblich keine Lebenszeichen von Verstorbenen! »Lass dich nicht irreführen, es gibt keine Zeichen von VERSTORBENEN«, hieß es in dem Kommentar weiter, »WENN ES IRGENDWELCHE Zeichen gibt, dann sind sie nicht von Verstorbenen, sondern von den Dämonen, die den Anschein erwecken, dass die Verstorbenen gar nicht tot sind.« Demnach habe ich also täglich mit Dämonen Kontakt, die sich nur als Verstorbene tarnen. Auch schön, findest du nicht? Wusstest du, dass die katholische Kirche bis heute Exorzisten beschäftigt?

Ein spannender Fakt, oder? Auch wenn das, wie so viele andere Dinge auch, oft von Seiten der Kirche dementiert wird, die Realität sieht anders aus. Ich finde es bedenklich, dass die gesamte Kommunikation mit der geistigen Welt, ihre Zeichen, ihre Liebe etc. immer infrage gestellt wird oder noch besser, nur einem bestimmten Kreis von Menschen erlaubt wird. Auf der Leipziger Buchmesse sagte ein Herr aus der Religionsecke zu mir: »Den Menschen ist es untersagt, mit Engeln als höheren Wesenheiten zu sprechen. Gott will das alles nicht!« Eine entsprechende Textstelle aus der Bibel, die das belegt, konnte er mir allerdings nicht benennen. Komisch! Schon wieder nur Be- und Verurteilungen, die es in der geistigen Welt doch gar nicht gibt. Meine Oma, die versucht hat, mich streng nach ihrem katholischen Glauben zu erziehen, die jede Woche mehrmals in die Kirche gegangen ist und dort ihren festen Platz hatte, sagte irgendwann in einem Jenseitskontakt zu mir, dass das, was sie zu Lebzeiten über Gott und Religion für wahr gehalten habe, sich in der geistigen Welt gänzlich anders darstelle. Des Menschen Wille ist sein Himmelreich. Wer das alles glauben will, für den stimmen natürlich auch solche Mythen!

- *Mythos 4:* Die Seele kommt erst im Jenseits an, wenn der Körper beerdigt oder die Todesumstände entsprechend geklärt sind! AHA! Das würde bedeuten, dass z. B. bei Mord oder bei Nichtaufklärung des Todesumstandes die Seele immer noch hier im Irdischen umherirrt. Warum sollte das Aufklären des Todesumstandes für die Seele von Wichtigkeit sein? Ich glaube, dass das einzig für uns als Menschen wichtig ist, insbesondere für die Hinterbliebenen. Wir beurteilen oder verurteilen dann, wie die jeweiligen Todesumstände waren und vor allem, wer die Schuld daran trägt. Schuld ist ebenfalls ein schönes Thema, das es übrigens in der geistigen Welt nicht gibt! In dem Moment, in dem wir geboren werden, steht automatisch fest, dass wir auch wieder von diesem Planeten gehen müssen. Wenn ich in all den Jahren medialen Arbeitens eins verstanden habe, dann ist es das, dass die Art und Weise, wie die Seele aus dem Körper geht, völlig wurscht ist. Fakt ist, sie geht! Und Fakt ist auch, sie muss auf irgendeine Weise wieder aus dem Körper heraus. Der Seele geht es nicht um die Beurteilung der Umstände.

Für die Seele ist alles ein wunderbarer Erfahrungswert. Alles! Nur wir Menschen beurteilen den jeweiligen Todesumstand und die Art und Weise, wie ein anderer stirbt. Wir hätten es uns für den Menschen vielleicht anders gewünscht. Aber ist das wirklich ein Bereich, den wir beurteilen können? Wahrscheinlich nicht. Alles hat, wie du weißt, seinen Sinn!

- *Mythos 5:* Seelen bleiben hier, also auf der Erde bzw. im irdischen Bereich, weil sie selbst noch alles begreifen müssen. Sie müssen begreifen, dass sie dich sehen und hören können, aber du sie nicht. So, wie es sich für mich darstellt, geht die Seele nach ihrem Tod direkt zurück zur Quelle, in den allwissenden Bereich. Die Seele ist dort umringt von Seelen und Wesenheiten, die ihr all das zugänglich machen, sofern die Seele das möchte. Dennoch kann ich gut verstehen, warum eine solche Aussage zustande kommt. Wir als Menschen versuchen, alles zu begreifen. Automatisch unterstellen wir das natürlich auch der Seele. Wenn ich an den Tod und den Übergang meiner Tante denke und dir hiervon berichte, dann wird dir vielleicht bewusst, warum viele Menschen ihre Erfahrungen aus einer etwas anderen Sichtweise als der meinen heraus interpretieren. Meine Tante war zeitlebens sehr skeptisch, was meine Arbeit als Medium anging. Selbst die fantastischsten Beweise ihres Mannes aus dem Jenseits schmetterte sie ab. Immer tat sie so, als ob ich all das, was er durchgab, bereits aus unserer gemeinsamen Vergangenheit wusste. Weit gefehlt. Klar war mir vieles aus ihrer beider Leben bekannt. Aber unfassbar vieles auch nicht. Egal! Meine Tante wollte nicht daran glauben, dass ihr Mann sich ihr zeigt. Dennoch! Sie glaubte daran, dass es so etwas wie das Jenseits oder den Himmel gibt. Sie war sich zudem sicher, dass sie dort alle, die ihr wichtig waren, wiedertreffen würde! Andererseits wünschte sie dem einen oder anderen, der sich auf ihrer persönlichen schwarzen Liste befand, einen super Platz neben dem Fegefeuer! Frei nach dem Motto: Mögen diese Personen rösten! Du verstehst sicher, was ich meine! So war sie und genauso wechselte sie auch in die geistige Welt hinüber, mit genau dieser Sichtweise. Ich konnte nach ihrem Tod wahrnehmen, dass sie endlich alle, die sie so sehr liebte und vermisste, wie z. B. ihre Eltern und Schwestern, in der geistigen Welt wiedertreffen konnte.

Die Freude darüber war riesig und deutlich spürbar. Dennoch gab es Momente, die sich für mich so anfühlten, als ob sie auf ihr irdisches Leben und alle, die hiergeblieben sind, zurückschauen würde. So, als ob sie in der geistigen Welt nur mal kurz zu Besuch wäre. Das könnte man auch als das Begreifen ihrer Situation interpretieren. Sie hat zu jeder Zeit gewusst, wo sie war, obwohl sie sich das vorher nicht hatte vorstellen können. Erst Monate nach dem Verlassen ihres irdischen Körpers kam für mich das Gefühl auf, dass sie langsam, aber sicher bereit dazu ist, endlich ihren Lebensfilm anzusehen. Noch war es nicht so weit. Aber warten wir ab, was alles passiert, wenn sie ihn gesehen hat. Was, wenn sie bemerkt, dass alle, denen sie einen Platz dicht am Fegefeuer gewünscht hat, dort niemals sitzen werden?

- *Mythos 6:* Die Seele kann steckenbleiben! So? Wo genau bleibt sie denn stecken? Zwischen den Welten? In der Tür? Im Fenster? Auch dieser Glaube des Steckenbleibens ist tatsächlich weit verbreitet. Angeblich steckt die Seele zwischen den Welten fest und weiß nicht, wohin sie gehört. Auch da bin ich anderer Meinung. Die geistige Welt ist so voller Wissen und Weisheit, wieso sollte da eine Seele, die dorthin gehört, unterwegs steckengeblieben sein? Und das, wo es im Jenseits weder Raum noch Zeit gibt?! Auch hier ist der Interpretationsspielraum groß. Noch einmal zurück zum Beispiel meiner Tante. Ich bin sicher, dass einige Menschen, wenn sie ihren Übergang hätten spüren und miterleben können, für sich daraus gemacht hätten, dass sie steckengeblieben ist. Dass sie quasi nicht genau weiß, ob sie jetzt lieber auf der Erde oder bei ihren Lieben in der geistigen Welt sein will. Dennoch behaupte ich, sie wusste zu jeder Zeit genau, wo sie war. Vielleicht wusste sie nicht immer, was sie will oder sie hat unbewusst gehandelt, das ist aber etwas ganz anderes als Steckenbleiben. Das Steckenbleiben würde für mich außerdem bedeuten, dass die Seele dann Hilfe bzw. Geleit benötigen würde, um in die geistige Welt zu gelangen oder diese zu finden. Da existiert eine Parallelwelt voller Wissen, Weisheit und Liebe und ausgerecht Menschen denken, dass sie einer solchen Seele Geleit geben müssten? Sieh es mir nach, dass ich denke, das kann nicht deren Ernst sein. Wieso sollten wir Menschen einer so viel höheren Intelligenz als der unseren zeigen müssen, wo es langgeht? Nicht meine Wahrheit!

- *Mythos 7*: Eine Seele kann an dir anhaften, wie ein Rucksack, der fortan schwer wie Blei an dir hängt und dir das Leben zu Hölle macht. Oder: Die Seele eines Verstorbenen kann von dir Besitz ergreifen! Auch ein schöner Mythos! Immer wieder mal werde ich von Personen kontaktiert, die sich von jenseitigen Seelen bedrängt und belästigt fühlen. Manche dieser Personen denken tatsächlich, dass es zu ihrer Lebensaufgabe gehört, Seelen unter anderem ins Licht zu begleiten. Dieses Geleit bewirkt, dass die Seele endlich »frei« sein kann. Warum? Weil einige dieser Menschen der festen Überzeugung sind, dass sie dieses Seelen-Geleit schon in vielen Leben vor diesem ausgeübt haben. Sie glauben, ein unendlich hohes Potential in dieser Richtung zu besitzen, das Wunder vollbringen könne. Auch glauben sie, sie seien »alte Seelen« die sich den Ängsten und

Seelen im Hier und Jetzt stellen müssten, was ebenfalls zu ihrer Lebensaufgabe gehören würde. Sie sagen von sich, sie könnten Seelen spüren und wahrnehmen, fühlen sich aber gleichzeitig von ihnen bedrängt und fast erdrückt. Wie auch immer es sich verhält, des Menschen Wille ist sein Königreich. Vieles von dem Gefühl der Bedrängnis, was diese Menschen empfinden, ist aus meiner Sicht hausgemacht. Es ist nicht auszuschließen, dass diese Menschen schwerwiegende psychische Probleme haben. Auch das, was sich vielleicht nur fest eingebildet wird, ist für diese Menschen möglicherweise ein fester Bestandteil der geistigen Welt. Es gab noch nicht eine Situation in meinem Leben als Medium, bei dem ich mich von Seiten der geistigen Welt in irgendeiner Form bedrängt oder belästigt gefühlt hätte. Als Kind hatte ich nur Angst vor dem, was ich spürte und was angeblich nicht da war. Nie habe ich etwas Negatives, mich Schädigendes erlebt. Nie wurde ich komisch berührt. Alles fand immer in völliger Liebe statt. Wenn ich mir aber fest einbilde, dass das so ist, dann muss es sich für mich natürlich auch so anfühlen. Ich hoffe, du verstehst, was ich meine! Der zweite Punkt ist wieder der Glaube, gottähnlich zu sein und über die Macht zu verfügen, Seelen ins Licht schicken zu können. Ja, wir sind tatsächlich alle göttliche und universelle Lichtwesen. Wir sind ausgestattet mit unendlicher Schöpferkraft. Aber warum sollte eine Seele, wenn diese denn tatsächlich Hilfe benötigt, ausgerechnet bei einem Menschen landen, der ihr dann den Weg zeigt?

Meinst du nicht, dass es bessere Wege gibt? Was ist mit der einzigartigen universellen Hilfe von Engeln, spirituellen Guides etc.? Für mich macht das mehr Sinn als irgendeine menschliche Hilfe!

- *Mythos 8:* Dieser Mythos ist einer der für mich niedlichsten Mythen oder Bräuche und er besagt, dass die Seele nach dem Tod erst einmal unterwegs ist. Deswegen sollte man das Fenster aufmachen, wenn jemand verstorben ist, damit die Seele leichter gehen oder vielmehr hinausfliegen kann! Ist das nicht süß! Ich habe dann sofort das Bild einer Seele im Kopf, die rechts und links fette Flügel hat und fröhlich durch die Gegend flattert. Und gleich anschließend schießen mir die lustigsten Szenarien durch den Kopf. Einmal sehe ich die Seele, die, wie gewünscht, aus dem offenen Fenster fliegt! Im nächsten Moment klatscht eine andere Seele direkt ans Fenster und rutscht an der Glasscheibe herunter, weil irgendein Depp vergessen hat, das Fenster zu öffnen! Ich bin noch nicht ganz sicher, ob sie dann neben dem Fenster hocken bleibt, bis es irgendeiner wieder öffnet oder ob sie einfach durch die nächste offene Tür flattert. Was meinst du? Oder die Seele quetscht sich mitsamt ihren Flügeln durch eine winzige Ritze, weil das Fenster leider nur einen Spaltbreit geöffnet war. Du siehst, menschliche Maßstäbe werden einer Seele und dem, wozu sie fähig ist, nicht gerecht.

An dieser Stelle möchte ich gern die vorerst letzte, in den sozialen Medien gefundene Frage beantworten: Wenn manche Seelen direkt in ein neues Leben übergehen und das noch zu Lebzeiten eines Hinterbliebenen, kann man diese dann immer noch über das Jenseits kontaktieren? Ja, das geht. So lange es Menschen gibt, die diese Seele im Jenseits erreichen möchten, so lange wird diese — meiner Ansicht nach – versuchen, sich zu erkennen geben. Reden wir jetzt aber vom Urururgroßonkel, so bin ich sicher, dass eine Kommunikation zwar möglich wäre, aber wer sollte einen vor so langer Zeit Verstorbenen jetzt noch erkennen? Ich persönlich würde noch nicht einmal die Eltern meiner Großeltern erkennen, weil ich diese zu Lebzeiten nie kennengelernt habe. Für den sehr komplexen Bereich Reinkarnation habe ich dir ein separates Kapitel angefügt.

5.22.1

Zusammenfassung Mythen

Auch wenn viele Menschen das glauben wollen, für mich gibt es weder Anhaftungen noch Besetzungen noch negative Seelen, die auf Erden ihr Unwesen treiben. Was auch immer das ist, bleibt wohl offen. Eines steht für mich aber fest, es ist kein Verstorbener! Kein Verstorbener möchte dir Angst einjagen! Viel zu groß wäre der Verlust für die geistige Welt, wenn jeder Mensch aus lauter Angst die Türen zur geistigen Welt zuwerfen würde. Die Angst, die wir bei einem unerklärlichen Phänomen empfinden, entsteht aus meiner Sicht deshalb, weil wir nicht verstehen oder wissen, dass es unsere Lieblingsseelen sind, die auf diese Weise den Kontakt mit uns suchen. Wir wünschen uns zwar, dass sie anwesend sein mögen, wenn sie es dann jedoch sind, merken wir es gar nicht. Es ist also die Angst vor dem Unbekannten und nicht die vor der Lieblingsseele! Auch deine Lieben aus der geistigen Welt sind bei dir und versuchen, dir zu zeigen, dass sie da sind! Du darfst mir glauben, du störst zu keiner Zeit ihre Totenruhe, wenn es denn so etwas überhaupt gibt. Es ist die souveräne Wahl deiner Lieblingsseele, bei dir zu sein. Sie müsste es nicht, wenn sie es nicht wollte! Wenn du keinen Kontakt wünschst, dann sage den betreffenden Seelen ganz liebevoll, dass sie dich bitte allein lassen sollen. Handelt es sich bei dem, was du wahrnimmst, wirklich um die geistige Welt, dann wird sie deiner Bitte sofort Folge leisten. Und zwar ebenso schnell, wie sie aufgrund deines Wunsches da ist. Für mich gibt es kein Steckenbleiben. Alles ist Energie! Okay, Energie kann auch mal blockiert sein, aber auch das haben wir selbst zu verantworten. Wenn einer sich königlich blockieren kann, dann sind wir das selbst! Wir Menschen, sonst niemand. Freue dich also über alles, was du wahrnimmst. Stell dir vor, deine Lieblingsseele ist bei dir und geh dann in dein Gefühl. Was spürst du? Wie fühlt sich das an? Wann immer oder wo auch immer du Erfahrungswerte oder Aussagen von anderen Menschen aufnimmst, darfst du für dich prüfen, ob das Gesagte auch deiner Wahrheit entspricht. Das ist mein ultimativer Tipp! Das, was für andere stimmt, muss nicht für mich stimmen! Halleluja!

5.23
Reinkarnation

Die Thematik Reinkarnation bzw. Wiedergeburt ist sehr umstritten und zudem äußerst vielschichtig. Hier gehen die jeweiligen Meinungen und Sichtweisen, wie man sich eine Reinkarnation vorzustellen hat und wie sie abläuft, sehr weit auseinander. Allein mit den Einzelheiten dieses Themas ließen sich ganze Bücher füllen. Viele haben den Versuch gestartet, Reinkarnation erklärbar zu machen, ich tue das hier aus meiner Sicht und Erfahrung heraus ebenfalls. Ich hege dabei weder den Anspruch auf Vollständigkeit, noch dass alles wissenschaftlich nachgewiesen sein muss. Ein geistiger Lehrer namens Jacob hat während einer Trancesitzung, der ich beigewohnt habe, die Reinkarnation sinngemäß so erläutert:

Greifen wir jetzt mal kurz in die Trickkiste und holen aus der Gemüseabteilung gedanklich einen hübschen Romanesco oder besser doch einen stinknormalen Blumenkohl hervor! Romanesco kennt kein Mensch! Sinnbildlich ist das eine sehr gute Beispielmöglichkeit. Stell dir bitte meine Seele als wunderschönen Blumenkohl mit unzähligen kleinen Röschen vor. Nutze jetzt bitte kurz deine Vorstellungskraft und stell dir bildlich vor, wie mein wunderschöner Blumenkohl fest mit der Erde verwurzelt ist. Der Zustand dieses gesamten Blumenkohls unterliegt keiner festen Form oder Materie, sondern ist Geist! Er ist reine Energie und existiert darüber in einer unsichtbaren Form. Zumindest für die meisten Menschen hier. Jedes Röschen stellt die Möglichkeit verschiedener Lebens- und darüber Wachstumszyklen da.

Ich, Susan, bin also gerade ein Röschen meines sich in der geistigen Welt befindlichen Blumenkohls, der meine Seele symbolisiert. Meine Seele wohnt demnach in der geistigen Welt, während das Röschen Susan gerade Erfahrungsurlaub auf der Erde macht. Das bedeutet, dass die Seele als Ganzes ihren Standort immerwährend in der geistigen Welt hat. Das Röschen bzw. der Anteil Susan, der hier auf der Erde in diesem Körper lebt und Erfahrungen sammelt, ist also nie von der Seele bzw. dem Blumenkohl getrennt, sondern immer ein Teil des Ganzen. Auch wenn der Anteil Susan genau diese Dauerverbindung vergessen hat oder vielleicht sogar zeit ihres Lebens nicht wahrnimmt. Diese unsichtbare Verbindung bleibt für jedes Röschen bestehen, welche Erfahrung auch immer es machen möchte.

Jedes Röschen hat also die Wahl, ob überhaupt und wenn ja, in welcher Lebensform Erfahrungen gesammelt werden sollen. Die verschiedenen Lebenserfahrungen können in unterschiedlichen Galaxien und in den mannigfaltigsten geistigen oder körperlichen Formen vorgenommen werden. Jedes Röschen bzw. jedes Teil des Ganzen ist dabei einzigartig. Ich, Susan, lebe nur einmal. Das, was ich bin und in meinem Leben an emotionalen Erfahrungen sammle, stelle ich am Ende dem Ganzen, meinem Blumenkohl bzw. meiner Seele, zur Verfügung.

Gedanken und Gefühle erschaffen Emotionen. Diese emotionalen Erfahrungen, die jedes Röschen nun für sich macht, werden in dem dazugehörigen Emotional- und Mentalkörper sowie dem spirituellen Energiekörper gesammelt und nach Beendigung des Lebens dem Blumenkohl bzw. der Seele als Erfahrungsschatz zugeführt. Dieser Erfahrungsschatz bleibt dem Ganzen erhalten, so lange das als nützlich erachtet wird. Das ist auch der Grund, warum ein Jenseitskontakt selbst Jahrzehnte nach dem Tod noch funktioniert, zumindest so lange, wie jemand diesen Seelenanteil erkennen kann. In der geistigen Welt gibt es natürlich jede Menge Blumenkohle bzw. Seelen. Mit einigen Seelenanteilen oder Röschen dort hast du dahingehende Verabredungen getroffen, dass du deine Erfahrungen auf Erden mit ihnen teilen willst. Entweder als Freund, Familie, Feind oder Arschengel. Innerhalb dieser Co-Kreationen mit anderen Seelenanteilen ist dem buntesten Farbspektrum, das du dir vorstellen kannst, keine Grenze gesetzt.

Oft wird gedacht, dass wir Menschen auf Erden ausschließlich dieser Körper sind, dabei sind wir so viel mehr. Selbst den Verstorbenen wird zwar »ein« Seelendasein zugesprochen, allerdings eben im Singular. Es gibt aus Sicht der geistigen Welt jedoch keine Singularität und kein Einzeldasein, niemand ist je allein und isoliert vom Ganzen. Keine Ahnung, ob du noch bei mir bist oder das Kapitel schon beim ersten Blumenkohlröschen zugeklappt hast. Du siehst, die Sicht der geistigen Welt zum Thema Zeit und Wiedergeburt ist sehr komplex und für unseren Verstand kaum fassbar. Der Bereich der Quantenphysik umfasst ein weites Feld, das in der Tat sehr spannend ist. Die jeweiligen Besonderheiten von parallel existierenden Leben zu erläutern, würde an dieser Stelle jedoch zu weit führen.

Deswegen vereinfacht die geistige Welt uns dieses Thema mit der folgenden Aussage: »Verstehe, dass du als Susan nur einmal in dieser Form existierst! Deshalb genieße, wer und was du bist! Leb dich aus und interessiere dich für dein Hier und Jetzt!«

Wenn du in diesem Körper und mit dem, was du heute bist, einmalig bist, dann frage dich, ob du tatsächlich das Leben führst, das du führen willst oder dir für dich vorgestellt hast. Wenn du nur dieses Leben hast, dann hast du jeden Tag die Chance, dich für dich und darüber für alle dir im Universum zur Verfügung stehenden Möglichkeiten zu entscheiden.

Genau das habe ich für mich erkannt! Und genau das tue ich jeden Tag!

Ich entscheide mich für mich! Ich entscheide mich für ein Leben in Freude, Liebe, Glück und Leichtigkeit! Und wenn das Röschen Susan irgendwann in die geistige Welt zurückgeht, dann hat sie alles mitgenommen, was ging!

Das darfst du mir glauben!

6 HEILUNG

6.1

Heilt die Zeit alle Wunden?

Zu den für mich schwierigsten Erkenntnissen gehörte es, feststellen zu müssen, dass die Zeit keine Wunden heilt. Bestimmt weißt du nur zu gut, was ich damit meine. Stell dir vor, du müsstest einer Mutter, die gerade ihr Kind verloren hat, erklären, dass alles gut ist, wie es ist! Undenkbar!

Gerade Mütter, die ihr Kind oder auch ihren geliebten Partner verloren haben, begleitet fortwährend das Gefühl, ein Stück aus ihrem Leben weggerissen bekommen zu haben. Ihr Leben fühlt sich nicht mehr lebenswert an und sie sind tief in ihrem Schmerz gefangen. Wenn wir durch den Tod eines geliebten Menschen emotional so tief verletzt werden, dann verfallen wir oft in eine Art innerer Starre. Aus Angst, die Verletzungen sonst nicht aushalten zu können, ziehen wir uns zurück und zögern Dinge, die getan werden müssten, hinaus. Aber können wir uns auf diese Weise wirklich vor dem Schmerz schützen?

Immer wieder habe ich Hinterbliebene in meinen Jenseitskontakten sitzen, die am Boden zerstört sind und kaum in ihr Leben zurückfinden. Und das seit Jahren! Alle Versuche, zu vergessen oder die entsprechenden Bindungen aufzulösen, endeten nur in noch mehr innerlichem Schmerz. Diese Hinterbliebenen erwarten im Jenseitskontakt ein Wunder. Sie wollen begreifen, warum ihnen das Liebste aus dem Leben weggenommen wurde. Sie greifen nach jedem Strohhalm und dennoch reichen die Erklärungen, Zeichen und Bestätigungen ihrer Lieben aus der geistigen Welt in keiner Weise aus, um diesen Schmerz zu mindern.

Ist es also wirklich so, dass die Zeit alle Wunden heilt? Wenn ich von meiner Erfahrung als Medium ausgehe, muss ich das leider verneinen. Es gibt Eltern, die vor 20 Jahren ihr Kind verloren haben und noch heute eine klaffende Wunde in ihrem Herzen verspüren, die einfach nicht heilen will. Wenn die Zeit alle Wunden heilt, dann müsste diese Wunde nach mehr als 20 Jahren schon längst geschlossen und verheilt sein, oder?

Warum ist das bei so vielen Hinterbliebenen nicht der Fall? Wieso schafft der eine Hinterbliebene es, weiterzuleben? Wieso schleppt sich ein anderer täglich erneut durch seinen Alltag und weiß nicht, wie er, auch auf der körperlichen Ebene, noch mit diesem unbeschreiblichen Schmerz umgehen soll? Selbst nahe Angehörige sind dann nicht in der Lage, diesem Menschen zu helfen.
Gibt es eine Zauberformel, die es Hinterbliebenen ermöglicht, mit einem so großen Verlust weiterzuleben? Machen Menschen, denen es nicht gelingt, mit einem solchen Verlust fertigzuwerden, etwas falsch?

Im Universellen gibt es kein »falsch«, wie du bereits erfahren hast. Immer und immer wieder bekomme ich das von der geistigen Welt bestätigt. Verlust und Schmerz gehören nicht zu den leichten Themen unseres Lebens. Viele zerbrechen in solchen Momenten und manche sterben irgendwann selbst an gebrochenem Herzen. Fast alle sind nicht in der Lage, sich auf den Schmerz einzulassen. Das ist wiederum nötig, um diesen gehen zu lassen oder wandeln zu können. Ja, richtig!

Das Einlassen auf den Schmerz bringt den geliebten Menschen nicht zurück! Da hast du recht! Wenn es dir jedoch irgendwann gelingt, den Tod deiner Lieblingsseele anzunehmen und wenn du verstehst, dass sie immer bei dir ist, dann kann sich deine Trauer verändern. Deine Lieblingsperson ist immer bei dir, auch wenn sie keinen physischen Körper mehr besitzt. Du bist nicht allein!

6.2
Schmerz

Das Thema »Schmerz« ist ein sehr komplexes. Dennoch werde ich versuchen, mein Wissen hierüber mit dir zu teilen und dir damit eine Möglichkeit zu eröffnen, deinen tiefsitzenden Schmerz zu wandeln. Ein Schmerz, der lähmt und kaum auszuhalten ist. Ein Schmerz, der dich gefangen hält und dich am Weiterleben hindert. Rien ne va plus – nichts geht mehr. Der Tod hat dich und vor allem deinen Alltag verändert. Die Momente häufen sich, in denen du selbst nicht weißt, warum du eigentlich noch hier auf dieser Erde bist. So sehr zerreißt dich die Sehnsucht nach deiner geliebten Person! Oft ist der Schmerz mit dem Gefühl der Hilflosigkeit, Ohnmacht, Lähmung, mit Schuldgefühlen, aber auch mit Wut und Aggressionen gekoppelt. Wieso hat die geliebte Person mich verlassen und ist von mir gegangen? Tag für Tag versuchen die Hinterbliebenen, zu verstehen und zu begreifen, warum sie zurückgelassen worden sind. Warum nur? Sie fragen sich, wie sie diesen Schmerz jemals ertragen sollen, ohne daran zugrunde zu gehen. Teilweise zeigt sich dieser tiefsitzende Schmerz dann auch körperlich. Alles tut weh bis hin zu Übelkeit und anderen körperlichen Gebrechen. Auch gibt es Menschen, die sich regelrecht verschließen, um in ihrem Schmerz aufzugehen. Hier ist der Schmerz der einzige Halt, den diese Menschen noch verspüren. Ihr Umfeld ist oft nicht in der Lage, hier helfend einzugreifen. Angehörige müssen hilflos zusehen, wie sich die hinterbliebene Person diesem unbeschreiblichen Schmerz mehr und mehr hingibt.

Schmerz und Trauer stellen für mich zwei unterschiedliche Bereiche dar. Auch ich weiß um den Prozess der Trauer. Ich habe mir nahestehende Menschen während ihres Sterbeprozesses begleitet und dabei vieles erlebt. Natürlich ist der Prozess des darauffolgenden Trauerns ein sehr wichtiger. Für mich war es interessant zu erkennen, dass jeder auf eine gänzlich andere Weise trauert bzw. mit dem Verlust einer geliebten Person umgeht. Wenn du aktuell so eine Situation durchlebst, dann lass dir von anderen nicht einreden, wie dein Trauerprozess auszusehen hat. Vor allem nicht, dass dieser, nach deren Ansicht, auch irgendwann vorbei sein müsste! Jeder trauert so und vor allem in dem Tempo, wie es für ihn wichtig und richtig ist. Kein Außenstehender ist in der Lage, diesen Prozess für dich zu beurteilen. Nimm dir die Zeit, die du benötigst. Schließlich gilt es auch im Alltag, anzunehmen und zu verstehen, dass der geliebte Mensch nicht mehr physisch, sondern nur noch als Seele anwesend ist. Der tiefe Schmerz, den viele durchleben, wird meines Erachtens nach durch viele darunter sitzende unbewusste Ängste ausgelöst. Auch diese Ängste gehören zu dir, selbst wenn du ein Leben lang gelernt hast, keine Angst und/oder keine Schmerzen empfinden zu wollen. Über das Verdrängen und das »nicht fühlen Wollen« auf der körperlichen Ebene wird das Thema Schmerz an deinen Verstand weitergeleitet, damit er eine Lösung dafür findet. Du versuchst dann, den Schmerz mit deinem Verstand zu verstehen. Aber es geht noch schlimmer. Denn so, wie du es gelernt hast, versuchst du nun mithilfe deines Verstandes diesen katastrophalen Schmerz zu verdrängen. Alles Negative in irgendeine innere Schublade zu versenken und bloß nicht zu fühlen! Weg soll er sein! Bloß keinen Schmerz spüren! Glaub mir, auf Dauer zerreißt dich ein solches Verdrängen. Nur die Angst, den gefühlten Schmerz nicht zu überleben, hält uns davon ab, ihn auch nur ansatzweise zuzulassen. Demgemäß akzeptieren wir den Schmerz nicht und noch dazu lehnen wir alles Negative oder vermeintlich Negative in unserem Leben ab. Keiner will so etwas fühlen! Aber funktionieren denn diese Verdrängungsmechanismen auf lange Sicht? Die Antwort ist nein.

Meist handelt es sich um Ängste, dass die Hinterbliebenen sich getrennt, verlassen oder vielmehr zurückgelassen und darüber alleingelassen fühlen! Auch Ängste, die sie glauben lassen, nicht gut genug zu sein oder es nicht verdient zu haben, spielen eine große Rolle! Meist fühlen sich die Hinterbliebenen dann noch zusätzlich bestraft, weil sie dieses Schicksal erleiden müssen und darüber in einer Endlosschleife gefangen sind. Zusätzlich stellen sich meist noch Ängste ein, die tiefe Gewissensbisse zutage bringen, nicht genug oder zu wenig für die geliebte Person, die sich jetzt in der geistigen Welt befindet, getan zu haben. Hätte ich noch etwas anderes tun können?

Hätte ich mehr da sein können und sollen? Wäre die geliebte Person dann noch da? All das sind Ängste, die den Schmerz noch zusätzlich fördern! Ständig stellt sich die Frage nach dem Warum! Dieses Warum zeigt mir die geistige Welt im Jenseitskontakt dann in Form von fetten leuchtenden Buchstaben, die ich über den Köpfen der Hinterbliebenen sehen kann.

Ich weiß dann sofort, dass der Tod des geliebten Menschen auch nach Jahren nicht auf der Seelenebene angenommen bzw. akzeptiert wurde. Solche Hinterbliebenen lehnen den Tod des geliebten Menschen mit jeder Zelle ihres Körpers und mit jedem Gedanken ab. Durch diese Ablehnung stellen sie sich gegen die Realität und verleugnen diese. Ihr Verstand sucht ständig nach Erklärungen, warum das Unfassbare passiert ist. Sie tun gedanklich so, als ob dieser Tod ein Versehen war und nicht hätte stattfinden dürfen. Je mehr wir aber so tun, als ob der Tod einen Irrtum oder gar eine Bestrafung für uns darstellt, umso weiter entfernen uns diese Gedanken von der Realität. Wir akzeptieren nicht! Wir nehmen den Tod nicht an! Nichts kann uns besänftigen. Wir wünschen uns die Person zurück und sagen täglich »NEIN!« zu ihrem Tod. Nein zu ihrer souveränen Seelenentscheidung, das physische Leben hinter sich gelassen zu haben. All das läuft bei den meisten Menschen in Form von unbewussten Prozessen ab. Sie ahnen noch nicht einmal, was in ihrem Unbewussten passiert. Ich wünsche diesen leidenden Hinterbliebenen, dass sie das hier Beschriebene ihrer inneren Wahrheit und darüber ihrer Seele wieder näherbringt.

Was erschwerend hinzukommt, ist, dass dieser tiefsitzende Schmerz sich wie eine Art unsichtbare Wand zwischen den Hinterbliebenen und die Seele aus der geistigen Welt stellt. Die Hinterbliebenen erwarten Wunder von der geistigen Welt, sie fordern Zeichen in einer Tour – aber in ihrer Wahrnehmung passiert nichts! Diese Nebelwand ist nur eine Erklärung dafür, warum solche Hinterbliebenen denken, sie hätten keinen Kontakt zu ihrer Lieblingsseele, obwohl diese immer ganz dicht bei ihnen ist. Diese unbewusste Nebelwand führt leider irgendwann zum Gefühl des völligen Getrenntseins.

Aus der Erfahrung, die ich in unendlich vielen Jenseitskontakten sammeln durfte, kann ich sagen, dass mit der ständigen Frage nach dem Warum der Schmerz genährt wird, weil der Tod der geliebten Person nicht als Realität akzeptiert wird. Dabei geht es gar nicht darum, diesen schweren Schicksalsschlag schnellstmöglich zu verarbeiten. Es geht auch nicht darum, die Realität zu verrücken, sondern anzunehmen. Es ist, wie es ist. Gerade weil Verstorbene im Jenseitskontakt aufzeigen, dass ihr Tod die souveräne Wahl ihrer Seele war und zu ihrem Seelenplan gehörte. Auch das ist für viele Hinterbliebene unbegreiflich. Wie nur kann man sich für den Tod entscheiden, fragen sie sich. Der Tod an sich wird, wenn überhaupt, nur bei älteren Menschen leichter akzeptiert. Menschen, die ihr Leben gelebt haben. Menschen, die alt und krank und gebrechlich waren. Die haben ja bereits alles erlebt, wird dann gern behauptet. Teilweise wird diesen Personen sogar gewünscht, endlich von diesem Körper erlöst zu werden. Bei kerngesunden jungen oder sehr geliebten Menschen oder gar Kindern sieht das Akzeptieren anders aus! NEIN! Das ist doch viel zu früh, das darf doch nicht sein! Nein, das kann nicht sein. Der/die ist noch viel zu jung. Sie haben ihr gesamtes Leben noch vor sich. Kinder sterben nicht vor ihren Eltern usw. Man will den Tod in Verbindung mit diesen Personen nicht wahrhaben. Alle Gedanken drehen sich nur noch darum, warum das passiert ist. Und vor allem, dass es nicht hätte sein dürfen. Natürlich verstehe ich, warum das Akzeptieren des Todes vielen Hinterbliebenen so schwerfällt und sie diesen Schmerz nicht fühlen wollen. Es fühlt sich für diese hinterbliebene Person so an, als ob sie selbst stirbt. Zudem gibt es auf die Frage nach dem Warum keine wirklich befriedigende Antwort von Seiten der geistigen Welt, die der Hinterbliebene für sich akzeptieren und annehmen könnte. Eine solche Antwort ist auch gar nicht möglich. Gerade weil sich die hinterbliebene Person im Schmerz und damit im NEIN zum Tode der geliebten Person befindet. Es gibt keine Zeichen, die dir hier helfen können. Nein, die geliebte Person darf nicht tot sein! Über solche Gedanken wird der Schmerz täglich größer und andererseits aber nicht durchlebt, sondern verdrängt. Auch wenn diese Hinterbliebenen unendlich viele Zeichen aus der geistigen Welt bekommen, dass ihre geliebte Person immer bei ihnen ist. Nichts hilft.

Was, wenn jeder Schmerz zusätzlich auch daher rührt, dass wir Menschen alle Tatsachen immer be- oder verurteilen? Gut, so haben wir das alle gelernt! Von Kindesbeinen an wurde uns beigebracht, alles um uns herum zu be- und zu verurteilen. Schublade auf! Schublade zu! Wir haben nie gelernt, was passiert, wenn wir nicht be- oder verurteilen. Diese Denkweise, etwas nicht zu beurteilen, ist bei vielen noch nicht einmal vorhanden. Von den meisten wird gar nicht bemerkt, dass sie alles um sich herum einer Bewertung unterziehen. Wir bewerten dabei nicht nur uns, sondern natürlich auch alle anderen. Diese Denkweise des Be- und Verurteilens führt dazu, dass wir uns getrennt von allem und jedem fühlen. Manchmal glauben wir, dadurch schlechter und weniger wert zu sein als andere. Aufgrund dieses trennenden Denkens gibt es keine Möglichkeit, den Schmerz entsprechend zu wandeln und wieder in die Freude zu kommen, ohne sich selbst dafür zu bestrafen.

Was, wenn dieser unendliche Schmerz von deinen unbewussten, tiefsitzenden Ängsten herbeigeführt wird, ohne dass dir das wirklich jemals bewusst wird?! Was, wenn es ohne das Risiko des Schmerzes keine Freude geben kann?!

Was, wenn dieser Schmerz nichts mit der Realität zu tun hat, sondern von alten Gedankenmustern hervorgebracht wird? Von Gedankenmustern, die dich in der Angst halten? Was, wenn dieser Schmerz sich erst wandeln kann, wenn du bereit bist, tatsächlich durch ihn hindurchzugehen?! Was, wenn es darum geht, die Realität anzunehmen, auch ohne sie verstehen zu wollen?! Was, wenn deine Seele nur darüber heilen kann?! Was, wenn dieser Schmerz etwas mit deinem Leben als Seele zu tun hat?! Was, wenn diese emotionale Erfahrung wichtig für deine Seele ist?! Was ist dann?!

Was, wenn »Annehmen und Zulassen« der magische Zauber ist, der es dir möglich macht, weiterzuleben, auch wenn es dabei Momente geben wird, in denen du das Gefühl hast, dass es dich völlig zerreißt?! Manchmal dauert es sehr lange, bis Menschen wieder bereit sind, ohne Schutz einen Neuanfang zu beginnen. Dazu gehört, keine Angst zu haben, sein Herz zu öffnen und natürlich auch das verstandesmäßige Akzeptieren der Realität und damit des Todes.

6.2.1

Schmerz fühlen

Stell dir bitte vor, dass alles im Universum einen tieferen Sinn hat. Überwinde für einen Augenblick deine tiefsitzenden, vielleicht sogar unbewussten Ängste. Akzeptiere nur für diesen Moment, dass alles seine Richtigkeit hat – auch der Tod! Lass den Schmerz über den Tod deines so sehr geliebten Menschen zu.

Akzeptiere, dass er jetzt nur noch als Seele bei dir ist und seinen physischen Körper hinter sich gelassen hat. Akzeptiere, dass es seine Seelenentscheidung war und du diese zu keiner Zeit hättest beeinflussen können. Akzeptiere, dass es so ist, wie es ist. Fühle deinen Schmerz und lass ihn zu, selbst wenn du denkst, dass er dein Herz zerreißt! Atme! Atme mehrfach tief ein und aus, wenn du meinst, es nicht mehr aushalten zu können. Deine Lieblingsseele ist bei dir und hilft dir, diesen Prozess für dich zu durchlaufen. Nutze die Hilfe der geistigen Welt, um deinen Schmerz über ihre Liebe und durch deine Liebe zu dir selbst wandeln zu können. Diese

Übung kann dir helfen, auf Dauer wieder zurück in dein Leben zu finden und darüber auch die Nähe deiner Lieblingsseele zu spüren.

Ja, auch ich verstehe nicht immer den Sinn hinter allem und jedem. Aber muss ich das?! Ich weiß, dass innerhalb unseres Universums nichts ohne Sinn geschieht. Was, wenn alles vorherbestimmt und aktiv von jeder Seele mitbestimmt wird, auch wenn sie alle getroffenen Vereinbarungen erst in oder über die geistige Welt versteht? Dein Schmerz ist nicht dein Schicksal und dient schon gleich gar nicht deiner Bestrafung! Deinen Lieben aus der geistigen Welt ist es wichtig, dass es dir gut geht. Sie tun alles, um dir Erleichterung zu verschaffen oder dir bei der Wandlung deines Schmerzes zu helfen. ALLES! Aber – du musst es auch wollen! Du bist der einzige Mensch, der diesen Schmerz wandeln kann. Immer wieder betonen die Seelen aus der geistigen Welt, wie sehr sie sich wünschen, dass die Hinterbliebenen wieder zurück ins Leben und darüber in ihre Leichtigkeit und Liebe finden. Was glaubst du, warum sie das sagen?

Was, wenn es tatsächlich möglich ist, beides zu leben? Auf der einen Seite die Akzeptanz des physischen Todes und darüber das Spüren der geliebten Seele und auf der anderen Seite das eigene Leben in völligem innerem Frieden? Geh kurz in dein Gefühl. Wie fühlt sich das für dich an?!

Viele Hinterbliebene fragen mich, wie ich es geschafft habe, fröhlich und leicht weiterzuleben, obwohl ich zwei Kinder verloren habe, die jetzt in der geistigen Welt sind. Ich habe heute verstanden, was es bedeutet, Realität anzunehmen. Natürlich gab es die Momente, ich denen ich weinte und überlegte, wie es denn wäre, wenn meine Kinder Elia und Emilia geboren worden wären. Passierte das und hing ich dann in diesen Gedankenmustern fest, spürte ich förmlich, wie es mich in den Schmerz zog. Es war ein Gefühl, als ob ich aus dem Jetzt in Lichtgeschwindigkeit zurück in die Vergangenheit katapultiert würde.

Viele haben mich nach dem ersten Verlust angerufen, um mir zu sagen, wie leid es ihnen tut. Obwohl ich damals noch nicht einmal annähernd das wusste, was ich heute weiß, war mir eines klar. Es fühlte sich »richtig« an, auch wenn ich traurig war. Aber erklären konnte ich das nicht.

Niemand ist perfekt! Wozu auch? Ob etwas perfekt ist oder nicht, ist eine Form der Bewertung, etwas Irdisches bzw. Menschliches. Ich denke, dass das, was es für mich heute anders macht, ist, dass ich sehr schnell merke, wann ich nicht in der Annahme bin. Fühle ich mich hilflos, schlecht, wertlos usw., dann führen mich meine Gedanken in meine tiefsitzenden Ängste, weg von der Realität und dem, wie es ist. Dann sage ich nein, so darf und kann es nicht sein – auch ich bin dann gefangen in meiner Angst. Ich akzeptiere in so einem Moment z. B. nicht, dass meine Kids in der geistigen Welt groß geworden sind. Und das, obwohl ich weiß und spüren kann, dass sie jeden Tag an meiner Seite sind. Wie du siehst, geht es mir da nicht anders als dir. Ich erkenne den Hintergrund derzeit vielleicht schneller als du und deshalb komme ich einfacher aus der Situation und damit aus dem tiefen Mutterschmerz heraus.

Mag sein, dass das für viele Menschen unfassbar und völlig unverständlich klingt. Ich weiß heute jedoch, dass es die Seelenentscheidung meiner beiden Kinder war, nur kurz zu inkarnieren und nur kurz die Enge eines menschlichen Körpers zu erleben bzw. zu spüren. Elia noch mehr als Emilia. Sie hatte sich noch früher zurück in die geistige Welt begeben. Und das war sogar unsere gemeinsame Seelenentscheidung gewesen. Es gab zwischen den Seelen meiner Kinder und meiner Seele vor unserer Inkarnation so etwas wie eine Abmachung, diese Erfahrung auf beiden Seiten machen zu wollen. Alles fand in der, wie ich sie nenne, geistigen Welt statt. Und nein, zum Zeitpunkt des Verlustes war mir das nicht klar. Zu dieser Einsicht bin ich erst viele Jahre später gelangt.

Gehe ich nun bewusst wieder raus aus der Vergangenheit und raus aus der Geschichte des Todes meiner Kinder, passiert Folgendes: Ich komme bewusst zurück ins Jetzt. Ich weiß, dass meine Kinder in der geistigen Welt sind und sie es dort guthaben. Ich weiß, dass unsere Seelen eine Kooperation vereinbart hatten. Beide Kinder haben mir immer wieder bestätigt, dass alles gut so ist, wie es ist. Darüber hinaus weiß ich, dass alles im Universellen seine Richtigkeit hat. Und dann geschieht das Wunder! Ich spüre ein innerliches »Ja« zu meiner Seelenwahrheit. Auch wenn ich das alles nicht in wissenschaftlicher Form darlegen oder mit langwierigen Erklärungen füllen kann.

Es ist das warme und wohlige Gefühl der Annahme, dass sich so schwer beschreiben lässt. Es ist nicht das verstandesmäßige Verstehen, sondern nur die Annahme, dass alles ist, wie es ist. Ein Gefühl, das mir innere Sicherheit verleiht, dass alles gut ist, wie es ist! Ein Gefühl, das aber auch sofort von meinem Verstand auseinandergenommen wird, wenn ich in diesem Moment nicht auf meine Gedanken aufpasse. Als mir dieses Muster meines Verstandes noch nicht bewusst war, begann mein Verstand jedes Mal damit, mir in Windeseile einzureden, dass dieser Tod vielleicht doch meine Schuld war! Verstand: »Du hast nicht gut genug aufgepasst! Warum hast du auch arbeiten gehen müssen? Wärst du mal lieber auf dem Sofa hocken geblieben! Du bist schuld!« Schließlich hatte mir mein Arzt damals geraten, sofern möglich, nicht zu arbeiten! Heute kann ich nicht mehr sagen, warum ich mit damals, mit Ende 20, als Risikoschwangerschaft eingestuft wurde. Das innere Schuldgefühl und zusätzlich der Schmerz und die Angst, etwas falsch gemacht zu haben, die blieben. Als ich dann wieder schwanger wurde, nahm ich aus lauter Frust und Angst über 35 kg zu. Wie eine Art Schutzwall, den ich körperlich sichtbar um mich herum aufgebaut hatte.

Mein zweites Kind erblickte dann in der 37. Woche, noch knapp als Frühgeburt zählend, das Licht der Welt. Es war so winzig und wog nicht mehr als ein paar Butterstücke. Nach der Geburt sagte mir der Arzt, ich hätte zwei Plazentas gehabt. Auf meine Nachfrage hin erläuterte er mir, dass ein Fötus während der Schwangerschaft wohl abgestorben sei.

Das war meine Emilia, sie hatte sich dazu entschlossen, nur wenige Tage oder Wochen anwesend zu sein. Damals liefen beide Kinder unter dem Thema Fehlgeburt. Ich war überglücklich über meinen Sohn und vergaß über die Jahre, was tatsächlich mit meinen Kindern in der geistigen Welt geschah. Bis zu dem Tag, an dem sich mir Elia und später Emilia in unterschiedlichen Jenseitskontakten zeigten. Aber dazu an anderer Stelle mehr.

Wie gesagt, heute ist das anders. Mein Verstand versucht mir zwar immer noch zu beweisen, dass es an mir liegt, aber mein Wissen und das Gefühl um meine innere Wahrheit steht heute vorne an. Ich beurteile nicht, was passiert ist. Ich verurteile mich nicht und schon gar nicht, dass und ob ich etwas hätte besser machen können. Ich akzeptiere alles, was passiert und wie es ist. Ich weiß mit tiefer innerer Gewissheit, dass alles seine Richtigkeit hat.

Ganz egal, ob ich das verstehe oder nicht. Das Universum macht keine Fehler.

6.3
Trost

Wie genau tröstet man einen Menschen, der einen so großen Verlust erlitten hat? Eine Person, für die sich dieser Verlust so anfühlt, als ob jemand ein Stück ihres Herzens herausgerissen hätte, das ihr nun unwiederbringlich fehlt? Wenn überhaupt, dann haben nur jene Menschen einen kurzen Einblick in diese Art von Gefühl erhalten, deren vermeintlich große Liebe des Lebens sich irgendwann von ihnen getrennt hat. Ja, das mag ein ähnliches Gefühl sein, da auch ein solcher Verlust einen völlig hilflos und gebrochen zurücklässt. Größer und mächtiger ist da nur noch das Erfahren der wirklichen Verlustrealität, des Todes. Oft erlebe ich, wie Menschen nicht mit der Trauer und dem tiefempfundenen Verlust eines anderen Menschen umgehen können. Erst recht nicht Außenstehende. Bereits nach kürzester Zeit fällt ihnen außer einem herzlichen Beileid nichts ein, was sie unterstützend oder zum Trost beitragen können. Woher auch? Oder hast du das zu Hause gelernt?

Je nachdem, wer die verstorbene Person war, wie alt sie war und wie sie ums Leben gekommen ist, verfangen sich viele Menschen in diesen, teils schlimmen Geschichten, anstatt voller Mitgefühl einfach nur für den Hinterbliebenen »da« zu sein. Diese Situation bzw. der Verlust an sich sind für jeden Hinterbliebenen schon schlimm genug. Manchmal passiert es dann noch, dass sogar Freunde, Nachbarn oder Bekannte die Straßenseite wechseln, nicht mehr anrufen oder keine Besuche mehr vornehmen, nur weil sie nicht wissen, wie sie den Hinterbliebenen helfen sollen. Sie haben so einen Verlust nie erlebt und können sich deshalb auch nicht vorstellen, wie sie damit umgehen sollen. Mal ehrlich! Hast du gelernt, wie du andere trösten kannst? Weißt du, wie du auch über längere Zeit mitfühlen kannst, ohne dabei ins Mitleid zu gehen? Für viele Hinterbliebene beginnt nach dem Verlust der geliebten Person eine sehr lange und meist sehr einsame Zeit der Verzweiflung, Angst, Leere, Ohnmacht und Hilflosigkeit und zusätzlich spielt sich alles nebeneinander ab. Es gibt keine Freude mehr, niemanden, der das Leid wirklich nachvollziehen kann. Dennoch muss der Alltag weitergeführt werden – wenn auch in völliger Trostlosigkeit.

Die meisten Menschen haben keine Ahnung, wie man mit den tiefsitzenden Ängsten der Trennung und dem Verlust eines geliebten Menschen umgehen kann. Wir haben lediglich gelernt, unser herzliches Beileid auszusprechen. Und Ende! Die Menschen im direkten Umfeld eines Hinterbliebenen fühlen sich mit solch einem Leid nur allzu schnell überfordert.

Mitleidige Sätze wie:

- »Ach Gott, wie schlimm und furchtbar!«
- »Das wird schon wieder.«
- »Irgendwann wird alles wieder gut sein.«
- »Versuch mal, deine Trauer nur zwischen 10 und 12 Uhr zuzulassen!«

stellen leider für keinen Hinterbliebenen eine wirkliche Bereicherung dar. Ganz im Gegenteil. Sie fühlen sich dadurch eher missverstanden und allein gelassen. Vielleicht kapseln sie sich aufgrund dessen sogar immer weiter ab. Damit entfernen sie sich vom Mitgefühl der anderen und zudem noch weiter von jeglicher Form der Normalität. Teilweise gehen diese Verhaltensmuster mancher Hinterbliebener so weit, dass sie sich nicht mehr trauen, überhaupt über ihren großen Verlust zu sprechen.

Ich habe vieles davon selbst erlebt und erlebe es im Nachgespräch zu meinen Jenseitskontakten jeden Tag. Deshalb möchte ich dir aus tiefstem Herzen und voller Mitgefühl sagen:

- Nimm dir die Zeit zum Trauern, die du benötigst.
- Lass dir weder sagen noch vorschreiben, wie Trauer für dich auszusehen hat.
- Du bestimmst für dich, was, wie und wie lange deine Trauer dauert. Das alles gehört zu deinem göttlichen Recht.
- Du darfst sein, wie du bist! Ohne Einschränkung.
- Du musst dich für niemanden anpassen.
- Nimm dir die Zeit, die du benötigst! Niemand fühlt, was du in diesem Moment fühlst.
- Nimm deine Situation an, auch wenn du sie nicht mit deinem Verstand erfassen kannst.
- Angst blockiert dich und deine Energien. Wenn es also Ängste sind, die hochkommen, dann versuche, dich ihnen zu stellen und darüber den Energiefluss für dich zu wandeln. Finde den unwahren Gedanken darunter und erkenne die Angst als ein zu dir gehörendes Gefühl an, dass du voller Liebe annehmen darfst.
- Erkenne, dass es kein Verlieren gibt und dass deine Seele immer mit deiner Lieblingsseele verbunden sein wird. Es ist

dabei unerheblich, auf welcher Ebene diese Verbindung besteht. Wichtig zu wissen ist nur, dass sie besteht.

- Arbeite mit deiner Lieblingsseele, damit du das Gefühl und die Gewissheit bekommst, dass sie immer bei dir ist.
- Du kannst lernen, mit deiner Lieblingsseele zu kommunizieren und sie zu spüren.
- Alles ist möglich!

6.4

Den Tod bewerten

Bitte bewerte meinen Tod nicht!« – Das ist der wohl am häufigsten geäußerte Wunsch der Seelen aus der geistigen Welt. Gerade Personen, die aus ihrem Verlustschmerz nur schwer herausfinden, bekommen diesen Wunsch von ihrer Lieblingsseele sehr deutlich gezeigt. Allzu oft beschäftigen sie sich nämlich nur noch mit dem Tod und der Todesursache ihres geliebten Verstorbenen. Sie kippen förmlich aus dem Alltag und fallen dann ohne ersichtlichen Grund in eine tiefe Traurigkeit. Der Tod wird damit zum direkten Lebensmittelpunkt. Der Hinterbliebene legt den Fokus nur noch darauf und nicht mehr auf das, was seine Lieblingsperson wirklich ausgemacht hat. Das wurde mir von vielen Hinterbliebenen bestätigt. Und auch das ist etwas, was die Lieblingsseelen der jeweiligen Person im Jenseitskontakt aufzeigen. Ist dir aufgefallen, dass ich die Lieblingsperson nach ihrem Tod Lieblingsseele nenne? Weil sie eben das ist. Schön, nicht wahr? Im Feedback, d. h., wenn ich nach dem Jenseitskontakt mit den Hinterbliebenen spreche, erzählen sie mir, dass es immer wieder Momente gibt, in denen sie für sich völlig unerklärlich in eine tiefe Traurigkeit verfallen.

Ja, es ist wahnsinnig schmerzhaft, dass deine Lieblingsperson nicht mehr da ist. Ja, es ist schmerzhaft, wenn du an den Moment ihres Todes denkst oder dich ganz und gar in diesen Moment hineinversetzt. Aber bedenke, damit entfernst du dich aus dem Hier und Jetzt und rutschst rein in die Vergangenheit. Damit negierst du deine Realität. In solchen Momenten wird es dir schwerfallen, anzunehmen, dass alles, so wie es ist, gut ist. Bedenke bitte, es gibt nur einen Weg für jede Seele, den irdischen Körper endgültig zu verlassen und das ist der physische Tod! Eigentlich ist es dabei sogar egal, unter welchen Umständen die Seele den Körper verlässt. Eins muss dir klar sein: Selbst wenn du den Tod ablehnst, kannst du nichts an seiner Endgültigkeit ändern. Versuche deshalb bitte, aus der Beurteilung des Todes herauszugehen. Du wirst sehen, dann wird es leichter. Dennoch bedeutet der Tod nicht, dass das Leben beendet ist. Genau das versucht deine Lieblingsseele dir jeden Tag aufzuzeigen. Alles ist gut, so wie es ist! Alles ist und darf so sein!

6.5
Schuld

Lerne still zu leiden, ohne selbst zu klagen! Ist das auch dein Motto?! Beinahe täglich habe ich im Rahmen meiner Arbeit als Medium mit Gefühlen wie Gewissensbissen, Reue, Selbstvorwürfen bis hin zu Schuldgefühlen zu tun.

Kennst du solche Gefühle? Im Kleinen sind es Gewissensbisse, Reue, Selbstvorwürfe und im Großen Schuldgefühle und Selbstverurteilung. Sie alle fallen unter die Thematik »Schuld« und sie hinterlassen keine sichtbaren Narben. Dennoch wiegen sie für unglaubliche viele Menschen schwerer, als man sich das vielleicht vorstellen kann. Solche Gefühle zermürben und quälen Hinterbliebene so sehr, dass sie davon manchmal regelrecht erdrückt werden.

Im Verstand kreisen Fragen und Vorwürfe wie:

- Warum war ich beim Sterben und beim Übergang nicht dabei?
- Ich hätte da sein müssen!
- Warum habe ich mir nicht noch mehr Zeit für meine Lieblingsperson genommen?
- Bestimmt hätte ich mehr tun müssen und können!
- Ich hätte mich besser kümmern müssen!

- Ich hätte darauf drängen müssen, dass meine geliebte nahestehende Person zum Arzt geht. Dann wäre z. B. der Krebs rechtzeitig erkannt worden und meine Lieblingsperson würde noch leben.

- Warum habe ich die Chance verpasst, meiner Lieblingsperson ein letztes Mal zu sagen, wie wichtig sie mir ist?

- Warum kann ich meine Lieblingsperson nicht wahrnehmen? Will sie nicht bei mir sein?

- Warum ist meine Lieblingsperson gerade dann gegangen, als ich nicht da war? Ich hätte da sein müssen!

- Ich hätte mich entschuldigen müssen. Es frisst mich auf, nicht noch einmal über alles gesprochen zu haben. Hätte ich nur gesagt, wie leid es mir doch tut!

- Habe ich alles, z. B. die Beerdigung, so geregelt, wie es die geliebte Person gerngehabt hätte?

- Bestimmt habe ich irgendetwas versäumt, sonst wäre meine Lieblingsperson noch bei mir.

- Ich habe versagt. Warum werde ich so hart bestraft? Warum hat mich meine Lieblingsperson nur allein zurückgelassen!

- WARUM?

Diese Beispiele lassen sich unendlich weiterführen. Solche zermürbenden Gedanken lösen dann Gefühle der Schuld und Reue sowie Selbstvorwürfe oder Gewissensbisse aus. All das sind Gefühle, mit denen sich Hinterbliebene dann bewusst oder unbewusst auseinandersetzen. Gefühle, die diese Hinterbliebenen täglich quälen. Was, wenn es keine Schuld gibt?!

Was, wenn es keine Fehler gibt?! Was, wenn der vermeintliche Fehler einzig auf ein »Fehlen« hinweist?! Auf etwas Fehlendes in dir. Einen Aspekt, den du bei dir bisher nicht sehen oder akzeptieren und darüber annehmen wolltest.

In meinen Jenseitskontakten bin ich jedes Mal tief berührt, wenn sich die vermeintlich aufgeladene Schuld des Hinterbliebenen bereits durch wenige Worte der jenseitigen Seele in Wohlgefallen auflösen lässt. Wie schnell lassen sich die Gewissensbisse eines Hinterbliebenen auf diese Weise klären!

Stell dir vor, deine Lieblingsseele zeigt dir im Jenseitskontakt über ihre Worte und Hinweise deutlich auf, dass das, was dich so belastet, für sie in Ordnung ist. Dass sie dir gegenüber keinerlei Groll empfindet und dir dementsprechend auch gar keine Schuld zuweist. Dass es von dir selbst unbewusst kreierte Schuldgefühle sind, die nichts mit deiner Lieblingsseele zu tun haben.

Das deine täglich im Kopf kreisenden Gedanken nichts mit ihrer Realität zu tun haben. Was, wenn deine Lieblingsseele dir nicht nur im Jenseitskontakt, sondern auch im täglichen Leben nahe sein möchte und darüber versucht, dir genau diese Gedanken zu nehmen? Was, wenn sie einfach nur möchte, dass du in Liebe an sie denkst? Was, wenn sie möchte, dass du dich nicht länger mit deinem Kummer belastest? Was, wenn deine Lieblingsseele dich dabei unterstützen möchte, deine Schuldgefühle zu wandeln? Was dann nach einem solchen Jenseitskontakt passiert, können die meisten Hinterbliebenen nur selten in Worte fassen. Aber alle sagen, sie würden sich wie von einer Last befreit fühlen.

6.6
Heilung

Der Tod gehört zum Leben dazu. Für jeden uns kommt deshalb irgendwann der Tag, an dem eine geliebte Person geht. Allein durch deinen Wunsch nach Linderung und ohne eine aktive Beteiligung deinerseits lassen sich aber weder Schmerz, Trauer, Frust noch das Gefühl des Abgetrennt-Seins in Luft auflösen. Die Herausforderung dabei mag darin bestehen, zu erkennen, dass auch in diesem schweren Moment etwas ganz Besonderes für dich im Verborgenen liegt.

Du entscheidest, ob du dich und deine Seele heilen möchtest oder dich lieber dem ewigen Schmerz verschreiben willst. Keiner be- oder verurteilt dich im Jenseits für deine Entscheidung, wie auch immer sie ausfällt. Wenn du die Hilfe der geistigen Welt annehmen möchtest, wird sie alles tun, um dich in dein persönliches Gleichgewicht zu bringen, und darüber wieder in die Lebensfreude. Die Entscheidung liegt also bei dir.

Energetische Heilung steht für einen wundervollen, sensationellen Energieprozess, der deine Seele, deinen Körper und deinen Geist wieder zu einer Einheit zusammenführen kann. Es entsteht ein körperliches und seelisches Gleichgewicht, wo zuvor, im bildlichen Sinne, alles voneinander getrennt war. Auch können dir diese Heilströme, die in alle deine Energieschichten fließen, dabei helfen, den Tod deiner geliebten Person anzunehmen.

Deine himmlischen Helfer stehen dir jederzeit mit ihren wundervollen Heilenergien zur Verfügung. Sie können deine Selbstheilungskräfte aktivieren, aber auch deine Selbsterkenntnis anstoßen, um dir die nötige Klarheit und das Bewusstsein für deine Situation zu bringen.

Der Weg der Seelenheilung führt über den Weg der Selbsterkenntnis. Blockaden und Krankheiten, die durch das Ablehnen deiner Realität entstehen, lassen sich in den meisten Fällen von blockierten Energieflüssen, also Disharmonien, herleiten. Solche Disharmonien können z. B. daraus entstehen, dass deine Ängste, die wie alles andere auch Energien sind, in deinem feinstofflichen Emotional- und Mentalkörper festgehalten werden. Den meisten Menschen sind weder die vielen Energiekörper, die jeder von uns besitzt, bewusst, noch ist es ihre Funktionsweise.

Für mich hängt all das zusammen. Ursache und Wirkung bedingen einander.

Allein dadurch, dass du den Tod deines Lieblingsmenschen bewusst verdrängst und ihn nicht akzeptieren willst, bilden sich Disharmonien.

Du bist gegen etwas. Im übertragenen Sinne hältst du auf diese Weise mit aller Kraft und unter höchster körperlicher Anstrengung die Türen zu. Veranlassung dazu gibt dir eine tief in dir sitzende Angst, die du entweder bewusst oder unbewusst verspürst. Hier ist die tiefsitzende Angst als Schmerz über deinen Verlust getarnt.

Diesen Schmerz hältst du unbewusst fest, und damit haftet er an dir wie ein Kaugummi, der an deinen Schuhen klebt. Da du deine Energie unbewusst festhältst, kann sie nicht fließen. Mit dem bewussten Bitten um die Heilenergien deiner Engel und himmlischen Helfer wird es dir leichter fallen, diese ausweglose Situation über das Erkennen anzunehmen und umzuwandeln.

Deine himmlischen Freunde werden alles tun, um dir über diesen zusätzlichen Weg dabei behilflich zu sein, deine Energien wieder in Fluss zu bringen. Mag sein, dass dies nicht mit einer Sitzung getan ist. Aber ich weiß, dass es funktionieren kann. Die mächtigen und lichtvollen Heilenergien, angereichert mit purer Liebe, sind ein weiteres Geschenk für dich. Sie unterstützen dich dabei, Heilung in all deine heilbedürftigen Situationen zu bringen. Alles, was es dazu braucht, ist dein Einverständnis.

Du musst bereit sein, dich dem Tod, deinem Schmerz, deinen Ängsten und den dazugehörigen Gefühlen zu stellen. Alles als deins und zu dir gehörend anzuerkennen. Erst mit deiner Erlaubnis haben deine himmlischen Freunde die Möglichkeit, durch das Hineingeben ihrer lichtvollen Heilenergien und unter Einbeziehung der universellen Gesetzmäßigkeiten, deinen Schmerz zu wandeln und deine Energieströme wieder ins Fließen zu bringen.

Gerne helfen sie dir mit ihren wundervollen Energien dabei, Klarheit in deine Gedanken und alle Situationen, die dich belasten, zu bringen, damit du diese besser für dich annehmen und vielleicht sogar aus allem »Schmerzlichen« ausbrechen kannst. Sie sind für dich da und ermöglichen dir, dein Herz wieder zu öffnen, ohne die tiefsitzende Angst vor einer erneuten Verletzung befürchten zu müssen.

Du und deine himmlischen Freunde wirken zusammen! Bitte selbst in deinem größten Schmerz liebevoll um Hilfe. Bitte entweder deine Engel, alle Erzengel, deine Lieblingsseele aus der geistigen Welt oder alle Heiler aus der geistigen Welt, dir zu helfen und dir ihre Heilenergien zu senden. Warte dann ab, was passiert. Liebe ist die höchste Energieform, die es gibt! Liebe überwindet alles. Liebe ist unsere wahre Essenz. Alles, was du an liebevollen Energien aufwendest, wird niemals verschwendet sein. So auch nicht die Heilmöglichkeiten deiner himmlischen Helfer aus der geistigen Welt.

Es kann sein, dass für deine Heilung eine bestimmte Menge an, wenn du so willst, Heilenergie benötigt wird, um alles ins Positive zu wandeln oder dich erneut ins Gleichgewicht zu bringen. Das bedeutet, dass du vielleicht mehrfach die Bitte um Heilung für bestimmte Situationen aussenden darfst, weil vieles, wie im Inneren einer Zwiebel, erst einmal im Verborgenen bleibt.

Erteile dir immer wieder aufs Neue die Erlaubnis, auch für dich diese wundervolle Hilfe aus der geistigen Welt annehmen zu dürfen. Das mag sich seltsam anhören, aber ich habe die Erfahrung gemacht, dass genau diese Erlaubniserteilung ein großer Schritt zu mir selbst war. Du entscheidest, was du tun willst oder auch nicht. Wenn du das möchtest, dann bleib einfach dran! Es geht um dich, auch wenn dir das aufgrund deines großen Verlustes derzeit nur schwer vorstellbar erscheint!

Deine himmlischen Freunde helfen dir sehr gerne! Es lohnt sich – probiere es aus! Um auch hier besser mit meiner Erfahrung helfen zu können, habe ich mich dazu entschlossen, viele besinnliche Übungen und Hilfestellungen auf meinem Youtube-Kanal, den du unter dem Namen »Medium Susan Froitzheim« findest, und meiner Webseite www.susan-froitzheim.de zu veröffentlichen, die dir helfen können, deine Lieblingsseele in der geistigen Welt besser wahrzunehmen und darüber mehr in die Annahme und in dein inneres Gleichgewicht zu gelangen.

6.7
Ein anderer Partner

Manchmal stellt sich während der Sitzungen heraus, dass die eigentliche Frage, weswegen die Hinterbliebenen vor mir sitzen, die ist, herauszufinden, ob der oder die Verstorbene denn damit einverstanden ist, wenn ein anderer Partner in ihr Leben tritt. Meist kommen die Hinterbliebenen mit Gewissensbissen, Schuldgefühlen oder Angst zum Termin, weil sie befürchten, der oder die Verstorbene könnte etwas dagegen haben oder sich von ihnen abwenden.

So schmerzlich das ist, so ist auch etwas Schönes dabei, denn diese Menschen glauben fest an ein Wiedersehen mit ihren geliebten Verstorbenen nach ihrem physischen Ableben. Eine solche Haltung erfüllt mein Herz mit Freude. Sie stellen die Existenz des Jenseits also nicht infrage, ihnen bereitet es eher ein Problem, dass sie insgeheim der Vorstellung aufsitzen, ihren verstorbenen Partner in irgendeiner Form mit dem neuen Partner zu hintergehen bzw. zu betrügen. Gehen wir einmal davon aus, dass du jetzt gerade in einer solchen Situation bist. Oder aber du trägst dich mit dem Gedanken, dein Leben nicht bis zu deinem Ableben allein verbringen zu wollen. Gehen wir weiterhin davon aus, dass deine Lieblingsseele bereits ihren Lebensfilm angeschaut und darüber ihren persönlichen Frieden gefunden hat.

Findet unter diesen Umständen ein Jenseitskontakt statt, dann kommen die jenseitigen Seelen nach dem Identitätscheck sofort auf den Punkt. Sie erklären, wie sehr sie sich freuen, dass der

Hiergebliebene endlich neuen Lebensmut gefasst hat und dazu bereit ist, glücklich seinen weiteren Weg zu beschreiten.

Wenn die jenseitige Seele erst einmal über die Schwelle des Betrachtens ihres Lebensfilmes gegangen ist, dann gibt es von ihrer Seite nur noch Liebe.

Liebe gepaart mit Verständnis. Liebe mit Mitgefühl.

Liebe mit Leichtigkeit und Freude.

Es existiert keine Eifersucht, keine Strafe oder Ähnliches in ihrem Seelenleben. Warum sollte dann ausgerechnet deine Lieblingsseele strafend auf dich herabblicken und nicht damit einverstanden sein, dass du wieder glücklich bist oder wirst?!

Wir alle sind durch unser Elternhaus, unser privates sowie auch unser religiöses Umfeld geprägt, selbst wenn wir dieses schon lange verlassen haben. Die Gedanken, in irgendeiner Form Schuld auf sich geladen zu haben oder sich wegen unserer Wünsche schuldig zu fühlen, kommen aus meiner Sicht genau daher! Jahrelang haben wir alles getan, um von den anderen »geliebt« zu werden. Diese Liebe haben wir aber nicht bedingungslos, sondern nur unter Auflagen und Bedingungen erhalten. Wenn du brav bist, dann ...

Diese alten Glaubenssätze sind, bildlich gesprochen, tief in unseren Verstand gefräst. Seither hat dieser, unser treuer Diener, die Aufgabe, uns zu beweisen, dass unsere Glaubenssätze stimmen. Das führt zwangsläufig zu Gewissensbissen, Schuld- und Schamgefühlen.

Wir haben sie zehntausendfach gehört und schließlich zu unseren eigenen gemacht, ohne zu hinterfragen, ob sie wirklich unserer Wahrheit entsprechen. Wenn wir nun aber zu unserer Fragestellung vom Anfang zurückkommen, dann erahnst du jetzt sicher die einzig mögliche Antwort deiner Lieblingsseele:

Wenn du glücklich bist, dann ist sie es auch!

7

GEHT NICHT — GIBT'S NICHT!

7.1

Was wir gelernt haben

Ist dir bewusst, dass fast jeder von uns sich seit seiner Kindheit Liebe, Aufmerksamkeit und Anerkennung verdienen musste? Heute weiß ich das für mich! Für mich ging es noch lange damit weiter, mir meine Liebe »verdienen« zu müssen. Ich versuchte immer wieder, fehlende Liebe mit Fleiß und Arbeit zu kompensieren. Ich dachte, wenn ich nur hart genug arbeite, um besser zu werden, dann würde darüber endlich auch mein Wert erkannt und ich würde gemocht, geliebt und angenommen werden. Kommt dir das bekannt vor? Höre genau hin, was dir dein Herz sagt!

Ich habe Jahrzehnte versucht, meinen Wert und alles, was mich ausmacht, über mein Tun zu beweisen. Dabei habe ich übersehen, wie wichtig und wertvoll besonders meine inneren Sinne sein können. Ich wurde nicht gelehrt, diese Gaben als wundervolles universelles Geschenk anzusehen. Stattdessen habe ich, neben sei ordentlich, fleißig, brav und lieb, gelernt, dass das, was man nicht sehen kann, auch nicht da ist. Ich habe weiterhin gelernt, dass es besser ist, sich vor allem um das Sichtbare zu kümmern, damit ich anderen zeigen kann, wie toll ich bin und wie viel ich schon geschafft oder erschaffen habe. Frei nach dem Motto: Biste nix, haste nix! Haste was, biste was!

Ich habe gesehen und ich habe gefühlt, aber ich habe gelernt, dass all das nicht da sein darf, was für die anderen nicht existent ist! »Höher, schneller, weiter« war die Devise. Weit weg von der Stille, dem Gefühl und dem Herzen! Innere Wahrheit – nichts als Geschwätz! Die zahlt weder deine Miete, noch füllt sie dir den Kühlschrank oder zahlt deine Kredite ab! Wer braucht schon innere Liebe und

Wahrheit, wenn er einen vollen Kühlschrank haben und ein dickes Auto fahren kann? Manchmal wird davon gesprochen, dass »nur innere Werte zählen«. Aber was soll das schon sein? Derartige Behauptungen, dass die inneren Werte wichtiger sind als die äußeren, gab es oft, danach gelebt hat jedoch kaum einer.

Gehört, verinnerlicht, getan! Über viele Jahre bin ich, egal, was ich tat, immer megaerfolgreich gewesen. Das war unter anderem meinem inneren Antreiber geschuldet, der mich nicht eine Minute lang ruhig auf dem Sofa sitzen ließ. »Für was auch?«, hörte ich die Stimme meines Antreibers. »Das ist verschwendete Lebenszeit! Du sitzt?! Nicht dein Ernst! Los, schaff was!« Dennoch gab es da noch etwas anderes in mir. Eine ganz leise Stimme, die sagte: »Es ist Zeit, dich auszuruhen.« Wie mit einem Peitschenhieb kam dann aber erneut mein Verstand durch und erzählte mir, was ich jetzt zu tun und zu lassen habe. Nix war's mit Ausruhen! Und wenn es nicht mein Verstand war, der mir das erzählte, dann sei dir sicher, kam meine Mutter und trieb mich an. Heute habe ich meinen inneren Antreiber gut im Griff und es gelingt mir häufiger, auf die leise Stimme meines Inneren zu hören.

Genau wie ich haben die wenigsten von uns gelernt, sich selbst zu lieben, sich selbst liebevoll zu achten und beachten, sich selbst liebevoll wertzuschätzen, für sich selbst dankbar zu sein und für das, was sie sind, wertschätzend zu sein. Geschweige denn, unsere wundervollen inneren Gaben wertzuschätzen und voller Dank anzunehmen. Wie frei und unbeschwert könnte jeder leben, wenn er das Fühlen dieser wundervollen Sinne zulassen würde! Wie sehr könnten wir die Liebe und darüber unser Leben als Geschenk erachten! Wenn wir wahrhaft Wertschätzung für das, was wir sind, und für das Geschenk unseres physischen Körpers haben, wie sehr könnten wir dann im Gleichgewicht sein?!

Vom Öffnen unseres Herzens mal ganz abgesehen. Heute erinnere ich mich nicht mehr bis ins Detail daran, aber ich weiß, dass ich in ein paar Situationen meiner Kindheit laut gesagt habe, dass ich das, was mich unendlich verletzt hat, nie mehr spüren will! Aufgrund unzähliger Verletzungen seit meiner Kindheit habe ich irgendwann mein Herz verschlossen. Das wurde mir mit Anfang 20 nach einer misslungenen Beziehung so richtig deutlich. Meine damals große Liebe hatte mich sitzen lassen. Einfach so! Aus für mich heiterem Himmel! Ich war unendlich verletzt, mein Herz fühlte sich an, als ob es in Stück gerissen worden wäre. Ich wollte nicht mehr leben und beschloss, diesen unendlichen Schmerz nicht mehr spüren zu wollen. Nie wieder sollte mich jemand so sehr verletzen! Nie wieder wollte ich an diese tiefe Verletzung meines Herzens erinnert werden. Ich verriegelte und verrammelte mein verletztes Herz. Warf den Schlüssel weg und zog dicke, hohe Mauern darum. Nichts im Leben würde mich jemals wieder so sehr verletzen können! Nichts! Ich trennte nicht nur mein Herz von meinem Gefühl, sondern schnitt mich auch von mir selbst und meiner Liebe zu mir selbst ab. Hauptsache, mich verletzt keiner mehr, sagte ich mir. Hauptsache, ich muss diese Gefühlstaubheit, diese Ohnmacht, diese Schwere und diese Hilflosigkeit nie wieder fühlen! Das dachte ich zumindest damals.

Heute weiß ich, dass ich mich über diesen Gedanken, nichts mehr spüren zu wollen, auch von meinem Gefühl zu mir und allen anderen abgetrennt hatte. Mein Herz war wie Stein geworden! Anders ausgedrückt: Stell dir einen Wasserhahn vor, dessen herausfließendes Wasser meine Gefühle darstellt. Ich drehte ihn fest zu. So fest, dass der Hahn dabei überdrehte und abbrach. Das Ergebnis? Hin und wieder schaffte es mal ein Gefühlstropfen, durchzukommen. Über meine gegenüber mir selbst geleisteten Schwüre habe ich mein Bauchgefühl bzw. meine Seele in die hinterste Ecke verdrängt. Licht aus! Ende! Was man nicht sieht, ist nicht da!

Wer braucht schon ein Bauchgefühl? Das hatte ich gleich mal mit weggesperrt. Zum Glück nicht für immer. Während darauffolgender schwieriger Lebensphasen fiel mir irgendwann auf, dass ich, warum auch immer, so etwas wie eine Vorahnung oder ein Zeichen bzw. eine kleine, feine Stimme bemerkte. Das waren jeweils Zeichen, die nur allzu oft von mir übergangen wurden. Wenn ich es einmal schaffte, auf dieses kurze und eher subtile Zeichen zu hören, obwohl mein Verstand sofort NEIN schrie, dann ging es mir besser. Wieso wusste ich etwas und handelte dann doch anders? Wieso ging es mir besser, sobald ich voller Mut auf dieses leise Bauchgefühl hörte? Auch wenn das hieß, nicht das zu tun, was jemand anderes zu mir sagte? Mit der Zeit und weil ich den Fokus darauf hielt, erkannte ich, dass es mein Bauchgefühl war, das mir deutlich zeigte, wann ich auf dem für mich wahren und richtigen oder wieder einmal auf dem unwahren Weg, dem sogenannten Holzweg, gelandet war. Dieses Baugefühl gehört, wie du weißt, zu den inneren Sinnen. Und bei mir ließ es sich irgendwann nicht mehr abstellen. Wie wunderbar und wertvoll das war, habe ich erst im Nachhinein verstanden. Im Übrigen habe ich auch erst später herausgefunden, dass sich keiner meiner inneren Sinne abstellen ließ! Ich glaubte nur, dass ich so etwas nicht besitze bzw. nicht nutzen kann. Das, was ich dachte und glaubte, war jedoch nicht die Realität.

Wie die meisten Menschen habe auch ich nicht gelernt, meine Gefühle zu leben, sie in jeder Lebenslage zuzulassen und vor allem fließen zu lassen. Wie schnell wurde man als Heulsuse oder Miesepeter abgestempelt! Aber mal ehrlich?! Selbst, wenn du um dein Bauchgefühl und deine inneren Sinne weißt, nutzt du sie für dich? Nein? »Was soll das auch?«, höre ich deinen Verstand rufen! Der Verstand, der diese zarte Stimme unserer Seele stets überrennt, wenn wir nicht aufmerksam sind. Und das, obwohl uns dieses kleine, wundervolle Gefühl und die damit verbundene innere Stimme über verschiedene Zeichen den für uns richtigen, wahren Lebensweg anzeigen kann. Deinen Seelenweg!

Stattdessen haben wir unseren Verstand darauf getrimmt, mittels dessen, was wir erlernt haben, alles zu be- und verurteilen. Darüber bekommen wir dann die Bestätigung, klein und nutzlos zu sein und nicht geliebt zu werden. Viele schenken sogar solchen Gedanken Glauben, die ihnen vorgaukeln, sie seien Gefühle! Gedanken, die so tun, als ob sie Gefühle seien, ist das nicht spannend? Der Verstand versucht also, Gefühle zu intellektualisieren. In meinen Kursen oder

Jenseitskontakten zeigt sich dies deutlich durch Redewendungen wie: »Ich dachte, ich fühle ...!«

Der Verstand kann nicht fühlen! Das ist nicht sein Job. Auch er hat seine Daseinsberechtigung und hilft uns in vielen Bereichen, uns und unser Leben besser zu verstehen. Oder was glaubst du, wieso es einen mentalen Energiekörper gibt, der von deinem Verstand genährt wird? Du siehst, alles hat seinen Sinn, wenn du deinen emotionalen und deinen mentalen Energiekörper das tun lässt, was seine jeweilige Aufgabe ist! Beachten wir das nicht, dann sind wir selbst nicht unser größter Freund, sondern werden, in voller Steuerung über die Verstandesebene, womöglich gar zu unserem größten Feind. Verstand versus Gefühl! Darüber kommt alles aus dem Gleichgewicht. Wir machen uns nieder und beschimpfen uns den lieben langen Tag unbewusst. Auch ich habe mich also immer wieder selbst zur Sau gemacht und das nicht einmal bewusst wahrgenommen! Du siehst, auch ich wusste es nicht besser!

So verhält es sich auch mit unseren Eltern, Großeltern und allen anderen um uns herum. Sie merken oft nicht, was sie uns und sich selbst damit bis heute antun, wenn sie alles von der Verstandesebene her angehen! Ich weiß, dass jeder von ihnen zu jeder Zeit sein Bestes gegeben hat. Dennoch, dass das Wesentliche im Unsichtbaren liegt, haben wir nie gelernt! Und jetzt stehst du hier und verurteilst dich unbewusst innerlich dafür, dass du deine Lieblingsseele nicht wahrnehmen kannst?! Oder dass du nicht weißt, wie du sie wahrnehmen kannst? Wie solltest du auch?

Du hast es nie gelernt und dich obendrein noch selbst von deinen Gefühlen abgeschnitten! Du erwartest, dass dir dein Verstand über alles, was du gelernt hast, nachweisen soll, dass deine Lieblingsseele bei dir ist. So funktioniert das aber nicht! Der Verstand ist nicht das Gefühl. Selbst wenn er so tut, als ob er auch das kann! Verstehst du jetzt, warum der Verstand meist so tut, als ob alles, was die geistige Welt und das Fühlen einer verstorbenen Person anbelangt, nicht funktioniert? Natürlich! Das kann er ja auch nicht! Wie sollte er auch, er ist ja 24/7 mit Denken beschäftigt, die geistige Welt hingegen ist 27/4 mit Fühlen beschäftigt.

Ich wurde als Frau zur »Prof. Dr. Kümmerin« erzogen, die für alles und jeden die Verantwortung übernimmt. Dazu gehörte es, für andere zu sorgen, sich ihrer Probleme anzunehmen, Aufgaben zu übernehmen, andere zu betreuen usw. Warum?

Ganz einfach, weil das aus Sicht meiner weiblichen Familienangehörigen nun einmal meine Aufgabe ist, dass es anderen gut geht! Das war mein weiblicher Anteil im Gesamtbild der Familie.

Zudem wurde ich ohne Vater noch in eine andere Rolle verfrachtet! Die Rolle des Arbeitstieres, des Geldverdieners, des Alleinunterhalters! Also die klassische Du-musst-das-schaffen-Männerrolle. So wie ein Leithammel, der für Alles verantwortlich ist! Natürlich ohne Zuckerbrot, sondern einzig mit Peitsche! Was glaubst du, wozu das geführt hat? Zu einer vollen Schieflage aller Energiekörper!

Alle meine Lebensenergie habe ich darüber nach außen gerichtet, weg von meinem Gefühl. Das war auch nicht schlimm! Ich hatte mein Herz ohnehin eingemauert und mein Gefühl weggesperrt. Darüber blieb ich selbst aber voll auf der Strecke und meine Seele sowieso!

Da meine Anbindung in die geistige Welt von Kindesbeinen an so stark war, habe ich mit ihrer Liebe und Hilfe irgendwann begonnen, zu erkennen, was mein Bauchgefühl alles kann. Ich bekam mehr und mehr Gewissheit darüber, warum alles, was in meinem Leben passiert ist, richtig war. Und vor allem, dass alles so gut war, wie es war!

Ich konnte im Rückblick wahrnehmen, dass ich immer angebunden war. Selbst in den dunkelsten Stunden war ich nie allein, obwohl ich mich so fühlte! Immer war ich voller Liebe eingebettet in die universelle geistige Welt. Ich bin unendlich dankbar für all das, was ich jemals erfahren habe. Warum? Weil ich heute hier sitzen und dir all meine Erkenntnisse schildern kann.

Ich kann dir aufzeigen, wie ich es geschafft habe, mein inneres Licht anzuzünden und voller Liebe und Freude aus vollem Herzen JA zu meinem Leben zu sagen.

7.2

Du kannst das auch!

Für mich gibt es zwischen dir und mir keinen Unterschied. Du bist genauso medial wie ich! Du kannst genauso mit der geistigen Welt zusammenarbeiten, wie ich das tue! Überrascht dich das? Medialität ist eine Möglichkeit, die jedem hier auf der Erde zur Verfügung steht. Wenn die betreffende Person diese Möglichkeit denn für sich zulassen will. Das Einzige, was uns tatsächlich unterscheidet, ist, dass ich mich vor langer Zeit für diese Zusammenarbeit mit der geistigen Welt entschieden habe. Ich lebe, was ich bin, selbst wenn mich andere Menschen dafür belächeln oder manchmal sogar beschimpfen. Das ist mir egal! Ich lösche solche doofen Kommentare dann einfach. Und weg! Die Damen und Herren, die sich auf so eine Weise betätigen, haben genug mit sich selbst zu tun, wenn sie das erst einmal begriffen haben. Ich verschwende keine Zeit mehr darauf, es allen recht machen zu wollen, wie ich das früher getan habe. Das klappt mittlerweile sowieso nicht mehr. Der einzige Mensch, dem ich es recht machen sollte – das bin ich! Also noch einmal, du möchtest Kontakt in die geistige Welt haben? Dann los! Wer hält dich, außer dir selbst?! Auch dir stehen alle Möglichkeiten zur Verfügung. Der erste Schritt ist wie immer die souveräne Wahl deine Seele, mit der geistigen Welt in Kontakt treten zu wollen. Ich wünsche dir viel Spaß dabei! Du wirst es lieben, wenn deine Seele zum ersten Mal berührt wird und du vor Freude nicht mehr weißt, wohin mit dir. Diese innere Berührtheit, dieses Gefühl von Frieden, von Liebe und Geliebtwerden, ist unglaublich!

PS: Es gibt eine einzige Einschränkung! Auf diesem Weg gibt es keine Abkürzung. Wie so oft wollen die meisten Menschen alles und am besten jetzt sofort! Ich bin da keine Ausnahme. Mit »ich will« läuft die Nummer mit der geistigen Welt aber nicht! Sie läuft mit Demut, Liebe und Hingabe. All das lässt sich nicht von deinem Verstand steuern. Die Wachstumsschritte, die du bezüglich deiner Gabe benötigst, sind immer richtig. Zu jeder Zeit! Selbst wenn dir dein Verstand dazu etwas anderes erzählt! Auch ich kenne das nur zu gut!

Es ändert nichts! Da musst du durch!

7.3
Emotionen und Bedeutung

Früher habe ich mir keine Gedanken darüber gemacht, was Emotionen sind oder vielmehr, durch was genau sie ausgelöst werden. Das ist heute anders. Heute weiß ich um die Wichtigkeit aller gefühlten Emotionen, um ihre Bedeutung für mich und meinen Beruf als Medium. Als ich begann, mich mit dem Thema Emotionen zu beschäftigen, bin ich auf unterschiedliche schwer verständliche Aussagen gestoßen. Eine möchte ich hier mit meinen eigenen Worten wiedergeben: Emotionen werden als psychophysische Bewegtheit beschrieben, die durch bewusste oder unbewusste Wahrnehmung eines Ereignisses oder einer Situation ausgelöst werden.

Ich habe diesen Satz gelesen, aber zugegebenermaßen nicht gleich für mich verstanden. Ich würde, Stand heute, diese Aussage wie folgt ergänzen: Eine psychophysische Bewegtheit ist für mich die bewusste oder vielmehr unbewusste Wahrnehmung eines Kindheitsereignisses oder einer Kindheitssituation, ausgelöst durch das damalige schöpferische Zusammenspiel von unwahren Gedanken, übernommenen Glaubenssätzen und dem dazugehörigen Gefühl.

Natürlich selbst kreiert! Das verstehe ich heute unter dem Begriff Emotionen! Ich glaube, ich kann dich denken hören! Was? Ich habe kein Wort verstanden! Wie, ich soll mir diesen Kummer und Schmerz selbst kreiert haben? Niemals! Wer kreiert sich in seinem Leben freiwillig Dinge, die einen zutiefst betrüben?

Das kann ich dir sagen: Du! Aber nicht nur du, sondern natürlich auch ich und alle anderen! Jeder von uns kreiert seine Wahrheit selbst. Eine Wahrheit, die in der Kindheit entstanden ist, und die wir bis heute in unseren emotionalen Energiekörpern gefangen halten. Das ist, wie bereits gesagt, meine innere Wahrheit, mein Gefühl und das, was ich darüber denke! Emotionen, die wir nicht spüren wollen, weil wir das Gefühl haben, dass sie zu fühlen unser Herz zerreißen würde. Das Gefühl eines tieftraurigen kleinen Kindes, dass dieses schlimme Gefühl nie wiederhaben möchte! Spür mal in dich hinein! Wie fühlt sich dieses Hineinspüren für dich an?! Puh! Atme, und weiter geht's!

Wie lange habe ich selbst geglaubt, dass ich eine gute und glückliche Kindheit hatte. Das war es, was ich von meiner Familie immer wieder gehört habe und suggeriert bekam. Aber war das wirklich so? Ich selbst konnte mich, wenn überhaupt, nur bruchstückhaft daran erinnern. Wieso kann ich mich an so unendliches vieles nicht mehr erinnern? Schon gar nicht an Dinge vor dem vierten Lebensjahr? Woran liegt das?

Diese Fragen begannen, mich neugierig zu machen, und ich ging auf die Suche nach meiner Vergangenheit! Nach und nach erinnerte ich mich an Situationen, in denen ich mich als Kind ohnmächtig, hilflos und vor allem ungeliebt gefühlt habe. Ich habe mich diesen Gefühlen gestellt und mich erst danach dem Gedanken geöffnet, dass ich selbst der Schöpfer dieser Zustände, Gedanken und Emotionen bin. Und das, ohne zu verstehen, was sich wirklich dahinter verbirgt.

Was, wenn meine Gedanken und Glaubenssätze, wenn ich denn so etwas habe, meine Emotionen wecken?! Was genau denke ich über mich?! Denke ich überhaupt etwas über mich?! Bewusst war mir das Ganze nicht.

Dennoch stellte ich mich mutig meinen Gedanken und versuchte darüber, zu verstehen, wo genau ich Schöpfer dieser teilweise entsetzlichen Kindheit war. Was, wenn es stimmt, dass wir in unserer

Kindheit Tausende von Malen Dinge hören, die gar nicht unserer eigenen Wahrheit entsprechen?

Was, wenn ich als Kind nur das getan und gedacht habe, was andere – insbesondere meine Familie – von mir erwartet haben und/ oder mir vorgegeben hat? Was, wenn ich das, was andere oder vielmehr meine Familie dachte, zu meiner Denkweise gemacht habe?

Was, wenn ich über dieses Gedachte meine Realität kreiert habe?

Was dann?

Erklären konnte ich mir das alles nicht, aber es fühlte sich irgendwie richtig und wahr an! Komisch – oder?! Ich begann damit, mich täglich mit mir, meinen Gedanken und meinen Gefühlen auseinanderzusetzen. Und das war gut so, auch wenn all das nicht in zwei Tagen erledigt war. Als Medium arbeite ich ausschließlich mit meinem Gefühl, das weiß ich heute. Zu Beginn meiner medialen Arbeit hatte ich mich allerdings voll auf meinen Hellsinn verlassen. Mir war wichtig, alles deutlich zu sehen und darüber an alle Informationen zu kommen. Das Gefühl einschalten? Ja, okay, aber sehen fand ich besser! Auch hier habe ich viel Zeit gebraucht, um zu verstehen, wann ich wirklich im Gefühl bin und wie wichtig es ist, mithilfe dieses Gefühls zu arbeiten.

Wenden wir uns noch einmal dem Thema erschaffene Emotionen zu. Hast du jemals hinterfragt, was du denkst oder was es in dir denkt? Ich nicht! Wie auch? Ich habe im Alltag überhaupt nicht bemerkt, was es in mir denkt! Und was Glaubenssätze betraf, ja klar, ich wusste, was das ist, aber hatte ich welche? Nein, bestimmt nicht! Und das war eine absolute Fehlanzeige, wie sich bei näherer Beschäftigung mit diesem Thema sehr schnell herausstellte!

7.4

Die Gedanken der anderen

Was meine ich mit den Gedanken der anderen? Für mich beinhaltet das all jenes, was andere über mich, mein Leben und mein Umfeld denken! Das umfasst Gedanken, derer sich die wenigsten Menschen bewusst sind, die sie aber doch sekündlich denken. Wie auch ich. Über diese unbeachteten, unbeleuchteten Gedanken möchte ich jetzt mir dir reden. Was, wenn auch du die Gedanken der anderen als deine Wahrheit übernommen hast? Von anderen Personen gedachte Gedanken, in meinem Fall die von meiner Familie, verursachten bei mir tiefsitzende Glaubenssätze, die ich zum Teil erst über 50 Jahre später erkannte. Das waren Glaubenssätze, die heftige Emotionen in mir auslösten und mich in dem Gefühl gefangen hielten, nichts richtig machen zu können, nicht gut genug zu sein und deshalb nicht geliebt zu werden!

Dazu gehörten Glaubenssätze, die mir gegenüber wieder und wieder ausgesprochen wurden, wie:

- Du bist nichts, du kannst nichts, du hast nichts!
- Was will der ausgerechnet mit dir?
- Streng dich an, du musst besser werden, sonst wird nichts aus dir!
- Wie siehst du denn wieder aus, so willst du rausgehen?

- Was sollen die Nachbarn über uns denken, wenn du ...
- Du musst die schöne Kleidung sofort ausziehen, so etwas trägt man nicht zu Hause!
- Du musst sauber, ordentlich und pünktlich sein, sonst wird aus dir nichts. Du darfst dich nicht ausruhen, sonst bist du ganz schnell als Faulenzer oder Taugenichts verrufen.
- Du musst viel, hart und schwer arbeiten, damit du etwas in deinem Leben erreichst.
- Solange du deine Füße unter meinen Tisch stellst, tust du, was ich von dir verlange!
- Wieso liegst du noch im Bett, du musst aufstehen und arbeiten, sonst wird nie was aus dir!
- Du bist genau wie dein Vater! (Und den kannte ich nicht einmal!) Alle Männer taugen nichts. Auf Männer kann man sich nicht verlassen. Mein Gott, hast du zugenommen! Du hast aber einen dicken Bauch! Die dicken Oberschenkel hast du von deinem Vater! Der hatte die auch!
- Eine Drei ist eine schlechte Note! Damit wirst du nichts erreichen im Leben!
- Du musst sehr gut sein, um etwas zu erreichen!
- Das Leben ist nicht einfach, es ist hart.
- Wer den Pfennig nicht ehrt, ist den Taler nicht wert.
- Was habe ich da bloß zur Welt gebracht!

- Eigentlich wollte ich dich nicht, aber ich war ja nun mal schwanger!

- Das wird dir später noch leidtun!

- Usw.

Sicher kennst du einiges davon in- und auswendig! Vielleicht nicht in der Wortwahl, aber garantiert in einer ähnlichen Form. Nachdem ich all das für mich aufgelistet hatte, war ich gleichermaßen erschrocken und zutiefst betroffen! In unzähligen Formen hatte ich genau diese Gedanken zu meinen eigenen gemacht. Es dachte in mir: Ich muss viel und schwer arbeiten. Ich darf mich nicht ausruhen. Was denken die anderen über mich, wenn ich dies oder das tue? Wie sehe ich nur wieder aus? Ich versuchte alles, um Anerkennung und Liebe für das, was ich bin, zu erhalten! ALLES!

Fassen wir noch einmal zusammen: Emotionen wie Angst und alle darüber verknüpften Gefühle wie Wut, Hass, Ohnmacht, Hilflosigkeit, Schuld, Scham usw. werden durch unwahre Gedanken, die dich kleinhalten, unbewusst den alten Schubladen deiner Kindheit zugeordnet. Das geht in Windeseile, weil diese Emotionen eben in einer Zeit entstanden sind, in der du als Kind den Gedanken deines Umfeldes ausgeliefert warst. Wie ich wolltest auch du nur eines: geliebt werden! Vielleicht wolltest auch du diese Schuld, diese Ohnmacht und diese Angst auf keinen Fall mehr fühlen! Ich jedenfalls dachte mir, bloß weit weg damit! Obwohl ich annahm, ich hätte alles verriegelt und verrammelt, ploppte die eine oder andere Schublade immer mal wieder auf und gab das jeweilige verdrängte Gefühl frei! Das war ein Zeichen des Universums mit dem Hinweis: Kümmere dich um dieses Gefühl, damit du verstehst, was dahintersteht. Darüber kannst du alles erlösen und wieder in Fluss bringen.

Wie gesagt, jede Emotion ist zu Anfang eine neutrale Energiefrequenz. Erst im Zusammenspiel von Gedanken, Gedankenmustern und durch unsere Bewertung ändert sich die Energiefrequenz. Diese veränderten Energien werden anschließend entweder als harmonische oder als disharmonische Schwingungsfrequenzen bezeichnet. Das hört sich schön und gut an, half mir persönlich aber nicht, diese Thematik vollständig zu erfassen. Wichtig zu wissen finde ich dennoch, dass sich beide Schwingungsfrequenzen über all deine erlebten und im Zuge dessen als positiv oder negativ bewerteten Erfahrungen einlagern. Wo passiert das? In deinem für die meisten Menschen nicht sichtbaren Emotional- und Mentalkörper.

Du erinnerst dich an die Geschichte mit den Schubladen und der zugeknallten Tür? Im emotionalen Energiekörper sammelst du alle gefühlten Emotionen und im mentalen Energiekörper deine Gedanken und Gedankenmuster. Seit dem Moment, in dem ich das für mich verstanden hatte, arbeite ich daran, solche alten Gedankenmuster aufzuspüren und das, was es in mir denkt, genauer wahrzunehmen. Darüber konnte ich meine unwahren Gedanken offenlegen und die damit verknüpften Gefühle auf der Gefühlsebene bejahen. Auf diese Weise durften Leichtigkeit, Freude und Liebe in mein Leben zurückkehren.

Ich möchte hier noch einmal auf das Beispiel meiner Erfahrungen mit meinem Stiefgroßvater zurückkommen. Mit Anfang 20 verstand ich auf einmal, dass ich nicht länger verpflichtet war, meinen Stiefopa zu besuchen, der mich noch nicht einmal leiden konnte. Ich war erwachsen und konnte meine eigenen Entscheidungen treffen. Ich begriff weiterhin, dass meine Mutter mich nur deshalb dorthin schleppte, weil auch sie nur Anerkennung und Liebe von ihm wollte, für das, was sie war und für das, was sie ausmachte. Mir wurde klar, dass sie mich quasi mit in ihr Boot holte und ich fortan ihren Weg mit ruderte! Ich verstand, dass das gar nicht mein Thema war. Zuvor hatte ich – wie sie – viele Jahre angenommen, dass mein Stiefgroßvater mich irgendwann einmal lieben würde, wenn ich ihn nur oft genug besuche und dabei möglichst lieb bin! Das war der Moment, in dem ich aus dem Boot meiner Mutter ausstieg und sie selbst rudern ließ! Zumindest, was dieses Thema betraf!

Ich fuhr nie wieder zu meinem Stiefopa. Noch nicht einmal, als er starb. Ebenso wenig nahm ich an seiner Beerdigung teil. Ich habe meinen Frieden mit ihm erst gemacht, nachdem er bereits gestorben war. Heute kann ich friedvoll auf seine Seele schauen. Ich weiß, dass er zu jeder Zeit sein Bestes gegeben hat. Wie sonst – ohne die Erfahrung mit ihm – hätte ich jemals die Chance gehabt, zu erfahren, wer ich bin? Wie sonst hätte ich jemals erkennen können, dass es nicht meine unwahren Gedanken und die darüber verknüpften Emotionen waren, von denen ich mich leiten ließ, sondern die meiner Mutter? Genau für solche Erfahrungen haben wir uns als Menschen auf diese Erde begeben. Das weiß ich heute! Jahrzehnte später.

So, wie die Frauen in meiner Familie über Generationen hinweg erzogen wurden, gab es für keine von ihnen ein »leichtes« Leben. Immer ging es nur ums Tun, ums Funktionieren und darum, sich für alle anderen aufzuopfern. Obwohl das bedeutete, sich darüber selbst völlig zu vergessen. Sie haben nie erfahren, was für ein Geschenk ihr Leben ist oder was sie daraus hätten machen können. Sie waren generationenlang verstrickt in Gedanken und Glaubensmuster, die ihnen nicht guttaten. Gefangen in Bewertungen und Verurteilungen von sich selbst, anderen und ihrem Leben. Denn eigentlich sind Emotionen erst einmal nur reine gefühlte Energie. Sonst nichts! Auch sind Emotionen, genau genommen, zu Beginn ganz ohne Bewertung. Sie sind einfach nur da. Erst durch unsere in Kindestagen erlernten negativen Bewertungsweisen kippen wir diese neutralen Schwingungsfrequenzen. Und dadurch erleben wir die in uns ausgelösten und gefühlten Emotionen als gut oder schrecklich.

7.5

Verstand versus Gefühl

Dieses Kapitel beleuchtet eine zugegebenermaßen nicht einfach zu verstehende Thematik. Sie ist dennoch unendlich wichtig, weil ich die Auswirkungen des Zwiespaltes zwischen Verstand und Gefühl jeden Tag in meinen Jenseitskontakten erlebe. Gern darfst du meine Ausführungen dazu mehrfach lesen, bis du das Gefühl bekommst, diesen Bereich völlig durchdrungen zu haben. Freu dich auf alles, was jetzt kommt. Es kann dir neue Bewusstseinsbereiche öffnen. Gern unterstütze ich dich im Anschluss mit ein paar Übungen, die mir selbst und auch vielen meiner Klienten geholfen haben, unwahre Gedanken und eine entsprechend hinderliche Einstellung zu ändern. Ach, eines noch! Bitte erlaube dir an dieser Stelle, alles wahrzunehmen, was zu dir kommt. Achte hierbei bitte wieder auf deine persönliche Wahrnehmung bzw. dein Bauchgefühl sowie auf alle anderen Zeichen deines Körpers. Also atme tief durch, krempele gedanklich deine Ärmel hoch, und los geht's! Wisse, es lohnt sich!

Zum Beginn dieses Kapitels möchte ich ein paar wunderschöne und für mich wertvolle Momente mit dir teilen. Ahnst du, welche das sind? Es sind die Momente, in denen deine Seele von der Seele aus der geistigen Welt berührt wird, die du so sehr liebst. Weiterhin möchte ich dich darin bestärken, über deine Emotionen zu sprechen! Gerade in meinen persönlichen JenseitsSitzungen, aber auch in jedem Jenseits-Event, den ich gebe, ist deutlich zu spüren, welche unterschiedlichen Erwartungen und Vorstellungen es zu dem Thema Jenseitskontakt gibt. Was die wenigsten für sich verstehen, ist, dass diese Erwartungen und Vorstellungen aus ihren bisher gedachten Gedanken entstanden sind, also von ihnen selbst kreiert wurden. Ein unendlich spannendes Thema, nicht wahr? Je nachdem, mit welcher Empfänger-Gruppe ich arbeite, läuft der Jenseitskontakt wie am Schnürchen oder er läuft gar nicht! Ein bis zweimal im Jahr passiert es, dass ich eine Lieblingsseele aus der geistigen Welt durchgebe, deren Angaben von dem Hinterbliebenen zwar mit »ja« beantwortet werden, aber die darunterliegende, nicht ausgesprochene Emotion bringt den Kontakt fast zum Kippen. Das ist aus meiner Sicht sehr schade.

Es gibt Personen, die meinen, mich während eines Jenseitskontaktes prüfen zu müssen! »Kann sie das wirklich?«, schwingt in jeder ihrer Gesten und in jedem Gesichtsausdruck mit. Aus meiner Sicht bemerken diese Personen nicht, dass ihre Vorgehensweise nicht mein Können oder meine Gabe prüft, sondern dass sie mit dieser destruktiven Haltung die Tür zum Jenseits sowie die Tür zu ihrer Lieblingsseele lautstark zuschlagen. Warum?! Weil ein destruktives, prüfendes Verhalten eine entsprechende Energiefrequenz hat. Diese niedrige Schwingung ist für den Kontakt wenig förderlich, weil sie weder leicht noch licht- und liebevoll ist. Das Ende vom Lied ist ein Hinterbliebener, der völlig zerknirscht dasitzt und nicht versteht, wie sehr er sich selbst völlig unbewusst am Spüren sowie an der Kommunikation mit seiner Lieblingsseele hindert.

Im Verlauf dieses Kapitels werde ich genauer auf die Hintergründe dieser Emotionen eingehen und wie du den daran gekoppelten Schmerz für dich lösen kannst, wenn du willst!

Vielleicht hast du das Folgende schon einmal erlebt und weißt genau, wovon ich jetzt rede! Du denkst gerade an deine verstorbene Lieblingsperson! Vielleicht aufgrund eines Songs, eines bestimmten Wortes, einer Erzählung oder einer Erinnerung oder aber, weil du etwas von ihr liest oder ein Bild von ihr betrachtest. Was auch immer! Wie aus dem Nichts wirst du emotional! Vielleicht kullern dir sogar Tränen über die Wangen! Und das Gefühl, das du dabei hast, ist unbeschreiblich und kaum in Worte zu fassen! Es handelt sich dabei weder um Schmerz noch um Trauer. Aber beschreiben kannst du es dennoch nicht. Für Außenstehende mag dies so aussehen, als ob dir dieser Moment gerade sehr nahegeht. Und das tut er auch, denn du fühlst etwas unbeschreiblich Schönes!

Ich spreche hier von Emotionen. Emotionen, die du in einem solchen Moment durchlebst und die diese körperlich fühlbare Reaktion bei dir auslösen. Diese Emotionen – Gedanken gekoppelt mit Gefühlen – die du in diesem Moment ganz klar deiner Lieblingsseele zuordnen kannst, laufen für die meisten Menschen unbewusst ab.

Oder hast du dir schon einmal darüber Gedanken gemacht, was in dem Moment, in dem du an deine Lieblingsseele denkst, in dir vorgeht? Was meinst du, warum kommen diese Emotionen genau jetzt hoch, während du an deine verstorbene Lieblingsperson denkst? Für mich ist die Erklärung ganz einfach! In diesen Momenten fühlst du deine Lieblingsseele. Sie ist sofort anwesend, ganz dicht bei dir und berührt in diesem Moment deine Seele. Es ist sehr schade, dass die wenigsten Menschen für sich verstehen, was in einem solchen Moment passiert und wie unendlich wertvoll diese seelische Erfahrung ist. Ich weiß, dass genau das bei jedem Menschen passiert. Ich weiß aber auch, dass eben diese Berührung durch die Lieblingsseele aus der geistigen Welt von einem Großteil der Menschen nicht als das, was wirklich passiert, wahrgenommen wird. Noch schlimmer finde ich, dass sie sich das noch nicht einmal in ihren kühnsten Träumen vorstellen können. Wie würde es ihnen gehen, wenn sie sich diese Erfahrung eines weit geöffneten Herzens auch nur für einen Moment gönnen würden?

7.6 Rendezvous mit dem Jenseits – Mein Rezipient – Kleeblatt

Wer sich jemals mit dem Thema Kommunikation beschäftigt hat, dem ist garantiert aufgefallen, wie unfassbar viele Kommunikationsmodelle es gibt. Vom Vier-Ohren-Modell bis hin zur nonverbalen Kommunikation ist alles drin. Wie jeder von uns stehst auch du in verschiedenen persönlichen und beruflichen Beziehungen. Daher hast du bereits eine Ahnung davon, wie leicht und gleichzeitig schwer Kommunikation für uns im Alltag ist.

Der Eine sagt rot, der Andere hört grün, der Nächste versteht gelb! In der Kommunikationswissenschaft geht man davon aus, dass Senden und Empfangen auf unterschiedlichen Ebenen zustande kommen. Das gilt ebenso für die Botschaften aus der geistigen Welt, was die Kommunikation ins Jenseits natürlich nicht einfacher macht. Auch hier wird auf unterschiedlichen Ebenen empfangen oder wie in meinem Fall, von mir als Medium empfangen, übermittelt und schließlich weitergegeben. Das kann manchmal ganz schön kompliziert sein. Aber an dieser Stelle geht es erst einmal nur um deine Kommunikation mit der geistigen Welt und darum, was du im Zuge dessen wahrnehmen kannst.

Innerhalb jedes Kommunikationsmodells unterscheidet man zwischen Sender, Empfänger und der gegebenen Nachricht. Das ist wichtig, um die theoretischen Zusammenhänge sichtbar zu machen.

Sprechen wir nun über das, was wir in einem besonderen Moment empfinden. In einem Moment, in dem sich unsere Seele bewusst oder unbewusst mit der Seele der geistigen Welt vereint und verbindet. Darüber entsteht ein Gefühl, das sich für dich deutlich einordnen lässt. Darüber kannst du die Person erkennen oder eben nicht. Im Verlauf der letzten Jahre habe ich mich deswegen immer wieder gefragt, warum funktioniert der Kontakt bei einigen Hinterbliebenen sehr gut und bei anderen gar nicht! Aus vielen Jahren »Rendezvous mit dem Jenseits« habe ich meine Erfahrungswerte zusammengetragen und mein Rezipient-Kleeblatt-Modell entwickelt.

Es gibt dir eine Hilfestellung, welche vier Gruppen sich während meiner Kurse, aber auch bei allen sonstigen Jenseitskontakten herauskristallisiert haben. Was genau dieses Rezipient – Kleeblatt bedeutet, werde ich dir an dieser Stelle gern erläutern. Über die vier Emotion-Kleeblattgruppen wirst du deutlich erkennen können, in welches Rezipient-Modell du gehörst oder in welches RezipientModell du noch gelangen kannst.

»Recipere« kommt aus dem Lateinischen und steht für empfangen und aufnehmen. Ein Rezipient ist also der Empfänger einer Botschaft in einem medialen Kommunikationsprozess. Das Gegenstück dazu ist der Sender! Dieser Sender wäre im vorliegenden Fall die Seele aus der geistigen Welt. Genau wie bei der irdischen Kommunikation kann es auch bei der feinstofflichen Kommunikation zu einer Menge Verständigungsschwierigkeiten kommen, die fast alle auf unserer menschlichen Seite entstehen.

Schauen wir uns erst einmal das »Rendezvous mit dem Jenseits« – RezipientKleeblatt-Modell etwas genauer an. Meine Erfahrungswerte sollen dir hierbei helfen, dich aus vollem Herzen der Zusammenarbeit mit der geistigen Welt zu widmen. Mit Leichtigkeit einen Zugang zu finden, der es dir ermöglicht, deiner Lieblingsseele jederzeit nahe zu sein. Jederzeit mit deiner

Lieblingsseele kommunizieren zu können, wann auch immer dir danach ist.

Mir ist aufgefallen, dass es unterschiedliche Gründe gibt, warum die Seele aus der geistigen Welt wahrgenommen wird oder eben nicht. Das RezipientKleeblatt wird dir deutlich aufzeigen, wo du vielleicht noch eine Barriere hast, die du gegenüber der geistigen Welt aufbaust. Ich bin überzeugt, dass jeder in die Gruppe A gehören kann, sobald er versteht, was genau ihn am Empfangen hindert. Du wirst von einem Moment zum nächsten sehr emotional? Herbeigeführt wurde das, weil du an deinen Lieblingsverstorbenen gedacht hast. Vielleicht hast du auch in Gedanken zu ihm gesprochen. In der Sekunde, in der du die Kontaktabsicht aussendest, ist der Kontakt im Universum bereits zustande gekommen. Deine Lieblingsseele ist sofort ganz dicht bei dir und eure Seelen berühren sich.

7.6.1

Empfänger – Gruppe A – Du spürst deutlich etwas

7.6.1.1

A 1 – Du bist bereits Meister

Du spürst etwas – juhu! Wundervoll! Was für ein unendlich wertvoller Moment!

Zwei Seelen aus der geistigen Welt berühren sich und ein Feuerwerk der Gefühle entsteht. Du weißt nicht, wohin mit dir vor lauter Freude und tiefempfundener Liebe, die durch deinen Körper fließt. Du bist eins mit deiner Lieblingsseele. Du weißt, dass du nie von deiner Lieblingsseele getrennt warst und bist, selbst wenn du sie physisch vermisst. Es gibt kein wirkliches Vermissen, weil du die Anwesenheit deiner Lieblingsseele von nun an jederzeit wahrnehmen kannst. Darüber entsteht eine Interaktion, unter anderem in Gesprächen, die für andere so aussieht, als ob deine Lieblingsperson immer noch da ist! Das ist sie auch! Und wie sie das ist!

7.6.1.2

A 2 – Du spürst etwas, bist aber unsicher

Du spürst etwas, bist aber gleichzeitig unsicher, ob das Gespürte wirklich aus der geistigen Welt kommt! Super, der erste Schritt zum Spüren ist getan! Jetzt kannst du für dich herausfinden, wann es dein Verstand ist, der dir etwas vorgaukelt und wann es deine Lieblingsseele ist, die dich berührt! Zuallererst ist es erforderlich, dran zu bleiben! Training ist wichtig! Oder wie willst du sonst herausfinden, wann du im Verstand und wann du mit der geistigen Welt verbunden bist? Das geht nur über das TUN! Du spürst, dass deine Lieblingsseele bei dir ist! Ist das allein nicht eine wundervolle Erkenntnis? Jetzt gilt es, in dem, was du fühlst, mehr Sicherheit zu erlangen. Als Erstes kritisiere dich nicht allein schon dafür, dass es noch nicht perfekt läuft und du nicht weißt, wie du Verstand und echte Jenseitskommunikation auseinanderhalten kannst. Ich bin sicher, dass dies unbewusst abläuft. Atme tief durch und beginne eine neue Übung mit deiner Lieblingsseele. Bitte deine

Lieblingsseele, zu dir zu kommen und gemeinsam mit dir, dieses »Spüren« zu trainieren. Wenn du im Gefühl bleibst und für dich weißt, dass deine Lieblingsseele da ist, dann bitte sie, dir zunächst einmal näher zu kommen und anschließend wieder zurückzugehen. Spüre in dich hinein, ob sich dein Gefühl währenddessen verändert. Trainiere regelmäßig mit deiner Lieblingsseele. Die geistige Welt wird alles tun, um dir über dein Gefühl mehr Sicherheit zu geben! Wäre es nicht wundervoll, wenn du irgendwann mit absoluter Sicherheit weißt, dass deine Lieblingsseele bei dir ist?

7.6.2

Empfänger – Gruppe B – Du spürst nichts

7.6.2.1

B1 – Unsicherheit, ob deine Lieblingsseele da ist

Du spürst nichts, weil du dir nicht sicher bist, ob deine Lieblingsseele wirklich da ist und eigentlich kannst du dir das auch gar nicht vorstellen! Dir darüber bewusst zu werden, ist ein erster, sehr wichtiger Erkenntnisschritt! Für dich, der diese Erkenntnis für sich bisher noch nicht hatte, sieht es im Moment völlig anders aus. Du denkst, dass du bei dem Gedanken an deine geliebte verstorbene Person dann einfach »so« emotional wirst. Diese Emotionalität gehört für dich zu deiner geliebten Person aus der geistigen Welt dazu. Du glaubst daran, dass es so etwas wie die geistige Welt oder ein Leben nach dem Tod gibt und dass deine verstorbene Lieblingsperson dort ist. Manchmal spürst du deine Lieblingsseele, kannst einen Kontakt aber aus unerfindlichen Gründen nicht selbst herbeiführen, obwohl du das gerne möchtest. Du kommst gar nicht auf die Idee, dass dieser emotionale Moment, der gerade eben noch nicht da war, bedeutet, dass diese wunderbare Seele aus dem Jenseits gerade deine Seele berührt. Du schenkst diesem einzigartigen Seelenmoment deswegen keine Bedeutung und schiebst deine Lieblingsseele damit in den Hintergrund.

Deshalb möchte ich dich an dieser Stelle um etwas bitten.

Wenn du das nächste Mal an deine Lieblingsseele denkst und dich aus deinem normalen Zustand heraus plötzlich tief berührt fühlst, dann geh bitte ganz in dieses Gefühl hinein. Erlaube dir, alles wahrzunehmen und zuzulassen, was zu dir kommen möchte. Ich verspreche dir, dann passiert etwas ganz Besonderes! Etwas ganz Wundervolles! Du wirst spüren, dass deine Seele berührt wird.

Dieses Gefühl ist keine Trauer, sondern die pure Liebe, die dich tief in deinem Herzen berührt. Ja, vielleicht fließen jetzt richtige Kullertränen. So ist das jedenfalls bei mir, wenn ich über meine Kinder in der geistigen Welt spreche. All das darf sein und zeigt auf, dass du die unendliche Liebe und Nähe deiner Lieblingsseele spüren kannst.

7.6.2.2

B 2 – Ich kann das nicht

Du spürst nichts, weil du denkst: »So etwas kann ich nicht!« Betrachte das als ersten Erkenntnisschritt! Du wünschst dir, dass es so etwas wie die geistige Welt oder ein Leben nach dem Tod gibt und hoffst, dass auch deine verstorbene Lieblingsperson dort zu finden ist. Nur zu gerne würdest du wenigstens einmal spüren, dass deine Lieblingsseele wirklich bei dir ist. Nur einmal! Nur einmal ganz sicher sein! Nicht auszudenken, wie du dich fühlen würdest, wenn du das selbst herbeiführen könntest! Stell dir vor, du könntest deine Lieblingsseele in dem Augenblick spüren, in dem wieder einmal Gedanken aufkommen, wie sehr du sie vermisst. Das Problem ist nur, dass du denkst, du könntest es nicht! Hierbei ist vollkommen unerheblich, ob dieser Gedanke bewusst oder unbewusst abläuft. Du denkst, du kannst es nicht! Bravo, damit hast du ans Universum den Wunsch ausgesendet, deine Lieblingsseele nicht zu spüren zu wollen, weil du tief in deinem Inneren denkst: Ich kann das nicht! Das Universum sieht das als einen Befehl dafür an, es dich nicht können zu lassen, weil das ja deinem Glauben entspricht. Nun passiert aber auch noch etwas anderes: Dein Verstand als dein treuer Diener wird alles tun, um dir deine unwahren Gedanken auf jede nur erdenkliche Weise zu beweisen. Du selbst bist der tiefen Überzeugung, dass du es nicht kannst und verstellst dir auf diese Weise den Zugang. Ein Teufelskreis, oder? Glaub es oder glaub es nicht! Auch ich habe solche Gedankenspiele mehr als einmal durchgespielt, bis ich mir und meinen Wahrnehmungen geglaubt habe. Ich weiß also genau, wovon ich rede! Aber die gute Neuigkeit ist, auch du kannst das! Auch du kannst mit jeder Faser deines Seins deine Lieblingsseele spüren und wahrnehmen. Achte auf das, was du laut sagst und außerdem auf das, was du leise vor dich hin denkst, wenn du Kontakt mit deiner verstorbenen Lieblingsperson aufnehmen willst. Sagst oder denkst du: »Ich kann das nicht!«, dann sage laut »STOP!« Atme ein paarmal tief ein und aus! Bitte darum, deine geliebte verstorbene Person erneut wahrnehmen zu dürfen! Und jetzt geh ganz in dein Gefühl! Achte darauf, was es in dir denkt! Unsere Denkprozesse verlaufen rasend schnell. Vielleicht fällt dir noch nicht einmal auf, wie sehr du dich selbst verurteilst! Solche Gedanken trennen dich zum einen von deinem Gefühl ab und zum anderen von dir selbst. Also noch einmal! Atme und erlaube dir, deine geliebte verstorbene Person wahrzunehmen. Ich bin sicher, dass es ganz wunderbar funktionieren wird, sobald du dein Nein zu dir und deine dich selbst kleinhaltenden Gedanken überwunden hast.

7.6.2.3

B 3 – Die Seele will keinen Kontakt

Du spürst nichts, weil du denkst, deine Lieblingsseele will keinen Kontakt zu dir! Das ist ein erster und wichtiger Erkenntnisschritt! Diese Empfänger-Gruppe habe ich all jenen Menschen gewidmet, die aus für mich unerfindlichen Gründen tatsächlich glauben, dass ihre Lieblingsseele keinen Kontakt mit ihnen haben will. Ich werde dir jetzt ein paar Fragen stellen und bitte dich, dich auf deine Wahrnehmung sowie auf deinen Körper zu konzentrieren. Stell dich gedanklich auf die Seite eines Beobachters und fühle, wie es dir bei deinen Antworten auf diese Fragen geht. Fühle, ob sich deine Antworten »wahr«, schön, weit, weich, warm und »gut« anfühlen? Oder ob du dich beim Antworten eng, kleingehalten, voller Druck, unwohl, hilflos etc. fühlst. Bitte antworte direkt auf diese Fragen! Achte dabei genau auf dich, dein Gefühl und deinen Körper. Sei dir sicher, du erhältst alle Zeichen, die du benötigst, um Klarheit über das, was du denkst, zu erhalten! Ich frage dich jetzt, warum sollte deine wundervolle Lieblingsseele keinen Kontakt mit dir haben wollen? Warum sollte deine Lieblingsseele riskieren, dass, nur weil sie dir nicht antworten möchte, jeglicher Kontakt, den du zur geistigen Welt suchst, von vornherein unterbunden wird?

Wieso sollte die Seele deines geliebten Verstorbenen kein Interesse daran haben, dein Seelenleid aufzuklären und zu lindern? Und? Wie haben sich deine Antworten angefühlt? Warm, weich und gut oder eng, klein, druckvoll und distanziert? Hast du nur für eine Sekunde Enge statt Weite gefühlt, dann ist das das Zeichen deines Körpers, dass du einem unwahren Gedanken aufgesessen bist, der dich von deiner Lieblingsseele fernhält. Enge, das Gefühl von Kleinheit, Druck usw. sind also genau die Zeichen, die dir die Unwahrheit deiner Gedanken bezüglich dieses Kontakts aufzeigen. Vielleicht bist du jetzt traurig, weil du so denkst. Glaub mir, das darf sein. Aber bitte, fühle dich deinen Gedanken nicht ohnmächtig ausgeliefert. Es ist einfach das erste Mal, dass du einen Einblick in das, was du denkst, erhalten hast. Betrachte es als wunderbaren Neubeginn, endlich etwas zu ändern und dir darüber den Zugang zu deiner Lieblingsseele zu ermöglichen. Nimm nun diese bisherigen unwahren Gedanken als deine an. Akzeptiere, dass du selbst sie, mittels allem, was du je zu denken gelernt hast, erschaffen hast. Nur darüber kann diese bislang festgehaltene Energie erneut fließen. Es wäre doch blöd, wenn du dir selbst den Zugang zu dieser wundervollen Kommunikation zumauerst oder zustellst. Oder? Sieh es als Geschenk, dass du jetzt aus dieser Gruppe aussteigen und dir darüber ein anderes, wundervolles, leichteres Leben mit deiner Lieblingsseele an deiner Seite kreieren kannst. Es ist immer deine Entscheidung.

7.6.2.4

B 4 – Hinderungsfaktor Angst

Du spürst nichts, weil du so voller Angst vor dem bist, was kommen könnte oder auch nicht! Sieh es als ersten Erkenntnisschritt an! Was, wenn es nur die Angst vor dem Unbekannten oder vor dem Ungewissen ist? Was, wenn du dir sicher sein könntest, dass alles immer nur in Liebe geschieht? Auch das Zusammentreffen mit deiner Lieblingsseele aus der geistigen Welt? Was, wenn es die Angst vor der Angst ist? Was dann? Wie du siehst, geht es auch hier wieder um unwahre Gedanken, die unbewusst ablaufen und dir darüber die Angst bescheren. Ähnlich dem Motto, was du nicht sehen kannst, das ist auch nicht da. Nun spürst du also etwas und siehst nichts! Und schon ist auch die Angst da. Angst vor dem Ungewissen. Angst vor dem, was dir zuvor niemand erklären konnte. Trau dich! Mach den ersten Schritt! Auf dich warten wunderbare Erfahrungen.

Schau dir genauer an, was du über dich denkst oder was du in Situationen denkst, in denen du mit der geistigen Welt arbeiten möchtest. Über deine Angst hältst du dich selbst zurück. Selbst wenn es nur die unbewusste Angst ist, falschzuliegen! Etwas falsch zu interpretieren oder falsch verstehen zu können! Angst ist Angst! Egal, in welcher Form. Angst schneidet dich ab und isoliert dich von dem, was du eigentlich willst. Erlaube dir, alles. Egal, in welcher Form.

Angst schneidet dich ab und isoliert dich von dem, was du eigentlich willst. Erlaube dir, alles wahrzunehmen. Erlaube dir, etwas falsch zu machen. Erlaube dir, die wundervolle Seele zu sein, die du nun einmal bist. Es gibt kein »falsch«! Auch wenn wir als Menschen so etwas für uns erschaffen haben, aus universeller Sicht existiert es nicht. Erlaube dir die Arbeit mit der geistigen Welt und nimm alles an, was du auf diese Weise erfahren kannst. Ich bin sicher, sobald du deine unwahren Gedanken enttarnt hast, wirst du dich schneller in der Empfängergruppe A befinden, als du dir vorstellen kannst.

7.6.2.5

B 5 – Hinderungsfaktor Schmerz

Du spürst nichts, weil du so voller Schmerz bist, dass du denkst, dein Herz würde zerreißen! Betrachte das als ersten Erkenntnisschritt! Emotionalität gekoppelt mit tiefsitzendem Schmerz. Denkst du über das gedachte oder gesagte Wort gerade an deine geliebte verstorbene Person? Und wirst du aus deinem Normalzustand heraus plötzlich schwer, traurig, niedergeschlagen usw.? Fühlst du dich allein, abgetrennt und leer? Weißt du nicht, wohin mit deinem Schmerz? Was genau passiert in diesem Moment? Zwar ist deine Lieblingsseele genauso dicht bei dir wie in der ersten Kategorie, aber jetzt läuft vor deinem inneren Auge in einer Dauerschleife der Film des Todes deiner geliebten Person ab. Dazu kommen dir Gedanken wie:

- Warum nur? Warum diese Person?
- Warum passiert das mir?
- Womit habe ich so etwas verdient?
- Wieso fühle ich mich so schlecht?
- Warum hast du mich allein gelassen?
- Wie soll ich dieses Leben nur ohne dich bewältigen?
- Warum wurde mir das Wichtigste im Leben genommen?

Bitte sei nicht erschrocken über das, was ich dir jetzt schreibe. Ich weiß, dass sich dieser Zustand für dich normal anfühlt. Wahrscheinlich hast du bislang keine Ahnung davon, was daran dein Eigenanteil sein soll. Aus meiner Sichtweise entscheidest du dich täglich aktiv für ein Opferdasein, anstatt deine große Schöpferkraft anzuerkennen. Und das ist verständlich, solange man im Opfer festsitzt! Auch das kenne ich nur zu gut! Gerade, was den Verlust meiner beiden Kinder angeht. Lange saß ich hier im Opferstuhlkreis, bevor ich erkannt habe, warum das für mich so war. Wie gesagt, immer ist es deine Entscheidung. Egal, für welche Richtung du dich entscheidest, das Universum unterstützt dich zu 100 % dabei, deinen Wunsch zu erfüllen. Und zwar ohne auch nur ein einziges Mal deine ausgesandten bewussten oder unbewussten Gedanken zu beurteilen! Das Universum vertraut dir und deiner Schöpferkraft zu 100 %! Du darfst dich als Seele austoben! Egal, bei welcher Erfahrung und in welchem Bereich. Unbewusst oder bewusst und durch Gedanken, die dich den Tod nicht annehmen lassen, beurteilst du den Tod und den Verlust deines geliebten verstorbenen Menschen. Durch diese unwahren Gedanken verankerst du das Gefühl des Schmerzes und denkst, es wäre ein wahrer Gedanke. Dabei bist du genau jetzt weit weg von der Realität. Darüber entstehen diese ohnmächtigen und betäubenden Emotionen, die dich jeden Tag lähmen und dich unfähig machen, voranzuschreiten. Oder willst du das gar nicht?! Spüre kurz in dich hinein, wie sich das anfühlt! Denk bitte daran, es ist immer DEINE Entscheidung. Zu jeder Zeit! Hinter jedem Schmerz steht ein Gefühl, das an unwahre Gedanken gekoppelt ist! Weißt du, was genau du über dich und den Tod deiner geliebten Person denkst? Das Gefühl der Angst, das sich hinter oder vielmehr unter diesem Schmerz verbirgt, genau das möchte ich mit dir genauer anschauen! Erlaube dir jetzt bitte, dich für einen Augenblick einer anderen Sichtweise zu öffnen. Erlaube dir, innerhalb dieses Momentes alles wahrzunehmen, was du unbewusst oder bewusst über dich und deine Lieblingsseele denkst. Denkst du über dich z. B. bewusst oder unbewusst, dass du allein zurückgelassen wurdest, dass du nicht mehr geliebt wirst, dass dir etwas von Gott genommen wurde, dass du eine Kommunikation mit deiner Lieblingsseele nicht verdient hast, oder Ähnliches?! Denkst du vielleicht zusätzlich, dass deine Lieblingsseele keinen Kontakt möchte?

Oder dass dir das Wichtigste im Leben genommen wurde? Diese oder ähnliche negative Bewertungen zum Tod deiner geliebten verstorbenen Person lassen deine Gedanken von der Wahrheit in die Unwahrheit kippen. Das Problem hierbei ist, dass es sich für dich erst einmal nicht unwahr anfühlt. Woran das liegt, möchtest du sicher wissen. Wieder einmal an deinem Verstand! Du fällst darüber in ein tiefes Loch, weil jede Faser deines Körpers laut NEIN schreit. Nein zum Tod deiner Lieblingsseele und damit Nein zur Realität. Damit stellst du dich aktiv gegen die Realität deines Seins. Du verwirfst darüber jede mögliche Sinnhaftigkeit und schreist förmlich laut auf, nur um diese nicht wahrzunehmen. Dein Verstand ist mit dem Tod deines geliebten Verstorbenen beschäftigt und hält dich darüber in der Vergangenheit gefangen. Es fühlt sich an, als ob du seinen Tod in einer Art Dauerschleife erlebst. Diese Dauerschleife entspringt aber nicht deinem Gefühl, sondern wird von deinem Verstand herbeigeführt. Vom Hier und Jetzt bist du weit weg und damit bist du auch weit weg von deinem Leben. Über diesem Schmerz, den du eigentlich nicht fühlen willst, hast du dein Herz verschlossen. Dennoch, deine geliebte verstorbene Person ist bei dir – nur spüren kannst du sie nicht. Dein Nein zu ihrem Tod, dein Nein zur Realität und dein unbewusstes Ja zum Schmerz bauen eine Art unsichtbarer Nebelwand auf. Eine Nebelwand, mit der du dich von allem abschirmst, was du meinst, nicht ertragen zu können, die jedoch bewirkt, dass du dich allein und abgeschnitten fühlst. Achtung! Hier kommt die nächste Erkenntnis: Diese Nebelwand schirmt dich von der geistigen Welt ab! Und damit auch von deiner Lieblingsperson im Jenseits. Willst du wirklich mit so einer Nebelwand leben? Deine geliebte verstorbene Person aus der geistigen Welt ist dennoch da und sie bleibt bei dir! Ja, sie bleibt, bildlich gesehen, einfach bei dir stehen! Es gibt ja weder Raum noch Zeit! Natürlich bleibt deine Lieblingsseele auch dicht bei dir, weil sie die Hoffnung hegt, dass du diese Nebelwand irgendwann immer dünner werden lässt, damit du die Berührung deiner Seele wieder aus vollem Herzen zulassen kannst. Du darfst verstehen, dass deine Lieblingsseele spürt, wie schlecht es dir wegen ihres Todes geht. Gerade deswegen möchte sie dir aufzeigen, dass sie jederzeit da ist! Egal, mit welchen Mitteln. Selbst wenn diese Mittel für Außenstehende spooky aussehen und alle laut schreiend weglaufen würden.

Noch einmal zum besseren Verständnis: Die Seele aus der geistigen Welt berührt dich, aber durch dein Nein zu ihrem Tod und die damit verknüpften Emotionen lässt du diese Berührung nicht zu. Du schneidest dich ab, nicht deine Lieblingsseele. Du möchtest das gern ändern? Das kannst du, indem du dich deiner unwahren Gedanken unter diesem tiefen Schmerz annimmst. Wenn du dich dafür entscheidest, wird es dir sehr schnell möglich sein, von deiner jetzigen Gruppe bis in Gruppe A zu kommen.

7.6.3

Empfänger – Gruppe C – neutral

Es gibt tatsächlich jede Menge Menschen, die zwar denken, dass es ein Leben nach dem Tod gibt, aber keinen Kontakt zu Verstorbenen wünschen. Das kann daran liegen, dass es in der geistigen Welt bisher niemanden gibt, den sie wirklich vermissen und von dem sie gerne hören möchten. Ich würde diese Gruppe als »neutral« bezeichnen. Auch diese Gruppe hat zumeist bereits Erfahrungen mit der geistigen Welt machen dürfen. Sie findet den Gedanken, dass es ein Leben nach dem Tode gibt, spannend. Dennoch hat sie dieses Thema nicht in ihrem Fokus. Und das braucht es auch nicht!

Wenn die Zeit gekommen ist oder tatsächlich jemand, den sie über alles lieben, in die geistige Welt übertreten sollte, dann wechseln die Personen aus dieser Gruppe sehr schnell in Gruppe A oder B über.

Mir wurde schon unterstellt, ich würde mit Dämonen oder noch besser für Dämonen arbeiten. Manche Menschen deuten meine Handzeichen in Kontakten als Zeichen von Teufelsanbetern. Gern werden dabei auch mal Zitate aus der Bibel zum Besten gegeben. Lass dich nicht irreführen, heißt es dann, es gibt keine Zeichen von VERSTORBENEN. WENN ES DENN IRGENDWELCHE Zeichen gibt, dann sind sie nicht von Verstorbenen, sondern von Dämonen, die den Anschein erwecken wollen, dass der Verstorbene gar nicht tot ist! Sehr geil übrigens und ähnlich der ominösen Elvis-Sichtungen! Und da sind wir wieder im Bereich Okkultismus gelandet. Meinetwegen darf jeder denken und tun, was er will. Auch jeder Religiöse, Ordensangehörige, Würdenträger und natürlich jeder Andersgläubige oder Atheist. Ich erlaube mir ebenfalls, so zu sein, wie ich bin. Ich denke, dass jeder in seinem Leben genug damit zu tun hat, sich um seinen eigenen Kram zu kümmern. Wenn sich jedoch ausgerechnet die Kirche darüber beklagt, dass jemand mit verstorbenen Menschen kommuniziert, dann kommen mir dazu auch ein paar Gedanken.

Schließlich haben sich die Kirchen in den letzten Jahrhunderten nur wenig mit Ruhm bekleckert und das hält bis heute an. Vieles, was den Menschen im Rahmen von Religion gelehrt wird, dient dazu, sie klein und gefügig zu halten. Auch Menschen, die mich jetzt verurteilen, werden irgendwann ins Jenseits übertreten. Dann dürften sie allerdings überrascht sein, dass es dort tatsächlich kommunizierende, zeichengebende Verstorbene gibt. Spätestens dann, wenn sie ihren Lebensfilm anschauen, werden sie weitere Aufschlüsse über ihr gelebtes Leben erhalten. Ein Mensch straft sich selbst! Gott hingegen straft, beurteilt oder verurteilt nicht. Wenn jemand aus deinem Umfeld davon überzeugt ist, dass das alles Schwachsinn ist, dann gestehe dieser Person das Recht zu, zu glauben, woran sie glauben möchte. Sie denkt jederzeit das für sie Richtige! Für sie ist die Zeit des bewussten Seins vielleicht noch nicht gekommen. Sei dir sicher, das Universum regelt alles auf eine so wunderbare Weise, wie wir uns das oft gar nicht vorstellen können. Alles hat seinen Sinn, selbst wenn wir gewisse Einstellungen, Sichtweisen usw. aktuell nicht verstehen. Wie du bereits weißt, gibt es ein ewiges Leben. In irgendeinem ihrer Leben wird jede Seele sich ihrer selbst bewusst. Darauf kannst du dich verlassen.

8
ÜBUNGEN

8.1
Sehnsucht und Trauer in Nähe verwandeln

Ich denke, jetzt hast du einen ganz guten Einblick bekommen, warum das Wissen um das Thema Emotionen in meinem Leben so wichtig geworden ist. Zum Schluss dieses Kapitels möchte ich dir gern noch dabei helfen, diesen Schmerz, den du womöglich noch in dir trägst, zu wandeln! Natürlich nur, wenn du wirklich dazu bereit bist!

Lass uns zusammen eine kleine Übung machen. Geh bitte in dein Gefühl und erspüre, ob du diese Hilfestellung von mir überhaupt wahrnehmen möchtest. Sollte dies nicht der Fall sein, dann versuche es vielleicht zu einem späteren Zeitpunkt erneut. Es ist dir jederzeit möglich, deinen Schmerz selbst aufzulösen und im Zuge dessen deine Sehnsucht und deine Trauer in spürbare Nähe zu verwandeln. Selbst tief sitzender Schmerz lässt sich wandeln, wenn du dich deiner darunterliegenden unwahren Gedanken annimmst.

Du bist bereit, deinen Schmerz zu wandeln? Super! Dann legen wir los. Lass bitte für einen Moment zu, dass alles im Universum einen tiefen Sinn besitzt. Auch der Tod deiner geliebten Person. Egal, ob du und deine Seele diesen Sinn verstehen können oder nicht. Lass bitte einfach nur für den Moment diesen Gedanken zu. Geh jetzt ganz in dein Gefühl. Was passiert? Fühlst du dich unwohl? Dann atme! Mit diesem bewussten Atmen kommst du raus aus deinem Verstand, der dir gerade zu beweisen versucht, dass das hier alles Schwachsinn ist. Das sind deine Angst und der damit verbundene

Schmerz! Atme tief ein und aus. Atme und öffne dich erneut dem Gedanken, dass alles in deinem Leben einen Sinn hat. Erlaube dir jetzt bitte, wie ein Beobachter, alles, was du fühlst und was mit dir geschieht, wahrzunehmen. Erlaube dir, dein Herz weit zu öffnen und alles zu fühlen, was kommt. Deine Lieblingsseele ist ganz dicht bei dir, ebenso wie deine göttliche Führung. Du bist zu keinem Zeitpunkt allein. Deine Lieben aus der geistigen Welt sind bei dir, damit du deinen tiefen Schmerz fühlend annehmen und darüber in Liebe wandeln kannst.

Öffne dich jetzt bitte dem Gedanken, dass du eine unglaubliche Schöpferkraft besitzt, mittels derer du alles manifestieren kannst, was zu Beginn nur ein Gedanke war. Erlaube dir, für diesen Moment anzunehmen, dass du selbst diesen Schmerz, den du fühlst, erschaffen hast.

Atme! Nimm alles wahr, was zu dir kommt. Konzentriere dich auf deinen Körper und auf deine Wahrnehmung. Wo genau empfindest du den Sitz deines Schmerzes? Wo fühlst du ihn? Liegt er dir schwer im Magen oder eher auf der Brust? Kannst du gut atmen? Schnürt es dir den Hals zu? Atme! Fühle nur, ohne das Gefühlte zu beurteilen! Lass alles zu und fühle. Du schaffst das! Welches Gefühl verursacht dieser seelische Schmerz? Gibt er dir ein enges und schweres Gefühl? Wenn er sich für dich unüberwindbar anfühlt, dann bitte deine Helferlein aus der geistigen Welt, diesen selbst erschaffenen Schmerz nur zu 10 % zu fühlen. Glaub mir, das geht! Probiere es einfach aus! Nicht denken! Fühlen! Das machst du gut! Fühle! Du bist der Schöpfer deiner Realität, ausgestattet mit allem, was du benötigst, um dein Leben in Frieden und Freude zu wandeln! Zu jeder Zeit! Du machst das wunderbar.

Bitte jetzt alle Engel und Erzengel, zu dir zu kommen. Bitte sie darum, dir ihre prachtvollen farbigen Energiestrahlen zur Verfügung zu stellen und deinem Wandlungsprozess voll göttlicher Gnade unterstützend beizuwohnen. Jetzt fühlst und siehst du, wie sich ein glänzender silberner Energiestrahl in Form einer Lichtsäule aufbaut. Stell dich in deiner Vorstellungskraft in diese wundervolle silberne

Lichtsäule und fühle, wie dieses silberne Licht in jede Zelle deines Körpers sowie in alle deine Energiekörper fließt. Du kannst sehen, wie alles silbern leuchtet. Auch aus dir und deinen Energiekörpern formt sich ein großes silbernes Licht. Dieses wunderschöne silberfarbene Licht steht für Reinheit und für große Intuition. Diese hochenergetische Silberfarbe hilft dir, schwierige Situationen und Disharmonien aufzudecken und zu überstehen. Wie ein Silberstreif am Himmel, der dir einen Hinweis auf ein baldiges Ende einer schwierigen Situation und darüber hinaus ein gutes Durchkommen durch diese Zeit aufzeigt. Diese wundervolle heilende silberne Lichtenergie wird auch Erzengel Metatron zugesprochen. Sie hilft dir, nicht mehr länger gegen dich und deine wundervolle Seele zu arbeiten. Über diese, vom Himmel bis zur Erde reichende, von den Engeln bereitgestellte Lichtsäule fließt dieses prachtvolle silberne Licht von deinem Kopf bis hin zu deinen Füßen. Es fließt in jede deiner Zellen, Organe, Muskeln und Knochen. Alle Schwere, alles Unwahre, alles von anderen Übernommene wird nun über dieses prachtvolle silberne Licht von dir abgelöst und darf darüber im Anschluss gewandelt werden. Fühle, wie dich dieses wundervolle silbern glänzende Licht energetisch überall durchströmt. Bleib ganz bei diesem Gefühl!

Im Anschluss kannst du wahrnehmen, wie sich der silberne Lichtstrahl innerhalb dieser wundervollen Lichtsäule in ein hochschwingendes transformierendes Lila färbt und jetzt jeden Millimeter deines wundervollen Körpers durchströmt. Lila fließt in jede Zelle deines physischen Körpers, aber auch in alle Ebenen deiner anderen Energiekörper ein. Dieses energetische lilafarben glänzende Licht wandelt nun voller spiritueller Kraft, Hingabe und Liebe alles, was durch das silberne Licht abgelöst wurde. Innerhalb deiner Lichtsäule wandelt das hochenergetische lilafarbene Licht all deine Schwere und jeden einzelnen unwahren Gedanken in Liebe und Leichtigkeit. Von Kopf bis Fuß strömt dieser wundervolle transformierende lilafarbene Lichtstrahl in jede Zelle und jeden Knochen, in deine Muskeln sowie alle Organe deines physischen Körpers. Fühle, wie diese wundervolle lilafarbene Energie überall in deine Zellen einfließt. Genieße diese einzigartige Wandlung in vollen Zügen.

Bitte zum Schluss deine himmlischen Helferlein um eine Heilfarbe für dich. Schau hin oder vielmehr fühle, welche Farbe dir jetzt von deinen himmlischen Helfern geschenkt wird. Welche Farbe ist es? Sieh, wie sich erneut die Farbe in deiner Lichtsäule ändert. Lass diese Farbe, während du noch immer in deiner Lichtsäule stehst, von Kopf bis Fuß in jede Zelle deines Körpers und alle deine Energiekörper fließen. Atme tief durch! Wenn dieser Teil des Heilungsprozesses abgeschlossen ist, wirst du sehen oder wahrnehmen, wie sich die Lichtsäule wieder im Universum auflöst. Dann sind nur noch deine himmlischen Helferlein, einschließlich deiner Lieblingsseele, um dich herum zu sehen.

Wie geht es dir jetzt? Wenn du das für dich festgestellt hast, dann bitte jetzt deine geliebte verstorbene Person, ganz dicht zu dir zu kommen. Wisse, sie ist sofort da, wenn du das möchtest. Wie fühlt sich das jetzt an? Kannst du ihre Liebe und ihre Präsenz sowie die Nähe aller anwesenden himmlischen Helfer spüren? Geh bitte ganz in dein Gefühl. Wie fühlt es sich an? Weich, warm und wohlig? Hat sich etwas verändert? Was hat sich verändert? Versuche bitte, es mit deinen eigenen Worten laut zu formulieren. Du findest, es hat sich nichts verändert? Hole tief Luft und prüfe bitte deine Gedanken! Bist du bereit, aus vollem Herzen Ja zum universellen Plan und dem dahinterstehenden Sinn zu sagen? Wenn das noch nicht der Fall ist, dann ist auch das völlig in Ordnung. Verurteile dich nicht dafür. Denk immer daran, alles hat seinen Sinn! Selbst wenn es dir noch nicht gelungen ist, den Schmerz loszulassen. Du kannst die Übung jederzeit wiederholen. Auf diese Weise wird es dir nach und nach gelingen, deinen Weg heraus aus dem Schmerz finden.

8.2

Deine Lieblingsseele spüren

Atme ein paarmal tief ein und aus! Fühle, wie sich Ruhe in dir ausbreitet. Erlaube dir, dass alles an Wahrnehmung von nun an sein darf. Bitte nun deine göttliche Führung einschließlich deines Schutzengels und deiner geliebten Person aus der geistigen Welt, dich bei diesem Prozess zu unterstützen.

Sie werden sofort bei dir sein.

Atme!

Bitte jetzt deine Lieblingsseele, ganz dicht zu dir zu kommen. Bitte darum, dass sie von hinten kommt, um deinem Verstand ein Schnippchen zu schlagen. Außerdem lässt sich deine Lieblingsseele, genau wie alles andere auch, leichter wahrnehmen, wenn sie von hinten kommt. Frag mich nicht, warum! Es wird behauptet, das läge daran, dass das Herz- und das Kehl-Chakra einen zusätzlichen Ausgang nach hinten zum Rücken hätten. Probiere es bitte einfach für dich aus. Erlaube dir, dein Herz weit zu öffnen und stelle erneut deine Frage! Erlaube dir, alles zu fühlen, was kommt. Achte dabei bitte auf dein Gefühl und deinen Körper! Und nun geh bitte ganz in dein Gefühl. Was passiert? Bitte erneut darum, dass sich deine geliebte Person aus der geistigen Welt deutlich auf deinem Körper bemerkbar macht. Atme! Was passiert?

Atme ein weiteres Mal tief ein und wieder aus. Nimm jetzt bitte eine Beobachterposition ein und gestatte dir, alles, was du fühlst und alles, was mit dir geschieht, wahrzunehmen. Was fühlst du und vor allem wo auf deinem Körper kannst du die Energie deiner

Lieblingsseele wahrnehmen? Ist es eine Art Druck, ein Kribbeln, eine Stelle, die warm oder kalt wird? Was ist das Gefühl? Bitte beschreibe es. Wo kannst du dieses Gefühl wahrnehmen? Lokalisiere es!

Wenn das nicht funktioniert, dann hat dein Verstand sich vor dein Gefühl geschoben. Atme und setze die Übung ganz entspannt fort. Irgendwann wirst du es spüren! Bitte deine Lieblingsseele, näher und näher zu kommen. Was spürst du? Wo genau spürst du diese wundervolle Seele auf deinem Körper? Wird das Gefühlte stärker? Super! Bitte nun deine Lieblingsseele, wieder ein Stück zurückzugehen. Was nimmst du jetzt wahr? Wie ist jetzt dein Körpergefühl?

Wird das Gefühlte weniger? Selbst wenn das für deinen Verstand mehr als merkwürdig erscheinen sollte, bitte deine Lieblingsseele, nun öfter hin und her zu laufen.

Diese Übung hilft dir, ihre Energie besser von deiner zu unterscheiden. Gleiches kannst du auch mit deinem geistigen Team oder deinen Schutzengeln üben. Bitte beachte, dass nicht alle deine Helfer zur gleichen Zeit an den gleichen Platz kommen! Wie könntest du sonst unterscheiden, wer bei dir ist?

Wenn du Lust hast, darfst du das gern täglich üben.

8.3
Elementare Fragen an deine Lieblingsseele

Atme ein paarmal tief ein und aus! Fühle, wie sich Ruhe in dir ausbreitet.

Erlaube dir, dass alles an Wahrnehmung nun da sein darf. Bitte deine göttliche Führung, deinen Schutzengel und deine geliebte Person aus der geistigen Welt, dich bei diesem Prozess zu unterstützen. Sie alle werden sofort bei dir sein. Atme! Richte nun eine dir wichtige Frage an deine Lieblingsseele. Vielleicht möchtest du wissen, ob sie dich bei der Wahl eines neuen Partners unterstützt oder ob eine Entscheidung, die du getroffen hast, »gut« war?! Während du die Antwort empfängst, achte bitte direkt auf dein Gefühl und deinen Körper! Geh jetzt bitte ganz in dein Gefühl. Was passiert? Fühlst du dich unwohl, unter Druck, eng und komisch? Atme!

Das sind deutliche Zeichen deines Verstandes. Über dieses bewusste Atmen kommst du wieder raus aus deinem Verstand, der dir gerade versucht zu beweisen, dass das hier alles Schwachsinn ist. Das ist deine Angst und der damit verbundene Schmerz, nicht geliebt und angenommen zu sein! Atme tief ein und aus. Nimm jetzt bitte eine Beobachterposition ein und erlaube dir, alles, was du fühlst und alles, was mit dir geschieht, wahrzunehmen. Öffne dein Herz weit und stelle erneut deine Frage! Erlaube dir, alles zu fühlen, was kommt. Prüfe jetzt, ob deine Gedanken wirklich deiner inneren Wahrheit entsprechen. In diesem Fall würdest du ein weiches, warmes Gefühl erhalten. Fühlst du dich hingegen unwohl, dann entstammt dieses Gefühl deinen unwahren Gedanken, wie z. B.

der Angst, dich noch nicht in eine neue Partnerschaft begeben zu dürfen. Deine unwahren Gedanken, die dir im Alltag über all den erschaffenen Gedankenmustern nicht auffallen, halten dich zurück und treiben dich darüber in die Enge.

Atme! Sende erneut den Wunsch aus, ob deine Entscheidung, z.B. einen neuen Partner für deinen weiteren Lebensweg gewählt zu haben, auch von deiner Lieblingsseele unterstützt wird, und warte! Was fühlst du? Ich bin sicher, wenn du verstanden hast, wie sich ein unwahrer Gedanke von einem wahren Gedanken, der zu dir gehört und deiner inneren Wahrheit entspricht, unterscheidet, dann wirst du sehr schnell sehen, dass deine Lieblingsperson glücklich ist, wenn du glücklich bist! Dann wirst du beim Stellen deiner Partnerfrage ein warmes, weiches Gefühl voller Liebe und Verständnis erhalten!

8.4 Weitere Übungen und Hilfestellungen

Du möchtest gern weiterüben? Für noch mehr Unterstützung sowie wertvolle Hilfestellungen bei der Wahrnehmung und Kommunikation mit deinen geliebten verstorbenen Menschen, erhältst du entweder in meinen Kursen oder auf meinen Übungs-MP3s. Speziell in meinen Kursen, die extra für Hinterbliebene konzipiert sind, lernen Trauernde, wie sie jederzeit die Verbindung zu ihren verstorbenen Lieben spüren können und wissen, dass diese immer an ihrer Seite sind. Ich zeige ihnen, wie sie den Kontakt zu ihren Lieblingsseelen herstellen und diesen aufrechterhalten können.

Des weiteren unterstütze ich Trauernde dabei, auf ihre Wahrnehmungen und Empfindungen zu vertrauen und gleichzeitig ihre Unsicherheiten und Zweifel zu überwinden. Als Medium begleite ich sie persönlich mit meiner Liebe, Leichtigkeit sowie mit meinem Wissen und Erfahrungen auf ihrem medialen Weg. Ich helfe Trauernden dabei, die Verbindung mit ihren verstorbenen Liebsten so aufzubauen, dass sie diese im Alltag sehen, hören und spüren lernen. Dadurch erlangen sie die Fähigkeit, ihr Herz zu öffnen, die Energie ihrer geliebten Verstorbenen im feinstofflichen Körper überall wahrzunehmen und vor allem von ihren eigenen Gedanken zu unterscheiden. Es würde mich sehr freuen, persönlich mit dir zusammenzuarbeiten und dir durch meine Liebe und Leichtigkeit aufzuzeigen, wie nahe dir bereits deine Lieblingsseele ist.

9

BOTSCHAFTEN FÜR DICH

9.1

Zeichen von Verstorbenen

Kennst du ein solches inneres Zwiegespräch, das du mit einem geliebten Verstorbenen führst? »Zusammen haben wir gelacht, gestritten, geweint und uns geliebt. Zusammen sind wir durch dick und dünn gegangen. Zusammen! Und jetzt? Ich fühle mich so allein! Wo bist du? Du, mein Leben, mein Glück und meine Leichtigkeit! Du fehlst mir so sehr!«

Um uns nicht mehr allein oder in dem, was wir nach dem Tod eines geliebten Menschen täglich erleben, bestätigt zu fühlen, bitten viele Hinterbliebene um persönliche Zeichen. Auch in Krisensituationen oder immer, wenn sich der Mensch eine Lösung für eine bestimmte, zumeist aussichtslose Situation wünscht, wird die geistige Welt um Hilfe gebeten. Einige nennen es beten. Andere bitten direkt um erkennbare Zeichen oder Symboliken. Über diese jenseitigen Zeichen wird um Bestätigung, aber auch um Unterstützung gebeten. Hauptsache, die Hinterbliebenen bekommen wenigstens einen Funken Sicherheit, dass all ihre Zwiegespräche auch wirklich im Jenseits ankommen. Wie du weißt, bekommen wir alle täglich Zeichen aus der geistigen Welt. Sei es von unseren lieben Verstorbenen, von unserem Schutzengel oder anderen himmlischen Helfern. Immer zeigen sie uns darüber auf, dass wir niemals allein sind, sondern uns immer in den Schoß des Universums eingebettet befinden.

Aber was genau sind denn nun Zeichen aus der geistigen Welt? Gibt es konkrete Symbole für bestimmte Aussagen? Sind alle Zeichen für alle Menschen gleich oder bekommt jeder ein individuelles Zeichen? Diese und andere Fragen zum Thema Zeichen werden ziemlich oft gestellt. In der Tat kann ein Zeichen alles sein. Von Glück bringenden Symbolen wie Kleeblättern, Hufeisen oder Marienkäfern, Schweinchen, Schornsteinfegern, über Vögel, Schmetterlinge, Steine, Blätter bis hin zur Feder oder bestimmten Zahlen, alles ist möglich! Sogar Gedanken, die dir direkt in den Kopf kommen, innere Bilder oder Farben können Zeichen sein.

Aus meiner Sicht gibt es kein ultimatives Zeichen! Für mich sind »Zeichen aus der geistigen Welt« Hinweise, die mich in dem, was ich denke, unterstützen oder voranbringen können. Wie gesagt, das kann zur jeweilig ausgesandten Bitte alles sein. Vom Text eines Buches, vom Kinofilm über ein Plakat bis hin zu einer Wolke in Herz- oder Engelform. Zeichen, die du über deine Hellsinne empfängst, zählen genauso in diese Rubrik wie alles, was du mit deinen physischen Sinnen wahrnehmen kannst.

Alles, was auch nur ansatzweise einen Interpretationsspielraum für deine Situation erlaubt, kann dir als Zeichen dienen. Auf der Suche nach Trost, Sicherheit und Erkenntnis kann alles, was dir direkt ins Auge oder gar vor die Füße fällt, dein gewünschtes Zeichen sein.

Immer wieder erlebe ich in Jenseitskontakten, dass den Hinterbliebenen mehr als genug Zeichen aus der geistigen Welt gesandt werden. Die Lieblingsseele lacht dann meist laut und sagt: »Ich schicke immer Zeichen! Zeichen, die auch erkannt werden. Eigentlich! Denn meist wünschen sich die Hinterbliebenen Zeichen über Zeichen, weil sie beim ersten Zeichen nicht sicher sind, ob dieses wirklich aus der geistigen Welt gesandt wurde. Das zeigt deutlich, dass die geistige Welt und damit natürlich auch deine Lieblingsseele uns in Dauerschleife Zeichen schicken.

Es ist demnach an uns, diese Zeichen zu erkennen und als solche anzunehmen. Sei dir sicher, du bekommst deine Zeichen! Selbst wenn du diese nicht als Zeichen erkennen willst, wird die geistige Welt nicht aufhören, dir welche zu senden. Sie tut alles, um dich liebevoll zu unterstützen, dich zu führen und dir ihre Hilfe zur Verfügung zu stellen. Alles! Lass dich darauf ein. Erlaube dir, deine Zeichen aus der geistigen Welt wahrzunehmen. Deine Zeichen müssen nicht für andere Menschen passen. Deine Zeichen sind deine Zeichen!

9.2

Wie bittest du um ein Zeichen?

Ganz einfach: Sende die Absicht aus. Bitte einfach um ein persönliches Zeichen für dich. Wenn du unsicher bist, dann bitte um ein kleines, aber deutliches Zeichen oder um Dinge, die du für dich auch sicher erkennen kannst. Sei sicher, du wirst es erhalten. Bitte suche nicht nach Zeichen. Sie lassen sich nicht suchen! Sei dir sicher, dass in diesem Fall sofort dein Verstand am Start ist. Bei der Interpretation und dem Erkennen von Zeichen wird er dir jedoch eher hinderlich sein. Zu Beginn meiner medialen Arbeit habe ich ein SymbolLogbuch für alle hellsichtig empfangenen Bilder angefertigt. Das hat mir zu Beginn unglaublich geholfen. Darüber habe ich gelernt, zu verstehen, welche Bedeutung Symbole oder Zeichen aus der geistigen Welt haben können. Symbole können zum einen sinnbildlich verstanden werden und zum anderen den Gegenstand an sich oder aber eine Handlung oder Vorgehensweise beschreiben. Ein Symbol kann durch den besonderen Zusammenhang, z. B. aufgrund deiner Bitte um ein Zeichen, sowohl einen tieferen Sinn als auch eine seelische oder geistige Bedeutung für dich aufzeigen. Efeu z. B. steht in seiner Symbolik für das ewige Leben. Er ist immergrün und symbolisiert durch sein umschlingendes Festhalten zudem ewige Treue oder Freundschaft. Für mich steht das Symbol eines roten Herzens für die Liebe. Ein goldenes Herz hingegen zeigt mir im Kontakt, wie stolz die Lieblingsseele auf die Hinterbliebenen und deren Tun ist. Fällt dir zu einem Symbol einmal keine

Bedeutung ein, dann wirf Dr. Google an. Im Netz findest du unfassbar viele Bedeutungen.

Achte beim Lesen auf dein Gefühl und entscheide darüber, welche die richtige Bedeutung für dich ist. Bei vielen Symbolen denken wir: Was, das kann doch jetzt nicht das Zeichen gewesen sein?! Doch, genau das war bestimmt dein Zeichen. Bleibe dran. Beschäftige dich mit deinen Lieben aus der geistigen Welt und möglichen Zeichen. Nichts passiert umsonst oder einfach nur so! Es gibt keine Zufälle. Aus meiner Sicht gibt es hierbei auch keine negative Auslegung. Ja, ein Zeichen oder eine Symbolik kann viele Bedeutungen in sich tragen. Arbeite hierbei immer mit deinen Gefühlen. Das Symbol oder Zeichen wird dir dabei helfen, den tieferen Sinn dahinter besser zu verstehen und dich deinen Lieben aus der geistigen Welt noch näher zu bringen.

9.3 Die himmlische Zauberformel

Die himmlische Zauberformel, alles »vermeintlich« Negative oder besser, das von uns Menschen für negativ Gehaltene in Liebe zu wandeln, ist eigentlich ganz einfach! Ich versichere dir, auch du verfügst über die Kraft, ALLES, was du möchtest, wandeln zu können. Die Voraussetzung ist, dass du das willst! Ich glaube, dass der tiefere Sinn unseres Seins auf diesem wundervollen Planeten darin besteht, auf der einen Seite so viele emotionale Erfahrungen wie möglich zu machen und auf der anderen Seite so viele vermeintlich negative Erfahrungen wie möglich ins Positive wandeln zu lernen. Stell dir dein Leben vor, wenn du es tatsächlich selbst in der Hand hättest, ab morgen nur noch in Liebe zu leben! Wie fühlt sich das für dich an?! Bist du schon dazu bereit? Auch unter dem Hintergrund, dass deine Lieblingsseele nichts lieber sähe, als dass es dir gut geht?

Gehen wir zusammen noch einmal zurück in deine Kindheit! Stell sie dir kurz vor. Alles, was du als Kind erfahren, erlebt und gesagt bekommen hast, hast du in deine Gedankenwelt übernommen und tief in dir verankert. Du hast es zu deinem eigenen Gedankengut gemacht und tust heute so, als ob es schon immer deine Gedanken gewesen wären. Auch wenn es dir derzeit, unter dem Hintergrund deines großen Verlustes, nicht ganz leicht erscheint, allen Stress und jegliche Ängste wieder in Harmonie und inneren Frieden zu verwandeln, sei sicher, es geht.

Es bedarf hier vielleicht noch eine Zeit lang deiner Geduld und Aufmerksamkeit, weil sich all deine Ängste eben nicht nach zwei oder drei Wandlungsversuchen augenblicklich in Luft auflösen. Oder aber, weil du, wie wir alle, oft wieder in alte Verhaltensmuster zurückfällst. Das passiert manchmal schneller, als wir Luft holen. Sei lieb und nett zu dir selbst! Du schaffst das! Keiner hat gesagt, dass alles an einem Tag erledigt sein muss. Du hast bereits so viel geschafft. Nimm dir einen Moment Zeit für dich und lass Revue passieren, was du wunderbare Seele in diesem Leben schon alles bewältigt hast.

Dinge, bei denen du zu Beginn der Schwere niemals für möglich gehalten hättest, sie bewerkstelligen zu können. Fakt ist, du hast es geschafft! Und nur darum geht es!

Manchmal braucht es Jahre, um an diesen Punkt zu kommen. Gib dir jetzt bitte auch Zeit, alle Gedankenmuster, die du über viele Jahre als deine eigenen angesehen hast, für dich zu erkennen und entsprechend zu wandeln. Die einzige Grundlage dafür ist, dass du etwas ändern willst! Der Rest wird von ganz allein kommen. Die Zauberformel des Wandelns trägst du in deinem Herzen und sie steht dir immer und überall zur Verfügung. Außerdem ist sie jederzeit abrufbar, wenn du dich zu einer Wandlung in Liebe entscheidest. Wenn du wieder einmal Ärger hast, dann halte kurz inne und frage dich: »Was würde die Liebe tun?« Das ist super Satz aus »Gespräche mit Gott« von Neale Donald Walsch! Wann immer ich mich daran erinnere, rolle ich kurz die Augen und sage: »Jaaa, ich weiß!« Auf diese Weise bekommst du meist schon automatisch die Antwort. Wenn du jetzt noch in dein Herz bzw. in deine Seele hineinspürst, wirst du hier zusätzlich noch deine innere Wahrheit erspüren können. Alles liegt in dir und wartet nur darauf, endlich eins mit dir sein zu dürfen.

In deinem Innersten, deiner Seele, findest du deine Stärke, deine Kraft, deine Energie, deine Liebe, dein Sein und deine Seelenessenz. Alles ist da und alles ist miteinander verbunden. In deinem wundervollen Inneren ist deine Seelenessenz mit dem gesamten Universum verbunden und kann niemals getrennt werden. Wir fühlen uns durch unsere im Laufe der Jahre entwickelten Ängste und die darüber aufgebauten Mangelgedanken getrennt von anderen und dem großen Ganzen. Diese Mangelgedanken, die wir selbst unbewusst erschaffen haben, sind ebenfalls unwahre Gedanken, die es herauszufinden gilt.

- *1. Schritt:* Entscheide dich für eine Änderung! Sei sicher, das gesamte Universum, einschließlich deiner Lieblingsseele, steht sofort bereit, um dich mit allem, was geht, zu unterstützen.

- *2. Schritt:* Atme und sei im Jetzt! Dein Verstand pendelt immer zwischen der Vergangenheit und der Gegenwart hin und her. Er beherrscht das Jetzt nicht, denn entweder plant oder befürchtet er Dinge, die kommen könnten oder er wertet etwas Vergangenes aus. Deswegen entscheide dich ab sofort, immer wieder ins Jetzt zu kommen und jeden Moment bewusst wahrzunehmen. Alles, was du tust, ist wichtig. Ganz egal, ob es tippen, putzen, Auto fahren, Gassi gehen oder auf die Toilette gehen, ist. Alles gehört zu dir. Ohne all das wärst du nicht du oder könntest in diesem Körper gar nicht existieren. Alles gehört zu dir. Achte und wertschätze jeden Moment und alles, was du tust. Die himmlische Zauberformel, dieses Sein im Jetzt, hilft dir, in diesem Augenblick das Morgen zu erschaffen.

- *3. Schritt:* Achte auf deine Gedanken und das, was du über dich, dein Lebenund alles andere um dich herum, denkst! Keine Sorge, bei mir klappt das auch nicht den gesamten Tag über, dennoch ist mir häufig deutlich bewusst, was und vor allem, dass ich denke. Am besten gelingt mir das morgens, wenn ich aufstehe. Vielleicht kannst auch du eine solche Zeit für dich finden.

- *4. Schritt:* Kreiere und erschaffe fröhlich drauflos! Es gibt im Universellen kein»falsch«! Bist du einmal auf dem Holzweg gelandet, dann lächle. Steh auf, richte die Krone und lauf weiter! Auch diese Erfahrung war wichtig. Versuche gar nicht erst, alles mit dem Verstand zu verstehen. Lebe einfach. Liebe alles, was du bist und hast.

- *5. Schritt:* Öffne dein Herz und schiebe jegliche Angst und Skepsis beiseite! Miteinem weit geöffneten Herzen steht dir die Welt offen. Und nicht nur das! Du öffnest dich deinen Gefühlen und kannst darüber alles, was um dich herum vorgeht, deutlicher für dich wahrnehmen. Wie wäre das?

- *6. Schritt:* Dein Herz bzw. deine Seele gekoppelt an diesen wunderschönen Körper sind ein hervorragender Seismograf – nutze ihn! Tust du das, wirst du sofort wissen, ob etwas deiner Wahrheit entspricht oder eben nicht. Dennoch entscheidest zu jeder Zeit du, ob du das Abenteuer Holzweg machen möchtest oder eben nicht. Manchmal ist der Holzweg superspannend. Das Gefühl, ihn in Liebe überwunden zu haben, kann unbeschreiblich befriedigend sein. Du siehst, hin und wieder macht selbst der Holzweg Spaß und stellt sich als echter Gewinn heraus.

- *7. Schritt:* Lade das Universum und deine Lieblingsseele ein, bei dir zu sein!Bitte deine Lieblingsseele, dir Zeichen zu geben bzw. sich deutlich auf deinem Körper zu zeigen. So wirst du irgendwann genau wissen, ob das Zeichen von deiner Lieblingsseele war und was es für dich zu bedeuten hat. Du erhältst dann quasi eine Dauerhotline ins Universum! Das ist das ganze Geheimnis! Deine persönliche Zauberformel, die dir helfen wird, dich und dein machtvolles, kraftvolles Seelenwesen, besser zu verstehen und darüber besser ausleben zu können, sofern du das willst. Leuchte! Geh raus und zeige dich! Zeige der Welt, was für eine wundervolle Seele du bist!

Deine Lieblingsseele aus der geistigen Welt ist täglich bei dir, um dir genau das zu spiegeln und aufzuzeigen.

Egal, wie deine persönliche Situation im Moment auch aussehen mag. Egal, wie verzweifelt sie sich gerade anfühlt. Egal, wie allein du dich derzeit fühlst. Du hast die Macht und die Kraft, alles für dich zu wandeln, wenn du es wirklich willst. Erkenne den unwahren Gedanken unter jeder noch so aussichtslosen Situation. Erkenne die große Chance, das Geschenk, das in jeder noch so aussichtslosen Situation verborgen liegt. Egal, wie groß die Angst sein mag. Die Angst ist nur über die Koppelung unwahrer Gedanken entstanden. Du hast diese »andere Wahrheit« damals einfach für dich angenommen und als dir zugehörig übernommen, ohne sie jemals auf ihre Wertigkeit für dich zu prüfen. Deine Lieblingsseele aus der geistigen Welt steht bereit und darüber das gesamte Universum. Alles, was ist, in Liebe zu sehen, funktioniert immer, wenn vielleicht auch nicht sofort und in Blitzgeschwindigkeit!

Es bleibt ein ewiger Prozess, so, wie das Leben ein endloser Prozess ist. Es gibt kein Auflösen und weg! Es gibt nur ein Erkennen deiner Wahrheit und darüber z. B. deine Entscheidung eine erneute Wandlung in Liebe zuzulassen! Eine Wandlung zu dir für dich! Du bist so viel mehr als dieser Körper! Du bist ein lichtvolles, wundervolles Seelenwesen, was die Macht und die Kraft besitzt, alles zu tun, was es tun möchte! Du bist ein wunderbares Wesen, das niemals von seinen Lieblingsseelen in der geistigen Welt getrennt war oder getrennt sein wird. Ihr seid eins. In Liebe, für die Ewigkeit! Schön, dass es dich gibt! Das findet deine Lieblingsseele übrigens auch!

9.4
Liebevolle Erinnerung

Alles in der Natur hat seinen Platz. Völlig egal, ob groß oder klein, dick oder dünn, alt oder jung. Alles in der Natur ist in Harmonie. Diese Harmonie gibt allem als Ganzes den Zusammenhalt.

Jeder noch so kleine Strauch erfüllt hierbei voller Liebe seinen Anteil. Er lockert die Erde mit seinen Wurzeln, er wandelt mittels Photosynthese die Luft in Sauerstoff und selbst wenn er jedes Jahr geschnitten wird, so wächst er fröhlich, ohne Vorurteile oder Selbstbeurteilung und Verurteilung weiter. Kraftvoller als je zuvor! Das gilt auch für dich, wenn du eine Einheit mit der Natur und den geltenden Naturgesetzen bist.

Arbeite nicht gegen dich. Lehnst du dich und darüber alles andere ab, fällst du aus dieser Harmonie und entwickelst langfristig immer größer werdende Disharmonien, die dich krank machen werden. Die Liebe zu dir selbst und zu anderen – Mensch, Tier, Natur – ist der Anteil, der dich voller Harmonie am Ganzen teilhaben lässt.

Sei wie der Strauch, der, ohne sich zu ver- oder beurteilen, fröhlich und kraftvoll wächst. Die Liebe in dir lässt alles erblühen und bringt dich darüber in Harmonie.

Geh raus, zeig dich und gib deine Liebe in diese, deine Welt. Du wirst gebraucht!

9.5
Geschenke

Und nun ganz zum Schluss möchte ich dir voller Freude einige ganz besondere Geschenke überreichen. Geschenke von deinen Lieben aus der geistigen Welt.

Diese Geschenke habe ich gechannelt und den Hinweis von meinem göttlichen Team bekommen, diese hier für dich zu veröffentlichen. Wann immer dir danach ist, wartet an dieser Stelle ein ganz persönliches Geschenk aus der geistigen Welt für dich. Dieses Geschenk wird dich deiner Lieblingsseele ganz nahe und dir viel Frieden, Segen, Freude und Liebe bringen. Wann auch immer du einen Halt benötigst, suche dir dein Geschenk für diesen Moment aus. Ich bin sicher, dieser Gruß von deinen Lieben aus der geistigen Welt wird dich mitten ins Herz treffen, dir ein Lächeln ins Gesicht zaubern und dich glücklich machen!!! ICH LIEBE GESCHENKE aus der geistigen Welt. Ich hoffe, sie bringen dir genauso viel Freude wie mir!

9.5.1
Weiße Feder

Unser Geschenk an dich ist eine wunderschöne weiße Feder. Diese Feder wird dich in vielen Situationen tragen und dir helfen, die Leichtigkeit zu behalten. Es ist nicht immer alles so, wie du es dir vorstellst, und läuft auch nicht immer in der Geschwindigkeit. All das gehört aber zum Leben dazu. Nimm diese Feder von uns, damit du dich immer daran erinnerst, mit welcher Leichtigkeit du durch dein Leben fliegen kannst. Du wirst getragen!

Die Feder ist weiß und steht für die Reinheit, Klarheit und die kosmische Energie, die jetzt in dein Leben kommen darf. Wir sind bei dir und helfen dir dabei. Wenn du dir vorstellst, dass diese Feder dich jetzt berührt, dann sind wir mit dir verbunden und berühren dich. Wir lieben dich sehr, sind immer bei dir und freuen uns über alles, was du schon geschafft hast. Mache weiter so.

Deine Lieben

9.5.2

Farbenfroher Ball

Unser Geschenk an dich ist ein farbenfroher Ball. Dieser farbenfrohe Ball zeigt dir an, wie viele Dinge du in deinem Leben auch auf spielerische Art und Weise nehmen kannst. Er soll dir helfen, dein Wissen, deine Hilfe, aber auch manche Verantwortung weiterzugeben und nicht alles in deinem »Spiel« selbst machen zu müssen. Beziehe Menschen mit ein.

Dieser Ball verschafft dir die Leichtigkeit, abzugeben und andere in dein Leben mit einzubeziehen. Sieh dir die vielen Farben deines Balles an. Sie zeigen dir die kosmische Fülle der Möglichkeiten an, die dein Leben noch für dich bereithält. Es warten viele spannende Facetten auf dich. Gib deinen Ball mit Freude weiter. Auch wir sind Teil deines Balles. Wir helfen und unterstützen dich voller Liebe auf deinem Weg.

9.5.3

Krug mit kristallklarem Wasser

Unser Geschenk an dich ist ein wundervoller blauer Krug mit kristallklarem Wasser. Dieser wundervolle kleine Krug steht für den »Halt«, den wir dir geben, da wir immer an deiner Seite sind. Das Wasser in diesem Krug möge dir in einigen Situationen die Klarheit schenken, die dich verstehen lässt, worum es geht und wie du am besten für dich handeln kannst. Unser Krug besteht aus Ton und hat einen wunderschönen dunklen Blauton.

Die wundervolle blaue Farbe des Kruges wird dir helfen, Dinge in Ruhe und Gelassenheit anzugehen sowie dich selbst besser vom Alltagsstress erholen zu können. Das Blau sowie die Beschaffenheit des Tones zeigen dir unsere tiefe Verbundenheit und Einheit an, die wir zusammen mit dir bilden. Wir sind immer mit dir in Liebe und als Einheit verbunden.

9.5.4

Armband mit Edelsteinen

Unser Geschenk an dich ist ein wundervolles feingliedriges Armband, das dir unsere tiefe Verbundenheit anzeigt. In unendlicher Liebe werden wir immer eine Einheit sein.

Die Farbe Gold zeigt dir an, wie weit du es mit deinem reinen Herzen und deiner persönlichen Stärke bereits geschafft hast, obwohl du selbst am wenigsten daran geglaubt hast. Das Gold wird dir helfen, deine Schwingungen immer weiter zu erhöhen und dich darüber emotional und spirituell weiter anzuheben. Wir verfolgen aufmerksam und voller Freude deinen Weg und sind sehr stolz auf dich, was du bereits alles geschafft hast. Dein wunderschönes Armband ist mit vielen bunten Edelsteinen voller kosmischer Energie besetzt. Diese stehen für alle Möglichkeiten, die noch auf dich warten. Geh weiterhin mutig voran. Wir sind immer an deiner Seite! Wir begleiten und unterstützen dich bei jeder neuen Facette.

9.5.5

Kleiner goldener Stern

Dieser kleine goldene Stern steht für unsere gemeinsame tiefe kosmische Verbundenheit. Du liebst Sterne, deshalb haben wir dieses Symbol für dich ausgewählt. Jedes Mal, wenn du ab sofort an den Nachthimmel schaust, kannst du unsere tiefe Liebe und Verbundenheit fühlen. Damit wirst du wissen, dass wir immer bei dir sind und dich auf deinem Weg unterstützen. Dein Stern steht für alles Neue, das noch voller Freude in deinem Leben auf dich wartet.

Der kleine Stern soll dir zeigen, dass wir immer als ein Teil des Ganzen bei dir sind, auch wenn du uns vielleicht nicht immer wahrnehmen kannst. Das Gold steht für die kosmische Fülle, die auf dich wartet. Ein Wandel, der nun endlich kommen kann. Deine Schwingungen werden nun emotional und spirituell weiter angehoben. Wir freuen uns sehr und sind unendlich stolz auf dich und alles, was du bereits geschafft hast. Mach weiter so, wir unterstützen dich und sind immer für dich da.

9.5.6

Verschlungene Ringe mit Edelstein (Aquamarin)

Dieses Geschenk ist für dich und für deinen Mann. Diese wundervollen ineinander verschlungenen Silberringe symbolisieren auf der einen Seite euch, aber auf der anderen Seite auch uns. Sie zeigen euch die tiefe und enge Verbundenheit zu uns, aber auch zu euch selbst. Wir sehen und fühlen, dass es nicht immer leicht in eurem Leben läuft. Es gibt Phasen, in denen alles wie unter einem Nebel liegt. Auch diese Phasen werden vergehen. Wisset, wir sind bei euch und unterstützen euch mit jedem Schritt. Die ineinander verschlungenen Ringe stehen für die Einheit von Körper, Seele und Geist und stellen als Energiesymbol eine fortlaufende, immerwährende Verbindung dar.

Der Aquamarin steht für die Heilung aller eurer tiefsitzenden und verborgenen Wunden. Er hilft euch in der Ruhe und Klarheit eures reinen Herzens, Dinge auch gegenüber Dritten auszusprechen und aufzulösen. Er wird euch in allen Bereichen stärken. Wir sind ein Team und es ist eine große Ehre und Freude für uns, zu sehen, welch wundervolles Team ihr seid! Auch ihr beide habt Kräfte, die es euch möglich machen, die wirklich wichtigen Dinge im Leben mit Weisheit zu erkennen und wahrzunehmen. Ihr seid auf dem richtigen Weg und wir sind immer in tiefer Liebe und Verbundenheit an eurer Seite.

9.5.7

Großes rotes Herz

Das große wundervolle rote Herz ist unser besonderes Geschenk an dich! Alle Höhen und Tiefen in deinem Leben hast du bisher mit Bravour gemeistert. Es ist an der Zeit für dich, das zu erkennen und anzunehmen. Du selbst hast ein wundervolles riesiges Herz. Du bist Hilfe und Bereicherung für alle Menschen, die in dein Leben treten. Unser Geschenk wird dir helfen, dein Herz mehr und mehr zu öffnen und dadurch noch mehr kosmisches Bewusstsein zu erhalten. Die wundervolle, kraftvolle rote Farbe unterstützt dich dabei mit Kraft, Durchhaltevermögen sowie tiefer und inniger Liebe. Wir freuen uns sehr, dich in tiefer Liebe bei allen neuen Schritten begleiten zu können. Wir sind unglaublich stolz, was du bereits alles für dich erreicht hast. Wir sind immer an deiner Seite!

Du weißt das! Vertraue auf dich und deine Intuition!

9.5.8

Gelborangefarbener fünfarmiger Seestern

Dieser wundervolle Seestern ist unser Geschenk an dich. Dieser Seestern spendet dir nun die Kraft, jederzeit im Strom des Lebens weiter zu schwimmen. Du darfst jetzt loslassen! Er trägt dich! Wir tragen dich in tiefer Liebe! Du bist niemals allein! Über alle schönen Erinnerungen sind wir automatisch in tiefer emotionaler Liebe immer mit dir verbunden und das wird auch ewig so sein. Die Zahl »fünf« schenken wir dir als Glückszahl dazu. Sieh und erkenne, welches Glück in jeder Kleinigkeit deines Lebens auf dich wartet. Die lichtvolle gelbe Farbe deines Seesterns hilft dir, Neues und Lichtvolles zu erkennen, was auf deinem Weg noch auf dich wartet.

Sie hilft dir, mit Leichtigkeit und Selbstvertrauen mutig voranzugehen. Auch die Kombination der Farben Gelb und Orange wird dir dabei helfen, deine eigene innere Kraft und Lebensenergie zu erkennen und mit Zuversicht, voller Freude und mit Leichtigkeit deine nächsten Schritte zu gehen. Wir sind immer an deiner Seite! Du weißt und du spürst das! Vertraue auf deine Intuition.

9.5.9

Farbenfroher Schmetterling

Unser Geschenk an dich ist dieser wundervolle farbenfrohe Schmetterling. Er wird dir helfen, Leichtigkeit in dein Leben einkehren zu lassen und die nächsten Schritte zu gehen. Eine wundervolle Wandlung in Liebe steht dir bevor und der farbenfrohe Schmetterling wird dir dabei behilflich sein. Der Schmetterling verleiht dir die Leichtigkeit, Altes bewusst loszulassen und in Liebe auf deine Vergangenheit zu blicken. Folge deinem Herzen und fliege der Sonne und dem Licht entgegen.

Öffne dein Herz und tausche die Trauer gegen Freude. Wir sind bei dir, auch wenn du uns nicht immer wahrnehmen kannst. Folge deiner Intuition. Wir begleiten dich sicher und voller Liebe auf deinem Weg. Die wunderschönen Farben deines Schmetterlings zeigen dir all die wunderbaren Dinge an, die noch auf dich warten. Sei offen und schreite mutig voran. Wir halten und tragen dich voller Liebe und Vertrauen, so wie der Schmetterling vom Wind getragen wird.

9.5.10

Weißer Flügel/Klavier

Unser Geschenk an dich ist ein wunderschöner großer weißer Flügel. Dieser Flügel soll dir zeigen, wie viele Möglichkeiten noch vor dir liegen. Mit deinem Facettenreichtum bist du in der Lage, viel mehr Lieder zu spielen, als du es dir jetzt vorstellen kannst. Lass deiner Kreativität und deiner Liebe dazu freien Lauf und lass dich vom Klang deiner Herzensmusik tragen. Wir sind immer an deiner Seite und wir helfen dir beim Komponieren neuer Lieder. Die Farbe Weiß ermöglicht es dir, dich über deine unendlichen Möglichkeiten vollkommen zu fühlen. Weiß bündelt alle Farben und stellt somit die höchste Energieform des Universums dar. Du hast so ein großes Herz, setzt dich für alles und jeden ein und bist damit für so viele Menschen eine echte Hilfe und Bereicherung. Du motivierst sie, Dinge zu tun, die sie sich allein nie zugetraut hätten. Nun ist deine Zeit gekommen, dich mehr zu leben und zu entfalten. Öffne dein Herz und lass deine Seele im kreativen Sinne baumeln. Es macht uns sehr stolz und erfüllt uns mit tiefer Liebe, zu sehen, wie mutig du voranschreitest, auch wenn Nebel einmal deine Sicht erschweren sollte. Sei gewiss, du bist auf dem richtigen Weg! Du wirst von uns geführt und geleitet, wir unterstützen dich und sind immer bei dir. Der Flügel steht für deinen persönlichen Weg, deine Freiheit, deine Kreativität und Unabhängigkeit, die Erfüllung deiner Wünsche, die du nun in dein Leben einfließen lassen kannst. Wir sind in tiefer Liebe immer mit dir verbunden und das Schöne ist, du weißt es auch!

Dafür möchten wir auch dir Danke sagen! Alles Liebe! weshalb dich unser Blumenstrauß in all diesen Situationen daran erinnern soll, das Leben mit einem Lächeln und mit Leichtigkeit zu nehmen. Öffne dein Herz und lass die Sonne hinein, die auch du in deinem Leben benötigst. Die verschiedenen Farben zeigen dir die verschiedenen Kräfte auf, die jetzt in deinem Inneren wachsen und dich stärken werden. Auch geben sie dir die Möglichkeit, alle Kräfte auf einmal zu nutzen. Du weißt, dass Blumen, in jeder Form, ein Symbol für die Sprache der Liebe sind. Genau deshalb haben wir diesen Strauß gewählt. Er soll dich immer daran erinnern, wie sehr wir dich lieben und wie wichtig du uns bist. Wir wissen, dass du oft zu uns sprichst, und sei gewiss, wir hören dich und sind genau dann immer in deiner Nähe. Dein Blumenstrauß ist bestückt mit allen Blumensorten und zeigt dir, dass du jetzt alles in dein Leben lassen darfst, was dich glücklich macht. Wir überreichen dir deinen Strauß, drücken dich ganz feste und sagen dir: »Wir lieben dich und sind immer an deiner Seite.«

9.5.11

Riesiger bunter Blumenstrauß

Dieser wundervolle riesige Blumenstrauß ist ein Geschenk von uns an dich! Die Sprache der Blumen ist eine uralte Kunst, die uns hilft, unsere Herzensbotschaft an dich zu übermitteln. Diese Blumen sprechen zu dir und werden dir helfen zu erkennen, wie wundervoll du als Mensch bist, mit all deinen Facetten.

Dieses Wundervolle an dir bleibt dir manchmal verschlossen, Erfüllung deiner Wünsche, die du nun in dein Leben einfließen lassen kannst. Wir sind in tiefer Liebe immer mit dir verbunden und das Schöne ist, du weißt es auch! Dafür möchten wir auch dir Danke sagen! Alles Liebe!

weshalb dich unser Blumenstrauß in all diesen Situationen daran erinnern soll, das Leben mit einem Lächeln und mit Leichtigkeit zu nehmen. Öffne dein Herz und lass die Sonne hinein, die auch du in deinem Leben benötigst. Die verschiedenen Farben zeigen dir die verschiedenen Kräfte auf, die jetzt in deinem Inneren wachsen und dich stärken werden. Auch geben sie dir die Möglichkeit, alle Kräfte auf einmal zu nutzen. Du weißt, dass Blumen, in jeder Form, ein Symbol für die Sprache der Liebe sind. Genau deshalb haben wir diesen Strauß gewählt. Er soll dich immer daran erinnern, wie sehr wir dich lieben und wie wichtig du uns bist. Wir wissen, dass du oft zu uns sprichst, und sei gewiss, wir hören dich und sind genau dann immer in deiner Nähe. Dein Blumenstrauß ist bestückt mit allen Blumensorten und zeigt dir, dass du jetzt alles in dein Leben lassen darfst, was dich glücklich macht. Wir überreichen dir deinen Strauß, drücken dich ganz feste und sagen dir: »Wir lieben dich und sind immer an deiner Seite.«

9.5.12

Kleine Bergkristallkugel

Unser Geschenk an dich ist eine kleine Bergkristallkugel. Diese wundervolle Kugel wird dir helfen, zu jeder Zeit Klarheit in dein Leben zu lassen. Gerade in Situationen, in denen du das Gefühl hast, im Nebel zu schwimmen, wird sie dir helfen. Diese kleine reine Bergkristallkugel enthält sehr viel Heilkraft und wird dir helfen, in jeder Situation wieder in Balance zu kommen. Du wirst schneller, leichter und vor allem deutlicher deinen Weg und die dahinterstehende Wahrheit erkennen.

Die mit unserer Liebe gefüllte Bergkristallkugel wird es dir ermöglichen, deinen Körper, deinen Geist und deine Seele in Einklang zu bringen und auch Blockaden einfach aufzulösen. Die Kugel steht für unsere unendliche Liebe für dich! Sie symbolisiert, dass diese Liebe niemals enden wird und wir immer an deiner Seite sind. Trage diese kleine Bergkristallkugel bei dir, sodass du unsere Liebe und Nähe immer spüren kannst.

9.5.13

Goldenes Kreuz

Unser Geschenk an dich ist ein wundervolles goldenes Kreuz mit gleich langen Schenkeln. Es schillert und glitzert! Dieses Kreuz steht für dich! Lass dein Strahlen nach außen wieder sichtbar werden. Wir wissen und sehen, dass es manchmal nicht leicht für dich ist. Über dieses wundervolle Kreuz schenken wir dir die göttliche Energie, die deiner Seele helfen wird, zu heilen. Das Kreuz haben wir als Symbol für deinen Lebensweg gewählt. Jeder Weg steht dir offen. Jeder Weg ist der Richtige! Egal, für welchen auch immer du dich entscheidest! Alle Wege gehören zu dir und zu deiner persönlichen Entwicklung. Wir haben all unsere Liebe in dieses Kreuz gepackt, um dir deine nächsten Schritte zu erleichtern und dir zu zeigen, dass wir bei jedem Schritt voller Liebe an deiner Seite sind. Du bist gut so, wie du bist. Geht mutig voran, wir sind da und sehr stolz auf dich, was du bis heute alles geschafft hast.

9.5.14

Engelsflügel aus Silber und Gold

Unser Geschenk an dich sind silberne und goldfarbene wunderschön buschige Engelsflügel. Sie werden dir helfen, alle Themen in deinem Leben mit Leichtigkeit zu erkennen und zu bewältigen. Auch helfen sie dir, einen gewissen Abstand zu deinen Themen zu bekommen, damit du diese für dich besser beurteilen kannst. Über die Farben Silber und Gold erhältst du all unsere Liebe und die göttlichen Energien, die dich heilen und stärken werden. Die Engelsflügel stehen auch für deine persönliche Weiterentwicklung. Sie werden dir helfen, deine eigenen Schwingungen anzuheben, um einfacher mit uns kommunizieren zu können. Erkenne und nutze deine wundervolle Kraft. Vieles liegt für dich noch unter einem Nebel. Die wunderschönen Flügel werden dir helfen, diese Nebel zu lichten, deine Kraft zu erkennen und für dich einzusetzen. Du bist wundervoll, so wie du bist! Voller Liebe und Stolz begleiten wir deinen Weg. Manchmal merkst du es und manchmal nicht!

Wisse aber, wir sind immer voller Liebe an deiner Seite.

9.5.15

Anhänger in Form einer schillernden Weltkugel

Unser Geschenk an dich ist dieser wundervolle Anhänger, der dich und deine Welt symbolisiert. Du liebst die Freiheit und schaust auch immer wieder über deinen eigenen Tellerrand hinaus. Du weißt, wie sehr diese Welt Heilung benötigt, und du trägst deinen Teil dazu bei. Wir sind sehr stolz und begleiten dich voller Liebe und Hingabe bei allem, was du tust. Natürlich sehen wir auch die Momente, in denen dir dein Selbstvertrauen fehlt. Wisse, auch in solchen Momenten sind wir sofort an deiner Seite und geben dir über einen liebevollen Ruck die Leichtigkeit zurück, damit du es schaffst, wieder aufzustehen. Die Welt braucht dich, dein großes Herz und dein Lächeln. Dein Lächeln schafft es in Sekunden, auch anderen Menschen, die du selbst nicht kennst, ein Lächeln ins Gesicht zu zaubern! Das ist ein großes Geschenk. Du bist ein Geschenk! Hänge dir deine Kette mit diesem wundervoll schillernden Weltkugelanhänger einfach um, damit du immer und zu jeder Zeit unsere Liebe und Nähe spüren kannst. Wir sind immer bei dir! Großes wartet noch auf dich, schreite mutig voran, wir sind mit unserer ganzen Liebe an deiner Seite!

9.5.16

Schneekugel

Unser Geschenk an dich ist eine kleine Schneekugel. Beim Blick in diese Schneekugel kannst du dein Leben erkennen. Manchmal scheint es nicht so zu laufen, wie du es gerne hättest, und dennoch gibt es Zeiten, da ist alles mit einem wundervollen Zuckerguss bedeckt und fühlt sich gut an. Nimm den Zauber dieser Kugel an. Diese Schneekugel wird dir helfen, dein Leben aus allen Blickwinkeln zu betrachten. Nicht alles ist so, wie es scheint.

Bewerte nicht zu früh. Lass dir Zeit, schüttle deine Kugel und schau, was passiert. So wie du in diese kleine Schneekugel schauen kannst, so schauen wir auf dich, um immer in deiner Nähe zu sein. Wir sind da, wann immer du uns brauchst.

9.5.17

Silberner Brotkorb

Unser Geschenk an dich ist ein wundervoll verzierter orientalischer Brotkorb. Unser Geschenk soll dir anzeigen, dass wir immer eine Familie sind, die nichts und niemand trennen kann. Wir sind immer an deiner Seite und begleiten freudig deinen Weg. Ja, es ist nicht alles immer gleich! Und so wie das Brot im Brotkorb nicht zu sehen ist, so verbirgst auch du dein Innerstes. Lass es raus, lebe, was und wer du bist. Du bist wunderbar, so, wie du bist. Wir lieben dich und sind stolz auf dich und alles, was du schon geschafft hast.

9.5.18

Fotoapparat

Unser Geschenk an dich ist ein wundervoller alter und nostalgischer Fotoapparat. Dieser soll dir aufzeigen, dass es sich lohnt, Gegebenheiten auch im Rückblick fröhlich zu betrachten. Nimm dieses von Herzen kommende Geschenk an und schaue positiv, sowohl auf deine Vergangenheit als auch auf deine Gegenwart und Zukunft. Alles kommt zur rechten Zeit. Wir sind sehr glücklich, was und vor allem wie du alles in deinem Leben meisterst. Sei gewiss, wir sind immer an deiner Seite. Wir lieben dich.

9.5.19

Ein vierblättriges Kleeblatt

Unser Geschenk an dich ist ein saftig grünes vierblättriges Kleeblatt. Es soll dir helfen, zu erkennen, dass dein Glück immer in deinen eigenen Händen liegt. Das wundervoll saftige Grün haben wir als Symbolfarbe für dein Herz, aber auch für deine persönliche Heilung gewählt. Vollgeladen mit unserer ganzen Liebe und allen universellen Heilenergien kann dir dieses Kleeblatt den Weg zu dir selbst und deinem eigenen inneren Glück zeigen. So können die alten und tiefen Wunden langsam heilen. Du weißt, du bist nicht allein! Du weißt, wir sind voller Liebe immer an deiner Seite und stärken dich mit unseren himmlischen Kräften. Öffne dein Herz und höre auf dein Herz, es zeigt dir immer den richtigen Weg an. Du hast es dir von ganzem Herzen verdient, glücklich zu sein.

9.5.20

Goldene Rassel

Diese wundervolle goldene Rassel ist unser Geschenk an dich. Wir möchten dir damit zeigen, wie sehr wir mit dir und allen anderen in tiefer Liebe verbunden sind. Auch über dieses Leben hinaus. Wir danken euch von ganzem Herzen für eure unendliche Liebe. Auch dass wir in eurem Leben immer präsent sein und überall dabei sein dürfen, erfüllt unsere Seelen mit unendlicher Liebe und Freude. Wir begleiten euch jeden Tag voller Freude und sind immer an eurer Seite.

Die goldene Rassel soll euch ermutigen, alle Herausforderungen spielerisch und mit unserer kindlichen Leichtigkeit zu erkennen. Über diese Rassel schicken wir euch voller Liebe unsere kosmischen Energien zur Heilung auf allen Ebenen, die euch immer und überall begleiten und helfen werden, in eurer Liebe zu bleiben. Du weißt, wir sind nur einen Gedanken von euch entfernt und immer in der tiefen Liebe vereint.

9.5.21

Kleines rotes Auto

Unser Geschenk an dich ist ein kleines rotes Spielzeugauto. Das Auto soll dir die Leichtigkeit verleihen, die dir manchmal im Leben fehlt. Die rote Farbe wird es dir erleichtern, voller Freude, Liebe und Kraft deinen Weg zu gehen. Auch wenn sich dieses Leben manchmal nach Kampf anfühlt. Nimm es in solchen Momenten dann einfach an, ohne es zu beurteilen. Unsere ganze Liebe und Kraft werden dir auch in solchen Momenten helfen, mehr bei dir zu sein und für dich die richtige Entscheidung zu treffen. Wir lieben dich und würden uns freuen, dich viel mehr lachen zu sehen. Voller Liebe sind wir immer da und helfen dir mit unseren Zeichen, zu deiner Leichtigkeit zurückzufinden. Sei gewiss.

9.5.22

Puppe

Unser Geschenk an dich ist eine wunderschöne Puppe. Diese Puppe soll dich immer daran erinnern, dass wir bei dir sind und wie wichtig es ist, auch mal das »spielerische Kind« in dir freizulassen sowie alle an dich gestellten Herausforderungen mit einer gewissen kindlichen Leichtigkeit und Neugierde zu sehen oder zu erfahren.

Wir haben all unsere Liebe in diese Puppe gegeben. Sie wird dir dabei helfen, allem im Leben leichter und spielerischer zu begegnen. Wir verfolgen voller Liebe deinen Werdegang. Du bist so viel mehr, als du derzeit noch von dir preisgibst. Du hast eine wundervolle Seele, die viele Menschen berühren kann. Lass deiner Seele freien Lauf. Wir begleiten dich und sind immer voller Liebe an deiner Seite. Wir geben dir Halt und helfen dir, bei allem »in der Leichtigkeit und in der Liebe« zu bleiben. Wir lieben dich sehr.

9.5.23

Schmuckschatulle mit Edelsteinen

Wir überreichen dir eine kleine goldene Schmuckschatulle, die mit vielen bunten Edelsteinen geschmückt ist. Die Schmuckschatulle symbolisiert dich! Dich als wundervolle Seele mit unendlich vielen Gaben und Möglichkeiten, die du noch entdecken kannst. Du weißt, dass es so viel mehr gibt als das, was du sehen kannst! Du fühlst diese enge Liebe und Verbundenheit zu uns, wofür wir dir unendlich dankbar sind.

Das Schmuckkästchen wird dich auf deinem Weg begleiten und dir immer zeigen, wie sehr du mit deinen wundervollen Gaben und deiner Seele von uns geliebt wirst. Die gesamte kosmische Fülle steht dir offen, wenn du dafür bereit bist. Öffne dein wundervolles Kästchen und lass uns darüber diese kosmischen Energien wie feinen Sternenstaub in deinem Leben verteilen. Wir sind voller Liebe an deiner Seite und immer nur einen Gedanken von dir entfernt.

9.5.24

Sterntaler

Unser Geschenk an dich ist ein glänzender Sterntaler. Dieser goldene Taler soll dir zeigen, wie sehr deine Liebe und Gabe doch geschätzt wird. Auch wenn es für dich nicht immer gleich wahrnehmbar ist, so findet dennoch ein Ausgleich zwischen Geben und Nehmen statt. Deine Hingabe wird von uns zu jeder Zeit gesehen und auch voller Liebe unterstützt.

Du handelst aus reinem Herzen. Dieser goldene Taler wird dir mehr und mehr helfen, auch in entscheidenden Momenten noch mehr loszulassen, damit alles im Positiven wieder zu dir zurückkommen kann. Du bist wertvoll, so wie du bist! Du gibst so viel und bist so voller Liebe, all das wird zu dir zurückkommen. Sei sicher. Voller Liebe sind wir immer an deiner Seite und unterstützen dich mit unseren kleinen Zeichen.

9.5.25

Schaukelpferd

Unser Geschenk an dich ist dieses niedliche Schaukelpferd. Es soll dir helfen, zu verstehen, dass es manchmal sehr befreiend sein kann, selbst zu schaukeln. Nicht immer läuft alles so leicht, wie du es dir in deinem Leben vorstellst. Unser Schaukelpferd hilft dir dann, diese Situationen mit einer kindlichen Leichtigkeit zu nehmen und einfach mal für einen Moment »davon zu schaukeln«.

Wir lieben dich und besonders in solchen Momenten tragen wir dich über das Schaukelpferd voller Liebe in die Leichtigkeit. Wir genießen es, in deiner Nähe zu sein und dich begleiten zu dürfen. Lass die Leichtigkeit über das »Schaukeln« mit uns in dein Leben einziehen und genieße es, hin und wieder mal deine Seele baumeln zu lassen. Wir sind immer für dich da und in tiefer Liebe mit dir verbunden.

9.5.26

Tintenfass

Unser Geschenk an dich ist ein wundervolles altes Tintenfass. Dieses Tintenfass soll dich einladen, alles Bedeutungsvolle aufzuschreiben, was dir in den Sinn kommt. Wisse, dass wir in diesen Momenten, wo du beginnst zu schreiben, bei dir sind. Auch wissen wir, dass du schon lange vorhast, deine Gedanken zu Papier zu bringen. Wir sind immer in Liebe an deiner Seite und wissen, jetzt beginnt der richtige Zeitpunkt dafür. Pack es an, Wundervolles kann dir damit gelingen. Über deine Gedanken können auch wir uns mit einbringen. Wir freuen uns sehr, dir dieses wundervolle Tintenfass zu überreichen, und wünschen dir von Herzen alles Liebe.

9.5.27

Schmuckkästchen

Unser Geschenk für dich ist ein filigranes schillerndes Schmuckkästchen, das DICH symbolisiert. Mit deinem Strahlen schenkst du anderen Personen Hoffnung und Mut, was dich zu einem ganz besonderen Menschen macht. Wir wissen, wie zerbrechlich auch du manchmal bist. In diesen Momenten der Trauer und Schwere fangen wir dich mit all unserer Liebe auf. Wir helfen dir, erneut aufzustehen und deinen Weg weiterzugehen. Wir wissen, dass du dich manchmal selbst darüber wunderst, dass es doch immer weiter und weiter geht. Wisse, wir sind deine Helfer im Hintergrund, die voller Liebe und Freude deinen Weg begleiten. Nimm unser Geschenk, es wird dich daran erinnern, was für eine schöne Seele du bist! Strahle weiter, wir unterstützen dich und sind immer voller Stolz und Liebe an deiner Seite.

10 SCHLUSSWORT

10.

Schlusswort

Egal, wie viele Erfahrungen ich als Medium bereits machen durfte, mein ständiger Draht ins Jenseits schützt mich dennoch nicht davor, Trauer zu empfinden. Wenn ich jemand Wichtigen in meinem Leben verliere, dann trifft mich das ebenso wie dich und jeden anderen, der den Tod eines geliebten Menschen verkraften muss. Nur hat sich über all meine jenseitigen Erfahrungen mein Verständnis vom Tod grundlegend geändert. Während die meisten Menschen glauben, dass mit dem Tod alles zu Ende ist, weiß ich, dass dem nicht so ist. Der Tod ist nicht das finale Abtreten, sondern so viel mehr! Für mich stellt der Tod lediglich den physischen Verlust der betreffenden Person dar. Dennoch weiß ich eines ganz sicher, und zwar, dass meine verstorbenen Kinder, meine Familie und meine Freunde immer bei mir sind – auch ohne physischen Körper. Ich kann sie immer sehen und jederzeit mit ihnen Kontakt aufnehmen. Egal, wann. Egal, wo. Sie sind immer da und werden es immer sein.

Als Medium bin ich besonders offen für die geistige Welt. Ich liebe meine Arbeit mehr, als ich ausdrücken kann, und spüre, dass ich darüber auch mein Selbst heile. Über diese wundervolle Tätigkeit verbinde ich die irdische und die jenseitige Welt miteinander und erlebe dabei so viel unfassbar Schönes, dass ich aus vollem Herzen sagen kann: Mediumship is a healing journey. Allein das Ausüben meiner Medialität ist eine sehr persönliche innere Reise, über die meine Seele in so vielen Aspekten Heilung gefunden hat und auch in Zukunft noch finden wird.

Leben bedeutet Veränderung, und diese gehört für mich täglich dazu. Alles ist in ständiger Bewegung, so wie es sich für Energie gehört. Für mich ist das bewusste Sein bzw. das Bewusstwerden meines Selbst das beste Geschenk der letzten Jahre. Nichts tue ich lieber, als in meiner Eigenschaft als Medium Himmel und Erde immer wieder miteinander zu verbinden. Ich bin gern dabei, wenn Seelen sich berühren und darüber heilen.

Fast immer sind diese Begegnungen voller Liebe, sehr emotional und wunderschön. Ich bin ein Teil von allem. Ein Teil der universellen Liebe. Ein Teil des Lachens. Ein Teil des Weinens. Aber vor allem ein Teil des Ganzen. An genau diesem Punkt, nämlich der Erkenntnis, niemals allein oder getrennt zu sein, beginnt für jeden Hinterbliebenen ein wichtiger Heilprozess. All das täglich mitzuerleben ist eine unglaubliche seelische Bereicherung.

Ich wünsche dir nun von ganzem Herzen, dass dich meine Worte deiner eigenen Seele und darüber deiner Lieblingsseele in der geistigen Welt nähergebracht haben. In dir steckt so vieles. Du als Person verfügst über so unendlich viel Potential. Glaube an dich und mache etwas daraus. Deine Lieblingsseele steht allezeit für einen Kontakt und eine liebevolle Zusammenarbeit bereit. Zusammen könnt ihr Einzigartiges erreichen.

Weißt du was? Ich bin sicher, du und ich sehen uns irgendwann. Vielleicht in einem Jenseitskontakt mit deiner Lieblingsseele aus der geistigen Welt? Das würde ich mich unendlich freuen. Vielleicht magst du mir aber auch Feedback zu dem geben, was du hier und heute erfahren hast? Über deine Erfahrungen und Erlebnisse darfst du mir dann gern berichten. Natürlich freue ich mich auch über jede Rezension zu diesem Buch. Wir sehen uns.

Bis dahin alles Liebe

Deine SUSAN

DIR HAT DAS BUCH GEFALLEN?

Vielen Dank, dass du mein Buch gelesen hast. Ich hoffe sehr, dass ich dir etwas mitgeben und dich unterstützen konnte. Wenn es dir gefallen hat, würde ich mich sehr freuen, wenn du ihm bei dem Online-Shop eine Bewertung gibst, bei dem du es bestellt hast. Oder du schreibst bei einem deiner Lieblings-Buchportale eine Rezension.

Deine Meinung zu meinem Buch ist mir sehr wichtig und eine kleine Anerkennung für meine Arbeit. Außerdem hilft es mir, neue Leser für meine Bücher zu finden.

Vielen Dank für deine Unterstützung!

KAMPENWAND
VERLAG

SUSAN FROITZHEIM
SACHBUCH KAWA
Das große 1x1 der
Jenseitskontakte
MEDIALE HILFE FÜR TRAUER UND WAHRNEHMUNG
Rendezvous mit dem Jenseits: spirituelles-esoterisches Sachbuch